Die zivilrechtlich begründete Garantenpflicht des Compliance-Beauftragten im Sinne des § 13 Abs. 1 StGB

Europäische Hochschulschriften

European University Studies

Publications Universitaires Européennes

Reihe II	**Rechtswissenschaft**
Series II	Law
Série II	Droit

Band/ Volume **5974**

Peter Gottschaldt

Die zivilrechtlich begründete Garantenpflicht des Compliance-Beauftragten im Sinne des § 13 Abs. 1 StGB

PETER LANG

Bibliografische Information der Deutschen Nationalbibliothek
Die Deutsche Nationalbibliothek verzeichnet diese Publikation in der Deutschen Nationalbibliografie; detaillierte bibliografische Daten sind im Internet über http://dnb.d-nb.de abrufbar.

Zugl.: Leipzig, Univ., Diss., 2017

15
ISSN 0531-7312
ISBN 978-3-631-73946-4 (Print)
E-ISBN 978-3-631-73976-1 (E-PDF)
E-ISBN 978-3-631-73977-8 (EPUB)
E-ISBN 978-3-631-73978-5 (MOBI)
DOI 10.3726/b12773

Peter Lang – Berlin · Bern · Bruxelles · New York · Oxford · Warszawa · Wien

Diese Publikation wurde begutachtet.

www.peterlang.com

Meinen Eltern

Inhaltsverzeichnis

Einführung 17

1. Teil: Compliance als neue Form der Unternehmensorganisation 19

I. Begriffsbestimmung und Ziele von Compliance 19
1. Compliance in medizinischem Kontext 19
2. Das Verständnis von Compliance in der Unternehmenswirklichkeit 20
a) Das materielle Verständnis von Compliance 22
b) Das organisatorische Verständnis von Compliance 23
c) Der Zusammenhang mit Corporate Governance 24
d) Zwischenfazit 25

II. Compliance als Konzept zur Selbstregulierung der Wirtschaft 26
1. Ausgangslage 27
2. Die Verdichtung von Verbotsmaterie und formeller Sozialkontrolle als ein Auslöser der Compliance-Bewegung ... 29
a) US-amerikanische Regelungen 29
b) Zusätzliche Haftungsrisiken für Unternehmen und Management 30
1) Kurzüberblick 30
2) Speziell im Wirtschaftsstrafrecht 31
(a) Die Entwicklung der Normen 31
(b) Die Entwicklung von Wirtschaftsstrafverfahren 33
3. Die staatliche Reglementierung der Unternehmensrisiken in Form einer auferlegten Prävention 34
a) Betriebsbeauftragte für Umweltschutz 35
b) Banken- und Finanzsektor 36
1) Überblick 36
2) Ordnungsgemäße Geschäftsorganisation, § 25a KWG 37
3) Compliance-Funktion, § 33 WpHG 37
c) Gesellschaftsrechtliche Vorgaben 39

III. Rechtliche Grundlagen von Compliance 40

1. Pflicht zur materiellen Compliance 41
2. Pflicht zur Einrichtung einer Compliance-Organisation 43
a) Meinungsstand 44
b) Stellungnahme 45

IV. Verteilung und Delegation der Compliance-Verantwortung im Unternehmen 47
1. Gesamtverantwortung des Vorstands und horizontale Aufgabendelegation 48
2. Die Wahrnehmung der Compliance-Verantwortlichkeit im Unternehmen 50
a) Unternehmensorganisation in Deutschland – Ergebnisse des Forschungsprojekts „Corporate Compliance“ der Universität Leipzig 51
b) Die Einsetzung eines Compliance-Vorstands 52
c) Die Einrichtung einer Compliance-Organisation 54
1) Aufbau und Struktur 55
(a) Autonome Organisation 55
(b) Compliance-Komitee 56
(c) Stellungnahme und Abgrenzung der Compliance-Funktion zu anderen Abteilungen 56
(1) Interne Revision 58
(2) Risikomanagement 59
(3) Rechtsabteilung 59
2) Aufgaben und Befugnisse des Compliance Officers 60
(a) Stellung in der Unternehmenshierarchie 61
(b) Aufgaben- und Pflichtenkreis 62
(c) Befugnisse 64

V. Zusammenfassung 66

2. Teil: Das Urteil des Bundesgerichtshofs im Lichte der bisherigen Rechtsprechung 69

I. Das Urteil des Bundesgerichtshofs vom 17. Juli 2009– 5 StR 394/08 69
1. Sachverhalt und erstinstanzliches Urteil 69
2. Das Urteil des Revisionsgerichts 71
a) Die Entscheidungsgründe 72
b) Das obiter dictum zur Verantwortlichkeit des Compliance Officers 74

1) Resonanz dieser höchstrichterlichen Aussage im Schrifttum ... 74
2) Die Beeinflussung der Rechtswirklichkeit ... 76
3. Das Filtrat der Entscheidung für die hiesige Untersuchung ... 77
a) Die Garantenstellung des Compliance Officers ... 77
1) Die Notwendigkeit einer funktionalen Differenzierung ... 77
(a) Zur Einteilung der Garantenstellungen nach ihrer sozialen Funktion ... 77
(b) Einordnung der Garantenstellung des Compliance Officers ... 79
2) Zum Entstehungsgrund der Überwachergarantenstellung ... 81
3) Zwischenfazit ... 84
b) Die Erfolgsabwendungshandlung ... 85
c) Die Bestrafung des Compliance Officers als Teilnehmer? ... 86

II. Dogmatische Einordnung der Auffassung des Senats in die bisherige Rechtsprechung ... 87
1. Die Übernahme von Garantenpflichten ... 87
a) Die Begründung einer Beschützergarantenposition ... 87
1) Übernahme durch gesetzlich geregelte Stellung ... 87
(a) Betreuer-Konstellationen ... 87
(b) Verantwortung für Umweltschutzbelange ... 88
(c) Zwischenfazit ... 89
2) Übernahme von Schutzaufgaben aufgrund individueller Vereinbarung ... 89
(a) Babysitter-Konstellationen ... 89
(b) Arzt-Patienten-Verhältnisse ... 90
(c) Die Relevanz außerstrafrechtlicher Aufklärungspflichten ... 91
(d) Zwischenfazit ... 93
b) Die Begründung einer Überwachergarantenposition ... 93
1) Die Differenzierung nach der Art der Gefahrquelle ... 93
(a) Beispielhafte Verdeutlichung anhand der Entscheidung des BGH im Transfusionsfall ... 93
(b) Stellungnahme ... 95
(1) Würdigung der Entscheidung ... 95

(2) Zur Relevanz der Differenzierung nach der Art der Gefahrquelle 96
(3) Verdeutlichung der Erkenntnisse am Transfusionsfall 97
2) Die Pflicht zur Überwachung von Sachgefahren 98
(a) Voraussetzungen zur Begründung einer derartigen Pflicht 98
(1) Beispielhafte Verdeutlichung 98
(2) Zwischenfazit 100
(b) „Verantwortungsverteilung“ durch Aufgabenzuweisung 101
(1) Verantwortlichkeit des Übernehmenden 101
(2) Verantwortlichkeit des Übertragenden 102
(3) Zur „Neubegründung“ von Verantwortung 104
(4) Zwischenfazit 105
(c) Gesetzliche Beauftragte 106
(1) Das Urteil zum Gewässerschutzbeauftragten 106
(2) Stellungnahme 106
3) Die Pflicht zur Überwachung anderer Personen 107
(a) Eltern-Kind-Verhältnisse 107
(b) Spezielle Rechtsbeziehungen 108
(c) Besondere Ausprägungen im betrieblichen Kontext 109
(1) Der „Fahrrad-Fall“ des Reichsgerichts 109
(2) Der „Seemanns-Fall“ des Reichsgerichts 110
(3) Die Rechtsprechung seit 1945 111
(d) Zwischenfazit 114
(e) Exkurs: Höchstrichterliche Rechtsprechung in Zivilsachen 115
(1) Sachverhalt und Entscheidungsgründe 115
(2) Stellungnahme 116
2. Die sonstigen Voraussetzungen einer Tatbestandsverwirklichung durch Unterlassen 118
a) Die Möglichkeit der Erfolgsabwendung 119
1) Die außerstrafrechtliche Begrenzung der Erfolgsabwendungspflicht durch die Rechtsprechung 119
2) Die Verwaltungsakzessorietät des Strafrechts am Beispiel von OLG Frankfurt, Urt. v. 22.05.1987–1 Ss 401/86 121

(a) Die Aussage des Gerichts ... 121
(b) Anmerkung zur Entscheidung ... 121
3) Die Zivilrechtsakzessorietät des Strafrechts am Beispiel von BGH, Urt. v. 06.07.1990–2 StR 549/89 ... 121
(a) Die Aussage des Gerichts ... 121
(b) Anmerkung zur Entscheidung ... 122
b) Die „Ursächlichkeit“ des Unterlassens für den eingetretenen Erfolg ... 124
1) Die „Kausalität“ des täterschaftlichen Unterlassens ... 124
(a) Die Ansicht der Rechtsprechung ... 124
(b) Stellungnahme ... 125
2) Die „Kausalbeziehung“ der Beihilfe durch Unterlassen ... 126
(a) Die Ansicht der Rechtsprechung ... 127
(b) Stellungnahme ... 127
3. Die Beteiligung durch Unterlassen in der Rechtsprechung ... 130
a) Die Abgrenzung von Täterschaft und Beihilfe durch Unterlassen in der Rechtsprechung ... 130
b) Stellungnahme ... 132
c) Zwischenfazit ... 136

III. Fazit ... 136
1. Zusammenfassung der Rechtsprechung ... 136
2. Die BSR-Entscheidung auf dem Prüfstand der Rechtsprechungsdogmatik ... 141

3. Teil: Der Diskussionsstand zum Problem der Garantenstellung des Compliance-Beauftragten ... 143

I. Die abgeleitete Geschäftsherrenhaftung ... 143
1. Die Unternehmensleitung als Aufsichtsgarant? ... 144
a) Das Prinzip der Eigenverantwortlichkeit ... 144
b) Die im Schrifttum vertretenen Ansätze zur Herleitung einer Aufsichtsgarantenpflicht ... 145
1) Die Aussagekraft spezialgesetzlicher Regelungen ... 145
(a) Die unter Strafe gestellte Vorgesetztenverantwortlichkeit ... 145
(b) Die betriebliche Aufsichtspflichtverletzung ... 147
2) Die „Herrschaft über Untergebene“ als Entstehungsgrund einer Aufsichtsgarantenpflicht ... 148
(a) Die unternehmerische Herrschaftskonzeption ... 148

(1) Grundgedanke und Kritik ... 148
(2) Die Kriterien einer überlegenen Herrschaft ... 150
(3) Der Ausgleich für gesteigerte Betätigungsmöglichkeiten ... 151
(b) Stellungnahme ... 152
(1) Der Herrschaftsgedanke als Leitmotiv? ... 152
(2) Der „Ausgleichsgedanke“ als materieller Einstandsgrund ... 154
3) Die umfassende Überwachungspflicht über den „Gefahrenherd Betrieb“ ... 157
(a) Die Gleichsetzung sachlicher und personaler Gefahren ... 157
(b) Stellungnahme ... 158
c) Der Stellenwert des Eigenverantwortlichkeitsprinzips bei der Begründung einer Aufsichtsgarantenpflicht ... 160
1) Die Irrelevanz des Eigenverantwortlichkeitsprinzips bei der Begründung einer Aufsichtsgarantenpflicht ... 160
(a) Grundgedanke ... 160
(b) Stellungnahme ... 160
2) Das Eigenverantwortlichkeitsprinzip als bedeutsames Institut bei der Begründung einer Aufsichtsgarantenpflicht ... 161
(a) Die überlagerte Eigenverantwortlichkeit des Unternehmensangehörigen ... 161
(b) Die Dominanz der Eigenverantwortlichkeit des aktiv Handelnden ... 163
(c) Stellungnahme ... 164
(1) Zur Herrschaftskonzeption ... 165
(2) Selbstverantwortung des anderen und Garantenpflichten ... 166
3) Zwischenfazit ... 169
2. Delegation bestehender Aufsichtsgarantenpflichten auf den Compliance Officer? ... 170
a) Das Aufgabenfeld des Compliance Officers und die Zielrichtung von Compliance ... 171
1) Der Vergleich des Compliance Officers mit Gesetzlichen Beauftragten ... 172
(a) Zur Ablehnung der Vergleichbarkeit ... 172

(b) Vergleichbarkeit aufgrund Informationsvorsprungs als garantenstellungbegründendes Merkmal? 174
2) Der Vergleich des Compliance Officers mit dem Wertpapier-Compliance-Beauftragten 176
3) Stellungnahme 176
(a) Die rechtliche Stellung des Betriebsbeauftragten ... 177
(b) Der Compliance-Beauftragte im Wertpapierdienstleistungsunternehmen 178
(c) Die Zielrichtung von Compliance 179
b) Die fehlende Weisungsbefugnis 184

II. Die Anknüpfung an außerstrafrechtliche Bezugsnormen sowie sonstige rechtliche Kodifikationen 186
1. Grundgedanke 187
2. Kritik 189
3. Stellungnahme 190

III. Fazit zur Auswertung der Literatur 193

4. Teil: Konzeption eines eigenen Ansatzes 197

I. Ausgangspunkt der Überlegungen 197

II. Strafrechtliche Konsequenzen der zivilrechtlich übernommenen Pflichtenstellung des Compliance-Beauftragten 198
1. Zivilrechtliche Pflichten und deren strafrechtliche Bedeutung zur Begründung einer Garantenstellung 200
2. Die Ausgestaltung der Compliance-Funktion im Unternehmen als Grundlage für die strafrechtsgestaltende Wirkung des Zivilrechts 204
a) Die zivilrechtliche Übernahme der Überwachungsaufgabe 205
b) Pflicht zur Überwachung der Unternehmensleitung? ... 206
3. Garantenstellung des Compliance-Beauftragten bei Straftaten von Unternehmensangehörigen gegenüber Dritten? 206
a) Der Ausgleich für die gesteigerten Möglichkeiten unternehmerischer Tätigkeit 207
b) Die Betriebsbezogenheit der Bezugstat 208
c) Invollzugsetzung der zivilrechtlich auferlegten Pflichten 209

4. Exkurs: Garantenstellung des Compliance-Beauftragten bei Straftaten gegenüber der Gesellschaft ... 210

III. Die strafrechtliche Garantenpflicht des Compliance-Beauftragten im Hinblick auf die Überwachung anderer Personen ... 212
1. Inhalt der Aufsichtsgarantenpflicht ... 212
a) Ausgangspunkt: Asymmetrische Akzessorietät des Strafrechts ... 212
b) Die Handlungsmöglichkeiten des Compliance-Beauftragten ... 214
1) Eingeräumte Weisungskompetenz? ... 214
2) Grundsätzliche Berichtspflicht gegenüber der Unternehmensleitung ... 216
3) Berichtspflicht auch gegenüber dem Aufsichtsorgan? ... 217
4) Weitergehende Anzeigepflichten? ... 220
2. Möglichkeit und Methode zur Abgrenzung von Täterschaft und Teilnahme bei garantenpflichtwidrigem Unterlassen ... 225
a) Die Auffassungen im Schrifttum ... 226
b) Stellungnahme ... 229
1) Der Tatherrschaftsgedanke als normatives Leitprinzip ... 230
2) Keine Abgrenzung nach der Garantenpflicht als solcher ... 234
c) Eigene Auffassung zur Abgrenzung von Täterschaft und Teilnahme anhand einer wertenden Betrachtung ... 236
1) Die Bestimmung der Tatherrschaft im Falle garantenpflichtwidrigen Unterlassens ... 236
2) Strafbarkeit des Compliance-Beauftragten wegen Beihilfe durch Unterlassen ... 239
3) Der Compliance-Beauftragte als (mittelbarer) Unterlassungstäter? ... 241
(a) Zum Streitstand in der Literatur ... 242
(b) Stellungnahme ... 243
3. Maßstäbe der Erfolgszurechnung ... 245
a) Täterschaftliche Zurechnung ... 245
b) Taterschwerung ... 247

Zusammenfassung der wesentlichen Ergebnisse 253

Ausblick 259

Literaturverzeichnis 265

Einführung

Am 17. Juli 2009 hat der 5. Strafsenat des Bundesgerichtshofs in einer Aufsehen erregenden Entscheidung[1], in der ein Leitender Bediensteter einer Körperschaft des öffentlichen Rechts angeklagt war, verlauten lassen[2], dass er Compliance-Beauftragte privater Unternehmen als Garanten zur Abwendung von unternehmensbezogenen Straftaten ansehen möchte, die von Mitarbeitern des Unternehmens zum Nachteil Dritter begangen werden[3]. Mit diesem geläufig als „BSR-Entscheidung“ bezeichneten Urteil[4] setzte der Bundesgerichtshof den vorläufigen (strafgerichtlichen) Höhepunkt im Rahmen der Diskussion um Verantwortung in Unternehmen, welche in Deutschland verstärkt seit ca. zwei Jahrzehnten durch den allgegenwärtigen Terminus „Corporate Compliance“ bereichert und geprägt wird[5].

In dogmatischer Hinsicht gibt der Bundesgerichtshof mit dieser Entscheidung einer strafrechtlichen Materie Auftrieb, die zu den umstrittensten Forschungsgegenständen des allgemeinen materiellen Strafrechts gehört: nämlich der Frage, ob und wenn ja unter welchen Voraussetzungen eine Person rechtlich dazu verpflichtet ist, strafrechtlich missbilligte Erfolge abzuwenden, die durch das Verhalten einer anderen Person hervorgerufen werden. Im unternehmerischen Kontext wurde und wird diese Problematik bislang unter dem Schlagwort der „strafrechtlichen Geschäftsherrenhaftung“ diskutiert. Darunter wird allgemein die Verantwortlichkeit betrieblich Vorgesetzter für die Nichthinderung rechtswidriger Taten von Untergebenen verstanden, die diese im Zusammenhang mit ihrer beruflichen Tätigkeit begehen[6].

Im Rahmen dieser Untersuchung soll es jedoch weniger[7] um die strafrechtliche Geschäftsherrenhaftung im so verstandenen Sinne gehen. Zu diesem Themenspektrum liegt mittlerweile eine Reihe von Monographien vor[8]. Gegenstand der vorliegenden Untersuchung soll vielmehr die rechtliche Bewertung der in der BSR-Entscheidung zum Ausdruck gebrachten Behauptung des 5. Strafsenats sein, dass

---

1 BGHSt 54, 44 = AG 2009, 740 = BKR 2009, 422 = DB 2009, 2143 = JR 2009, 471 = JZ 2010, 1018 = NJW 2009, 3173 = NStZ 2009, 686 = NZG 2009, 1356 = StV 2009, 687 = wistra 2009, 433 = WM 2009, 1882 = ZInsO 2009, 1583 = ZIP 2009, 1867.

2 Zum Charakter dieser höchstrichterlichen Entscheidungspassage vgl. eingehend unter 2. Teil, I. 2. b).

3 BGHSt 54, 44 (49 f.).

4 *Brozat* 2011, S. 227; *Bürkle* 2010a, S. 4; *Fecker/Kinzl* 2010, S. 13; *Geiger* 2011, S. 170.

5 Vgl. eingehend unter 1. Teil.

6 Vgl. dazu insbesondere die Dissertation von *Spring* 2009, S. 3 mit weiteren Nachweisen zum Begriffsverständnis in Fn. 2.

7 Vgl. aber auch unter 3. Teil, I.

8 Zur Vielzahl der Ansätze in der Literatur vgl. zuletzt *Dous* 2009, S. 184 ff.; *Spring* 2009, S. 124 ff.; *Waßmer* 2006, S. 94 ff.

einen Compliance-Beauftragten „regelmäßig strafrechtlich eine Garantenpflicht i. S. des § 13 Abs. 1 StGB“ zur Abwendung von Straftaten treffe, die von Unternehmensangehörigen begangen werden und im Zusammenhang mit der Tätigkeit des Unternehmens stehen[9].

Zur Beantwortung dieser Fragestellung ist es zunächst erforderlich, sich der Rolle und Funktion eines Compliance-Beauftragten im Unternehmen bewusst zu machen [1. Teil], da es letztlich nur mit Blick auf diese außerstrafrechtlichen Bezüge gelingen wird, „Grund und Grenzen“[10] der strafrechtlichen Verantwortlichkeit des Compliance-Beauftragten wegen Unterlassens i. S. des § 13 Abs. 1 StGB adäquat bestimmen zu können. Nach einer Analyse des Urteils des Bundesgerichtshofs zum Compliance-Beauftragten sollen sodann die darin getroffenen Kernaussagen des Senats auf den Prüfstand kommen. Insbesondere soll aufgezeigt werden, ob und inwieweit sich die darin zum Ausdruck kommenden Kriterien in die bisherige Rechtsprechungsdogmatik zum Themenkomplex „Strafbarkeit aufgrund unechten Unterlassens“ einfügen lassen [2. Teil]. Anschließend werden sich die Ausführungen kritisch mit dem vertretenen Meinungsspektrum zur Frage nach einer Garantenpflicht des Compliance-Beauftragten auseinandersetzen [3. Teil], um so eine Basis für den eigenen Ansatz zu gewinnen.

Neben den Fragen nach der (zivilrechtlichen) Begründung sowie der Reichweite der Garantenpflicht des Compliance-Beauftragten bildet der eigene Ansatz auch schwerpunktmäßig die Problematik der Abgrenzung von Täterschaft und Teilnahme durch Unterlassen ab, wobei in diesem Zusammenhang – ohne vertieft vorgreifen zu wollen – den Kriterien der Anordnungskompetenz des Unterlassenden einerseits sowie der Eigenverantwortlichkeit des Handelnden andererseits besondere Bedeutung beigemessen wird [4. Teil]. Keinesfalls kann dabei der Anspruch erhoben werden, sämtliche Aspekte bzw. vertretene Binnendifferenzen der angesprochenen Problemkreise in der nötigen Tiefe darzustellen. Dies würde die Anforderungen, die an eine Dissertation zu stellen sind, auf ein kaum zu bewältigendes Maß ausdehnen. Ziel der Untersuchung soll es vielmehr sein, aus den jeweiligen „Bezugsthemen“ verwertbare Erkenntnisse zu gewinnen, die als Grundlage für eine zivilrechtliche Begründung einer Garantenpflicht dienlich sein können. Insoweit soll die Verknüpfung geltender Prinzipien im Mittelpunkt der Lösung stehen.

---

9 BGHSt 54, 44 (49f.).

10 Formulierung in Anlehnung des Titels zur Dissertation von *Bernd Schünemann* aus dem Jahre 1971.

1. Teil: Compliance als neue Form der Unternehmensorganisation

I. Begriffsbestimmung und Ziele von Compliance

Obwohl der aus der angelsächsischen Rechtsterminologie stammende Begriff „Compliance" seit über 20 Jahren die deutsche Unternehmens- und Finanzwelt prägt[11] und hierzu eine kaum noch zu überblickende Flut an Publikationen existiert[12], kann eine Aussage darüber, was unter „Compliance" zu verstehen ist, keinesfalls pauschal getroffen werden. Denn es handelt sich bei „Compliance" um einen mehrdimensionalen, in seiner Reichweite keineswegs festgelegten Begriff, der darüber hinaus in verschiedenen wissenschaftlichen Disziplinen verwendet wird[13]. Um ihn angemessen beschreiben zu können, soll zunächst nach der Wurzel des heutigen Compliance-Verständnisses gesucht werden:

Der Terminus „Compliance" beruht auf dem englischen Ausdruck „to comply with", was wörtlich übersetzt so viel heißt wie „Handeln in Übereinstimmung mit bestimmten Regeln bzw. bestehenden Vorgaben"[14]. Seine ursprüngliche Verwendung als Fachbegriff liegt hierbei im Bereich der Medizin[15].

1. Compliance in medizinischem Kontext

Unter Compliance in medizinischem Kontext wird allgemein die zuverlässige Befolgung der therapeutischen Anweisung durch den Patienten verstanden[16].

---

11 Erste Versuche einer Begriffsbestimmung finden sich bei *Eisele* 1993, S. 1021, der die Einrichtung von Compliance-Organisationen – in Anlehnung an angelsächsische Entwicklungen – im deutschen Kreditgewerbe beschreibt und prognostiziert, dass es sich bei Compliance um ein – nicht nur in der Bankenwelt – bevorzugtes Thema der 90er Jahre handeln werde.

12 Vgl. aus jüngerer Zeit: *Eisele/Faust* 2011, § 109 Rn. 1; Schwark/Zimmer-*Fett*, § 33 WpHG Rn. 15; *Gebauer/Niermann* 2010, § 36 Rn. 1ff.; *Goette* 2011, S. 390ff.; *Hauschka* 2010, § 1 Rn. 1ff.; *Hemeling* 2011, S. 369ff.; *Hüffer* 2011, S. 299ff.; *Kindler* 2012, S. 1ff.; *Kremer/Klahold* 2010, S. 116f.; *Poppe* 2010, 1. Kap. Rn. 1ff.; *Wieland* 2010, S. 15ff.

13 *Rotsch* 2015a, § 1 Rn. 5 spricht insoweit zu Recht von einem „Relationsbegriff", dessen Bedeutung sich nur über den jeweiligen Bezugsgegenstand erschließe.

14 Vgl. nur *Junc* 2010, S. 7; *Lösler* 2005, S. 104; *Petermann* 2013, S. 69; *Poppe* 2010, 1. Kap. Rn. 1; *H. Schneider* 2014b, § 4 Rn. 2.

15 *Eufinger* 2012, S. 21 m. w. N. in Fn. 7; ebenso *Boemke/Grau/Kißling/H. Schneider* 2012, S. 80; *Meier* 2011, S. 779; *Rotsch* 2015a, § 1 Rn. 5; *H. Schneider/Gottschaldt* 2011, S. 573; *Zimmermann* 2014, S. 19.

16 OLG Hamburg GRUR-RR 2003, 105; vgl. auch *Boemke/Grau/Kißling/H. Schneider* 2012, S. 80; *Eufinger* 2012, S. 21; *Hauschka* 2004a, S. 257; *Oppenheim* 2014, S. 1063; *Rau* 2010, S. 21; *Rotsch* 2010b, S. 141; *H. Schneider* 2014b, § 4 Rn. 2.

Diese den Heilungsprozess fördernde „Therapietreue" kann sich auf verschiedene Weise kenntlich machen, z. B. durch generelle Befolgung ärztlicher Ratschläge und Verordnungen, Beachtung von Einnahme- und Dosierungsempfehlungen bestimmter Arzneimittel, aber auch durch das Einhalten einer Diät oder die Veränderung des Lebensstils.

Laut Schätzungen der Weltgesundheitsorganisation (WHO) befolgen nur etwa die Hälfte aller Patienten die therapeutischen Vorgaben[17]. Genauso viele missachten demgegenüber die ärztlichen Ratschläge und legen damit ein Verhalten an den Tag, welches als Non-Compliance bezeichnet wird. An dieser Stelle setzt das medizinische Compliance-Verständnis an. Dabei geht es – dem Ziel „Erreichung bestmöglichster Therapietreue" folgend – zunächst um die Offenlegung der Gründe für Non-Compliance, um sodann angepasste Maßnahmen zur Förderung der Compliance treffen zu können[18]. Erfahrungsgemäß handelt es sich bei der mehrheitlichen Zahl der Fälle um unbeabsichtigte Non-Compliance, die auf Vergesslichkeit seitens der Patienten beruht. Dieser ließe sich etwa mit einem Therapieplan begegnen, der die Fähigkeit des Patienten zur Selbstorganisation bestärkt. Als weitere Ursachen mangelhafter Therapietreue sind bspw. ungenügende Information oder innere Vorbehalte des Patienten zu nennen. Auch diesbezüglich stellt sich die Frage, wie dem entgegengetreten werden kann. Zur Eindämmung dieser Risikofaktoren sollten Patienten stets eine ausreichende Information über die Wirkungen der Therapie durch die jeweiligen Fachleute erhalten sowie über die Folgen von Non-Compliance aufgeklärt werden. Zudem sind vertrauliche Gespräche zwischen Arzt und Patient ein probates Mittel, um Hemmungen abzubauen.

Compliance im medizinischen Bereich bedeutet daher nicht nur „Therapietreue" an sich, sondern es geht vor allem funktional um die Erstellung eines Konzepts zur Gewährleistung von „Therapietreue". In Umsetzung dessen sind die jeweiligen Maßnahmen zur Förderung von Compliance mit den jeweiligen Risikofaktoren abzustimmen[19].

2. Das Verständnis von Compliance in der Unternehmenswirklichkeit

Was unter „Compliance" im unternehmerischen Kontext zu verstehen ist, kann nicht definitionsartig beantwortet werden, da der Gesetzgeber diese Frage (bislang)

---

17 WHO Report 2003, abrufbar unter www.who.int/chp/knowledge/publications/adherence_full_report.pdf?ua=1. (Abruf vom 16.09.2015).

18 Wikipedia: Compliance (Medizin).

19 Wikipedia: Compliance (Medizin). Neben konkreten, an eine Therapie gekoppelten Risikofaktoren werden auch generelle Risikofaktoren wie Rauchen, Übergewicht oder Bewegungsmangel ausgemacht, die die Vitalität bzw. Lebenserwartung eines Menschen negativ beeinflussen. Auch diese lassen sich präventiv reduzieren, indem vor allem nachhaltige Aufklärung über mögliche Folgen dieser Risiken betrieben und auf einen gesünderen Lebensstil hingewirkt wird.

nicht beantwortet hat[20]. Dagegen sind in Literatur und Praxis unterschiedliche Definitionen anzutreffen.

Zu unterscheiden ist zunächst zwischen branchenspezifischer Compliance, wie sie insbesondere bei Banken- und Wertpapierdienstleistungsunternehmen bzw. bei Versicherungsunternehmen vorzufinden ist, und Compliance in sonstigen Wirtschaftsunternehmen, für die keine konkreten spezialgesetzlichen Vorgaben existieren. Ist von Letzterem die Rede, so hat sich für dieses Verständnis von Compliance der Terminus „Corporate Compliance" eingebürgert[21]. Er beschreibt die unternehmensweite Einhaltung der relevanten Normen durch alle Organe und Mitarbeiter eines jeden Unternehmens. Damit wird klargestellt, dass sich Compliance nicht nur auf die Regeleinhaltung in spezifischen Bereichen, wie z. B. der Banken- bzw. Wertpapierbranche, beschränkt. Die nachfolgenden Ausführungen beleuchten überwiegend die Probleme und Fragen nicht branchenspezifischer (Corporate) Compliance[22]. Da jedoch der Ursprung der wirtschaftsrechtlichen Compliance-Diskussion in der Banken- und Finanzwelt liegt, beanspruchen die dortigen Regelungen sowie die Erkenntnisse sektorspezifischer Compliance eine große Bedeutung[23], auf die partiell einzugehen ist.

Nachdem diese grundsätzliche Unterscheidung herausgearbeitet wurde, gilt es ferner unabhängig von der Reichweite des jeweiligen Compliance-Verständnisses – genau wie im medizinischen Kontext – zwischen zwei Deutungsmustern zu differenzieren. Denn zum einen umschreibt Compliance auch in der Unternehmenswelt die allgemeine Anforderung, auferlegte Regeln zu befolgen, und zum anderen versteht man darunter das konzeptionelle Mittel, genau dies zu erreichen[24].

---

20 Was *Hauschka* 2014, S. 165 jüngst als glücklichen Umstand bezeichnet. Vgl. weiterhin *Bergmoser/Theusinger/Gushurst* 2008, S. 1; *Hüffer* 2011, S. 301; *Kremer/Klahold* 2010, S. 116. Zwar lässt sich die zunehmende Normierung des Compliance-Gedankens gerade im Aufsichtsrecht beobachten (so enthält § 33 Abs. 1 S. 2 Nr. 1 WpHG das formalgesetzliche Erfordernis von Wertpapierdienstleistungsunternehmen zur Einrichtung einer Compliance-Funktion), jedoch wird auch darin keine abschließende Definition des Begriffs gesehen, da die genauere Umsetzung dieser aufgetragenen Organisationspflicht mittels konkretisierender Rechtsverordnung (WpDVerOV) erfolgt und der Unternehmensleitung im Rahmen dessen ein unternehmerisches Ermessen verbleibt; vgl. hierzu *Hense/Renz* 2008, S. 181; *Veil* 2008, S. 1094 f.

21 *Eisele/Faust* 2011, § 109 Rn. 2 f.; *Junc* 2010, S. 8 f.; *Lösler* 2008, S. 1099.

22 Sofern nachfolgend nur von Compliance die Rede ist, ist dies im Sinne von Corporate Compliance zu verstehen.

23 Vgl. *Eisele/Faust* 2011, § 109 Rn. 2; *Hense/Renz* 2008, S. 181; *Hüffer* 2011, S. 300; *Kort* 2011, S. 408; *S. Krieger/J. Günther* 2011, S. 150; *Lösler* 2005, S. 104; *Poppe* 2010, 1. Kap. Rn. 37 ff.; *Reichert/Ott* 2009, S. 2173; *Schaefer/Baumann* 2011, S. 3602.

24 Vgl. nur *Klopp* 2012, S. 21 ff.

a) Das materielle Verständnis von Compliance

Angelehnt an den Wortsinn beschreibt Compliance zunächst die Einhaltung aller für das Unternehmen geltender Normen und Verhaltensanforderungen und damit die Pflicht des Unternehmens, der Unternehmensorgane und der Mitarbeiter, sich ordnungsgemäß, insbesondere rechtmäßig zu verhalten[25]. Abstrakt formuliert lässt sich dieses Begriffsverständnis als materielle Compliance bezeichnen[26]. Unklarheit besteht nun aber über die Reichweite dieses Pflichtenstandards. Eng ausgelegt umfasst er „lediglich" die Einhaltung und Befolgung aller für das Unternehmen einschlägiger und rechtlich verbindlicher Regeln bzw. Anordnungen[27]. Hierunter zählen nicht nur die gesetzlichen Verpflichtungen, sondern auch rechtsverbindliche Verordnungen sowie rechtlich verbindliche Anordnungen der (Aufsichts-)Behörden. So verstanden stellt Compliance überhaupt keine Neuerung dar[28], beschreibt sie doch nichts anderes als das für Organmitglieder geltende Legalitätsprinzip, wonach jene zum einen die Pflicht trifft, sich selbst gesetzestreu zu verhalten, und ihnen zum anderen aufgetragen ist, das Unternehmen so zu führen und zu organisieren, dass Gesetzesverstöße tunlichst vermieden werden[29].

Die wohl überwiegende, im Aufsichtsrecht verwurzelte Meinung geht demgegenüber von einem weiten Compliance-Verständnis aus, welches eng mit den Zielen und Funktionen von Compliance verknüpft ist[30]. Compliance bedeute demnach eine ganzheitliche Sichtweise, die nach Meinung der Vertreter am ehesten gewährleiste, die Ziele von Compliance (Haftungsprävention, Vermeidung sonstiger Rechtsnachteile, Reputationserhaltung bzw. -aufbau) umzusetzen[31]. Insoweit beinhaltet Compliance in materieller Hinsicht nicht nur die unternehmensweite Beachtung rechtlich verbindlicher Regelungen, sondern auch die Einhaltung aller von der Wirtschaft selbst gesetzter Vorgaben (z. B. Branchenkodizes) sowie sämtlicher unternehmensinterner Leit- und Richtlinien (z. B. Verhaltens- und Ethikkodizes).

---

25 Statt aller *Bergmoser/Theusinger/Gushurst* 2008, S. 2.

26 So insbesondere auch *Kremer/Klahold* 2010, S. 116 sowie *Rotsch* 2015a, § 1 Rn. 46 („materiell-präventiver Aspekt").

27 In diese Richtung *Goette* 2011, S. 400; *Hüffer* 2011, S. 302; *Kindler* 2012, S. 2; wohl auch *Kremer/Klahold* 2010, S. 116.

28 *U. Schneider* 2003, S. 646 spricht diesbezüglich zu Recht von einer „Binsenweisheit".

29 Vgl. näher unter 1. Teil, III. 1.

30 *Bergmoser/Theusinger/Gushurst* 2008, S. 2; *Caspar* 2009, S. 202; *Eisele/Faust* 2011, § 109 Rn. 4; *Junc* 2010, S. 10 ff.; *Hauschka* 2010, § 1 Rn. 7; *Hense/Renz* 2008, S. 181 f.; *Lösler* 2005, S. 104 ff.; *Mengel* 2009, S. 2 f.; *Poguntke* 2013, S. 29; *Poppe* 2010, 1. Kap. Rn. 59 ff.

31 Vgl. nur *Hauschka* 2010, § 1 Rn. 24; *Junc* 2010, S. 10 ff.; *Grüninger* 2010, S. 50; *U. Schneider* 2003, S. 648.

b) Das organisatorische Verständnis von Compliance

Das Verständnis von Compliance erschöpft sich jedoch nicht in seinem ursprünglichen Wortsinn. Vielmehr ist aus den bisherigen Ausführungen schon deutlich geworden, dass sich hinter Compliance auch eine Organisationsanforderung verbirgt, welche eine Reaktion auf eine drastische Ausweitung der rechtlichen Risiken, mit denen die Unternehmen umgehen müssen, darstellt[32]. Compliance ist insofern „eine zentrale Aufgabe der Unternehmensleitung“[33], die besagt, das unternehmensspezifische Risikopotential[34] auszuloten und den genannten Risiken im Interesse des Unternehmens und seiner Mitarbeiter zu begegnen[35]. Der zentrale Ansatz des Compliance-Gedankens liegt hierbei in der Betonung des Erfordernisses organisatorischer Umsetzungsmaßnahmen, um materielle Compliance unternehmensweit sicherzustellen[36].

So verstanden bezeichnet Compliance die Gesamtheit aller Maßnahmen eines Unternehmens, die gewährleisten sollen, dass die geltenden Gesetze, Verhaltenspflichten und Regelungen durch das Unternehmen, die Unternehmensorgane sowie sämtliche Mitarbeiter eingehalten werden[37]. Compliance bedeutet daher „mehr als eine bloße (in aller Regel rückwärtsgewandte) Rechtmäßigkeitskontrolle des Unternehmenshandelns“[38], sondern es geht – analog dem medizinischen Begriffsverständnis – um ein systematisches Konzept zur Sicherstellung regelkonformen

32 Zu den rechtspolitischen Hintergründen sowie den rechtlichen Grundlagen dieses Compliance-Verständnisses vgl. unter 1. Teil, II. und III.

33 Übereinstimmende Meinung, vgl. nur *Beisheim/Hecker* 2015, S. 51; *Bürkle* 2015, S. 53; *Fleischer* 2004a, S. 1131 sowie *U. Schneider* 2003, S. 647, der betont, dass die Kontrolle des Vorstands bei Wahrnehmung dieser Aufgabe dem Aufsichtsrat als Überwachungsaufgabe obliege.

34 Zu den Compliance-Risiken, vgl. nur *Hauschka* 2010, § 1 Rn. 8 ff.; *ders.* 2004a, S. 257 ff.

35 *Hüffer* 2011, S. 301; *Kort* 2011, S. 409; *Kremer/Klahold* 2010, S. 117; vgl. auch *H. Schneider* 2014b, § 4 Rn. 8, der diesbezüglich Compliance die Aufgabe der „Grenznavigation“ zuschreibt.

36 *Gebauer/Niermann* 2010, § 36 Rn. 4 sprechen plastisch von „Compliance als Management des Compliance-Risikos“. Auch Baumbach/Hueck-*Zöllner/Noack*, § 35 Rn. 68a betonen, dass neu an Compliance „nur der Begriff und ggf. die Absicherung der Rechtstreue durch spezielle Organisationsmaßnahmen“ sei.

37 Zu den gebräuchlichen Definitionen vgl. nur *Boemke/Grau/Kißling/H. Schneider* 2012, S. 81; *Bürkle* 2005, S. 565; *Eisele/Faust* 2011, § 109 Rn. 1; *Groß* 2012, S. 37; *Klopp* 2012, S. 22; *Konu* 2014, S. 26; *Krüger* 2013, S. 1; *Heinz* 2010, § 22 Rn. 53; *Hüffer* 2011, S. 302 f.; *Junc* 2010, S. 9; *Kremer/Klahold* 2010, S. 117; *Pietrek* 2012, S. 32; *Poppe* 2010, 1. Kap. Rn. 29 f.; *Reichert* 2011, S. 114; *ders./Ott* 2009, S. 2173 f.; *U. Schneider* 2003, S. 646; zur unterschiedlichen Reichweite des Compliance-Verständnisses auch in organisationsspezifischer Hinsicht vgl. *Wieland* 2010, S. 16 ff.

38 So zutreffend *Reichert* 2011, S. 114.

Verhaltens, welches im Wesentlichen präventive Aufgaben hat[39]. Im Vordergrund steht dabei die Vorbeugung von Gesetzesverstößen und damit Schäden, die sich aus Gesetzesverstößen ergeben können, wie etwa strafprozessuale Zwangsmaßnahmen, Bußgelder, Schadensersatzpflichten, Ausschluss von Auftragsverfahren sowie Reputationsverluste.

Vor allem in der Banken- und Finanzwelt, aber auch im Versicherungssektor hat der Gesetzgeber sehr konkrete, branchenspezifische Vorgaben zur Steuerung der unternehmerischen Risiken gemacht (vgl. §§ 33 WpHG, 25a KWG, 64a VAG). Unter anderem enthalten diese aufsichtsrechtlichen Bestimmungen Gebote zur ordnungsgemäßen internen Organisation, wobei § 33 Abs. 1 S. 2 Nr. 1 WpHG gar von der Pflicht spricht, eine dauerhafte und wirksame Compliance-Funktion einzurichten. Ob und inwieweit sonstige Wirtschaftsunternehmen außerhalb branchenspezifischer Vorgaben verpflichtet sind, eine Compliance-Organisation zu etablieren, ist Gegenstand einer Debatte, die seit einigen Jahren geführt wird[40]. Auch diese Komponente der Diskussion um Compliance wird verbreitet als Compliance-Pflicht bezeichnet[41]. Sie ist jedoch zwingend von der Compliance-Pflicht in materieller Hinsicht abzugrenzen.

c) Der Zusammenhang mit Corporate Governance

In der Rechts- und Wirtschaftsterminologie ist Compliance eng mit der Diskussion um Corporate Governance verbunden, welche wiederum im angelsächsischen Raum bis in die 30er Jahre des 20. Jahrhunderts zurückreicht[42]. Corporate Governance bedeutet zunächst in etwa „Unternehmensverfassung" und bezeichnet den Ordnungsrahmen für die Leitung und Überwachung eines Unternehmens[43]. Dieser Ordnungsrahmen, der die Gesamtheit aller Gesetze, Richtlinien, Kodizes und Absichtserklärungen umfasst, wird maßgeblich durch die Regulierer (Gesetzgeber, Interessenverbände, Anteilseigner, etc.) vorgegeben und ist von den Organen eines Unternehmens umzusetzen. Corporate Governance steht daher auch für eine gute

---

39 In diese Richtung auch *Junc* 2010, S. 11f.; *Heinz* 2010, § 22 Rn. 53; *Hüffer* 2011, S. 299; *Mosbacher* 2012, S. 129; *Poguntke* 2013, S. 30f.; *Poppe* 2010, 1. Kap. Rn. 29f.; *U. Schneider* 2003, S. 648; *Reichert* 2011, S. 114; *ders./Ott* 2009, S. 2174; *Vetter* 2009, S. 35. Neben der primär präventiven Ausrichtung enthalten Compliance-Management-Systeme auch repressive Elemente, soweit es nämlich darum geht, wie auf (erkanntes) Fehlverhalten zu reagieren ist. Vgl. bereits *Rotsch* 2015a, § 1 Rn. 44 sowie aus dem Bereich der Wertpapier-Compliance *Caspar* 2009, S. 202; *Eisele* 1993, S. 1023; Schwark/Zimmer-*Fett*, § 33 WpHG Rn. 20; *Lösler* 2005, S. 105.

40 Soweit ersichtlich wurde dies erstmals von *U. Schneider* 2003, S. 648f. bejaht. Vgl. näher unter 1. Teil, III. 2.

41 Vgl. nur *Bürkle* 2007, S. 1798; *Kort* 2008, S. 85; *Reichert* 2011, S. 114f.

42 *Grüninger* 2010, S. 47ff.; *Rathgeber* 2012, S. 35f.; *Rotsch* 2010b, S. 142.

43 So *Gößwein/Hohmann* 2011, S. 963; *Hauschka* 2010, § 1 Rn. 1; *Kraft* 2009, S. 285f.; *Maschmann* 2007, 3. Kap. Rn. 210; *Rotsch* 2010a, S. 614; vgl. auch *Bergmoser/Theusinger/Gushurst* 2008, S. 1; *Klopp* 2012, S. 49f.

und verantwortungsbewusste Unternehmensführung und -kontrolle, die größtenteils auf rechtlichen Vorgaben basiert[44].

Insoweit stellt Compliance, verstanden als die Gesamtheit aller organisatorischen Maßnahmen, die sicherstellen sollen, dass sich die Organmitglieder sowie die Mitarbeiter eines Unternehmens normenkonform verhalten, ein Mittel der Unternehmensleitung zur unternehmensinternen Durchsetzung von Corporate Governance dar[45]. Compliance betrifft daher (jedenfalls) den Ausschnitt der Grundsätze zur guten Unternehmensführung, die „eine im umfassenden Sinne rechtmäßige Wertschöpfung gewährleisten sollen“[46].

Die Regelungen guter Corporate Governance sind in Deutschland im Deutschen Corporate Governance Kodex (DCGK) festgeschrieben, der durch die Regierungskommission Corporate Governance zuletzt im Jahr 2015 neu gefasst wurde[47]. Darin sind eine Darstellung wesentlicher gesetzlicher Vorschriften zur Leitung und Überwachung deutscher börsennotierter Unternehmen sowie eine Beschreibung international und national anerkannter Standards guter und verantwortungsbewusster Unternehmensführung enthalten[48]. Unter anderem hat der Vorstand nach Ziff. 4.1.3. des DCGK „für die Einhaltung der gesetzlichen Bestimmungen und der unternehmensinternen Richtlinien zu sorgen und wirkt auf deren Beachtung durch die Konzernunternehmen hin (Compliance)“. Mit dieser Regelung spricht der DCGK zugleich beide Dimensionen von Compliance an[49]: Zum einen legt er sich auf ein weit gefasstes materielles Verständnis von Compliance fest, da neben den rechtlichen Normen auch unternehmensinterne Richtlinien einzuhalten sind. Zum anderen enthält er einen – wenn auch vorsichtig umschriebenen – Organisationsaspekt, indem er dem Vorstand die Sorge um konzernweite Normbefolgung aufträgt.

d) Zwischenfazit

Es hat sich gezeigt, dass der Compliance-Begriff auch in der Unternehmens- und Finanzwelt mehrdeutig ist. Zwingend zu differenzieren ist hierbei zwischen einem Compliance-Verständnis in materieller Hinsicht sowie einem Compliance-Verständnis als Organisationsanforderung. Darüber hinaus ist allerdings vieles

---

44 Vgl. nur *Grüninger* 2010, S. 48 f.; *Junc* 2010, S. 14; *Maschmann* 2007, 3. Kap. Rn. 210.

45 *Eisele/Faust* 2011, § 109 Rn. 2; *Grüninger* 2010, S. 48 f.; *Junc* 2010, S. 15; *Kraft* 2009, S. 286; *Reichert* 2011, S. 114; *Rotsch* 2010a, S. 614.

46 So *Hüffer* 2011, S. 299, der Compliance metaphorisch als so etwas wie die kleine Schwester der Corporate Governance bezeichnet.

47 Aktuelle Fassung des DCGK unter www.dcgk.de//files/dcgk/usercontent/de/download/kodex/2015-05-05_Deutscher_Corporate_Governance_Kodex.pdf (Abruf vom 16.09.2015).

48 Der Kodex richtet sich in erster Linie an börsennotierte Gesellschaften, wobei aber auch nicht börsennotierten Gesellschaften die Beachtung des Kodex empfohlen wird (vgl. Präambel, vorletzter Absatz).

49 So auch *Hüffer* 2011, S. 302; *Kort* 2008, S. 83; *Kremer/Klahold* 2010, S. 117.

ungeklärt. So ist insbesondere strittig, ob die Legalitätspflicht mit der materiellen Compliance-Pflicht deckungsgleich ist oder lediglich eine Teilmenge von dieser ausmacht, weil sich Compliance auf die Einhaltung aller rechtlich verbindlichen sowie sonstigen, auch selbst auferlegten Regelungen erstreckt.

Im organisatorischen Sinne bezeichnet Compliance weiterhin die Summe aller Maßnahmen, die notwendig sind, um materielle Compliance der Mitglieder der Leitungsorgane eines Unternehmens sowie der Mitarbeiter sicherzustellen. Rechtspflichten zur Ergreifung derartiger organisatorischer Maßnahmen finden sich jedenfalls in einzelnen aufsichtsrechtlichen Bestimmungen. Darüber hinaus besteht jedoch Streit, ob eine allgemeine, nicht branchenspezifische Rechtspflicht zur Einführung einer Compliance-Organisation anzunehmen ist, die üblicherweise auch unter dem Leitwort Compliance-Pflicht diskutiert wird.

II. Compliance als Konzept zur Selbstregulierung der Wirtschaft

Es stellt keineswegs eine überraschende Erkenntnis dar, dass Recht und Gesetz in einer rechtsstaatlich geformten Gesellschaft befolgt werden müssen. Erst durch die Einhaltung der rechtlichen Normen kann die Handlungsfreiheit des Einzelnen und damit das gedeihliche Zusammenleben der Menschen untereinander adäquat gewährleistet werden. Insofern wird die Selbstbestimmung des Individuums nicht schrankenlos garantiert, sondern findet ihre oberste Grenze in der staatlichen Ordnung, die sich die Gesellschaft selbst auferlegt hat. Diese Rechtsordnung ist keinesfalls ein starres Gebilde, sondern sie wird stets durch den demokratisch legitimierten Gesetzgeber an die Gegebenheiten der Wirklichkeit, einschließlich der gesellschaftlichen Wertevorstellungen angepasst[50].

Die Einhaltung der Vorgaben der Rechtsordnung ist dabei nicht nur Sache des Menschen selbst, sondern gilt insbesondere auch für juristische Personen wie die in der Privatwirtschaft tätigen Unternehmen[51]. Es ist daher weder neu, noch außergewöhnlich, dass es das Ziel eines Unternehmens sein muss, nicht gegen die Vorgaben der Rechtsordnung zu verstoßen. Insoweit gilt es für jeden Unternehmer seit jeher, die neben den betriebswirtschaftlichen Risiken bestehenden rechtlichen Gefährdungspotentiale zu identifizieren und zu minimieren, was sich jedoch an-

50 Vgl. nur *Rotsch* 2010b, S. 148, der die Erkenntnis, dass das Recht der Wirklichkeit folge, als an sich trivial bezeichnet.

51 Vgl. nur *Steinmeyer/Späth* 2010, S. 176f.: „Das Rechtssystem ist für Unternehmer und Unternehmen von zentraler Bedeutung. Idealerweise schafft es einen Ordnungsrahmen für die Marktwirtschaft, indem es Eigentum (einschließlich des geistigen) und unternehmerische Freiheit vor unverhältnismäßigen staatlichen Eingriffen, unlauterer Konkurrenz und Willkür schützt. [...] Staat und Gesellschaft erwarten im Gegenzug, dass ein Unternehmen die geltenden Gesetze einhält und für rechtmäßiges Verhalten der Personen (meistens Arbeitnehmer) in seinem Einflussbereich sorgt".

gesichts der Veränderungen in der Wirtschaftswelt und dem damit einhergehenden Anstieg nationaler und internationaler[52] Reglementierung zunehmend schwieriger gestaltet.

1. Ausgangslage

Bis zu Beginn des 20. Jahrhunderts war die Unternehmenswelt maßgeblich durch örtlich ansässige Handwerker und Kleinbetriebe geprägt. Diese waren in ihrem unternehmerischen Handeln in freien Marktwirtschaften wie in den USA oder auch in Deutschland lange Zeit nur wenigen Schranken ausgesetzt. So war es ihnen nicht nur möglich, weitgehend frei zu entscheiden, was produziert und verkauft wurde, sondern auch, welche Informationen über das Unternehmen an die Öffentlichkeit getragen wurden. Das war insofern nicht weiter problematisch, als dass relativ kleine Unternehmen im Fall der Insolvenz nur ihre eigene Existenz gefährdeten[53].

Seitdem hat sich allerdings ein starker Wandel vollzogen. Denn die moderne Wirtschaft ist durch eine „nicht mehr wegzudenkende stark differenzierte Arbeitsteilung“[54] mit überregional und seit längeren auch global agierenden Unternehmen gekennzeichnet. Die zunehmende Spezialisierung der Unternehmen sowie die vermehrte Einbindung auch anderer Beteiligter (Subunternehmer, Zwischenhändler, Zulieferer, etc.) in den Prozess der Herstellung, des Vertriebs und des Verkaufs von Produkten hat dabei zur Folge, dass die wirtschaftlichen Abläufe insgesamt komplexer und unübersichtlicher geworden sind[55]. Dadurch stiegen zugleich die Gefahren, die von Unternehmensinsolvenzen ausgehen können. So beeinträchtigen Zusammenbrüche bzw. massive Zahlungsprobleme von Großkonzernen nicht nur die Wirtschaft des jeweiligen Landes, sondern sie gefährden oft auch internationale Handels- und Finanzbeziehungen, was sich unter Umständen gar auf die gesamte Weltwirtschaft auswirken kann. Dies war erstmalig in der Weltwirtschaftskrise von 1929 spürbar, die verdeutlichte, wie wichtig wahrheitsgemäße Informationen über die Vermögens-, Finanz- und Ertragslage eines Unternehmens für Anleger und Partner dieses Unternehmens sind und dass es staatlicher Aufsicht über derartige Informationen in Zukunft bedürfe[56].

So bewirkte diese Entwicklung hin zu einer globalen Wirtschafts- und Finanzwelt eine stetig anwachsende Komplexität des Rechts, das den Umgang mit dieser Wirklichkeit – inklusive der durch sie hervorgerufenen Gefahrenpotentiale – gewähr-

---

52 Zur Anwendbarkeit der „Geschäftsherrenhaftung“ im Falle von Menschenrechtsverletzungen durch transnational agierende Konzerne vgl. *Saage-Maaß* 2014, S. 229 ff.

53 Vgl. nur *Janke* 2008, S. 21 f.

54 *Bock* 2012, S. 64.

55 Vgl. *Wessing* 2009, S. 868 f.; auch *Eidam* 2014a, Kap. 1, Rn. 1 ff.; *Pampel/Glage* 2010, § 5 Rn. 1, 11.

56 *Janke* 2008, S. 22.

leisten soll[57]. Die fortschreitende nationale wie auch internationale Normgebung umfasst dabei nicht nur die Auferlegung zivilrechtlicher und öffentlich-rechtlicher Ge- und Verbote, sondern sie wird auch oft begleitet durch die Implementierung diverser straf- bzw. bußgeldbewehrter Tatbestände, die für die am Wirtschaftsleben beteiligten Unternehmen sowie die für sie handelnden Personen kaum noch überschaubar bzw. hinreichend bestimmbar sind[58] und somit zusätzliche Haftungsrisiken bergen. Torpediert wird diese Entwicklung durch große Wirtschaftsstrafverfahren, die in den letzten drei Jahrzehnten in Deutschland deutlich zugenommen haben[59]. Allein diese Umstände müssten bei den Unternehmen dazu führen, ihre bisherige Organisation unter den Gesichtspunkten der Risikoidentifikation sowie -überwachung neu zu überdenken, wobei sich die Etablierung von Compliance-Strukturen sicherlich als probates Mittel erweist.

Neben dieser repressiv ausgerichteten Entwicklungslinie ist jedoch auch zunehmest eine andere Reaktion des deutschen Gesetzgebers auszumachen, die ihren Ursprung in den USA hat. Diese besteht darin, dass der Staat vermehrt dazu übergeht, die Unternehmen selbst in die Prävention von Rechtsverstößen einzubinden, indem er sie zur Einrichtung organisatorischer Vorkehrungen verpflichtet. Es handelt sich insoweit um Elemente staatlich auferlegter Selbstregulierung[60] im Interesse des Schutzes bestimmter Rechtsgüter, die den Compliance-Gedanken in organisatorischer Hinsicht enthalten.

Die an dieser Stelle nur angedeutete staatlich gesteuerte „Zangenbewegung" der Rechtsentwicklung[61] stellt die Grundlage der Diskussion um Compliance-Maßnahmen im Unternehmen dar[62]. Sie gilt es im Folgenden näher aufzuzeigen.

---

57 Ähnlich *Rotsch* 2010b, S. 148; *Wessing* 2009, S. 868.

58 Vgl. nur *Pfohl* 2015, § 54 Rn. 8, der betont, dass „rastlose Tätigkeit des nationalen Gesetzgebers" eine „Unübersichtlichkeit" bewirkt habe, die dazu führe, dass die „einschlägigen Vorschriften kaum noch vollständig erfasst und verarbeitet werden können". Weitere Bedenken speziell im Hinblick auf die generalpräventive Wirkung des Wirtschaftsstrafrechts bringt *H. Schneider* 2012b, S. 664 vor: „Insbesondere im Wirtschaftsstrafrecht ist zu beobachten, dass die Kenntnis der strafrechtlichen Grenzen zulässigen Verhaltens zunehmend Expertenwissen voraussetzt, und die Gesetze bzw. ihre Auslegung durch die höchstrichterliche Rechtsprechung von den Normadressaten deshalb als Zumutung oder Schikane empfunden werden". Vgl. auch die Kritik bei *Theile* 2011, S. 618 f. m. w. N.

59 Vgl. näher unter 1. Teil, II. 2. b) 2) (b).

60 Grundlegend zu den Charakteristika der neuen Regulierungsformen sowie deren Beitrag zur Kriminalprävention vgl. *Sieber* 2008, S. 449 ff.; zudem *Kölbel* 2008, S. 22 ff.; *Wessing* 2009, S. 867 ff.

61 Zu diesem grundlegenden Phänomen aus kriminologischer Sicht vgl. *H. Schneider* 1998, S. 329 ff.

62 Sofern der Gesetzgeber den Unternehmen auferlegt, eigene organisatorische Vorkehrungen zur Eindämmung der Unternehmensrisiken zu treffen, ändert sich der Rückkopplungseffekt zwischen Unternehmenswirklichkeit und Recht: Denn wenn Compliance effektives Mittel jeglicher Haftungsvermeidung im Unternehmen sein

2. Die Verdichtung von Verbotsmaterie und formeller Sozialkontrolle als ein Auslöser der Compliance-Bewegung

a) *US-amerikanische Regelungen*

Das moderne Verständnis von Compliance als Konzept zur Sicherstellung regelkonformen Verhaltens entstand in den USA als Reaktion auf die Verantwortung von Kapitalgesellschaften für kriminelle Handlungen ihrer Angestellten[63]. Herausragende Bedeutung kommt hierbei den massiven wettbewerbsrechtlichen Straftaten im Rahmen der sogenannten „Electrical Cases" in den 1950er Jahren zu, in deren Folge kartellrechtliche Compliance-Programme entwickelt wurden[64]. Etabliert wurden Compliance-Systeme dann gegen Ende der 1980er Jahre in der angelsächsischen Banken- und Finanzwelt mit dem Ziel, Insiderverstöße und Geldwäsche zu verhindern sowie Interessenkonflikte zu steuern[65]. Verstand sich Compliance zunächst als sektorenspezifisches Konzept zur Einhaltung der jeweils anwendbaren Regeln, so hat sich auch in den USA ein umfassenderes Compliance-Verständnis herausgebildet.

Einer der wichtigsten Auslöser für diese allgemeine Compliance-Bewegung sind die sogenannten Wirtschaftskriminalitäts-Skandale in den USA, die im Kontext des Niedergangs des „Neuen Marktes" auch außerhalb der USA breite Beachtung gefunden haben. Namentlich die Bilanzmanipulationen bei Enron und WorldCom[66] waren in den USA der Anlass für Gesetzesänderungen zur Bekämpfung der Wirtschaftskriminalität, die im Rahmen des „Sarbanes-Oxley-Acts" (SOX) im Jahr 2002 durch den Gesetzgeber umgesetzt und von *George W. Bush* medienwirksam mit den Worten „no more easy money for corporate criminals – just hard time" eingeführt wurden[67]. Neben der offensichtlichen Verschärfung der Strafen für bestimmte Wirtschaftsstraftaten (die Obergrenze der zeitigen Freiheitsstrafe beträgt bei zahlreichen Tatbeständen zwanzig Jahre)[68] enthält das Bundesgesetz Vorschriften, die vom Anwendungsbereich des Gesetzes betroffene Unternehmen zu Compliance-Maßnahmen verpflichten. So besteht gemäß der Section 404 des Gesetzes die Verpflichtung, ein angemessenes internes Kontrollsystem („adequate internal control

---

soll, lassen sich derartige Maßnahmen im Unternehmen nur dann wirksam treffen, wenn man sich vorher der rechtlichen Risiken bewusst macht. Insofern folgt das Recht hier nicht der Unternehmenswirklichkeit, sondern es geht ihr voraus. Weiterführend aus der Perspektive des Wirtschaftsstrafrechts *Rotsch* 2010b, S. 152 ff.

63 Vgl. nur *Eisele/Faust* 2011, § 109 Rn. 5.

64 Überblicksartig zu den historischen Ursprüngen von Compliance vgl. *Eufinger* 2012, S. 21 f. m. w. N.

65 *Eisele* 1993, S. 1021; *Eufinger* 2012, S. 22; *Lösler* 2005, S. 104.

66 Eingehend *Janke* 2008, S. 31 ff. (Enron), S. 35 ff. (Worldcom).

67 So schon *H. Schneider* 2014a, § 1 Rn. 70 ff. m. w. N., der diese Entwicklung als Paradebeispiel des politisch-publizistischen Verstärkerkreislaufs deutet (Rn. 74).

68 Kritisch hierzu *Hefendehl* 2006, S. 120 ff.

structure") zu errichten und aufrecht zu erhalten, womit alle Maßnahmen gemeint sind, durch die die Richtigkeit der Quartals- und Jahresabschlüsse sichergestellt werden soll[69].

Diese durch den Sarbanes-Oxley-Act verschärften Strafandrohungen sowie verstärkten Compliance-Anforderungen sind für deutsche Unternehmen, die an der US-Börse gelistet sind, unmittelbar geltendes Recht und müssen zwingend beachtet werden. Darüber hinaus gilt für diese Unternehmen der „Foreign Corrupt Practices Act" (FCPA), der bestimmte Buchführungs- und interne Kontrollbestimmungen vorsieht und Bestechungszahlungen – auch gegenüber ausländischen Amtsträgern – unter strenge Strafe stellt sowie empfindliche Schadensersatzpflichten vorsieht[70].

b) Zusätzliche Haftungsrisiken für Unternehmen und Management

1) Kurzüberblick

Auch sonstige, nicht an der US-Börse gelistete Unternehmen sehen sich einer Vielzahl von allgemeinen sowie branchenspezifischen Haftungsrisiken ausgesetzt. Diese lassen sich in nahezu allen Teilbereichen des Rechts identifizieren, wobei sicherlich die gestiegenen Bußgeldrisiken (§§ 30, 130 OWiG) sowie erheblichen Schadensersatzansprüche gerade im Bereich des deutschen und europäischen Kartellrechts herausstechen[71]. Weiterhin haben fehlgeschlagene Spekulationsgeschäfte, etwa im Bereich der Metallbranche oder auch bei der Volkswagen AG, sowie Produkthaftungsfälle unzähligen Unternehmen erheblichen Schaden zugefügt, wobei es neben unmittelbaren finanziellen Schäden auch zu mittelbaren Schäden in Form von Reputationsverlusten kam.

Zusätzliche Haftungsrisiken im Falle eigener oder fremder Rechtsverstöße ergeben sich ferner für die Leitungsorgane einer Gesellschaft im Außenverhältnis gegenüber Dritten aus § 823 Abs. 1 BGB bzw. § 823 Abs. 2 BGB i. V. m. einem Schutzgesetz sowie im Innenverhältnis gegenüber dem eigenen Unternehmen aus § 93

---

69 Zudem muss jeder Jahresbericht eine Beurteilung der Wirksamkeit des internen Kontrollsystems und ein Urteil des Wirtschaftsprüfers über die Wirksamkeit des internen Kontrollsystems für die Rechnungslegung enthalten. Des Weiteren regelt der Sarbanes-Oxley-Act in Section 806 den Schutz von Hinweisgebern (whistleblower), durch die das Entdeckungsrisiko von Betriebs- und Unternehmenskriminalität erhöht werden soll.

70 Ausführlicher hierzu *Cohen/Holland* 2008, S. 7 ff. m. w. N.; *Taschke* 2012, S. 91.

71 Vgl. insbesondere die sehr ausführliche Aufzählung von Haftungsrisiken bei *Hauschka* 2004a, S. 258; *ders.* 2010, § 1 Rn. 8 ff.; ferner *Kremer/Klahold* 2010, S. 114 f. m. w. N. zu den verhängten Bußgeldern im Bereich der Preisabsprachen und des Marktmissbrauchs; vgl. auch *Poppe* 2010, 1. Kap. Rn. 15, die neben dem Kartellrecht auf die gestiegenen Haftungsrisiken in den Bereichen Delikts-, Patent-, Marken-, Wettbewerbs-, Arbeits-, Steuer-, Datenschutz- sowie Umweltrecht und nicht zuletzt auf das (Neben-)Strafrecht verweist.

Abs. 2 AktG bzw. § 43 Abs. 2 GmbHG[72]. Auch die Rolle des Aufsichtsrats hat sich vor allem infolge der ARAG/Garmenbeck-Entscheidung des Bundesgerichtshofs[73] verändert: Nunmehr ist der Aufsichtsrat verpflichtet, erfolgsversprechende Schadensersatzansprüche gegenüber Vorstandsmitgliedern geltend zu machen, sobald er von entsprechenden Tatsachen Kenntnis erlangt. Im Falle einer Zuwiderhandlung kann er sich gegenüber der Gesellschaft selbst schadensersatzpflichtig machen.

2) Speziell im Wirtschaftsstrafrecht

Als besonders dramatisch und mit Blick auf den Prüfungsgegenstand dieser Untersuchung von entscheidenderer Bedeutung erweist sich im Übrigen die Entwicklung im Wirtschaftsstrafrecht[74].

(a) Die Entwicklung der Normen

Angesichts der zunehmenden Komplexität des Wirtschaftssystems und den damit einhergehenden Problemlagen, einschließlich Wirtschaftsskandalen größeren Ausmaßes und einer eher sorglosen Verschmutzung der Umwelt, findet seit Mitte der 1970er Jahre eine fortschreitende Ausweitung sowie Verschärfung straf- bzw. bußgeldbewehrter Normen statt. Als bedeutende Reformen erweisen sich in diesem Zusammenhang die beiden Gesetze zur Bekämpfung der Wirtschaftskriminalität von 1976 (1. WiKG)[75] bzw. 1986 (2. WiKG)[76]. Ziel der Einführung neuer bzw. der Anpassung bestehender Straftatbestände war es dabei, auf neue Entwicklungen des Wirtschaftslebens sowie der Technik mit den jeweilig eingesetzten Bekämpfungsmaßnahmen zu reagieren, aber auch Fehlinterpretationen der höchstrichterlichen Rechtsprechung im Bereich des Wirtschaftsstrafrechts zu korrigieren[77]. Dabei lässt sich unter anderem eine zunehmende Einführung von abstrakten Gefährdungsdelikten in das Strafgesetzbuch zum Schutz von Kollektivrechtsgütern (bspw. §§ 264, 265b, 264a StGB) antreffen, was teilweise – angesichts des ultima-ratio-Gedankens des Strafrechts[78] – als eine bedenkliche Vorverlagerung des Rechtsgüterschutzes angesehen wird[79]. Fortsetzung empfang diese Entwicklung vor allem durch das

---

72 Vgl. überblicksmäßig *N. Krause* 2009, S. 1370 ff.; zur deliktischen Außenhaftung vgl. auch *Medicus* 1998, S. 577 ff. m. w. N.

73 BGHZ 135, 244 ff.

74 Wenn im Folgenden vom Wirtschaftsstrafrecht die Rede ist, so ist ein weites Begriffsverständnis zugrunde zu legen, das das Ordnungswidrigkeitenrecht aufgrund seiner wichtigen Bedeutung bei der Bekämpfung von Wirtschaftskriminalität mit einbezieht. Zutreffend *Achenbach* 2008, S. 324; *Wessing* 2009, S. 870.

75 1. WiKG v. 29.7.1976, BGBl. I S. 2034.

76 2. WiKG v. 15.5.1986, BGBl. I S. 721.

77 Ausführlich zum Ganzen *G. Dannecker* 2007, 1. Kap. Rn. 80 ff.; *Grunst/Volk* 2006, § 1 Rn. 38 ff.; *Müller-Gugenberger* 2015, § 1 Rn. 58 ff.

78 Grundlegend BVerfGE 39, 1 (46 f.).

79 So *G. Dannecker* 2007, 1. Kap. Rn. 107 f.; *Wessing* 2009, S. 871 f.

Gesetz zur Bekämpfung der Korruption von 1997 (KorrBekG)[80], durch das die maßgeblichen Korruptionsdelikte neu gefasst (§§ 331 ff. StGB)[81] sowie bisher in anderen Rechtsgebieten angesiedelte Vorschriften neu eingeführt (§§ 298 ff. StGB)[82] wurden.

Ein weiterer Bedeutungsschwerpunkt unternehmerischer Strafbarkeitsrisiken liegt seit geraumer Zeit im Umweltstrafrecht, welches durch das 18. Strafrechtsänderungsgesetz im Jahre 1980 (1. UKG)[83] maßgeblich vom Nebenstrafrecht in das Strafgesetzbuch verlagert wurde, um die generalpräventive Wirkung der Normen zu erhöhen und das Umweltbewusstsein der Bevölkerung zu stärken[84]. Dieser strafrechtliche Schutz der Umwelt wurde insbesondere durch das 31. Strafrechtsänderungsgesetz von 1994 (2. UKG)[85] in Form der Schaffung weiterer Straftatbestände auch im Nebenstrafrecht ausgebaut, um das Kollektivrechtsgut Umwelt nachhaltig zu stärken.

Doch nicht nur im Kernstrafrecht lässt sich eine stetige Ausweitung der Strafbarkeit ausmachen. Vielmehr enthalten nahezu alle Gesetze, die im Laufe der letzten Jahrzehnte erlassen wurden, um die verschiedensten Teilbereiche der Wirtschaft zu regeln, einen Strafrechtsannex[86], was zu einer nahezu unüberschaubaren Zersplitterung des Wirtschaftsstrafrechts beigetragen hat[87].

Zudem wurde auch das Ordnungswidrigkeitenrecht seit seiner Einführung im Jahre 1952[88] stetig erweitert, was zu einem enormen Anwachsen sanktionsbewehrter Gebots- und Verbotsnormen geführt hat[89]. Hierbei sehen vor allem die Tatbestände außerhalb des OWiG die Möglichkeit der Verhängung hoher Geldbußen vor[90]. Daneben besteht gemäß § 30 OWiG die Möglichkeit der Sanktionierung des Unternehmens. Auch diese im Jahre 1968 eingeführte Vorschrift wurde im Rahmen des 2. WiKG nachhaltig verändert: Neben der Anhebung der Höhe der in Betracht kommenden Verbandsgeldbuße ist hierbei vor allem die Einführung der Möglichkeit zur Betreibung eines selbständigen Verfahrens gegen die juristische Person gemäß § 30 Abs. 4 OWiG zu nennen[91]. Schließlich ist durch das 2. UKG die Kausalitätsbeziehung zwischen Auf-

---

80 KorrBekG v. 13.8.1997, BGBl. I S. 2038.

81 Die Bestechungsdelikte sind nach h.M. abstrakte Gefährdungsdelikte, vgl. nur *T. Fischer* 2015, § 331 Rn. 2.

82 Sowohl bei § 298 StGB als auch bei § 299 StGB handelt es sich nach h.M. um abstrakte Gefährdungsdelikte, vgl. hierzu Sch/Sch$_{29}$-*Heine/Eisele*, § 298 Rn. 2, § 299 Rn. 2; *T. Fischer* 2015, § 298 Rn. 3a, § 299 Rn. 2b.

83 1. UKG v. 28.3.1980, BGBl. I S. 373.

84 BT-Drucks. 8/2382, S. 1.

85 2. UKG v. 27.6.1994, BGBl. I S. 1440.

86 Vgl. insbesondere *Wessing* 2009, S. 870, der unter Aufzählung der wichtigsten Normen die „Gesetzesaufblähung“ kritisiert.

87 *Rotsch* 2010b, S. 148 spricht in Anlehnung an den ökonomischen Sprachgebrauch von einer „Divisionalisierung des Rechts“.

88 OWiG v. 25.3.1952, BGBl. I S. 177.

89 Ausführlicher zur Entwicklung *G. Dannecker* 2007, 1. Kap. Rn. 63ff.

90 Vgl. etwa § 56 Abs. 5 KWG, § 39 Abs. 4 WpHG, § 33 Abs. 6 AWG.

91 2. WiKG v. 15.5.1986, BGBl. I S. 724.

sichtspflichtverletzung und Zuwiderhandlung in der aus Sicht des Unternehmens bzw. seiner Repräsentanten wohl wichtigsten Norm § 130 OWiG aufgeweicht worden[92], was die Anwendbarkeit der Vorschrift maßgeblich erleichtert hat[93].

Letztlich ist die Einführung eines Verbandsstrafrechts nicht erst seit dem neuerlichen Entwurf aus Nordrhein-Westfalen[94] ein allgegenwärtig diskutiertes Thema.

(b) Die Entwicklung von Wirtschaftsstrafverfahren

Neben der Ausweitung straf- und ordnungswidrigkeitenrechtlicher Normen ist im Bereich der Wirtschaftsdelinquenz auch eine verstärkte Ermittlungstätigkeit sowie ein Anstieg an einschlägigen Aburteilungen zu beobachten. So fand bis zu Beginn der 90er Jahre des 20. Jahrhunderts eine Verfolgung von Unternehmensstraftaten „praktisch nicht statt“[95], was sich auch in der „zahlenmäßig kleinen Schar von Entscheidungen des Bundesgerichtshofs wiederspiegelt“[96]. Demgegenüber ist seitdem eine Steigerung der Verfolgung von Wirtschaftsdelikten auszumachen[97]. Diese lässt sich zum einen an der Einrichtung spezialisierter Schwerpunktstaatsanwaltschaften sowie der Schaffung eigens zuständiger Wirtschaftsstrafkammern[98], zum anderen auch an der medialen Wahrnehmung großer Wirtschaftsskandale durch die Öffentlichkeit[99] festmachen[100], wobei mitunter die

92 Vgl. 2. UKG v. 27.6.1994, BGBl. I S. 1444: Die Worte „hätte verhindert werden können“ wurden durch die Worte „verhindert oder wesentlich erschwert worden wäre“ ersetzt.

93 Statt aller *G. Dannecker* 2007, 1. Kap. Rn. 71.

94 Entwurf NRW-Justizminister Thomas Kutschaty, Gesetzesantrag NRW im Bundesrat http://www.justiz.nrw.de/JM/justizpolitik/jumiko/beschluesse/2013/herbstkonferenz13/zw3/TOP_II_5_Gesetzentwurf.pdf (Abruf vom 16.09.2015).

95 So *Taschke* 2012, S. 9 ff. m. w. N. in seinem grundlegenden Überblick zur Entwicklung der Verfolgung von Wirtschaftsstrafverfahren in der BRD: Als Hauptursachen dieses Befundes führt er die fehlende Kriminalisierung einschlägiger Verhaltensweisen durch die Rechtsprechung des BGH in Korruptions- (BGH NJW 1985, 2405) und Untreuesachen (BGH NJW 1975, 1234 ff.), die Kapitulation der Rechtsprechung vor komplexen Unternehmensstrukturen (bspw. im Contergan-Verfahren) sowie die steuerliche Abzugsfähigkeit von Bestechungszahlungen, die das Entdeckungsrisiko erheblich minimiere, an.

96 *Schünemann* 2000, S. 622.

97 Vgl. zu dieser Entwicklung auch *Taschke* 2012, S. 41; *Theile* 2010, S. 457.

98 *G. Dannecker* 2007, 1. Kap. Rn. 125 f.; *H. Schneider* 2014a, § 1 Rn. 52 f.

99 Vgl. nur die Kommentare bei n-tv http://www.n-tv.de/politik/politik_kommentare/Raffgierige-Top-Manager-article336023.html; im Stern http://www.stern.de/wirtschaft/news/maerkte/mannesmann-prozess-klassenjustiz-522950.html sowie in der Süddeutschen Zeitung http://www.sueddeutsche.de/wirtschaft/siemens-affaere-viel-zu-verbergen-wenig-zu-verheimlichen-1.904399-2, in denen von „raffgierigen Managern“ bzw. vom Vorwurf der „Klassenjustiz“ die Rede ist (Abrufe vom 16.09.2015).

100 Vgl. nur *Bock* 2012, S. 66 f.: „Das materiellrechtliche und das strafprozessuale Risiko sind ebenso gestiegen wie die tatsächliche Verfolgungsintensität aufgrund zunehmender Sensibilisierung der Öffentlichkeit und der Strafverfolgungsbehörden“.

Presse selbst durch ihren investigativen Journalismus die Aufdeckung von Wirtschaftsstraftaten ermöglicht bzw. vorantreibt[101].

Gilt es bedeutende höchstrichterliche Entscheidungen seit 1990 zu identifizieren, die das Risiko strafrechtlicher Verantwortlichkeit der Unternehmensorgane potenziert haben, würden wohl folgende Entwicklungstendenzen der Rechtsprechung häufig genannt werden: Neben dem noch näher zu behandelnden Lederspray-Urteil des Bundesgerichtshofs[102], das die strafrechtliche Beurteilung von Gremienentscheidungen im Bereich der Produkthaftung revolutionierte, ist die Rechtsprechung dazu übergegangen, die von *Roxin* entwickelte Figur der Willensherrschaft kraft organisatorischer Machtapparate[103] auf hierarchisch strukturierte und kriminell agierende Wirtschaftsunternehmen anzuwenden[104]. Große Bedeutung kommt schließlich auch dem Mannesmann/Vodafone-Urteil des Bundesgerichtshofs[105] zu, nach dem die zur Erfüllung des Tatbestandes der Untreue erforderliche Verletzung der Vermögensbetreuungspflicht auch bei unternehmerischen Entscheidungen eines Gesellschaftsorgans entgegen der bisherigen Rechtsprechung[106] nicht zusätzlich „gravierend" sein müsse. All dies zeigt, dass sich die verantwortlichen Unternehmensakteure auch stetig steigenden strafrechtlichen Haftungsrisiken ausgesetzt sehen.

3. Die staatliche Reglementierung der Unternehmensrisiken in Form einer auferlegten Prävention

Weitgehend parallel zu der soeben beschriebenen, primär repressiv ansetzenden Reaktion des Staates auf die zum Teil massiven Rechtsverstöße und das in der Gesellschaft hervorgerufene Aufsehen geht der Gesetzgeber zunehmest dazu über, den Unternehmen in ausgewählten Bereichen besondere Pflichten aufzuerlegen, um bestimmte Rechtsgüter effektiver zu schützen. Prägend ist dabei die Erkenntnis, dass angesichts der wachsenden Komplexität betrieblicher bzw. globalwirtschaftlicher Zusammenhänge die alleinige staatliche Aufsicht über besondere Gefahren, welche von bestimmten Formen einer unternehmerischen Tätigkeit ausgehen, oftmals nicht ausreichend bzw. wenig zielführend ist[107]. Dies lässt sich vor allem darauf zurückführen, dass die Behörden häufig nicht über genügend ausgebildetes Personal verfügen bzw. eine durchdringende behördliche Kontrolle schlichtweg nicht machbar oder zu aufwändig wäre[108].

---

101 So auch *Grieger* 2010, S. 50.

102 BGHSt 37, 106 ff.

103 *Roxin* 1963, S. 193 ff.; *ders.* 2006, S. 242 ff.

104 BGHSt 40, 218 (237); 45, 270 (296); 49, 147 (163 f.); ablehnend *Roxin* 2003, § 25 Rn. 129 ff. m. w. N.

105 BGH NJW 2006, 522 (526 f.).

106 Vgl. hierzu BGHSt 47, 148 ff.; 47, 187 ff.

107 Vgl. *Haouache* 2003, S. 17 f.; *Theile* 2010, S. 460; im Bereich umweltschutzrechtlicher Belange auch *F. Fischer* 1996, S. 12; *Kloepfer* 2004, § 5 Rn. 417.

108 So auch *F. Fischer* 1996, S. 12.

Demgegenüber haben die betroffenen Unternehmen oftmals besonderes Wissen, teilweise mehr Handlungsmöglichkeiten (gerade bei globalen Sachverhalten) und wesentliche gefahreneindämmende Steuerungsmittel, wie etwa hierarchische Anweisungskompetenzen oder spezifische Informationssysteme[109]. Aufgrund dessen sieht sich der Staat vermehrt dazu veranlasst, die Unternehmen zur Eigenüberwachung durch Etablierung unternehmensinterner Maßnahmen zu verpflichten, die ergänzend zu der (oftmals unzureichenden) Fremdüberwachung hinzutreten[110].

a) Betriebsbeauftragte für Umweltschutz

Die Erkenntnis des Gesetzgebers, dass ein effektiver Schutz spezifischer Belange nur durch die Institutionalisierung unternehmensinterner Stellen gewährleistet werden kann, kam erstmalig in den 1970er Jahren mit der Entdeckung der Unternehmensorganisation durch die Umweltpolitik zum Tragen. Seitdem wurden in verschiedenen umweltrechtlichen Regelungsbereichen Rechtsvorschriften erlassen. Deren Sinn und Zweck ist es, den „Umweltschutz von außen in die Unternehmen hineinzutragen"[111]. Neben besonderen Mitteilungspflichten zur Betriebsorganisation[112] wurden so nach und nach die sogenannten „Umweltschutzbeauftragten"[113] eingeführt, zu deren Bestellung umweltbelastende Betriebe gesetzlich verpflichtet sind.

Obwohl dieses Instrument der Eigenüberwachung gewisse Vorbilder im Bergrecht sowie im Arbeitsschutzrecht hat, ist der Ausgangspunkt dieser Entwicklung in der Einführung des Betriebsbeauftragten für Immissionsschutz (§§ 53 ff. BImSchG)[114] im Jahre 1974 zu sehen[115]. Es folgten die Betriebsbeauftragten für Gewässerschutz (§§ 21a ff. WHG a. F., nunmehr in §§ 64 ff. WHG) und für den Abfallbereich (§§ 11a ff. AbfG, danach in §§ 54 f. KrW-/AbfG, nunmehr in §§ 59 f. KrWG) sowie eine Reihe weiterer Beauftragter[116]. Zu den grundsätzlichen Aufgaben dieser spezifisch Beauftragten zählt dabei zum einen die Überwachung der Einhaltung der jeweiligen Umweltvorschriften innerhalb des Betriebs. Zum anderen sind sie verpflichtet, auf die Entwicklung und Einführung umweltfreundlicher Verfahren und Erzeugnisse hinzuwirken.

---

109 Vgl. nur *Sieber* 2008, S. 476.

110 In dem Sinne auch *Haouache* 2003, S. 17; *Sieber* 2008, S. 461; *Theile* 2010, S. 457; kritisch *Wessing* 2009, S. 879 ff., der in dieser Entwicklung einen bedenklichen Rückzug des Staates aus der Kriminalprävention im Bereich der Wirtschaft sieht. Vgl. auch *Bock* 2012, S. 65 f.; *Kölbel* 2013, S. 507 ff.

111 *Kloepfer* 2004, § 5 Rn. 420.

112 Näher *Kloepfer* 2004, § 5 Rn. 433 ff.; *C. Meyer* 2010, § 31 Rn. 44 ff.

113 Obwohl dieser Begriff keine explizite gesetzliche Verankerung gefunden hat, ist er der gängige Sammelbegriff für alle Beauftragten, denen Umweltschutzbelange obliegen. Vgl. auch *F. Fischer* 1996, S. 16; *Kloepfer* 2004, § 5 Rn. 422 in Fn. 830.

114 BImSchG vom 15.3.1974, BGBl. I S. 721.

115 Vgl. zur Entstehungsgeschichte *F. Fischer* 1996, S. 16 ff.; *Haouache* 2003, S. 28 ff.

116 Vgl. nur den Überblick bei *Eidam* 2014b, Kap. 3 Rn. 39 ff.

Bereits die Einführung der Betriebsbeauftragten für Umweltschutz vergegenwärtigt, dass der Staat bei der Überwachung und Kontrolle von besonderen Gefahren die Unternehmen im öffentlichen Interesse des Umweltschutzes verstärkt in die Pflicht nimmt und damit gleichzeitig deren Verantwortung für Umweltbelange betont. Beschränkte sich diese Form der staatlich auferlegten Selbstregulierung bis gegen Ende der 1980er Jahre maßgeblich[117] auf die Belange des Umweltschutzes, so kamen danach weitere Bereiche dazu.

b) Banken- und Finanzsektor

1) Überblick

Insbesondere im Bereich des Banken- und Kapitalmarktrechts befinden sich seit Beginn der 1990er Jahre diverse aufsichtsrechtliche Bestimmungen, die den betroffenen Instituten besondere Pflichten zur unternehmensinternen Organisation auferlegen. So enthielt der 1994 eingeführte § 33 WpHG a.F.[118] unter anderem die gesetzliche Verpflichtung für ein Wertpapierdienstleistungsunternehmen, über angemessene interne Kontrollverfahren zu verfügen, die geeignet sind, Verstößen gegen die Verhaltenspflichten des WpHG entgegenzuwirken[119]. Parallel hierzu trat das Geldwäschegesetz in Kraft[120], welches von Kreditinstituten unter anderem die Entwicklung interner Verfahren und Kontrollen zum Zwecke der Geldwäscheprävention einforderte (§ 14 Abs. 2 Nr. 2 GwG a.F.) sowie jene zur Bestellung eines Geldwäschebeauftragten verpflichtete (§ 14 Abs. 2 Nr. 1 GwG a.F.)[121].

Diese aufsichtsrechtlichen Vorgaben für die Banken- und Kapitalmarktbranche wurden im Laufe der Jahre nach und nach ausgeweitet, was zu einer Verstärkung der Überlagerung der gesellschaftsrechtlich bestehenden Organisationsfreiheit durch das Aufsichtsrecht führte[122]. Neben dem durch das Finanzmarktrichtlinie-

---

117 Beachte allerdings auch den Datenschutzbeauftragten, eingeführt durch §§ 28 f. BDSG vom 27.1.1977, BGBl. I S. 201, nunmehr in §§ 4f., 4g BDSG.

118 Zweites Finanzmarktförderungsgesetz vom 26.7.1994, BGBl. I S. 1749.

119 Konkretisiert wurden diese Anforderungen durch die Compliance-Richtlinie der Wertpapieraufsicht. Nach allgemeiner Meinung ergab sich daraus zumindest de facto die Pflicht zur Einrichtung einer Compliance-Organisation; vgl. *Eisele/Faust* 2011, § 109 Rn. 2; Schwark/Zimmer-*Fett*, § 33 WpHG Rn. 1; *Gebauer/Niermann* 2010, § 36 Rn. 8; *Veil* 2008, S. 1093.

120 GwG vom 25.10.1993, BGBl. I S. 1770.

121 Die Regelungen zu den internen Sicherungsmaßnahmen sind durch das GwBekErgG vom 13.8.2008, BGBl. I S. 1690 aufgehoben und durch § 9 GwG n.F. ersetzt worden.

122 Vgl. allgemein zur Entwicklung der Normen *Gebauer/Niermann* 2010, § 36 Rn. 15ff.; *Lösler* 2005, S. 104ff.; speziell zum WpHG Schwark/Zimmer-*Fett*, § 33 WpHG Rn. 1; speziell zum KWG Boos/Fischer/Schulte-Mattler-*Braun/Wolfgarten*, § 25a KWG Rn. 1ff., 34ff.

Umsetzungsgesetz (FRUG) geänderten § 33 WpHG[123] enthält § 25a KWG die wichtigsten aufsichtsrechtlichen Bestimmungen mit organisationsrechtlichen Anforderungen.

2) Ordnungsgemäße Geschäftsorganisation, § 25a KWG

So müssen Kredit- und Finanzdienstleistungsinstitute nach § 25a Abs. 1 KWG über eine ordnungsgemäße Geschäftsorganisation verfügen, die die Einhaltung der vom Institut zu beachtenden gesetzlichen Bestimmungen und der betriebswirtschaftlichen Notwendigkeiten gewährleistet[124]. Eine ordnungsgemäße Geschäftsorganisation muss dabei insbesondere die Einrichtung eines internen Kontrollsystems umfassen, welches wiederum geeignete Prozesse zur Steuerung und Überwachung der Risiken bereithalten muss.

Hierbei handelt es sich um eine umfassende, aufsichtsrechtliche Organisationspflicht[125], die von einem Institut nach weit verbreiteter Meinung, obwohl dies ausdrücklich so nicht bezeichnet ist, die Etablierung einer Compliance-Organisation zum Schutze des Vermögens der Einleger sowie zur Sicherung und Erhaltung der Funktionsfähigkeit der Kreditwirtschaft insgesamt verlange[126]. Damit soll die Einhaltung der vom Institut zu beachtenden gesetzlichen Bestimmungen gewährleistet werden, wobei hierunter nach allgemeiner Meinung[127] nicht nur die Regelungen des KWG zählen, sondern sämtliche Normen, die dem Schutz der anvertrauten Vermögenswerte, der ordnungsgemäßen Durchführung der Bankgeschäfte und Finanzdienstleitungen sowie der Vermeidung von Nachteilen für die Gesamtwirtschaft durch Missstände im Kredit- und Finanzdienstleistungswesen dienen.

3) Compliance-Funktion, § 33 WpHG

Noch deutlichere organisatorische Vorgaben macht § 33 Abs. 1 S. 2 Nr. 1 WpHG. Danach müssen Wertpapierdienstleistungsunternehmen über die organisatorischen Pflichten des § 25a KWG hinaus angemessene Grundsätze aufstellen, Mittel vor-

---

123 FRUG vom 16.7.2007, BGBl. I S. 1330.

124 Für Versicherungsunternehmen enthält § 64a VAG seit 2008 (eingeführt durch 9. Novelle VAG vom 23.12.2007, BGBl. I S. 3248) eine entsprechende Regelung, vgl. nur Begr. RegE 9. Novelle VAG, BT-Drucks. 16/6518, S. 15: „Die neue Regelung übernimmt in weiten Teilen die entsprechenden Regelungen des Kreditwesengesetzes und ermöglicht damit ein kohärentes Vorgehen der Aufsichtsbehörde im Rahmen qualitativer Aufsichtsnormen".

125 So auch *Lösler* 2005, S. 106; *Rau* 2010, S. 30 f.

126 Schwark/Zimmer-*Fett*, § 33 WpHG Rn. 16; *Gebauer/Niermann* 2010, § 36 Rn. 16; *Lösler* 2005, S. 107; *ders.* 2008, S. 1100; tendenziell auch Boos/Fischer/Schulte-Mattler-*Braun/Wolfgarten*, § 25a KWG Rn. 1 ff., 44.

127 Boos/Fischer/Schulte-Mattler-*Braun/Wolfgarten*, § 25a KWG Rn. 1 ff., 36 ff.; *Eisele/Faust* 2011, § 109 Rn. 93; *Lösler* 2005, S. 106 unter Verweis auf Begr. RegE 4. FMFG, BT-Drucks. 14/5092, S. 356.

halten und Verfahren einrichten („Wertpapier-Compliance in organisatorischer Hinsicht"), die darauf ausgerichtet sind, sicherzustellen, dass das Wertpapierdienstleistungsunternehmen selbst und seine Mitarbeiter den Verpflichtungen des WpHG nachkommen („materielle Wertpapier-Compliance"). Das soll nach den Vorgaben der Norm durch die Einrichtung einer wirksamen „Compliance-Funktion" geschehen, die ihre Aufgaben unabhängig wahrnehmen kann (§ 33 Abs. 1 S. 2 Nr. 1 WpHG). Dies wiederum präzisiert § 12 Abs. 4 S. 1 WpDVerOV dahingehend, dass ein Wertpapierdienstleistungsunternehmen einen „Compliance-Beauftragten" benennen muss, der für die Compliance-Funktion verantwortlich ist. Zu seinen wesentlichen Aufgaben zählt dabei zum einen die Überwachung und Kontrolle der Einhaltung sämtlicher wertpapierrechtlicher Bestimmungen sowie der hierzu erforderlichen Vorkehrungen (§ 12 Abs. 3 Nr. 1 i. V. m. Abs. 1 S. 2 WpDVerOV). Zum anderen ist er verpflichtet, die Mitarbeiter im Hinblick auf die Einhaltung der genannten Bestimmungen zu beraten und zu unterstützen (§ 12 Abs. 3 Nr. 2 WpDVerOV).

Seit der Neufassung des § 33 WpHG durch das FRUG im Jahr 2007 hat der Compliance-Gedanke erstmals formalgesetzliche Anerkennung gefunden. Die Norm enthält für Wertpapierdienstleistungsunternehmen sehr detaillierte Organisationspflichten, die durch Rechtsverordnung (WpDVerOV) weiter konkretisiert werden. Die organisatorischen Anordnungen sollen dabei den besonderen Compliance-Risiken der Wertpapierbranche vorbeugen, indem sie in erster Linie zur Vermeidung von Insiderdelikten sowie Interessenkonflikten, aber auch zur Einhaltung sonstiger wertpapierrechtsbezogener Verpflichtungen beitragen[128]. Normadressat dieser Organisationspflichten ist die Unternehmensleitung[129]. Dabei versteht sich die Pflicht zur umfassenden Einhaltung der Regelungen des WpHG (materielle Wertpapier-Compliance) lediglich als Klarstellung des gesellschaftsrechtlichen Leitungsauftrags der Unternehmensleitung, die generelle Befolgung der einschlägigen Regeln sicherzustellen (Legalitätspflicht)[130]. Eine Einschränkung durch das Aufsichtsrecht erfährt dahingegen das gesellschaftsrechtlich weiter gefasste unternehmerische Ermessen in organisatorischer Hinsicht zur Sicherstellung dieses Leitungsauftrags[131]. Dahinter verbirgt sich die Wertung des Gesetzgebers[132], dass der Erhalt der Funk-

---

128 Allgemeine Meinung, vgl. Schwark/Zimmer-*Fett*, § 33 WpHG Rn. 1; Fuchs/WpHG-*Fuchs*, § 33 Rn. 69; Assmann/U. Schneider-*Koller*, § 33 Rn. 14; *Lösler* 2008, S. 1099; KK/WpHG-*A. Meyer/Paetzel/Will*, § 33 Rn. 3 f.

129 So auch *Casper* 2009, S. 206; *Hense/Renz* 2008, S. 182; *Lösler* 2005, S. 107; *ders.* 2008, S. 1103; *Veil* 2008, S. 1096.

130 Ebenso *Lösler* 2008, S. 1103; *Veil* 2008, S. 1096. Vgl. näher unter 1. Teil, III. 1.

131 Es handelt sich insoweit um einen Eingriffstatbestand in die unternehmerische Freiheit mit der Folge, dass der Geschäftsleitung eines Wertpapierdienstleistungsunternehmens kein Ausübungsermessen bzgl. der Benennung eines Compliance-Beauftragten zukommt. Zur Rechtslage bei sonstigen Unternehmen vgl. unter 1. Teil, III. 2.

132 Begr. RegE FRUG, BT-Drucks. 16/4028, S. 70 f. in Umsetzung der MiFiD, Richtlinie 2004/39/EG des Europäischen Parlaments und des Rates vom 21.4.2004, S. 7.

tionsfähigkeit der Finanzmärkte sowie ein kollektiver Anlegerschutz[133] nur effektiv möglich seien, wenn die Wertpapierdienstleistungsunternehmen selbst näher beschriebene organisatorische Vorkehrungen treffen. Die Organisationspflichten des § 33 WpHG sind daher öffentlich-rechtlicher Natur[134], indem sie zum Schutze der genannten Kollektivrechtsgüter Fragen der Aufbau- und Ablauforganisation des Wertpapierdienstleistungsunternehmens im Wesentlichen regeln und damit die Voraussetzungen für normenkonformes Verhalten schaffen[135].

Dabei nimmt der von der Geschäftsleitung zu bestellende Wertpapier-Compliance-Beauftragte seine Aufgaben in einer von der Geschäftsleitung abgeleiteten Verantwortung wahr[136]. Dies gewährt ihm jedoch grundsätzlich kein Weisungsrecht gegenüber anderen Mitarbeitern. Daher ist er nicht berechtigt, Compliance-Verstöße durch konkrete Handlungsanweisungen abzustellen, sondern er hat diese an die Geschäftsleitung zu eskalieren[137].

c) Gesellschaftsrechtliche Vorgaben

Außerhalb der Banken- und Finanzwelt fehlt es grundsätzlich an vergleichbaren aufsichtsrechtlichen Vorgaben mit speziellen Organisationspflichten. Nach dem Gesellschaftsrecht sind die Vorstände der Aktiengesellschaften seit den durch das Gesetz zur Kontrolle und Transparenz im Unternehmensbereich vom 27.04.1998 (KonTraG)[138] eingeführten Regelungen in § 91 Abs. 2 des AktG zumindest dazu verpflichtet, „geeignete Maßnahmen zu treffen, insbesondere ein Überwachungs-

---

133 Zu den Schutzgütern des WpHG vgl. nur Fuchs/WpHG-*Fuchs*, § 33 Rn. 1; Schwark/Zimmer-*Zimmer*, § 1 WpHG Rn. 4 ff. m. w. N.

134 Vgl. etwa Schwark/Zimmer-*Fett*, § 33 WpHG Rn. 4; Fuchs/WpHG-*Fuchs*, § 33 Rn. 6; *Rau* 2010, S. 39 f.; *Theile* 2010, S. 460; wohl auch *Veil* 2008, S. 1097; vgl. zu § 33 WpHG a. F. bereits BGH NJW 2002, 62 (64); a.A. *Casper* 2009, S. 208; *Lösler* 2005, S. 108; *ders.* 2008, S. 1102, der jedoch einräumt, dass die überwachten Regeln „überwiegend dem Schutz des Kapitalmarkts bzw. seiner Akteure dienen".

135 Damit ist jedoch nicht gesagt, dass sich die Wirkungen, die von einer Compliance-Organisation ausgehen, nicht auch auf den Schutz des Wertpapierdienstleistungsunternehmens sowie dessen Mitarbeiter erstrecken. So auch Schwark/Zimmer-*Fett*, § 33 WpHG Rn. 31.

136 *Casper* 2009, S. 206; Schwark/Zimmer-*Fett*, § 33 WpHG Rn. 26; *Gebauer/Niermann* 2010, § 36 Rn. 65; *Lösler* 2005, S. 107 f.; *ders.* 2008, S. 1103 f.; *Hense/Renz* 2008, S. 182 sprechen treffend von einem „ausgelagerten Arm" der Geschäftsleitung in das Unternehmen hinein.

137 Vgl. zur h.M. *Casper* 2009, S. 213; Schwark/Zimmer-*Fett*, § 33 WpHG Rn. 24; *Klopp* 2012, S. 220 f.; Assmann/U. Schneider-*Koller*, § 33 Rn. 33 ff.; *Konu* 2014, S. 83 ff.; *Lösler* 2005, S. 107 f.; *ders.* 2008, S. 1103 f.; *H. Schäfer* 2011, S. 190 f.; a.A. *Veil* 2008, S. 1098; *Göres* 2011, S. 179; KK/WpHG-*A. Meyer/Paetzel/Will*, § 33 Rn. 127, die ein generelles Weisungsrecht aufgrund des neu eingefügten § 12 Abs. 3 S. 2 WpDVerOV für erforderlich erachten.

138 KonTraG vom 27.4.1998, BGBl. I S. 786.

system einzurichten, damit den Fortbestand der Gesellschaft gefährdende Entwicklungen früh erkannt werden". Daraus resultiert in erster Linie[139] die Verpflichtung des Vorstands, für die Einrichtung einer Risikofrüherkennung sowie einer internen Revision zu sorgen[140]. Nach allgemeiner Auffassung handelt es sich hierbei um keine neu eingeführte, sondern um eine gesetzliche Hervorhebung der allgemeinen Leitungsaufgabe des Vorstands gemäß § 76 AktG, zu der auch die Organisation gehört[141]. Obwohl für die GmbH keine entsprechenden Regelungen existieren, soll dieser Pflichtenrahmen Ausstrahlungswirkung für die Geschäftsführer haben[142].

Ferner muss der Lagebericht des Vorstands gemäß § 289 Abs. 1 HGB neben einer Darstellung des Geschäftsverlaufs einschließlich der Geschäftsergebnisse eine Erläuterung der Lage der Kapitalgesellschaft enthalten. Hierin soll ein den tatsächlichen Verhältnissen entsprechendes Bild der Gesellschaft vermittelt und darüber hinaus Stellung zur zukünftigen Entwicklung mit ihren Chancen und Risiken bezogen werden. Dabei haben kapitalmarktorientierte Kapitalgesellschaften nun gemäß § 289 Abs. 5 HGB[143] „die wesentlichen Merkmale des internen Kontroll- und Risikomanagementsystems im Hinblick auf den Rechnungslegungsprozess zu beschreiben".

Schließlich obliegt es gemäß der §§ 316 Abs. 1, 317 Abs. 2 und 4, 321 Abs. 1 und 4 HGB dem Abschlussprüfer, die Einhaltung der neuen Vorschriften insbesondere im Hinblick auf Bestehen und Betrieb eines Risikomanagementsystems und der zugehörigen Maßnahmen im Bereich der internen Revision zu prüfen und zum Bestandteil des Prüfungsberichtes zu machen.

III. Rechtliche Grundlagen von Compliance

Neben den bereits angesprochenen spezialgesetzlichen Regelungen ist der Compliance-Gedanke in weiteren Normen enthalten. Möchte man sich denen zuwenden, sollte die Mehrdeutigkeit des Compliance-Begriffs beachtet werden. Denn es macht einen qualitativen Unterschied aus, ob man die rechtliche Verankerung des Compliance-Verständnisses in materieller Hinsicht allgemein erörtert oder sich der spezielleren Frage zuwendet, ob jenseits der branchenspezifischen Regelungen die allgemeingültige Pflicht existiert, eine Compliance-Organisation einzurichten.

---

139 Zur strittigen Frage bzgl. der generellen Verpflichtung zur Einrichtung einer Compliance-Organisation vgl. unter 1. Teil, III. 2.

140 Begr. RegE KonTraG, BT-Drucks. 13/9712, S. 15; *Blasche* 2009, S. 63 f.; Hüffer/*Koch*, § 91 Rn. 8 ff.; *Pampel/Glage* 2010, § 5 Rn. 12; MK/AktG-*Spindler*, § 91 Rn. 29 ff., 50 f.

141 Begr. RegE KonTraG, BT-Drucks. 13/9712, S. 15; Hüffer/*Koch*, § 91 Rn. 1; *Pampel/Glage* 2010, § 5 Rn. 12; *Pietzke* 2010, S. 47; MK/AktG-*Spindler*, § 91 Rn. 18; *Theile* 2010, S. 460.

142 Begr. RegE KonTraG, BT-Drucks. 13/9712, S. 15; *Pietzke* 2010, S. 47; *Poppe* 2010, 1. Kap. Rn. 40; *Theile* 2010, S. 460; a.A. *Schaefer/Baumann* 2011, S. 3601.

143 Eingefügt durch BilMoG vom 25.5.2009, BGBl. I S. 1102.

1. Pflicht zur materiellen Compliance

Gemäß § 76 Abs. 1 AktG leitet der Vorstand die Geschäfte einer Aktiengesellschaft unter eigener Verantwortung. Dabei haben die Vorstandsmitglieder gemäß § 93 Abs. 1 S. 1 AktG[144] die Sorgfalt eines ordentlichen und gewissenhaften Geschäftsleiters anzuwenden, wobei ihnen nach Abs. 1 S. 2 der Vorschrift, sofern es sich um eine unternehmerische Entscheidung handelt, ein unternehmerisches Ermessen zukommt (sog. „Business Judgement Rule"). Im Rahmen dieser Leitungsverantwortung muss der Vorstand auch dafür Sorge tragen, dass sich das Unternehmen und seine Organe im Einklang mit dem geltenden Recht bewegen, sog. Legalitätspflicht des Vorstands. Sie wird seit jeher als Ausfluss der allgemeinen Leitungspflicht (§§ 76, 93 AktG) angesehen[145] und umfasst nicht nur die Beachtung zivil-, wirtschafts- oder arbeitsrechtlicher Vorschriften, die sich an das Unternehmen als solches oder an das Organ bzw. dessen Mitglieder richten, sondern auch die Befolgung sonstiger Normen, insbesondere strafrechtlicher bzw. ordnungswidrigkeitenrechtlicher Bestimmungen[146]. Denn als juristische Person unterfällt „die Aktiengesellschaft den-

---

144 Die Leitungsaufgabe stellt einen „herausgeschobenen Teilbereich" der Geschäftsführung gemäß § 77 Abs. 1 AktG dar, sodass § 93 AktG zur Anwendung kommt. Vgl. zur h.M. *Haouache* 2003, S. 48f.; *Heinz* 2010, § 22 Rn. 19; Hüffer/*Koch*, § 76 Rn. 8; Großkommentar/AktG-*Kort*, § 76 Rn. 28f.; KK/AktG-*Mertens/Cahn*, § 76 Rn. 4; MK/AktG-*Spindler*, § 76 Rn. 17. Eingehend zur Leitungsaufgabe des Vorstands *Fleischer* 2006a, § 1 Rn. 1ff.

145 *Beisheim/Hecker* 2015, S. 49; *Bergmoser/Theusinger/Gushurst* 2008, S. 3; *Bürkle* 2015, S. 52f.; *Gebauer/Niermann* 2010, § 36 Rn. 12; *Goette* 2011, S. 391; *Hemeling* 2011, S. 370; *Hüffer* 2011, S. 302f.; *Kindler* 2012, S. 1ff.; *Nietsch* 2013, S. 195f.; *Meier-Greve* 2009, S. 2555; *Oppenheim* 2014, S. 1063; *Pietzke* 2010, S. 50; *Reichert* 2011, S. 113f.; *Simon/Merkelbach* 2014, S. 318f.; MK/AktG-*Spindler*, § 93 Rn. 73ff.; *Vetter* 2009, S. 36f.

146 So bereits Spindler/Stilz-*Fleischer*, § 93 Rn. 12; *ders.* 2006b, § 7 Rn. 4ff.; *Heinz* 2010, § 22 Rn. 43; Hölters/AktG-*Hölters*, § 93 Rn. 68; *Konu* 2014, S. 41; Großkommentar/AktG-*Kort*, § 76 Rn. 47; *Kremer/Klahold* 2010, S. 116f.; *Rathgeber* 2012, S. 148f.; *Reichert* 2011, S. 113; MK/AktG-*Spindler*, § 93 Rn. 74; *Thole* 2009, S. 512; *Wiesner* 2007b, § 25 Rn. 4. Diesen Pflichtenmaßstab legt die Rechtsprechung in Strafsachen zur Bestimmung der Vermögensbetreuungspflicht im Rahmen der Untreue an; vgl. nur das „Trienekens-Urteil" des BGH ZIP 2010, 1892 (1894). Zudem hat sich dieser Ansicht nunmehr auch die 5. Handelskammer des LG München I NZWiSt 2014, 183 (187) im sogenannten „Siemens/Neubürger-Urteil" angeschlossen; zustimmend *Beisheim/Hecker* 2015, S. 49f.; *Bürkle* 2015, S. 52f.; *Cichy/Cziupka* 2014, S. 1482f.; *Fett* 2015, S. 144; *Fleischer* 2014, S. 322; *Grützner* 2014, S. 850; *Passarge* 2015, S. 254; *Rathgeber* 2014, 193; *Simon/Merkelbach* 2014, S. 318f. Hinweis: Nach eingelegter Berufung zum OLG München – geführt unter dem AZ: 7 U 113/14 – wurde der Rechtsstreit durch Vergleichsvereinbarung v. 26.8.2014 beendet, in der sich das ehemalige Vorstandsmitglied *Neubürger* u. a. verpflichtete, an die Siemens AG 2,5 Mio Euro zu zahlen. Die gem. § 93 Abs. 4 S. 3 AktG hierfür notwendige Zustimmung der Hauptversammlung der Siemens AG wurde am 27.1.2015 erteilt.

selben Pflichtenkreisen wie andere Personen des Rechts auch“[147]. Diese rechtlichen Pflichten kann sie aber nur über ihre Mitglieder des Leitungsorgans einhalten[148]. Insoweit müssen diese – stellvertretend für den als juristische Person organisierten Unternehmensträger – die entsprechenden Pflichten erfüllen und für ein rechtmäßiges Verhalten der Gesellschaft im Außenverhältnis sorgen[149]. Gleiches gilt in einer GmbH für den oder die Geschäftsführer gemäß §§ 35 Abs. 1, 43 Abs. 1 GmbHG[150].

Die Einhaltung der Rechtsordnung stellt somit die äußerste Grenze für das Handeln des Vorstands dar. Hierbei steht dem Vorstand nach dem Willen des Gesetzgebers auch kein unternehmerischer Ermessensspielraum gemäß § 93 Abs. 1 S. 2 AktG zu[151]. Denn der Gesetzgeber geht von einer Differenzierung zwischen fehlgeschlagenen unternehmerischen Entscheidungen und der Verletzung sonstiger Pflichten aus. Zu Letzteren zählt er unter anderem allgemeine Gesetzes- und Satzungsverstöße, die eine rechtlich gebundene Entscheidung bewirken würden, welche wiederum im Gegensatz zur unternehmerischen Entscheidung stehe. Insbesondere soll es „für illegales Verhalten [...] keinen sicheren Hafen“ geben[152]. Dies gelte umso mehr bei Verstößen gegen strafrechtliche Normen, die „im allgemeinen Bewusstsein verankert“ seien[153].

---

147 Zutreffend MK/AktG-*Spindler*, § 93 Rn. 74; vgl. auch *C. Dannecker* 2012, S. 446; *Ransiek* 1999, S. 618f.

148 *Steinmeyer/Späth* 2010, S. 177 sprechen treffend davon, dass die Forderung nach Corporate Compliance eine Reaktion auf die Entkoppelung unternehmerischer Freiheit und Verantwortung sei, die ihrerseits eine Folge der Anerkennung der Selbständigkeit der juristischen Person sei.

149 LG München I NZWiSt 2014, 183 (187) für ein Vorstandsmitglied einer AG; zustimmend aus der Rechtsprechung in Strafsachen BGH ZIP 2010, 1892 (1894); vgl. auch OLG Karlsruhe WM 2009, 1147 (1149f.) m. w. N. aus der Rechtsprechung, wonach dem Aufsichtsratsvorsitzenden die Überwachungspflicht gem. § 111 Abs. 1 AktG zur Verhinderung von Rechtsverstößen des Vorstands auch zum Schutz Dritter obliege; ferner *Beisheim/Hecker* 2015, S. 49f.; *Bürkle* 2005, S. 567; *Cichy/Cziupka* 2014, S. 1483; *Frodermann/Ph. Schäfer* 2009, 7. Kap. Rn. 173; Hölters/AktG-*Hölters*, § 93 Rn. 68; KK/AktG-*Mertens/Cahn*, § 93 Rn. 71; *Simon/Merkelbach* 2014, S. 318f.; MK/AktG-*Spindler*, § 93 Rn. 74; *Thole* 2009, S. 509; a.A. *Rieble* 2010, S. 3.

150 BGHZ 133, 370 (375); vgl. ferner Michalski/GmbHG-*U. Haas/Ziemons*, § 43 Rn. 44; Lutter/Hommelhoff-*Kleindiek*, § 43 Rn. 12; *Konu* 2014, S. 68f.; Großkommentar/GmbHG-*Paefgen*, § 43 Rn. 49ff.; *Rathgeber* 2012, S. 147; Scholz/GmbHG-*U. Schneider*, § 43 Rn. 74ff.; vgl. auch *Bergmoser/Theusinger/Gushurst* 2008, S. 5; *Gebauer/Niermann* 2010, § 36 Rn. 12; *S. Krieger/J. Günther* 2010, S. 367f.; *Vetter* 2009, S. 37.

151 Begr. RegE UMAG, BT-Drucks. 15/5092, S. 11; Stellungnahme BReg ebd., S. 41.

152 Begr. RegE UMAG, BT-Drucks. 15/5092, S. 11.

153 Zutreffend *Goette* 2011, S. 391f.; vgl. auch *Fleischer* 2006b, § 7 Rn. 23; *Heinz* 2010, § 22 Rn. 63; *Kremer/Klahold* 2010, S. 116; *Meier-Greve* 2009, S. 2555; *Reichert* 2011, S. 113; *ders./Ott* 2009, S. 2173. Demgegenüber werden in der Literatur teilweise Durchbrechungen des Legalitätsprinzips für möglich erachtet; insbesondere dann, wenn das Vorstandsmitglied mit erheblichen Rechtsunsicherheiten konfrontiert

Die Verpflichtung des Vorstands zur Sicherstellung von „gesetzeskonformen Verhalten der Gesellschaft" hat zwei maßgebliche Aspekte[154]: Zum einen haben die Vorstandsmitglieder die Pflicht, sich selbst gesetzestreu zu verhalten (Legalitätspflicht). Weiterhin sind sie gehalten, das Unternehmen so zu führen und zu organisieren, dass Gesetzesverstöße so weit wie möglich vermieden werden (Organisations- bzw. Überwachungspflicht). Insoweit obliegt ihnen auch die Legalitätskontrolle, die darauf gerichtet ist, gesetzeskonformes Verhalten aller für die Gesellschaft handelnden Akteure zu gewährleisten. Diese Facette des Legalitätsprinzips führt bereits zu dem organisatorischen Aspekt von Compliance hin, weil sie unweigerlich die Frage aufkommen lässt, wie der Durchsetzung der Legalitätspflicht auf nachgeordneten Ebenen faktisch nachzukommen ist; anders ausgedrückt geht es darum, ob gegebenenfalls organisatorische Vorkehrungen geschaffen werden müssen, um dem präventiven Anliegen von Compliance gerecht zu werden.

2. Pflicht zur Einrichtung einer Compliance-Organisation

Außerhalb der spezifisch geregelten Banken- und Finanzwirtschaft gibt es für Unternehmen keine eindeutige gesetzliche Regelung, die konkrete Aussagen zur Unternehmensorganisation im Hinblick auf die Sicherstellung normenkonformen Verhaltens im Unternehmen enthält. Gleichwohl gibt es im Vordringen befindliche Ansichten, die von einer allgemeinen Verpflichtung zur Einrichtung einer Compliance-Organisation ausgehen. Die folgenden Ausführungen sollen überblicksartig den Meinungsstand hierzu wiedergeben und zu einer Stellungnahme ermuntern[155].

---

ist. Dann wäre der Entscheidungsträger jedoch – neben der Eruierung des Sachverhalts – gehalten, sich durch die Einholung von Rechtsrat kundig zu machen, um so eine vertretbare Grundlage seiner Entscheidung zu erhalten. Vgl. grundlegend zum Meinungsstand MK/AktG-*Spindler*, § 93 Rn. 75 ff.

154 *Bürkle* 2015, S. 55; *Goette* 2011, S. 391; *Hemeling* 2011, S. 370; Hüffer/*Koch*, § 76 Rn. 11; *Kindler* 2012, S. 1 f.; *Meier-Greve* 2009, S. 2555; *Pietzke* 2010, S. 50; *Reichert* 2011, S. 113 f.; *H. Schneider/Gottschaldt* 2011, S. 573; Schmidt/Lutter-*Seibt*, § 76 Rn. 10; *Thole* 2009, S. 509 f.; vgl. auch LG München I NZWiSt 2014, 183; vgl. bereits unter 1. Teil, I. 2.

155 Die Wiedergabe des Meinungsspektrums kann hier überblicksartig erfolgen, da die Beantwortung dieser Rechtsfrage für den Prüfungsgegenstand der vorliegenden Untersuchung nicht zwingend relevant ist. Hat ein Unternehmen nämlich einen Compliance-Beauftragten ernannt, so kommt es für die Bestimmung einer etwaigen Einstandspflicht i. S. von § 13 Abs. 1 StGB auf den ihm übertragenen Aufgaben- und Pflichtenkreis an [näher unter 4. Teil, II.]. Die Frage, ob der Vorstand zur Einrichtung einer derartigen Position verpflichtet ist oder er sich dazu „nur" im Rahmen seines unternehmerischen Ermessens veranlasst sieht, stellt sich aber unabhängig davon. Da jedoch mitunter in Reaktion auf das Urteil des BGH im Fall der Berliner Stadtreinigung Meinungen vertreten werden, die eine gesetzliche Verankerung der Compliance-Position für erforderlich erachten [näher unter 3. Teil, I. 2. a) 1) (a)], soll an dieser Stelle die unternehmerische Ausgangslage

a) Meinungsstand

Nach einer Auffassung soll sich die Pflicht zur Etablierung einer umfassenden Compliance-Organisation bereits aus § 91 Abs. 2 AktG ergeben, der den Vorstand ermessensunabhängig verpflichte, geeignete Maßnahmen zu treffen und insbesondere ein Überwachungssystem einzurichten, damit den Fortbestand der Gesellschaft gefährdende Entwicklungen früh erkannt werden[156].

Eine weitere in der juristischen Literatur vertretene Ansicht rekrutiert demgegenüber verschiedene sektorspezifische Vorgaben (§§ 33 WpHG, 25a KWG, 52a Abs. 2 BImSchG, 53 KrW-/AbfG, 14 Abs. 2 GeldwäscheG) sowie einzelne allgemeingültige Vorschriften (§§ 130 OWiG, 91 Abs. 2 AktG)[157], die dem Vorstand jeweils unterschiedliche organisatorische Pflichten zum Zwecke der Einhaltung bestimmter gesetzlicher Bestimmungen auferlegen. Aus dem so geschaffenen Normenpool folgern die Vertreter dieser Ansicht im Zuge einer Gesamtrechtsanalogie einen allgemeinen Rechtsgedanken, der alle Unternehmen zur Einrichtung einer Compliance-Organisation verpflichte[158].

Schließlich wird auch die allgemeine Leitungsverantwortung des Vorstands gemäß §§ 76, 93 AktG bemüht, die den Vorstand verpflichte, ein an den unternehmensindividuellen Verhältnissen ausgerichtetes Compliance-System einzuführen[159]. Bestätigt sehen sich die Vertreter dieser Ansicht durch die Regelung des DCGK in Ziff. 4.1.3, in die seit der Neufassung des Kodex im Jahre 2007 die Compliance-Verpflichtung des Vorstands ausdrücklich aufgenommen wurde[160]. Denn wenn es die Pflicht des Vorstands ist, für rechtskonformes Verhalten im Unternehmen zu sorgen, dann ergäbe „sich daraus zwanglos seine Pflicht, zu diesem Zweck organisatorische Maßnahmen zu ergreifen“[161].

Demgegenüber geht die h.M. davon aus, dass mangels eindeutiger gesetzlicher Grundlage keine allgemeine Rechtspflicht zur Einführung einer Compliance-Organisation bestehe[162]. Vielmehr sei es Sache der Leitungsorgane (vgl. §§ 76, 93

---

auch im Hinblick auf eine organisatorische Compliance-Verpflichtung beleuchtet werden. Guter Überblick bei *Koch* 2009, S. 1013 ff.

156 Eingehend *Dreher* 2010, S. 168 ff.; vgl. auch *Berg* 2007, S. 276 f.; *Hommelhoff/Mattheus* 2007, S. 2788; *Schwintowski* 2005, S. 200.

157 Grundlegend *U. Schneider* 2003, S. 648 f.; vgl. aber auch *Eisele/Faust* 2011, § 109 Rn. 95a; *Moosmayer* 2012, S. 5.

158 *U. Schneider* 2003, S. 649.

159 Dabei stehe dem Vorstand bezüglich der Frage, ob ein Compliance-System eingerichtet wird, kein Ermessensspielraum zu bzw. er sei auf Null reduziert; vgl. hierzu *Bürkle* 2005, S. 568 ff.; ähnlich *Campos Nave/Bonenberger* 2008, S. 734 f.; *Heinz* 2010, § 22 Rn. 52; *Konu* 2014, S. 44 f.; Schmidt/Lutter-*G. Krieger/Sailer-Coceani*, § 93 Rn. 8; *Pietrek* 2012, S. 95 f.; Schmidt/Lutter-*Seibt*, § 76 Rn. 11; *Thole* 2009, S. 510.

160 Vgl. bereits unter 1. Teil, I. 2. c).

161 *Bürkle* 2007, S. 1798.

162 *G. Bachmann* 2008, S. 68; *Fett* 2015, S. 144; *Fleischer* 2014, S. 322; *Gößwein/Hohmann* 2011, S. 964; *Groß* 2012, S. 54 ff.; *Hauschka* 2010, § 1 Rn. 23; Hölters/AktG-*Hölters*,

AktG), im Rahmen ihres unternehmerischen Ermessens zu entscheiden, „ob sie sich selbst für hinreichend informiert und kompetent halten, um die Rechtstreue des Unternehmens zu gewährleisten, oder ob sie hierzu eine Organisation schaffen wollen“[163].

b) Stellungnahme

Geht man das vorliegende Meinungsbild der Reihe nach durch, so ergibt sich folgender Ertrag: Einer direkten Ableitung der Pflicht zur Schaffung einer Compliance-Organisation aus § 91 Abs. 2 AktG ist zu widersprechen, da die Norm allein zur Einrichtung eines Frühwarnsystems im Hinblick auf bestandsgefährdende Entwicklungen verpflichtet. Bestandsgefährdend sind jedoch nur Entwicklungen, die das Insolvenzrisiko selbst hervorrufen bzw. dieses erheblich steigern[164]. Die Risikoüberwachung i. S. von § 91 Abs. 2 AktG betrifft daher die Verpflichtung zur vorausschauenden Beobachtung *wirtschaftlich bestandsgefährdender* Risiken, wohingegen es bei Compliance um die *rechtliche* Verpflichtung zur Regelbefolgung und deren Organisation geht[165]. Auch wenn Überschneidungen der jeweilig zu überwachenden Risiken grundsätzlich denkbar sind, etwa wenn Rechtsverstöße bestandsgefährdenden Charakter annehmen[166], ist das regelmäßig, selbst im Falle von Straftaten, nicht der Fall[167], sodass § 91 Abs. 2 AktG keine Verpflichtung zur umfassenden Einrichtung einer Compliance-Organisation entnommen werden kann[168].

Weiterhin ergibt sich diese Pflicht auch nicht im Zuge einer Gesamtrechtsanalogie. Denn zum einen legen die spezialgesetzlichen Organisationspflichten angesichts der

---

§ 93 Rn. 92; *Hüffer* 2011, S. 304; *Junc* 2010, S. 18; *Kindler* 2012, S. 6f.; *Klopp* 2012, S. 71f.; *Kort* 2008, S. 84; *Kremer/Klahold* 2010, S. 119f.; *Petermann* 2013, S. 79; *Reichert* 2011, S. 115; *ders./Ott* 2009, S. 2174; MK/AktG-*Spindler*, § 91 Rn. 63ff.; *Steinmeyer/Späth* 2010, S. 188f.

163 *Hauschka* 2004b, S. 878; *ders.* 2010, § 1 Rn. 23.

164 *Blasche* 2009, S. 63f.; *Heinz* 2010, § 22 Rn. 47; *Kindler* 2012, S. 3; *Kremer/Klahold* 2010, S. 120; MK/AktG-*Spindler*, § 91 Rn. 21.

165 Vgl. bereits *G. Bachmann* 2008, S. 72f.; *Kort* 2011, S. 413.

166 Vgl. insoweit auch die Begr. RegE KonTraG, BT-Drucks. 13/9712, S. 15: „Zu den den Fortbestand der Gesellschaft gefährdenden Entwicklungen gehören insbesondere risikobehaftete Geschäfte, Unrichtigkeiten der Rechnungslegung und Verstöße gegen gesetzliche Vorschriften, die sich auf die Vermögens-, Finanz- und Ertragslage der Gesellschaft oder des Konzerns wesentlich auswirken“.

167 Zutreffend *Fleischer* 2014, S. 322; *Hauschka* 2004b, S. 878; *Kindler* 2012, S. 3; *Koch* 2009, S. 1014 m. w. N.

168 Auch der 2009 eingefügte § 289 Abs. 5 HGB ändert an diesem Standpunkt nichts; vgl. Begr. RegE BilMoG, BT-Drucks. 16/10067, S. 76: „Es bleibt den geschäftsführenden Organen überlassen, ein internes Kontrollsystem oder ein internes Risikomanagementsystem nach den vorhandenen Bedürfnissen unter Berücksichtigung der Unternehmensstrategie, des Geschäftsumfangs und anderer wichtiger Wirtschaftlichkeits- und Effizienzgesichtspunkte einzurichten“.

Besonderheiten des beaufsichtigten Finanzsektors eher den Umkehrschluss nahe; dass nämlich mangels vergleichbarer Interessenlage gerade kein Raum für die generelle Pflicht zur Etablierung einer Compliance-Organisation bestehen kann[169]. Zum anderen folgt diese Pflicht weder aus dem soeben besprochenen § 91 Abs. 2 AktG noch aus § 130 OWiG. Zwar lassen sich aus der zu § 130 OWiG ergangenen Rechtsprechung[170] sowie erschienenen Literatur[171] allgemeine Organisationsanforderungen ableiten, die auch im Rahmen der Ausgestaltung von Compliance-Management-Systemen von Bedeutung sind. Jedoch handelt es sich hierbei um eine Vorschrift mit repressivem Charakter, die eine bußgeldbewehrte Aufsichtspflicht grundsätzlich unabhängig von der Pflicht zur Einrichtung einer Compliance-Organisation vorschreibt[172].

Etwas anderes ergibt sich schließlich auch dann nicht, wenn man auf die in Ziff. 4.1.3 des DCGK enthaltene Compliance-Verpflichtung des Vorstands abstellt. Denn unabhängig davon, dass dieser nur für börsennotierte Aktiengesellschaften gilt, handelt es sich bei den Bestimmungen des DCGK lediglich um Empfehlungen für die Selbstverpflichtungen von Unternehmen, denen keine Rechtsnormqualität zukommt (sog. „soft law")[173]. Selbst wenn man der Meinung ist, dass hierdurch eine Konkretisierung der geltenden Gesetzeslage erfolge[174], so ergibt sich aus dieser Annahme lediglich, dass der Vorstand über die Einrichtung eines Compliance-Systems im Rahmen des ihm gemäß §§ 76, 93 AktG zustehenden unternehmerischen Ermessens zu entscheiden hat[175]. Jedoch enthält § 161 Abs. 1 S. 1 AktG die Verpflichtung des

---

169 Vgl. auch *G. Bachmann* 2008, S. 74f.; Schwark/Zimmer-*Fett*, § 33 WpHG Rn. 2; *Fleischer* 2014, S. 322; *Gößwein/Hohmann* 2011, S. 963f.; *Hauschka* 2004b, S. 878; *Hüffer* 2011, S. 304; *Kindler* 2012, S. 4f.; *Kremer/Klahold* 2010, S. 119; *Rathgeber* 2012, S. 345f.; *Theile* 2010, S. 460; zutreffend betont *Spindler* 2008, S. 909: „Die von § 25a KWG, § 33 WpHG vorgesehenen, besonderen organisatorischen Anforderungen an Kreditinstitute oder Wertpapierdienstleistungsunternehmen sind vor dem Hintergrund der qualitativen Bankenaufsicht und den besonderen Risiken des Finanzsektors zu sehen, die nicht mit der Risikosituation in anderen Wirtschaftsbranchen gleichzusetzen sind".

170 Die Rechtsprechung zieht teilweise schon die Einhaltung von Compliance-Richtlinien heran, um aus Verstößen hiergegen die Verletzung der Sorgfalt eines ordentlichen und gewissenhaften Geschäftsleiters i. S. von § 93 Abs. 1 AktG bzw. § 43 Abs. 1 GmbHG ableiten zu können, vgl. LG Darmstadt CCZ 2008, 37, bzgl. der Verurteilung wegen Untreue bestätigt durch BGH CCZ 2009, 38ff.

171 Grundlegend *Rau* 2010.

172 Vgl. auch *Hauschka* 2010, § 1 Rn. 23; *Kremer/Klahold* 2010, S. 119 sowie *Bock* 2009, S. 79, der betont, dass ein Unternehmen die Aufsicht i. S. von § 130 OWiG je nach (letztlich) betriebswirtschaftlich zu ermittelnder Zumutbarkeit zu institutionalisieren habe.

173 *Gößwein/Hohmann* 2011, S. 964; *Groß* 2012, S. 48; *Hauschka* 2010, § 1 Rn. 23; Hölters/AktG-*Hölters*, § 93 Rn. 92; *Kindler* 2012, S. 6f.; *Kort* 2008, S. 84; *Rathgeber* 2012, S. 346ff.; *Schaefer/Baumann* 2011, S. 3602; MK/AktG-*Spindler*, § 93 Rn. 31ff.

174 *Bürkle* 2007, S. 1798; vgl. auch *Reichert* 2011, S. 114; a.A. *Theile* 2010, S. 460.

175 So auch *Kindler* 2012, S. 6.

Vorstands (und des Aufsichtsrats) einer börsennotierten Aktiengesellschaft, einmal jährlich die Erklärung abzugeben, ob und in welchem Umfang das Unternehmen die Empfehlungen des DCGK einhält. Auftretende Abweichungen müssten im Rahmen dieser Entsprechenserklärung begründet werden („comply or explain"). Doch auch hieraus ergibt sich keine rechtliche Pflicht[176] dahingehend, dass das Unternehmen über eine bestimmte Compliance-Organisation verfügen muss; vielmehr steht es den Organen gerade frei, vom Kodex abzuweichen[177].

Im Ergebnis ist daher den Auffassungen, welche die Leitungsorgane einer Gesellschaft unabhängig von Tätigkeitsbereich und Unternehmensgröße zur Etablierung einer umfassenden Compliance-Organisation verpflichten wollen, zu widersprechen. Zuzustimmen ist vielmehr der (herrschenden) Meinung, nach der es für den Vorstand darauf ankommt, im Rahmen seiner Leitungsverantwortung gemäß den §§ 76, 93 AktG zu prüfen, was nach den Eigenarten des Unternehmens[178] erforderlich und zumutbar ist, um materielle Compliance sicherzustellen[179].

IV. Verteilung und Delegation der Compliance-Verantwortung im Unternehmen

Nachdem die rechtlichen Grundlagen und das Ausmaß der Compliance-Verantwortung in Unternehmen klar geworden sind, soll es nun darum gehen, wie sie praktisch zu gewährleisten bzw. umzusetzen ist. Hierbei soll und kann es allerdings nicht Aufgabe der Bearbeitung sein, einen einheitlichen Standard im Sinne einer „best practice" zu formulieren[180], der sämtliche Facetten eines Compliance-Management-Systems

---

176 Ein faktischer Zwang zur Befolgung der Empfehlungen des Kodex dürfte demgegenüber anzunehmen sein, da der Kodex die Erwartungshaltung gegenüber dem Unternehmen wiederspiegelt. Ähnlich *Bergmoser/Theusinger/Gushurst* 2008, S. 5.

177 Grundlegend MK/AktG-*Spindler*, § 93 AktG Rn. 31 ff.; vgl. auch *Hauschka* 2010, § 1 Rn. 1; *Schaefer/Baumann* 2011, S. 3602; *Theile* 2010, S. 460 f.

178 Entsprechende Parameter bilden etwa Branche, Größe, Struktur und Lage des Unternehmens, aber auch das Risikopotential der Märkte, auf denen das Unternehmen agiert, sowie in der Vergangenheit aufgetretene Verdachtsfälle; so zuletzt LG München I NZWiSt 2014, 183 (187), das darüber hinaus den Vorstandsmitgliedern einer Aktiengesellschaft eine weitreichende Pflicht zur Einrichtung einer Compliance-Organisation auferlegt; kritisch *Rathgeber* 2014, S. 193 ff. sowie näher unter 1. Teil, III. 1.

179 Vgl. stellvertretend *Hüffer* 2011, S. 304: „relative oder grundsätzliche Compliance-Pflicht" (in organisatorischer Hinsicht).

180 Zu den reichhaltigen Handlungsempfehlungen für die Praxis vgl. nur den Entwurf des Prüfungsstandards „Grundsätze ordnungsgemäßer Prüfungen von Compliance Management Systemen" (IDW EPS 980), herausgegeben vom Institut für Wirtschaftsprüfer in Deutschland e. V. [abrufbar unter www.elektronische-steuerpruefung.de/ management/idw-eps-980-compliance-management-systeme-entwurf.pdf (Abruf vom 16.09.2015)]; hierzu *Görtz* 2010, S. 127 ff. Weitere Handlungsempfehlungen bei *Beste* 2010, S. 127 ff.; *Hauschka/Greeve* 2007, S. 165 ff.;

beleuchtet. Stattdessen sollen allgemeine Grundsätze und Möglichkeiten der Aufgabenverteilung und -delegation in Unternehmen dargestellt werden, um eine Basis für die Frage zu schaffen, welcher Pflichtenkreis einzelnen, mit Compliance-Aufgaben betrauten Personen zukommt. Dabei wird sich die Darstellung an einer Aktiengesellschaft orientieren, die nicht in einen Konzernverbund integriert[181] sowie keinen branchenspezifischen Organisationsanforderungen unterworfen ist. Soweit es um die Verteilung und Delegation von Aufgaben des Leitungsorgans der Gesellschaft geht, gelten die folgenden Ausführungen für die GmbH entsprechend[182].

1. Gesamtverantwortung des Vorstands und horizontale Aufgabendelegation

Grundsätzlich sieht § 77 Abs. 1 S. 1 AktG für einen mehrköpfigen Vorstand einer Aktiengesellschaft die gemeinschaftliche Geschäftsführung durch sämtliche Mitglieder des Vorstands vor (Grundsatz der Gesamtgeschäftsführung bzw. -zuständigkeit). Das bedeutet, dass „stets entweder alle Vorstandsmitglieder gemeinsam handeln oder die anderen Vorstandsmitglieder dem Tätigwerden eines von ihnen zustimmen“[183]. Für die Erfüllung dieser Pflichten sind sie dabei nach dem Grundsatz der Gesamtverantwortung gemeinsam verantwortlich[184] und haften der Gesellschaft solidarisch als Gesamtschuldner.

Der Grundsatz der Gesamtgeschäftsführung erweist sich jedoch vor allem in größeren Gesellschaften als sehr schwerfällig und wenig praktikabel, da nicht alle Vorstandsmitglieder alle Aufgaben des Organs selbst wahrnehmen können. Hier besteht die Möglichkeit und mit zunehmender Größe des Unternehmens gar die Notwendigkeit, einzelne Aufgaben horizontal bzw. vertikal zu delegieren[185]. Für die Aktiengesellschaft ist eine horizontale Verteilung der delegationsfähigen Vorstandsangelegenheiten[186] auf die einzelnen Mitglieder durch die Satzung oder die

---

Inderst 2010, S. 103 ff.; *Pauthner-Seidel/Stephan* 2010, § 27 Rn. 18 ff.; vgl. aber auch *Goette* 2011, S. 396 f., der angesichts der Vielfalt unternehmerischer Strukturen sowie von Compliance-Risiken nicht von einem einheitlichen Standard im Sinne einer „best practice“ sprechen möchte.

181 Grundlegend hierzu *U. Schneider* 2009, S. 1321 ff.

182 Vgl. nur *Goette* 2002, § 8 Rn. 132 f. m. w. N. aus der Rechtsprechung; *Steinmeyer/Späth* 2010, S. 197 f.; *Schmidt-Husson* 2010, § 7 Rn. 5.

183 *Wiesner* 2007a, § 22 Rn. 3.

184 Eingehend *Hoffmann-Becking* 1998, S. 506 ff.; *Fleischer* 2003, S. 449 ff.

185 Allgemeine Meinung, vgl. nur *Fleischer* 2014, S. 323 f.; *Goette* 2011, S. 394; *Hegnon* 2009, S. 57; *Konu* 2014, S. 55 ff.; *Schmidt-Husson* 2010, § 7 Rn. 4; für die GmbH BGHZ 133, 370 (377 f.).

186 Nicht delegationsfähig sind demgegenüber Leitungsaufgaben gem. § 76 Abs. 1 AktG, die zum Kernbereich der Geschäftsführung zählen; vgl. Hüffer/*Koch*, § 76 Rn. 8; MK/AktG-*Spindler*, § 76 Rn. 14 ff. sowie die überblicksartigen Aufzählungen bei *Schiessl* 1992, S. 67 f. bzw. *Huff* 2008, S. 109 ff. m. w. N. Auch die Compliance-Verantwortung zählt nach allgemeiner Meinung zu den Leitungsaufgaben des Vor-

Geschäftsordnung des Vorstands gemäß § 77 Abs. 1 S. 2 AktG explizit vorgesehen, wovon in der Praxis auch regelmäßig Gebrauch gemacht wird[187].

Mit der Geschäftsverteilung wird die Zuständigkeit für die Wahrnehmung der ressortspezifischen Aufgaben vom Gesamtvorstand an das einzelne Vorstandsmitglied delegiert[188]. Dies hat zur Folge, dass jedes Vorstandsmitglied für den ihm zugewiesenen Geschäftsbereich die primäre Verantwortung trägt[189]. Zugleich stehen ihm dabei kraft seiner Ressortzuständigkeit Gestaltungsspielräume zur Verfügung, die von den anderen Gremiumsmitgliedern zu beachten sind. Insbesondere dürfen diese – auch mangels Weisungsbefugnis des Einzelnen[190] – nicht ständig und ohne besonderen Anlass in sein Ressort „hineinregieren"[191].

Diese Art der Zuständigkeitsverteilung bewirkt jedoch nicht, dass die anderen Vorstandsmitglieder gänzlich aus ihrer Verantwortung entlassen werden. Vielmehr tragen sie weiterhin gemeinsam die Verantwortung für die gesamte Geschäftsführung. Es ändert sich lediglich ihr Pflichtenstandard dahingehend, die übrigen Vorstandsmitglieder bei Wahrnehmung der ihnen zugewiesenen Aufgaben zu überwachen und zu kontrollieren[192].

Zur Wahrnehmung dieser Pflicht zur allgemeinen Beaufsichtigung steht den einzelnen Vorstandsmitgliedern ein Anspruch auf Information zu[193]. Doch auch

---

stands, sodass sie nicht vollständig auf einzelne Vorstandsmitglieder oder leitende Mitarbeiter delegiert werden kann; vgl. nur *Fleischer* 2014, S. 323 sowie *Spindler* 2008, S. 909 jeweils m. w. N.

187 Eine derartige Zuständigkeitsverteilung wird im Übrigen im Deutschen Corporate Governance Kodex in Ziffer 4.2.1 empfohlen.

188 Grundlegend *Alexander* 2005, S. 119 ff.; *Fleischer* 2003, S. 449 ff.; *Hoffmann-Becking* 1998, S. 497 ff.; *Schiessl* 1992, 64 ff.; ausführlich zu den Folgen einer wirksamen Übertragung *Huff* 2008, S. 116 ff.

189 *Fecker/Kinzl* 2010, S. 13; Spindler/Stilz-*Fleischer*, § 77 Rn. 48; *Goette* 2011, S. 394; *Hemeling* 2011, S. 377; *Pietzke* 2010, S. 47; MK/AktG-*Spindler*, § 77 Rn. 55; vgl. grundlegend für die GmbH BGHZ 133, 370 (377 f.) m. w. N. aus der Rechtsprechung.

190 Zur Ablehnung des „Chief Executive Officer"-Modells im deutschen Recht vgl. nur MK/AktG-*Spindler*, § 77 Rn. 67 ff. m. w. N. sowie *Favoccia/Richter* 2010, S. 140.

191 Vgl. nur *Alexander* 2005, S. 121 f.; Spindler/Stilz-*Fleischer*, § 77 Rn. 48; *ders.* 2003, S. 452; *Favoccia/Richter* 2010, S. 140; *Schmidt-Husson* 2010, § 7 Rn. 25; MK/AktG-*Spindler*, § 77 Rn. 55.

192 BGH NJW 1986, 54 (55); 1995, 2850 (2851); BGHZ 133, 370 (377 f.); Spindler/Stilz-*Fleischer*, § 77 Rn. 49; *ders.* 2014, S. 323; *Frodermann/Ph. Schäfer* 2009, 7. Kap. Rn. 159; *Götz* 1995, S. 339; *Heinz* 2010, § 22 Rn. 41; *Hoffmann-Becking* 1998, S. 512; *Schmidt-Husson* 2010, § 7 Rn. 8; MK/AktG-*Spindler*, § 77 Rn. 56; *Wiesner* 2007a, § 22 Rn. 15; eingehend zum Umfang dieser Überwachungspflicht *Huff* 2008, S. 117 ff. m. w. N.

193 *G. Dannecker* 2015, § 5 Rn. 72; Spindler/Stilz-*Fleischer*, § 77 Rn. 49; *Frodermann/Ph. Schäfer* 2009, 7. Kap. Rn. 159; *Heinz* 2010, § 22 Rn. 41; *Hoffmann-Becking* 1998, S. 512; *Pietzke* 2010, S. 47; *Wiesner* 2007a, § 22 Rn. 16.

unabhängig davon muss jedes Vorstandsmitglied regelmäßig und insbesondere in den Vorstandssitzungen über die wesentlichen Entwicklungen und Vorgänge in seinem Ressort berichten[194]. Dabei können die übrigen Vorstandsmitglieder grundsätzlich in die ordnungsgemäße Erfüllung der übertragenen Pflichten durch den jeweiligen Ressortleiter vertrauen[195]. Soweit allerdings Anhaltspunkte dafür bestehen, dass der zuständige Ressortvorstand seinen Aufgaben nicht oder nicht in der gebotenen Sorgfalt nachkommt, besteht die Verpflichtung zur Nachfrage und gegebenenfalls zum Einschreiten, was insbesondere in Krisensituationen bedeutsam ist[196]. Sofern also Missstände vorliegen und diese vom zuständigen Ressortvorstand nicht abgestellt werden, ist jedes Vorstandsmitglied aufgrund der organschaftlichen Treubindung gegenüber der Gesellschaft regelmäßig verpflichtet, die betreffende Angelegenheit dem Gesamtvorstand zur Klärung vorzutragen, verbunden mit dem Erfordernis, gegebenenfalls der dort beabsichtigten Entscheidung zu widersprechen oder das Kontrollorgan zu benachrichtigen[197].

2. Die Wahrnehmung der Compliance-Verantwortlichkeit im Unternehmen

Compliance ist ein wesentlicher Bestandteil der Leitungsverantwortung des Vorstands in seiner Gesamtheit (§§ 76 Abs. 1, 93 Abs. 1 AktG). Ausgehend davon haben zunächst alle Mitglieder des Kollegialorgans gleichermaßen Sorge dafür zu tragen, dass Recht und Gesetz durch die Gesellschaft und ihre Mitarbeiter beachtet werden. Dies beinhaltet sowohl die Verpflichtung zur eigenen Regeltreue wie auch deren Durchsetzung auf nachgeordneten Ebenen. Letztere enthält wiederum die Pflicht zur ordnungsgemäßen Organisation und präventiven Kontrolle, wobei dem Vor-

---

194 Spindler/Stilz-*Fleischer*, § 77 Rn. 49; *Schiessl* 1992, S. 69; *Schmidt-Husson* 2010, § 7 Rn. 24; *Wiesner* 2007a, § 22 Rn. 16.

195 Vgl. beispielhaft OLG Köln NZG 2001, 135 in seinem amtlichen Leitsatz: „Solange keine Anhaltspunkte für eine sorgfaltswidrige Geschäftsführung vorliegen, ist ein Vorstandsmitglied trotz des Grundsatzes der Gesamtverantwortung nicht gehalten, Aufsichtsmaßnahmen in Bezug auf ein Nachbarressort zu ergreifen". Ferner MK/AktG-*Spindler*, § 93 Rn. 153, der zutreffend betont, dass vor allem die im Deliktsrecht entwickelten haftungsrechtlichen Grundsätze übertragen werden können.

196 Grundlegend für die GmbH BGHZ 133, 370 (378); vgl. ferner *Frodermann/Ph. Schäfer* 2009, 7. Kap. Rn. 159; *Hauschka* 2004a, S. 259; *Hemeling* 2011, S. 377; *Pietzke* 2010, S. 47; *Schmidt-Husson* 2010, § 7 Rn. 10; MK/AktG-*Spindler*, § 77 Rn. 56; vgl. auch *G. Dannecker* 2015, § 5 Rn. 64, der zurecht betont, dass nur so „kooperationsbedingte Gefahren, die sich aus der arbeitsteiligen Aufgliederung in einem Betrieb ergeben, zurückgedrängt werden" können und beherrschbar bleiben.

197 *Fleischer* 2003, S. 456 f.; *Hoffmann-Becking* 1998, S. 512; *Schmidt-Husson* 2010, § 7 Rn. 25; *Spindler* 2006b, § 15 Rn. 85; *Wiesner* 2007a, § 22 Rn. 15; vgl. auch LG München I NZWiSt 2014, 183 (189 f.).

stand bzgl. der Organisation zur Gewährleistung materieller Compliance ein unternehmerisches Ermessen zukommt[198].

a) Unternehmensorganisation in Deutschland – Ergebnisse des Forschungsprojekts „Corporate Compliance" der Universität Leipzig

Die deutschen Unternehmen sind den an sie gestellten Compliance-Anforderungen in einem höchst unterschiedlichen Maße nachgekommen. Dies lässt sich bereits hinsichtlich des Umfangs sowie der inhaltlichen Ausgestaltung der ergriffenen Compliance-Maßnahmen beobachten. Darunter zählen beispielsweise die Entwicklung unternehmensinterner Richtlinien (Business Ethics Guidelines, Anti-Korruptionsrichtlinien), die Einrichtung eines Hinweisgebersystems (Whistle-Blowing Hotline) oder etwa Mitarbeiterschulungen zur Kommunikation der Compliance-Ziele[199]. Vor allem aber ist die Ausgestaltung der Compliance-Organisation vielfältig, welche den personellen und organisatorischen Rahmen für die Verwirklichung einzelner Compliance-Maßnahmen festlegt.

So haben nach einer im Rahmen des Forschungsprojekts „Corporate Compliance" der Universität Leipzig durchgeführten Befragung im Jahre 2011 von 341 Unternehmen der deutschen Wirtschaft[200] 267 Unternehmen (das entspricht 78,3 %) angegeben, dass sie entweder eine Compliance-Abteilung in ihrem Unternehmen haben oder aber Compliance-Aufgaben zumindest durch eine andere Abteilung ihres Unternehmens wahrgenommen werden. In 24,0 % dieser Unternehmen ist die Compliance-Abteilung komplett eigenständig, wohingegen in 20,6 % dieser Unternehmen Compliance-Aufgaben der Internen Revision zugewiesen sind.

Weiterhin gaben 184 der 267 Unternehmen, die eine Compliance-Abteilung oder zumindest eine sich mit Compliance-Aufgaben beschäftigende Abteilung haben, an (68,9 %), dass sie über einen Leiter Compliance bzw. einen leitenden Mitarbeiter, der sich auch mit Fragen regelkonformen Verhaltens beschäftigt, verfügen. Davon wird bei 9,2 % der Unternehmen die Compliance-Funktion direkt von der obersten Hierarchieebene (Geschäftsführung, Vorstand) wahrgenommen. In den meisten anderen Unternehmen (73,9 % bei 16,9 % Sonstige) ist dagegen der Leiter Compliance bzw. der leitende, mit Compliance-Aufgaben betraute Mitarbeiter auf der ersten

---

198 Vgl. bereits unter 1. Teil, III. 2. b).

199 Guter Überblick bei *Inderst* 2010, S. 103 ff.

200 Das Ziel des Leipziger Forschungsvorhabens bestand dabei darin, „zu ermitteln, durch welche unternehmensinternen Maßnahmen Wirtschaftsstraftaten langfristig verhindert werden können, insbesondere unter welchen personellen, institutionellen und rechtlichen Rahmenbedingungen Compliance-Maßnahmen Wirksamkeit entfalten"; vgl. nur *Boemke/Grau/Kißling/H. Schneider* 2012, S. 80. Hierfür wurden sowohl die Methoden der quantitativen als auch der qualitativen Sozialforschung fruchtbar gemacht; vgl. zum Projektdesign sowie zu weiteren Ergebnissen der Untersuchung auch *H. Schneider/Kißling* 2012, S. 261 ff.; *H. Schneider/Grau/Kißling* 2013, S. 48 ff.

Berichtsebene unterhalb des Vorstands bzw. der Geschäftsführung (Direktoren, Bereichsleiter) angesiedelt.

b) Die Einsetzung eines Compliance-Vorstands

Soweit in manchen Unternehmen die Compliance-Funktion als originäre Angelegenheit der Unternehmensleitung definiert wird und die Compliance-Aufgaben im Zuge der (horizontalen) Geschäftsverteilung auf ein Vorstandsmitglied delegiert werden[201], ist dieses maßgeblich für die Gewährleistung regelkonformen Verhaltens im Unternehmen verantwortlich. Dies umfasst zum einen die Aufstellung der maßgebenden Regeln, wie materielle Compliance im Unternehmen durchgesetzt werden soll. Zum anderen gilt es, organisatorische Rahmenbedingungen zu schaffen, Eingriffskompetenzen zu bestimmen und Berichtspflichten festzulegen[202].

Da es aufgrund des aktienrechtlichen Kollegialprinzips (§ 77 Abs. 1 AktG) nicht ohne weiteres möglich ist, in den Ressortbereich eines anderen Vorstandsmitgliedes „hineinzuregieren", empfiehlt sich ein abgestimmtes Vorgehen mit dem zuständigen Ressortvorstand, soweit organisatorische Maßnahmen und/oder bereichsspezifische Verhaltensempfehlungen angeordnet werden (sollen), die den für den Compliance-Vorstand eigentlich fremden Zuständigkeitsbereich betreffen[203]. Ein derartig abgestimmtes Verfahren erhöht nicht nur die Effizienz der einzurichtenden Compliance-Maßnahmen, sondern es schenkt auch den Gestaltungsräumen der anderen Vorstandskollegen ausreichende Beachtung. Schließlich trifft diese auch bei Einsetzung eines Compliance-Vorstands die Pflicht, in ihrem Verantwortungsbereich durch geeignete Maßnahmen für ein rechtmäßiges Verhalten der nachgeordneten Mitarbeiter zu sorgen[204].

Der Compliance-Vorstand hat gegenüber seinen Vorstandskollegen die umfassendere Überwachungspflicht. Denn während sich deren Legalitätskontrolle im Wesentlichen auf die Mitarbeiter im jeweils eigenen Ressort beschränkt, ist der Compliance-Vorstand zur sachgerechten Überwachung der Einhaltung der unternehmensspezifischen Compliance insgesamt aufgerufen. Stellt er hierbei Rechtsverstöße eines abhängig beschäftigen Arbeitnehmers[205], insbesondere Straftaten fest,

---

201 Vgl. nur *Klopp* 2012, S. 155 ff.; zu den möglichen Organisationsmodellen vgl. auch *Gößwein/Hohmann* 2011, S. 964 ff.

202 Vgl. näher unter 1. Teil, IV. 2. c) 2) (b) und (c).

203 Sollen beispielweise Verhaltensempfehlungen im Zusammenhang mit der Beschaffung und/oder des Absatzes von Produkten herausgegeben werden, so wäre der mit dem kaufmännischen Bereich befasste Vorstand einzuschalten.

204 So auch OLG Köln 2001, 135 (136); *Bürkle* 2010b, § 8 Rn. 13; *Fleischer* 2003, S. 452; *ders.* 2008, S. 2; *Götz* 1995, S. 338; ebenso *Pietzke* 2010, S. 52, der gerade die dezentral wahrzunehmenden Compliance-Aufgaben, wie z.B. Produkt- und Arbeitssicherheit sowie Umweltschutz, dem jeweiligen Ressort zuschreibt.

205 Sofern jedoch der Compliance-Vorstand, strafrechtlich relevante Verstöße eines Vorstandskollegen feststellt, ist er – wie auch jedes andere Gremiumsmitglied –

so ist er aufgrund der ihm übertragenen Aufgaben sowie seiner organschaftlichen Treuebindung gegenüber der Gesellschaft zum Einschreiten verpflichtet.

Ein probates Mittel zur Behebung der Missstände bietet ihm dabei die ihm zustehende Weisungsbefugnis des Arbeitgebers[206], welche bei einer Aktiengesellschaft gegenüber den abhängig beschäftigten Arbeitnehmern durch den Vorstand wahrgenommen wird[207]. Dennoch muss aufgrund des aktienrechtlichen Kollegialprinzips (§ 77 Abs. 1 AktG) beachtet werden, dass es einem Vorstandsmitglied nicht ohne weiteres möglich ist, in den Ressortbereich eines anderen Vorstandsmitgliedes „hineinzuregieren" und dort Anordnungen zu treffen sowie Weisungen zu erteilen[208], auch wenn dort der Rechtsverstoß begangen wurde.

In der Praxis dürfte sich insbesondere dann, wenn sich die Straftat auf die operative Tätigkeit des Unternehmens auswirkt, ein abgestimmtes Vorgehen mit dem zuständigen Ressortvorstand empfehlen[209]. Gleiches dürfte im Falle von Compliance-Vergehen im Bereich der Produkt- bzw. Arbeitssicherheit sowie im Bereich des Umweltschutzes gelten. Jedoch sollte dem Compliance-Vorstand durch die Satzung oder die Geschäftsordnung des Vorstands die Eingriffskompetenz verliehen sein, eigenständig von seinem Weisungsrecht Gebrauch machen zu dürfen, sofern sich die erkannte Mitarbeiterstraftat nicht originär in einem Ressortbereich eines anderen Vorstandsmitglieds bewegt. Denn nicht nur die effiziente, sondern vor allem auch

---

dazu verpflichtet, die betreffende Angelegenheit dem Gesamtvorstand zu berichten und auf Abhilfe hinzuwirken. Dringt er dabei mit seinen Bedenken nicht durch, so ist gegebenenfalls der Aufsichtsrat einzuschalten.

206 Das Weisungs- bzw. Direktionsrecht des Arbeitgebers ist seit 01.01.2003 für alle Arbeitsverhältnisse in § 106 GewO einheitlich geregelt, obwohl es „schon seit jeher als eines der wichtigsten Bestandteile des Arbeitsverhältnisses allgemein anerkannt" war [Tettinger/Wank/Ennuschat-*Wank*, § 106 GewO Rn. 1 m. w. N.; aus der Rechtsprechung vgl. nur BAG NZA 2010, 327 (329)]. Dennoch erschien es dem Gesetzgeber erforderlich, „eine ausdrückliche Regelung von Inhalt und Grenzen des Weisungsrechts im Interesse von Rechtsklarheit und Rechtssicherheit im Arbeitsverhältnis" zu treffen [vgl. BT-Drucks. 14/8796, S. 24]. Danach kann sich das Weisungsrecht auch auf die Ordnung und das Verhalten des Arbeitnehmers im Betrieb erstrecken. Ausweislich der Gesetzesbegründung gehört hierzu beispielsweise die Erteilung von Rauchverboten, die Durchführung von Eingangskontrollen oder die Weisung, Schutzkleidung zu tragen.

207 Vgl. nur *Fleischer* 2006a, § 1 Rn. 8; KK/AktG-*Mertens/Cahn*, § 76 Rn. 4; Hüffer/*Koch*, § 84 Rn. 14 jeweils m. w. N.

208 So bereits *H. Schneider/Gottschaldt* 2011, S. 574; *Brettel* 2014, § 2 Rn. 109; *Favoccia/Richter* 2010, S. 139 f.; ähnlich *Neudecker* 1995, S. 111 im Falle der Herleitung einer Aufsichtsgarantenstellung eines Vorstandsmitglieds über einen Gremiumskollegen mittels Herrschaftskriterien.

209 Stellt etwa das mit Compliance beauftragte Vorstandsmitglied die Vertriebskorruption eines Mitarbeiters fest, wird regelmäßig die Einschaltung des für den kaufmännischen Bereich zuständigen Vorstandsmitglieds erforderlich sein, um den Rechtsverstoß zu beheben bzw. Sanktionen einzuleiten.

die zeitnahe Abstellung des Compliance-Verstoßes trägt zur Durchsetzung der Null-Toleranz-Politik der Unternehmensleitung[210] sowie zur Förderung der Compliance-Kultur im Unternehmen[211] bei und vermeidet weitergehende Haftungsrisiken[212].

c) Die Einrichtung einer Compliance-Organisation

Alternativ bzw. kumulativ zur gerade beschriebenen Einsetzung eines Compliance-Vorstands haben die Mitglieder des Gesamtvorstands in Ausübung ihrer Compliance-Verantwortung die rechtlichen Risiken des Geschäftsbetriebs des Unternehmens zu identifizieren und zu dokumentieren, was maßgeblich von der Art und Größe des Unternehmens sowie dem Geschäftsbereich, in dem es tätig ist, abhängt[213]. Im Anschluss daran ist zu prüfen und zu entscheiden, welche Compliance-Maßnahmen zu ergreifen sind[214]. Hierbei kommt dem Vorstand grundsätzlich ein weit gefasstes Ermessen zu. Im Rahmen dieser Entscheidung wird der Vorstand – gerade in größeren Unternehmen – über die Einrichtung einer Compliance-Organisation zu entscheiden haben, die den personellen und organisatorischen Rahmen für die Verwirklichung einzelner Compliance-Maßnahmen darstellen kann[215].

Entscheidet sich der Vorstand für die Implementierung einer Compliance-Organisation, erfolgt in diesem Zusammenhang in aller Regel eine vertikale Delegation der Compliance-Aufgaben auf der Unternehmensleitung nachgeordnete Funktionsbereiche. Diese prinzipiell statthafte[216] Form der Aufgabendelegation ermöglicht es, die operativen Compliance-Aufgaben an einen oder mehrere Mitarbeiter unterhalb der Geschäftsleitungsebene „weiterzureichen". Dabei gelten die zur horizontalen Aufgabendelegation aufgezeigten Grundsätze entsprechend, wobei

---

210 *Reichert/Ott* 2009, S. 2173 ff.

211 *Bussmann/Salvenmoser* 2008, S. 192 ff.

212 Ein ebenso anlässlich erkannter Straftaten in Betracht zu ziehender Beschluss des Gesamtvorstands dürfte demgegenüber nach meinem Dafürhalten zu umständlich sein und an den Vorgaben der Unternehmensrealität vorbeiführen; es sei denn, es würden auch dem Unternehmen schwerwiegende Folgen drohen, die ein unverzügliches Tätigwerden aller Vorstandsmitglieder notwendig erscheinen lassen; so bereits auch *Favoccia/Richter* 2010, S. 139.

213 Einhellige Meinung, vgl. nur *H. Schneider* 2014b, § 4 Rn. 21 sowie *Goette* 2011, S. 397, der zu Recht betont, dass bei einer großen Gesellschaft mit weit verzweigten und international agierenden Tochtergesellschaften andere Maßnahmen als bei einem kleinerem Unternehmen mit nur einer Betriebsstätte erforderlich seien, „um den abstrakt für beide genannten Gruppen gleichermaßen geltenden Verhaltensstandard zu wahren".

214 Freilich kann die Vorbereitung dieser Entscheidung, insbesondere im Hinblick auf die Ausarbeitung sowie Ausgestaltung der in Rede stehenden Compliance-Maßnahmen delegiert werden.

215 Vgl. bereits unter 1. Teil, III. 2.

216 Einhellige Meinung, vgl. nur *Fleischer* 2014, S. 323 f.; *Schmidt-Husson* 2010, § 7 Rn. 6 jeweils m. w. N.

hier im besonderen Maße darauf zu achten ist, die Aufgabe nur an sachgerecht ausgewählte, fachlich ausreichend qualifizierte und kompetente Mitarbeiter zu übertragen. Ist dies aber geschehen, dann dürfen die Mitglieder der Unternehmensleitung grundsätzlich auf eine sorgfältige und rechtmäßige Aufgabenerfüllung vertrauen. Allerdings sind sie auch hier zu (risikoorientierten) stichprobenartigen Kontrollen verpflichtet[217].

1) Aufbau und Struktur

Geht es um die Frage nach der konkreten Ausgestaltung einer einzurichtenden Compliance-Organisation, so sind verschiedene Modelle denkbar. In der Praxis haben sich jedoch im Wesentlichen zwei Grundmodelle herausgebildet[218]:

(a) Autonome Organisation

Verbreitet ist zunächst die – eher in mittelständigen Unternehmen anzutreffende – Möglichkeit, die Compliance-Aufgaben an einen zentralen Compliance-Beauftragten (Compliance Officer) zuzuweisen, welcher der Unternehmensleitung direkt unterstellt ist. Demgegenüber richten große (international agierende) Unternehmen, die sich für eine autonome Compliance-Organisation entscheiden, eine gesonderte, zumeist als Stabsfunktion organisierte Compliance-Abteilung (Compliance Office) ein, an deren Spitze der Chief Compliance Officer steht. Im Rahmen dieses „3-stufigen-Beauftragtensystems"[219] wird er bei seiner Aufgabenwahrnehmung durch dezentrale (lokale) Compliance Officer unterstützt, deren Vorgesetzter er regelmäßig ist[220].

Unabhängig von der konkreten Ausgestaltung der Compliance-Organisation hat die Unternehmensleitung regelmäßig auf Vorschlag des (Chief) Compliance Officers[221] über die inhaltliche Ausgestaltung der zu treffenden Compliance-Maßnahmen und die Kommunikationswege für das periodische bzw. anlassabhängige Compliance-Reporting sowie darüber zu entscheiden, welche Maßnahmen zur Überwachung und Verbesserung der Funktionsfähigkeit des Compliance-Systems ergriffen werden müssen[222].

---

217 Zur vertikalen Delegation vgl. *Fecker/Kinzl* 2010, S. 13 f.; *Fleischer* 2014, S. 324; *Goette* 2011, S. 395; *Gößwein/Hohmann* 2011, S. 965; *Hauschka* 2004a, S. 259 f.; *Huff* 2008, S. 121 f.; *S. Krieger/J. Günther* 2010, S. 369; *Schmidt-Husson* 2010, § 7 Rn. 21 ff.; eingehend aus strafrechtlicher Sicht *Alexander* 2005, S. 195 ff.

218 *Gößwein/Hohmann* 2011, S. 965 ff.; *Moosmayer* 2012, S. 33 ff.; *Pietzke* 2010, S. 51.

219 Eingehend *Bürkle* 2010, § 8 Rn. 10 ff.

220 *Moosmayer* 2012, S. 34.

221 Zu den Aufgaben und Befugnissen des Compliance Officers vgl. näher unter 1. Teil, IV. 2. c) 2) (b) und (c).

222 *H. Schneider* 2014b, § 4 Rn. 22; *Bürkle* 2010b, § 8 Rn. 24.

(b) Compliance-Komitee

Ein weiteres Modell einer Compliance-Organisation existiert in der Implementierung eines Compliance-Komitees (Compliance-Board) in Form einer Matrix-Organisation, dessen Zusammensetzung je nach den Bedürfnissen des Unternehmens variieren kann, in der Regel aber aus Vertretern der fachspezifischen Bereiche wie Recht, Personal, Finanzen und Revision sowie einer Compliance-Abteilung besteht[223]. Die Besonderheit dieses Organisationsmodells besteht darin, dass die Compliance-Aufgaben von der Unternehmensleitung direkt an die einzelnen Funktionsbereiche delegiert werden, wobei der eigentlichen Compliance-Abteilung primär die Aufgabe der Prävention zukommt und sie die Aufdeckung von Fehlverhalten sowie die Reaktion hierauf durch die anderen Organisationseinheiten im Unternehmen lediglich fachlich koordiniert[224]. Selbstredend haben auch hier eindeutige Zuständigkeitsregelungen zu gewährleisten, dass die Compliance-Aufgaben sach- und zeitgerecht wahrgenommen werden.

Soweit in manchen Unternehmen auf die Einrichtung einer eigenen Compliance-Abteilung ganz verzichtet wird, besteht letztlich auch die in der Praxis häufig anzutreffende Möglichkeit, die präventiven Aufgaben von Compliance den bestehenden Fachabteilungen zuzuordnen[225].

(c) Stellungnahme und Abgrenzung der Compliance-Funktion zu anderen Abteilungen

Die vorgenannten Ausführungen zeigen, dass die Ausgestaltung der Compliance-Organisation in der Unternehmenswirklichkeit vielfältig ist. Dies ist auch logisch vor dem Hintergrund, dass der Unternehmensleitung bei der Entscheidung darüber ein, auf die Ergebnisse der zuvor durchzuführenden Compliance-Risikoanalyse zu stützendes unternehmerisches Ermessen zukommt[226]. Insoweit lässt sich eine pauschale Aussage, welche Compliance-Organisationsform am effektivsten ist, nicht treffen. Auch ist es für diese Untersuchung nicht erforderlich, die Vor- und Nachteile der einen oder anderen Organisationsform aufzuzeigen[227]. Vielmehr geht es darum, mit Blick auf die hier aufgeworfene Fragestellung die Komponente der Compliance-Aufgaben herauszuarbeiten, welche für die Frage nach der strafrechtlichen Unterlassungsverantwortlichkeit des Compliance-Beauftragten

---

223 *Gößwein/Hohmann* 2011, S. 966; *Kort* 2011, S. 421 f.; *Moosmayer* 2012, S. 35 f.; *ders.* 2015, § 6 Rn. 4; *Pietzke* 2010, S. 51; *Rodewald/Unger* 2007, S. 1630.

224 *Gößwein/Hohmann* 2011, S. 966; *Moosmayer* 2012, S. 35; *ders.* 2015, § 6 Rn. 3.

225 *Dann* 2015, S. 12 f.; *Deutscher* 2010, S. 1389; *Hüffer* 2011, S. 305; *Juhnke* 2011, S. 176; *Kort* 2011, S. 414; *Moosmayer* 2012, S. 36; *Pietzke* 2010, S. 51.

226 Vgl. bereits unter 1. Teil, III. 2. b).

227 Vgl. aber die diversen Stellungnahmen von *Bürkle* 2010b, § 8 Rn. 20; *Gößwein/Hohmann* 2011, S. 967; *Kort* 2011, S. 414 f.; *Kremer/Klahold* 2010, S. 126; *Moosmayer* 2012, S. 34 ff.

entscheidend sein kann, und diese gegenüber den typischen Aufgabenfeldern der anderen Funktionsbereiche abzugrenzen.

Unter diesem Blickwinkel muss man sich vergegenwärtigen[228], dass Compliance die Anforderungen an eine Organisation der Unternehmensführung beschreibt, welche auf die Vermeidung von Regelverstößen abzielt und damit im Wesentlichen präventive Aufgaben hat[229]. In Umsetzung dessen gilt es (neben der Implementierung eines Compliance-Systems), für die Überwachung und Einhaltung der gesetzlichen Bestimmungen zu sorgen (Überwachungs- und Kontrollfunktion)[230]. Soweit sich demnach Compliance (auch) auf Maßnahmen zur Einhaltung der Strafgesetze erstreckt, sollen hiermit Straftaten aus den Bereichen der Betriebs- und Unternehmenskriminalität verhindert werden (Kriminalitätsprophylaxe)[231]. Der Hauptschwerpunkt der Compliance-Aufgaben ist also auf die Prävention von Neufällen ausgerichtet[232], wobei die Reaktion hierauf repressive Maßnahmen zur Durchsetzung der Compliance-Pflicht beinhaltet[233].

Diese Komponente der Compliance-Aufgaben kann als Anknüpfungspunkt der in Betracht zu ziehenden strafrechtlichen Unterlassungsverantwortlichkeit eines Compliance-Beauftragten angesehen werden. Entscheidend ist daher nicht, wie die Compliance-Organisation im Einzelnen personell oder hierarchisch ausgestaltet ist, sondern vielmehr, wem die Überwachungs- und Kontrollfunktion der Compliance zur Prävention von Straftaten im Rahmen der unternehmerischen Organisation übertragen ist. Vor dem Hintergrund strafrechtlicher Verantwortlichkeit ist es daher zum einen unerheblich, für welche Compliance-Organisationsform sich ein Unternehmen entscheidet. Zum anderen spielt es auch keine Rolle, ob die betraute Person in Personalunion weitere Aufgaben wahrnimmt, die typischerweise anderen Fachabteilungen des Unternehmens zugewiesen sind, was unweigerlich die Notwendigkeit begründet, sich kurz mit den Parallelen und Unterschieden des Aufgabenfeldes des Compliance-Beauftragten einerseits zu denen der Internen Revision, der Rechtsabteilung sowie des Risikomanagements andererseits auseinanderzusetzen.

---

228 Vgl. bereits unter 1. Teil, III. 1.

229 Vgl. nur *Hüffer* 2011, S. 299; *Mosbacher* 2012, S. 129; *Wieland* 2010, S. 21.

230 Das weitere Hauptelement der Compliance-Funktion besteht in der Beratung und Unterstützung sämtlicher Mitarbeiter des Unternehmens im Hinblick auf die Einhaltung der gesetzlichen Bestimmungen; vgl. Schwark/Zimmer-*Fett*, § 33 WpHG Rn. 20.

231 *H. Schneider* 2014b, § 4 Rn. 3; ähnlich *Beckemper* 2013, S. 95; *Mosbacher* 2012, S. 129; *Rotsch* 2010b, S. 157.

232 Daneben ist auch die Aufdeckung von Altfällen, anhand derer Compliance-Risiken offensichtlich werden, zur Aufgabenstellung von Compliance zu zählen, so auch *Wieland* 2010, S. 21.

233 *Casper* 2009, S. 202; *Rotsch* 2015a, § 1 Rn. 44; *Wolf* 2011, S. 1354.

(1) Interne Revision

Obwohl sich die Aufgaben des Compliance-Beauftragten mit denen der Internen Revision teilweise decken, da beide Bereiche im Unternehmen die Einhaltung gesetzlicher Vorgaben sowie unternehmerischer Direktiven kontrollieren[234], gibt es zwischen diesen unternehmensinternen Kontrollfunktionen beträchtliche Unterschiede: während Compliance das operative Geschäft offensiv mit dem Ziel begleitet, Gesetzesverstöße zu verhindern, und damit in die laufenden Prozesse integriert ist, kommt der Internen Revision[235] unter dem Gesichtspunkt der Wertsteigerung des Unternehmens die Aufgabe zu, abgeschlossene Vorgänge zu prüfen[236] und Unwirtschaftlichkeit, Unregelmäßigkeiten (bspw. Buchungsfehler) oder gar Manipulationen (bspw. Veruntreuungen) aufzudecken[237]. Hierbei stehen allerdings nur die Vermögensinteressen des Unternehmens im Vordergrund, von welchem es Schaden abzuwenden gilt[238].

---

234 Selbstverständlich ist auf diesem gemeinsamen Aufgabenfeld eine besonders enge Abstimmung beider Kontrolleinheiten vonnöten. Insoweit sollte bspw. die Compliance-Funktion der Internen Revision durch Beratung zur Hand gehen. Umgekehrt kommt dieser, insbesondere im Falle der Matrix-Organisation die Aufgabe zu, die Compliance-Tätigkeit bei der Sachverhaltsermittlung zu unterstützen und damit zur Aufdeckung von Fehlverhalten beizutragen; vgl. *Bürkle* 2010b, § 8 Rn. 54; *Eisele/Faust* 2011, § 109 Rn. 112c; *Obermayr* 2010, § 17 Rn. 9.

235 Die Interne Revision wird durch die Standards des Institute of Internal Auditors (IIA), die durch das Deutsche Institut für Interne Revisionen e. V. (DIIR) übernommen wurden, folgendermaßen definiert: „Die Interne Revision erbringt unabhängige und objektive Prüfungs- („assurance"-) und Beratungsdienstleistungen, welche darauf ausgerichtet sind, Mehrwerte zu schaffen und die Geschäftsprozesse zu verbessern. Sie unterstützt die Organisation bei der Erreichung ihrer Ziele, indem sie mit einem systematischen und zielgerichteten Ansatz die Effektivität des Risikomanagements, der Kontrollen und der Führungs- und Überwachungsprozesse bewertet und diese verbessern hilft"; zitiert nach *Amling/Bantleon* 2008, S. 1301, die betonen, dass der Mehrwert der Internen Revision in der Veränderung durch die Korrektur (= Korrekturfunktion) bestehe.

236 Schwark/Zimmer-*Fett*, § 33 WpHG Rn. 20; aber auch *Bürkle* 2010a, S. 8; *ders.* 2010b, § 8 Rn. 55; *Dann* 2015, S. 6; *Eisele/Faust* 2011, § 109 Rn. 112c; *Gebauer/Niermann* 2010, § 36 Rn. 22; eingehend zu Funktion, Arbeitsweise und Voraussetzungen sowie Anforderungen der Internen Revision *Obermayr* 2010, § 17 Rn. 29 ff.

237 So zu Recht *H. Schneider* 2011, S. 360; auch *Momsen* 2011, S. 753.

238 Vgl. *G. Dannecker/C. Dannecker* 2010, S. 986; *G. Dannecker* 2015, § 5 Rn. 26; *Knauer* 2012, S. 472; *Kraft* 2010, S. 83; *Kretschmer* 2009, S. 476; *Momsen* 2011, S. 753; *H. Schneider* 2011, S. 360 f., nach deren Ansicht dem Leiter der Internen Revision allenfalls die strafrechtlich relevante Einstandspflicht obliegt, Vermögensbeeinträchtigungen des eigenen Unternehmens zu verhindern. Nicht aber sei er (als Überwachergarant) dazu verpflichtet, Straftaten aus dem Unternehmen heraus zum Nachteil Dritter zu unterbinden. In diese Richtung ist wohl auch der BGH zu verstehen, soweit Unternehmen der privaten Wirtschaft betroffen sind, vgl. BGHSt 54, 44 (50); a.A. *Bürkle* 2010a, S. 8.

(2) Risikomanagement

Auch das durch die Einführung des § 91 Abs. 2 AktG konkretisierte[239] Risikomanagement dient ausschließlich dem Unternehmensinteresse. Denn der Zweck der Norm besteht darin, möglichst frühzeitig Risiken und Fehlentwicklungen der Gesellschaft zu erkennen, um Gefährdungen des Fortbestands des Unternehmens zu vermeiden[240]. An dieser Zielvorgabe der Risikofrüherkennung haben sich die einzurichtenden organisatorischen Grundanforderungen, nämlich die Errichtung eines Überwachungssystems, zu orientieren[241]. Neben der Sicherung der Existenz des Unternehmens liefert das Risikomanagement dem Unternehmen die Möglichkeit zur strategischen und zukunftsorientierten Planung[242]. Im Bereich des Risikomanagements kommt Compliance dabei die Aufgabe zu, auf mögliche Risiken von Gesetzesverstößen hinzuweisen, da Marktrisiken vielfach mit Compliance-Risiken verknüpft sind und operationelle Risiken zugleich regulatorische Verstöße darstellen können[243]. Insoweit ist Compliance – wie *Bürkle* treffend formuliert – „zwar ein Element des integrierten Risikomanagements, aber kein Bestandteil der Organisationseinheit Risikomanagement“[244].

(3) Rechtsabteilung

Letztlich bestehen auch zwischen der Compliance-Funktion und dem Tätigkeitsfeld der Rechtsabteilung Überschneidungen, da es ebenso die Aufgabe der Rechtsabteilung ist, über die Einhaltung der rechtlichen Rahmenbedingungen der unternehmerischen Tätigkeit zu wachen[245]. Allerdings unterscheiden sich beide Fachabteilungen in der Vorgehensweise bei der Wahrnehmung ihrer Aufgaben. Denn die Tätigkeit der geschäftsbegleitend beratenden Rechtsabteilung[246] ist regelmäßig einzelfallbezogen und hierbei auf die Beratung zur Gewährleistung rechtskonformen Verhaltens in diesem konkreten Fall ausgerichtet. Demgegenüber zeigt sich die Compliance-Funktion darüber hinaus für eine Vielzahl denkbarer Fallkonstellationen verantwortlich, denn ihr geht es um die zukünftige Verhinderung

---

239 *Blasche* 2009, S. 63; *Pampel/Glage* 2010, § 5 Rn. 12; MK/AktG-*Spindler*, § 91 Rn. 18 f.

240 BT-Drucks. 13/9712, S. 15; vgl. auch *Blasche* 2009, S. 62; Hüffer/*Koch*, § 91 Rn. 4; MK/AktG-*Spindler*, § 91 Rn. 20 ff.; Spindler/Stilz-*Fleischer*, § 91 Rn. 29 spricht insoweit treffend von „Insolvenz- und Krisenprophylaxe“.

241 *Blasche* 2009, S. 62 f.; Spindler/Stilz-*Fleischer*, § 91 Rn. 30; Hüffer/*Koch*, § 91 Rn. 4; MK/AktG-*Spindler*, § 91 Rn. 15.

242 *Pampel/Glage* 2010, § 5 Rn. 9; vgl. auch *Kort* 2011, S. 413, der betont, dass sich die Risikoüberwachungspflicht des § 91 Abs. 2 AktG auf die Pflicht zur vorausschauenden Beobachtung wirtschaftlicher Risiken beziehe.

243 So zu Recht *Eisele/Faust* 2011, § 109 Rn. 112b; vgl. auch *Dreher* 2010, S. 174 f.; Schwark/Zimmer-*Fett*, § 33 WpHG Rn. 20; MK/AktG-*Spindler*, § 91 Rn. 52 f.

244 *Bürkle* 2010b, § 8 Rn. 52; in diese Richtung auch *Lösler* 2005, S. 105.

245 *Boldt/Büll/Voss* 2013, S. 251 f.; *Dann* 2015, S. 6; *Eisele/Faust* 2011, § 109 Rn. 112a; *Hauschka/Spiekermann* 2010, § 15 Rn. 27; eingehend *Früh* 2010, S. 121 ff.

246 *Eisele/Faust* 2011, § 109 Rn. 112a.

von nicht regelkonformen Verhalten generell[247], was unter anderem ein proaktives und operatives Vorgehen erfordert, welches einem systematischen Konzept folgt[248].

2) Aufgaben und Befugnisse des Compliance Officers

Da es für Unternehmen außerhalb der Versicherungs- und Finanzwirtschaft keine gesetzlich vorgeschriebenen Anforderungen an die Geschäftsorganisation zur Sicherstellung gesetzeskonformen Verhaltens gibt[249], besteht weder eine Pflicht zur Bestellung eines Compliance Officers noch eine Regelung, die Festlegungen zu seinem Aufgabenbereich trifft. Soweit sich demnach die Geschäftsleitung bei Wahrnehmung der ihr zugewiesenen Compliance-Verantwortung für die Implementierung einer Compliance-Organisation entscheidet und in diesem Zusammenhang einen (Chief) Compliance Officer bestellt, können sowohl dessen Aufgaben als auch dessen Befugnisse innerhalb arbeitsrechtlicher Grenzen im Rahmen des unternehmerischen Organisationsermessens frei bestimmt werden[250]. Auch wenn damit gesagt ist, dass die Stellung des Compliance Officers prinzipiell zur Disposition der Parteien des Arbeitsvertrags steht, so hat sich dennoch ein typisches Berufsbild eines Compliance Officers herausgebildet, welches in der einschlägigen Literatur regelmäßig gezeichnet wird[251] und das es im Folgenden aufzuzeigen gilt:

---

247 *Boldt/Büll/Voss* 2013, S. 252.

248 *Früh* 2010, S. 124.

249 Vgl. bereits unter 1. Teil, III. 2. b).

250 *Bürkle* 2010b, § 8 Rn. 15; *Fecker/Kinzl* 2010, S. 15 f.; *Illing/Umnuß* 2009, S. 2; *Kraft/Winkler* 2009, S. 31; *Meier-Greve* 2010, S. 218 f.; *Wolf* 2011, S. 1354.

251 Die Konkretisierungsversuche der Literatur zum Berufsbild eines Compliance Officers knüpfen zumeist an die Vorgaben im gesetzlich geregelten Bereich der Unternehmensbeauftragten (vgl. hierzu nur *Meier* 2011, S. 780 ff.; *Meier-Greve* 2010, S. 219 f.) und/oder im Versicherungs- und Finanzsektor, ihrerseits konkretisiert durch die Mindestanforderungen an Compliance der BaFin, zuletzt geändert durch die 4. Neufassung vom 09.01.2014, an (vgl. hierzu *Illing/Umnuß* 2009, S. 2 ff.; *Kort* 2011, S. 417 ff.; *S. Krieger/J. Günther* 2010, S. 369 ff.; *Wolf* 2011, S. 1354 ff.). Daneben nehmen sich in der Praxis vor allem Interessenvertretungen der Compliance Officer wie der Bundesverband der Compliance Manager (BCM) e. V. oder der Bundesverband Deutscher Compliance Officer (BDCO) e. V. die Definition des Berufsbildes eines Compliance Officers zur Aufgabe; vgl. hier nur das Positionspapier des BDCO (kritisch: *Hauschka* 2014, S. 168 ff.; *Sünner* 2014, S. 91 ff. mit Abdruck des Papiers). Es kann jedoch weder Anspruch noch Aufgabe dieser Untersuchung sein, den ganzen Blumenstrauß an divergierenden Einzelmeinungen aufzuzeigen. Vielmehr soll das nachfolgende Anliegen darin bestehen, Aufgaben und Befugnisse einer mit Compliance-Aufgaben betrauten Person vertypisierend zu skizzieren, um am Ende einen tragfähigen Ausgangspunkt für die Beantwortung der Frage nach einer strafrechtlich relevanten Einstandspflicht eines Compliance-Beauftragten zu erhalten.

(a) Stellung in der Unternehmenshierarchie

Wie bereits vorstehend aufgezeigt[252] ist die Verankerung der Compliance-Funktion in der Organisationsstruktur des Unternehmens Sache der Geschäftsleitung. Unabhängig davon, ob die Geschäftsleitung einen reinen Compliance Officer, gegebenenfalls an der Spitze einer eigenständigen Compliance-Abteilung, ernennt oder die Leiter bestehender Funktionsbereiche (zusätzlich) mit Compliance-Aufgaben betraut, handelt es sich bei dem Adressaten der Compliance-Funktion regelmäßig um einen Mitarbeiter, der der Geschäftsleitungsebene direkt unterstellt ist[253]. Bei der Wahrnehmung der ihm übertragenen Compliance-Aufgaben sollte ihm ein gewisses Maß an Unabhängigkeit zukommen[254], wobei hier in Anlehnung an *Lösler* verschiedene Facetten von Unabhängigkeit zu unterscheiden sind[255].

In organisatorischer Hinsicht reicht das Gebot der Unabhängigkeit des Compliance-Beauftragten nicht so weit wie im regulierten Sektor des Versicherungs- bzw. Banken- und Finanzwesens. Deswegen ist es zwar möglich, Überwachungsaufgaben direkt in den Geschäftsbereichen zu verankern[256]. Dennoch muss der Compliance-Beauftragte seine Funktion unbeeinflusst von den geschäftspolitischen Überlegungen des von ihm betreuten Geschäftsbereichs oder des Unternehmens ausüben können und darf daher zur Wahrung seiner Unabhängigkeit nicht gleichzeitig operative Aufgaben im Tagesgeschäft innehaben[257]. In ähnlicher Weise sollte auch nicht die Vergütung des Compliance-Beauftragten an die finanziellen Erträge des von ihm zu überwachenden Bereichs bzw. des Geschäftserfolges des Unternehmens gekoppelt werden (sog. finanzielle Unabhängigkeit)[258].

---

252 Vgl. näher unter 1. Teil, IV. 2. c) 1).

253 *Bürkle* 2010b, § 8 Rn. 32 f.; *Fecker/Kinzl* 2010, S. 16; *Kraft/Winkler* 2009, S. 31.

254 Zu diesem Erfordernis vgl. *Bürkle* 2010b, § 8 Rn. 31; *Casper* 2009, S. 202 ff.; *Fecker/Kinzl* 2010, S. 16; *Kort* 2011, S. 417 ff.; *Lösler* 2005, S. 107 f.; *ders.* 2008, S. 1103 f.; *Meier-Greve* 2010, S. 217 ff.; *Moosmayer* 2012, S. 36 f.; *Veil* 2008, S. 1095 ff. mit jeweils unterschiedlichen Einzelausprägungen.

255 *Lösler* 2005, S. 107.

256 Vgl. *Bürkle* 2010b, § 8 Rn. 56; *Lösler* 2005, S. 107 f. *Bürkle* schlägt vor, dass zur Vermeidung von Doppelarbeiten die rechtlich zwingend zu installierenden Beauftragten die Compliance-Aufgaben übernehmen (sollten), die ihr spezielles Tätigkeitsgebiet betreffen, indem ihnen insoweit die (alleinige) Überwachung der ermittelten rechtlichen Verhaltenspflichten übertragen wird. Mit *Lösler* ist allerdings zu betonen, dass Compliance aber auch gerade die Aufgabe zufällt, die aus unterschiedlichen Geschäftsbereichen resultierenden Risiken zu identifizieren, Interessenkonflikte zu überwachen bzw. zu moderieren sowie ordnungsgemäße Prozesse im Allgemeinen sicherzustellen. Insofern empfiehlt sich insbesondere in größeren Unternehmen die Einrichtung einer neutralen Stelle, die völlig unbeeinflusst von konfligierenden Interessen ist.

257 *Bürkle* 2010b, § 8 Rn. 32; *Fecker/Kinzl* 2010, S. 16; *Lösler* 2005, S. 108.

258 *Kort* 2011, S. 419; *S. Krieger/J. Günther* 2010, S. 371.

Letztlich ist Unabhängigkeit in disziplinarischer Hinsicht nicht dahingehend zu verstehen, dass der Compliance-Beauftragte im Rahmen seiner Aufgabenerfüllung völlig frei von Weisungen wäre. Vielmehr ist er als Arbeitnehmer den Weisungen seines Arbeitgebers, also der Geschäftsleitung als Vertreter des Unternehmensträgers, unterworfen[259]. Dafür spricht insbesondere, dass der Compliance-Beauftragte seine Aufgaben aus der Leitungsaufgabe des primär verantwortlichen Geschäftsführungsorgans ableitet, welchem grundsätzlich die Letztentscheidungsbefugnis in allen Compliance-relevanten Fragen verbleibt. Insoweit steht der Geschäftsleitung ein Kassationsrecht dergestalt zu, die Wahrnehmung der operativen Compliance-Aufgaben jederzeit wieder an sich zu ziehen[260]. Demgegenüber ist eine Weisungsbefugnis durch andere, dem Geschäftsführungsorgan nachgeordnete Führungskräfte bzw. Bereichsleiter im Interesse der effektiven Wahrnehmung der Compliance-Aufgaben nicht zuzulassen[261].

(b) Aufgaben- und Pflichtenkreis

Der Aufgaben- und Pflichtenkreis eines Compliance Officers lässt sich nicht standardmäßig beschreiben. Vielmehr kommt es für die Frage nach den ihm übertragenen Aufgaben auf die inhaltliche Ausgestaltung seines Anstellungsvertrags sowie der hierfür zugrundeliegenden Stellenbeschreibung an[262]. Vor dem Hintergrund der Funktionen von Compliance im Unternehmen, lässt sich in Anlehnung an *Bürkle*[263] folgendes grundlegendes Aufgabenprofil eines Compliance Officers zeichnen, welches allerdings an die jeweils spezifischen Verhältnisse des Unternehmens angepasst werden sollte:

Die Aufgabe des Compliance Officers besteht zunächst darin, der Geschäftsleitung Vorschläge für die Einrichtung eines sich an den unternehmensspezifischen Risikopotentialen orientierenden Compliance-Systems zu machen[264]. Dies umfasst alle organisatorischen Maßnahmen, die gewährleisten sollen, dass sich das Unternehmen sowie die für das Unternehmen handelnden Personen rechtskonform verhalten. Als wesentliche Compliance-Maßnahmen sind hierbei die Einführung eines Verhaltenskodex bzw. einer Anti-Korruptionsrichtlinie, darauf bezogene Mitarbeiterschulungen, die Einrichtung eines Hinweisgebersystems, die Bekennung zu einer Null-Toleranz-Politik seitens der Unternehmensleitung sowie die Durch-

259 *Bürkle* 2010b, § 8 Rn. 33; *Casper* 2009, S. 208 ff.; *Fecker/Kinzl* 2010, S. 16; *Kort* 2011, S. 418; *Lösler* 2005, S. 107; *ders.* 2008, S. 1104; *Moosmayer* 2012, S. 37; a.A. *Illing/Umnuß* 2009, S. 4, 7; *Veil* 2008, S. 1097; eingehend *Klopp* 2012, S. 195 ff.

260 So auch *Bürkle* 2010b, § 8 Rn. 33; *Casper* 2009, S. 208 f.; *Lösler* 2005, S. 107; *ders.* 2007, S. 679; *ders.* 2008, S. 1104.

261 *Casper* 2009, S. 210; *Kort* 2011, S. 418 f.; *S. Krieger/J. Günther* 2010, S. 370.

262 Einhellige Meinung, vgl. nur *Favoccia/Richter* 2010, S. 138; *Fecker/Kinzl* 2010, S. 16; *Konu* 2014, S. 86 ff.; *Kraft/Winkler* 2009, S. 31; *S. Krieger/J. Günther* 2010, S. 370.

263 *Bürkle* 2010b, § 8 Rn. 24 ff.; vgl. aber auch das Positionspapier des Bundesverbandes Deutscher Compliance Officer (BDCO) e. V. (abgedruckt bei *Sünner* 2014, S. 91 ff.) zu den Mindestanforderungen(!?) an das Berufsbild eines Compliance Officers.

264 *Bürkle* 2010b, § 8 Rn. 24; *Fecker/Kinzl* 2010, S. 16.

führung von wiederkehrenden und verdachtsunabhängigen Compliance-Audits zu nennen[265].

Im Anschluss an die Entscheidung der Geschäftsleitung hat er diese sowie die zuständigen Führungskräfte bei der Implementierung des Compliance-Systems im Unternehmen sowie in den Geschäftsprozessen zu unterstützen[266]. Dies beinhaltet auch die Festlegung der Kommunikationswege für das periodische oder anlassabhängige Compliance-Reporting[267].

Weiterhin zählt zu den wesentlichen Aufgaben des Compliance Officers die umfassende Beratung der Unternehmensleitung sowie sämtlicher Mitarbeiter bezüglich der Beachtung relevanter Vorschriften und der Prävention von Compliance-Risiken[268]. Daneben obliegt ihm gegenüber der Geschäftsleitung eine turnusgemäße Berichts- sowie stetige Dokumentationspflicht in Bezug auf Compliance-relevante Umstände bzw. Vorgänge. In diesem Zusammenhang hat er auch auf die Verbesserung der Funktionsfähigkeit des Compliance-Systems hinzuwirken und Änderungsvorschläge gegenüber der Geschäftsleitung anzubringen[269].

Um sicherzustellen, dass die Compliance-relevanten Vorgaben in allen Unternehmensbereichen beachtet werden, gehört zu den Kernaufgaben des Compliance Officers aber regelmäßig auch die Überwachung der Einhaltung gesetzlicher Regelungen bzw. der unternehmensspezifischen Compliance-Vorgaben[270]. Stellt er hierbei erhebliche Verstöße[271] – wie etwa Zuwiderhandlungen gegen Strafgesetze – fest, hat er diese entsprechend der vorformulierten Berichtswege an die zuständige(n) Stelle(n) zu melden[272]. Regelmäßig wird dies zumindest das für Compliance zuständige Mitglied des Geschäftsleitungsorgans sein, das die Compliance-Funktion

---

265 *H. Schneider* 2014b, § 4 Rn. 23.

266 *Moosmayer* 2015, § 6 Rn. 9.

267 *Bürkle* 2010b, § 8 Rn. 25; *Fecker/Kinzl* 2010, S. 17; *Illing/Umnuß* 2009, S. 4f.; *H. Schneider* 2014b, § 4 Rn. 22.

268 *Bürkle* 2010b, § 8 Rn. 25.

269 *Moosmayer* 2015, § 6 Rn. 9.

270 Vgl. nur BDCO e. V. (abgedruckt bei *Sünner* 2014, S. 92f.); *Barton* 2010, S. 23; *Bürkle* 2010b, § 8 Rn. 25; *Illing/Umnuß* 2009, S. 5.

271 Sowohl die Erheblichkeit als auch der Verdachtsgrad des Compliance-Verstoßes sind dafür entscheidend, inwieweit der Compliance Officer zum unverzüglichen Compliance-Reporting verpflichtet ist. Im Sinne der Rechtssicherheit der am Anstellungsvertrag beteiligten Vertragsparteien empfehlen sich hier genaue Festlegungen, wann ein erheblicher Verstoß anzunehmen ist, der sofortige Informationspflichten gegenüber der zuständigen Stelle auslöst, falls die Tatbestandserfüllung wahrscheinlich ist. In dem Sinne auch *Fecker/Kinzl* 2010, S. 17; *Raus/Lützeler* 2012, S. 98; *Thomas* 2009, S. 240; eine umfassendere Meldepflicht vertreten dagegen *Illing/Umnuß* 2009, S. 5.

272 Zur Eskalationspflicht des Compliance Officers vgl. *Bürkle* 2010b, § 8 Rn. 29; *Favoccia/Richter* 2010, S. 139f.; *Fecker/Kinzl* 2010, S. 17; *Illing/Umnuß* 2009, S. 4f.; *Juhnke* 2011, S. 174; *Lackhoff/Schulz* 2010, S. 86f.; *Raus/Lützeler* 2012, S. 97ff.; exemplarisch für den Wertpapier-/Finanzdienstleistungssektor *Lösler* 2007, S. 679.

an den Compliance Officer delegiert hat. Denkbar ist aber auch eine zusätzliche Berichtslinie an die Personalabteilung und/oder an den Leiter des betroffenen Geschäftsbereichs. Darüber hinaus hat der Compliance Officer regelmäßig die internen Untersuchungen zur Aufdeckung von möglichem Fehlverhalten durchzuführen oder zumindest zu koordinieren und der Geschäftsleitung konkrete Abhilfevorschläge zu präsentieren.

Weiterhin sollte zur Sicherung der Funktionsfähigkeit des Compliance-Systems, insbesondere dann, wenn Mitglieder des Geschäftsleitungsorgans selbst betroffen sind oder dieses entgegen der rechtlichen Beurteilung des Compliance Officers von der weiteren Verfolgung eines gemeldeten Compliance-Verstoßes absieht, das Compliance-Programm bzw. der Anstellungsvertrag des Compliance Officers eine (sekundäre) Berichtslinie zum Aufsichtsorgan enthalten[273]. Eine genau festgelegte Eskalationsroutine sorgt nicht nur für Rechtssicherheit unter den Beteiligten, auch entspricht sie den Wertungen des Gesellschaftsrechts[274].

Letztlich kann es auch noch Aufgabe des Compliance Officers – je nach Entscheidung der Unternehmensleitung hierüber – sein, eine eigene Compliance-Abteilung mit ihm an der Spitze aufzubauen. Soweit in diesem Zusammenhang weitere (dezentrale) Compliance Officer ernannt werden, kommt der Zusammenarbeit mit diesen gewichtige Bedeutung zu. In diesem Falle fungiert er als (Chief) Compliance Officer und erster Ansprechpartner für Compliance-relevante Fragen, dessen (zusätzliche) Aufgaben[275] darin bestehen, die Berichte der weiteren Compliance Officer auszuwerten und zu bündeln sowie mit ihnen gemeinsam, aber unter seiner Aufsicht, die einzelnen Gefahrenbereiche zu analysieren und aufbauend darauf Konzepte zur Weiterentwicklung des Compliance-Systems durch die Unternehmensleitung[276] zu präsentieren[277].

(c) Befugnisse

Auch die dem Compliance Officer zur Aufgabenwahrnehmung übertragenen Befugnisse lassen sich nicht standardmäßig benennen. Dennoch besteht darüber in Literatur und Praxis weitgehende Einigkeit. Als Gründe hierfür lassen sich zum einen die recht detaillierten Vorgaben im regulierten Sektor (§ 33 WpHG i. V. m. § 12

---

273 So auch *Bürkle* 2010a, S. 9; *Favoccia/Richter* 2010, S. 140; *Fecker/Kinzl* 2010, S. 17; *Illing/Umnuß* 2009, S. 5; *Moosmayer* 2015, § 6 Rn. 8; *Raus/Lützeler* 2012, S. 98; *Rodewald/Unger* 2007, S. 1632 f.; für den Wertpapier-/Finanzdienstleistungssektor *Casper* 2009, S. 207; *Kort* 2011, S. 419.

274 Vgl. näher unter 4. Teil, III. 1. b) 3).

275 Dieses System hat allerdings insofern den Vorteil, dass der (Chief) Compliance Officer regelmäßig diverse ihn betreffende Compliance-Aufgaben selbst (vertikal) delegieren kann.

276 Von der Pflicht zur Weiterentwicklung des Compliance-Systems als delegationsfeindliche Leitungsaufgabe des Vorstands geht auch das LG München I NZWiSt 2014, 183 (188 ff.) aus; zustimmend *Fleischer* 2014, S. 323 m w. N.

277 Näher zum dreistufigen Beauftragten-System vgl. *Bürkle* 2010b, § 8 Rn. 42 ff.

WpDVerOV), denen auch hier Vorbildwirkung zukommt, anführen. Zum anderen führt nur ein zur Aufgabenwahrnehmung auch befähigter Compliance Officer zu einer wirksamen Aufgabenübertragung und damit zu einer spürbaren Haftungsentlastung des Geschäftsleitungsorgans.

Infolgedessen sind einem Compliance Officer stets uneingeschränkte Informations-, Auskunfts- und Zugriffsrechte hinsichtlich aller mit Unternehmensbezug versehener Unterlagen, Bücher und Aufzeichnungen sowie jederzeitige Zutrittsrechte zu allen Unternehmensbereichen einzuräumen[278]. Dies bedeutet gleichzeitig auch, dass der Compliance Officer alle Mitarbeiter des Unternehmens ohne Umweg über das Geschäftsleitungsorgan anweisen kann, um die notwendigen Informationen zu erhalten.

Dagegen steht dem Compliance Officer regelmäßig keine selbständige Weisungs- bzw. Anordnungsbefugnis gegenüber außerhalb seiner Abteilung agierender Mitarbeiter zu, um Verstöße durch eigene Anweisung zu beseitigen bzw. zu verhindern[279]. Schon im Wertpapier- und Finanzdienstleistungssektor sehen die Regelungen weder eine derartige Kompetenz vor noch verpflichten sie zu einer entsprechenden Befugnisverleihung[280]. Vielmehr lässt sich aus § 33 WpHG i. V. m. § 12 WpDVerOV anhand der angeordneten Berichtspflichten ablesen, dass der Compliance Officer Verstöße an die zuständige(n) Stelle(n) zu eskalieren hat, damit diese dann nach Maßgabe ihrer Personalverantwortung für die Wiederherstellung des rechtmäßigen Zustands sorgen[281].

Zwar können dem Compliance Officer entgegen anderslautender Stimmen[282] weitgehende Weisungsbefugnisse in disziplinarischer Hinsicht übertragen wer-

---

278 *Barton* 2010, S. 23; *Bürkle* 2010b, § 8 Rn. 34; *Fecker/Kinzl* 2010, S. 16; Schwark/Zimmer-*Fett*, § 33 WpHG Rn. 24; *Groß* 2012, S. 115f.; *Illing/Umnuß* 2009, S. 4; *S. Krieger/J. Günther* 2010, S. 371; *Lösler* 2008, S. 1102; KK/WpHG-*A. Meyer/Paetzel/Will*, § 33 Rn. 111f.; *Simon/Merkelbach* 2014, S. 320; *Wilhelm* 2013, S. 133.

279 Vgl. nur *Bürkle* 2010b, § 8 Rn. 34; *Casper* 2009, S. 210; *Fecker/Kinzl* 2010, S. 16; Schwark/Zimmer-*Fett*, § 33 WpHG Rn. 24; *Illing/Umnuß* 2009, S. 4; *Kort* 2011, S. 419; *Kraft/Winkler* 2009, S. 31; *S. Krieger/J. Günther* 2010, S. 371; *Lackhoff/Schulz* 2010, S. 86; *Lösler* 2008, S. 1102; *Raus/Lützeler* 2012, S. 97; *Wilhelm* 2013, S. 132f.

280 *Casper* 2009, S. 210; Schwark/Zimmer-*Fett*, § 33 WpHG Rn. 24; Fuchs/WpHG-*Fuchs*, § 33 Rn. 81; *Klopp* 2012, S. 220f.; *Konu* 2014, S. 83ff.; *H. Schäfer* 2011, S. 190; *Spindler* 2008, S. 911; a.A. *Göres* 2011, S. 179; *Veil* 2008, S. 1098.

281 So zu Recht Schwark/Zimmer-*Fett*, § 33 WpHG Rn. 24; *Spindler* 2008, S. 911; vgl. auch *Kraft/Winkler* 2009, S. 31.

282 Vgl. *Illing/Umnuß* 2009, S. 4; *S. Krieger/J. Günther* 2010, S. 371, die darin eine Verlagerung der operativen Geschäftsführung auf den Compliance Officer sehen, welche mit dem geltenden Gesellschaftsrecht nicht zu vereinbaren sei. Dem kann jedoch in dieser generellen Form nicht zugestimmt werden. Zwar zählt die Entscheidung über die Einrichtung eines Compliance-Systems sowie die Implementierung entsprechender Maßnahmen zu den nicht delegationsfähigen Geschäftsleiterpflichten i. S. des § 76 Abs. 1 AktG (vgl. nur MK/AktG-*Spindler* § 76 Rn. 16), nicht hingegen die Ausübung des Weisungsrechts, welche grundsätzlich jedem

den[283]. Jedoch wird hiervon regelmäßig kein Gebrauch gemacht, was sicherlich auch angebracht ist. Denn die rechtliche Gesamtverantwortung hinsichtlich der Gewährleistung von regelkonformen Verhalten im Unternehmen einerseits sowie der ordnungsgemäßen Organisation des Unternehmens andererseits liegen fortwährend bei der Unternehmensleitung. Jener sollte daher auch stets die Entscheidungsbefugnis zur Abstellung der Verstöße bzw. zur Sanktionierung verbleiben, um die sachgerechte Entscheidung im Interesse des Unternehmens treffen und zugleich in adäquater Weise das Compliance-System fortentwickeln zu können. Wohl zu Recht befürchtet *Lösler*, dass „die Ausstattung der Compliance-Funktion mit solchen Befugnissen und die damit verbundenen Kompetenzkonflikte [...] das ausbalancierte unternehmensinterne Zuständigkeitsgefüge zu Lasten der Effektivität von Compliance gefährden“ würde[284].

V. Zusammenfassung

Die florierende Globalisierung der Wirtschaftswelt sowie die damit einhergehende Komplexität sich ständig weiterentwickelnder bzw. innovativer Geschäftsmodelle führten zu einer stetig wachsenden Zahl an Gefährdungspotentialen, deren Strukturen und Abhängigkeiten sich immer vielschichtiger gestalteten. Im Überblick konnte aufgezeigt werden, dass der Gesetzgeber zur Eindämmung dieser Gefährdungspotentiale sowie zur Steuerung der neuen unternehmerischen Risiken gerade in Reaktion auf massive Unternehmenszusammenbrüche mit teilweise volkswirtschaftlichen Auswirkungen eine duale Vorgehensweise gewählt hat, die sich fortwährend weiterverzweigt.

Neben der zunehmenden Auferlegung sowie Verfolgung diverser Ge- und Verbote repressiven Inhalts sehen sich die Unternehmen in Deutschland seit Beginn der 1970er Jahre einer weiteren gesetzgeberischen Reaktion ausgesetzt, infolge der sie verstärkt präventiv in die Pflicht genommen werden. Dies beruht auf der Erkenntnis, dass ein effektiver Schutz bedeutsamer (Kollektiv-)Rechtsgüter nur durch die Einrichtung umfassender und vorbeugender unternehmerischer Organisationsmaßnahmen mit dem Ziel möglich ist, die Unternehmenstätigkeit im Hinblick auf die Beachtung der einschlägigen Regeln zu überwachen. Es handelt sich insoweit um einen gesetzgeberischen Eingriff in die unternehmerische Freiheit im Interesse effektiven Rechtsgüterschutzes, der die betroffenen Unternehmen zur Etablierung einzelner, mehr oder weniger genau geregelter Compliance-Strukturen verpflichtet. Hierbei hat sich gezeigt, dass der Gesetzgeber das Thema Compliance grundsätzlich branchenspezifisch angeht. Gleichwohl hat im Zuge dieser Entwicklung auch bei

---

Mitarbeiter für seinen Tätigkeitsbereich übertragen sein kann (sog. personalleitende Funktion).

283 So auch *Bürkle* 2010b, § 8 Rn. 34; *Casper* 2009, S. 210; *Fecker/Kinzl* 2010, S. 16; *Juhnke* 2011, S. 175; *Klopp* 2012, S. 219; *Lackhoff/Schulz* 2010, S. 86; *Raus/Lützeler* 2012, S. 98; *H. Schäfer* 2011, S. 190.

284 *Lösler* 2008, S. 1102.

davon nicht explizit betroffenen Unternehmen eine Bewusstseinserweiterung dahingehend stattgefunden, ihre bisherige Organisation unter Gesichtspunkten der Risikokontrolle neu zu überdenken und gegebenenfalls Compliance-Systeme einzuführen.

In diesem Zusammenhang ist der Vorstand einer Aktiengesellschaft zwar nicht zur Implementierung einer Compliance-Organisation per se verpflichtet. Allerdings hat er im Rahmen seiner Leitungsverantwortung gemäß den §§ 76, 93 AktG zu prüfen, was nach den Eigenarten des Unternehmens erforderlich und zumutbar ist, um materielle Compliance sicherzustellen.

Weiterhin konnte aufgezeigt werden, dass der Kern der materiellen Compliance-Pflicht in der Legalitätspflicht der Unternehmensleitung (§§ 76 Abs. 1, 93 Abs. 1 AktG) verankert ist[285], die jene zur umfassenden Wahrung der staatlich gesetzten Gebots- und Verbotsnormen verpflichtet. Im Hinblick auf die Legalitätspflicht steht der Unternehmensleitung, vor allem wenn es um die Einhaltung von Strafgesetzen geht, kein Ermessensspielraum zu, sondern sie ist den betreffenden Organmitgliedern auferlegt.

Handlungsadressat der Compliance-Pflicht in materieller sowie organisatorischer Hinsicht ist zunächst das gesamte Leitungsorgan des Unternehmens. Allerdings besteht die Möglichkeit, einzelne (delegierbare) Komponenten der Compliance-Aufgaben horizontal (durch Schaffung eines „Compliance-Vorstands“) sowie vertikal (i. d. R. durch Einsetzung eines Compliance Officers) zu delegieren. Dies hat zur Folge, dass die mit Compliance-Aufgaben betraute Person (Compliance-Beauftragter) je nach übernommenen Aufgaben- und Pflichtenkreis maßgeblich für die Implementierung eines Compliance-Systems sowie für die Einhaltung und Überwachung der gesetzlichen Bestimmungen im Unternehmen verantwortlich ist. Den Mitgliedern des Leitungsorgans verbleibt dann lediglich eine eingeschränkte Überwachungsverantwortung hinsichtlich der Aufgabenwahrnehmung durch die betraute Person.

Die Wahl der jeweiligen Compliance-Organisationsform fällt in der Praxis sehr unterschiedlich aus. Soweit sich das Leitungsorgan (gegebenenfalls zusätzlich zur Einrichtung eines „Compliance-Vorstands“) für die vertikale Delegation von Compliance-Aufgaben auf der Unternehmensleitung nachgeordnete Funktionsbereiche entscheidet und damit einhergehend regelmäßig einen (Chief) Compliance Officer einsetzt, ist es auch in der Ausgestaltung dieser Funktion weitgehend frei, da es kein gesetzlich definiertes Berufsbild eines Compliance Officers gibt. Dennoch haben sich sowohl in der Praxis als auch in der theoretischen Diskussion gewisse Standards zum Aufgabenfeld eines Compliance Officers herausgebildet, die sich freilich an den Dogmen zulässiger Aufgabendelegation sowie effektiver Wahrnehmung der Compliance-Verantwortung durch die Geschäftsleitung orientieren.

Insoweit hat der Compliance Officer regelmäßig die Unternehmensleitung bei der Implementierung und Weiterentwicklung des Compliance-Systems durch ent-

285 Zur Frage, ob die Compliance-Pflicht mit der Legalitätspflicht korrespondiert, vgl. näher unter 1. Teil, I. 2. a).

sprechende Vorschläge zu unterstützen. Ferner ist es ihm grundsätzlich auch aufgetragen, für die Überwachung der Einhaltung der gesetzlichen Regelungen bzw. sonstiger unternehmensspezifischer Compliance-Vorgaben durch das Unternehmen selbst sowie dessen Mitarbeiter zu sorgen. Stellt er hierbei erhebliche Verstöße – wie etwa Zuwiderhandlungen gegen Strafgesetze – fest, hat er diese entsprechend der vorformulierten Berichtswege an die zuständige(n) Stelle(n) zu melden.

Mit diesen Überwachungs- und Meldepflichten korrespondieren auch die dem Compliance Officer übertragenen Befugnisse. So werden ihm zwar stets umfassende Informations- und Einsichtsrechte hinsichtlich aller Compliance-relevanten Vorgänge gewährt. Jedoch verfügt er regelmäßig über kein Weisungsrecht gegenüber Mitarbeitern außerhalb seiner Abteilung und hat damit auch keine Sachentscheidungskompetenz hinsichtlich der von ihm festgestellten Rechtsverstöße. Seine Stellung ist letztlich „nur" auf Eskalation der Verstöße angelegt, da die Letztentscheidungsbefugnis hierüber regelmäßig bei der Unternehmensleitung verbleibt.

2. Teil: Das Urteil des Bundesgerichtshofs im Lichte der bisherigen Rechtsprechung

Nachdem die organisatorische Einbettung der Compliance-Funktion in den Unternehmensapparat inzwischen deutlich geworden ist, soll nun das Urteil des Bundesgerichtshofs vom 17. Juli 2009[286] eingehend untersucht werden. So gilt es zunächst, sich die Argumentationsstruktur des Senats zu vergegenwärtigen, um sodann zu prüfen, wie sich die Entscheidung in die bisherige Rechtsprechungspraxis zur Unterlassungsdogmatik einfügt. Anschließend soll das Meinungsspektrum der Literatur dargelegt und kritisch gewürdigt werden, um einen dogmatischen Ausgangspunkt für die eigene Beurteilung der Frage zu erhalten, inwieweit Compliance-Beauftragte (strafrechtlich) verpflichtet sind, gegen erkanntes strafrechtswidriges Verhalten seitens der Mitarbeiter des Unternehmens einzuschreiten.

I. Das Urteil des Bundesgerichtshofs vom 17. Juli 2009– 5 StR 394/08

1. Sachverhalt und erstinstanzliches Urteil

Nach den Feststellungen des Landgerichts Berlin[287] war der Angeklagte W seit 1989 als Volljurist bei den Berliner Stadtreinigungsbetrieben (im Folgenden: BSR) in der Funktion eines Leiters der Rechtsabteilung sowie der Innenrevision tätig. Der BSR, einer Anstalt des öffentlichen Rechts, oblag insbesondere die Straßenreinigung mit Anschluss- und Benutzungszwang für die Eigentümer der Anliegergrundstücke. Die Rechtsverhältnisse waren zwar privatrechtlich ausgestaltet; für die Bestimmung der Entgelte galten jedoch das Äquivalenz- und das Kostendeckungsprinzip als öffentlich-rechtliche Grundsätze der Gebührenbemessung. Nach den Regelungen des Berliner Straßenreinigungsgesetzes hatten die Anlieger 75 % der angefallenen Kosten für die Straßenreinigung zu tragen; 25 % der Kosten verblieben beim Land Berlin. Die Aufwendungen der Reinigung für Straßen ohne Anlieger musste das Land Berlin im vollen Umfang tragen. Die von Vorstand und Aufsichtsrat zu verabschiedende Tarifbestimmung wurde durch eine Projektgruppe „Tarifkalkulation“ vorbereitet, die der Angeklagte W leitete. Infolge eines Versehens wurden bei der Berechnung der Entgelte der Tarifperiode 1999/2000 auch die Kosten für die Straßen zu 75 % einbezogen, für die es keine Anlieger gab; diese hätte das Land Berlin jedoch vollständig tragen müssen. Der Berechnungsfehler wurde in der Folgezeit bemerkt, aber nicht korrigiert.

---

286 BGHSt 54, 44 ff.

287 LG Berlin, Urt. v. 03.03.2008 – (514) 3 Wi Js 1361/02 KLs (9/04) in verkürzter Darstellung abrufbar unter BeckRS 2008, 15905.

Für die Tarifperiode 2001/2002, den Tatzeitraum, wurde vom Gesamtvorstand der BSR eine neue Projektgruppe eingesetzt, der der Angeklagte W nicht mehr angehörte. Sie wurde von dem früheren Mitangeklagten H geleitet, der aus dem Stabsbereich stammte und dessen unmittelbar Vorgesetzter der Angeklagte W war. Der Angeklagte W nahm selbst unregelmäßig an den Sitzungen der neuen Projektgruppe teil, die zunächst den Rechnungsfehler aus der vergangenen Tarifperiode beheben wollte, indem sie das mitangeklagte, für die Tarifkalkulation verantwortliche (und insoweit weisungsbefugte) Vorstandsmitglied Dr. G ausdrücklich darauf hinwiesen, dass der Fehler beseitigt werden müsse[288]. Der Mitangeklagte Dr. G gab daraufhin ausdrücklich und unmissverständlich die Weisung, dass der Abrechnungsfehler aus der Tarifperiode 1999/2000 in der Tarifkalkulation 2001/2002 beizubehalten sei. Durch diese Mehreinnahmen sollte eine mit dem Land Berlin geschlossene Zielvereinbarung erfüllt werden. Dieser Tarif, in dessen Berechnungsgrundlage auch die anliegerfreien Straßen einbezogen worden waren, wurde vom Vorstand, dem u. a. der Mitangeklagte Dr. G angehörte, und vom Aufsichtsrat der BSR gebilligt, wobei jeweils die Tarife erläutert wurden, ohne jedoch die Entscheidungsträger auf die Einbeziehung der anliegerfreien Straßen hinzuweisen.

Der Angeklagte W, der nach den Feststellungen des Landgerichts um den Berechnungsfehler wusste und im Unternehmen als „Tarifrechtsexperte“ sowie als das „juristische Gewissen“ der BSR angesehen wurde, unterrichtete auch in der Folgezeit weder seinen unmittelbaren Vorgesetzten, den Vorstandsvorsitzenden D, noch ein Mitglied des Aufsichtsrats. Er war dabei der Ansicht, dass es allein dem Mitangeklagten Dr. G als zuständigem Fachvorstand für die Tarifkalkulation oblegen hätte, diese entsprechend zu informieren. Auf der Grundlage des genehmigten Tarifs wurden von den Eigentümern der Anliegergrundstücke um insgesamt 23 Mio. Euro überhöhte Entgelte verlangt, die auch überwiegend bezahlt wurden.

Die zuständige Wirtschaftsstrafkammer des Landgerichts Berlin sah es aufgrund der durchgeführten Beweisaufnahme als erwiesen an, dass das mitangeklagte BSR-Vorstandsmitglied Dr. G wider besseres Wissen pflichtwidrig die Kalkulationsgruppe der BSR dazu veranlasst habe, den bestehenden Kalkulationsfehler als Grundlage der Neufestsetzung der Entgelte für die Straßenreinigung 2001/2002 aufrecht zu erhalten. In der Folge habe er im Rahmen der Vorstandssitzung an der Verabschiedung der falschen Tarifkalkulation mitgewirkt, die wenig später nach der entsprechenden Beschlussfassung des Aufsichtsrats von der Aufsichtsbehörde genehmigt, anschließend in Kraft gesetzt und mittels der gutgläubigen Mitarbeiter der Rechnungsabteilung umgesetzt wurde. Die beteiligten Personen erwiesen sich

---

288 Soweit das Strafverfahren ursprünglich auch gegen die Mitglieder der Kernarbeitsgruppe wegen Beihilfe zum Betrug geführt wurde, ist es am 20. Dezember 2007, dem 27. Hauptverhandlungstag, gemäß § 153a Abs. 2 StPO gegen Zahlung von jeweils 4.000,- € vorläufig eingestellt worden; vgl. auch die Pressemitteilung Nr. 9/2008 des Landgerichts Berlin vom 03.03.2008, abrufbar unter http://www.berlin.de/sen/jus-tiz/gerichte/kg/presse/archiv/20080303.1020.95495.html (Abruf vom 16.09.2015).

dabei als Werkzeuge i. S. des § 25 Abs. 1 Alt. 2 StGB, deren er sich kraft seines überlegenen Wissens und seiner Organisationsherrschaft bewusst bediente, um die Eigentümer der Anliegergrundstücke durch die Versendung unrichtiger Rechnungen über die tatsächlich geschuldeten Gebühren zu täuschen. Dieses Handeln sei im Hinblick auf die gesamte Tarifperiode als Betrug in mittelbarer Täterschaft gegenüber und zum Nachteil der Entgeltschuldner zu werten. Das Landgericht verurteilte den Mitangeklagten Dr. G zu einer Freiheitsstrafe von 2 Jahren und 6 Monaten[289].

Dagegen konnte dem Angeklagten W, dem die falsche Tarifberechnung nach den landgerichtlichen Feststellungen bekannt gewesen sei, ein aktives Handeln nicht zweifelsfrei nachgewiesen werden. Jedoch sei er angesichts seiner Stellung im Unternehmen als Justiziar und Leiter der Innenrevision verantwortlich dafür gewesen, dass die gesetzlichen Vorschriften für die Erstellung der Tarifkalkulation seitens der BSR eingehalten werden. Indem er nicht den Vorstandsvorsitzenden bzw. den Gesamtvorstand oder den Aufsichtsrat der BSR über die Fortschreibung des Fehlers unterrichtet hat, habe er eine Handlung unterlassen, die nach der landgerichtlichen Würdigung für die Vollendung der Haupttat förderlich und zu der er auch i. S. des § 13 Abs. 1 StGB verpflichtet gewesen sei. Diese pflichtwidrige Untätigkeit erfülle den Tatbestand der Beihilfe durch Unterlassen zur Betrugstat des Dr. G, da er sich dem bestimmenden Einfluss des für die Tarifkalkulation verantwortlichen Vorstandsmitglieds Dr. G aus falsch verstandener Loyalität ersichtlich untergeordnet hätte. Dem Angeklagten W sei es insoweit lediglich darum gegangen, die Tat des Mitangeklagten Dr. G zu fördern. Gegen ihn verhängte die Kammer eine Geldstrafe in Höhe von 120 Tagessätzen zu je 75 Euro[290].

2. Das Urteil des Revisionsgerichts

Gegen das landgerichtliche Urteil legten die beiden Angeklagten Dr. G sowie W das Rechtsmittel der Revision zum Bundesgerichtshof ein. Hierbei war zumindest die mit der Sachrüge geführte Revision des Mitangeklagten Dr. G hinsichtlich des Rechtsfolgenausspruchs erfolgreich; insoweit wurde die angegriffene Entscheidung aufgehoben und die Sache zur erneuten Entscheidung an das Landgericht zurückverwiesen[291]. Demgegenüber bestätigte der BGH den Schuldspruch des Landgerichts und damit die Verurteilung des Dr. G wegen Betruges in mittelbarer Täterschaft.

Für die vorliegende Untersuchung ist insbesondere die umfassend eingelegte Revision des Angeklagten W von Bedeutung, die der 5. Strafsenat des Bundesgerichtshofs zurückgewiesen hat[292]. Seiner Ansicht nach habe das Landgericht bei dem Angeklagten zu Recht eine Garantenstellung bejaht, die aus seiner (verantwortlichen) Stellung als Leiter der Rechtsabteilung und der Innenrevision hergeleitet werden könne.

289 LG Berlin, Urt. v. 03.03.2008 – (514) 3 Wi Js 1361/02 KLs (9/04).
290 LG Berlin, Urt. v. 03.03.2008 – (514) 3 Wi Js 1361/02 KLs (9/04).
291 BGH NJW 2009, 2900 ff.
292 BGHSt 54, 44 ff.

a) Die Entscheidungsgründe

Eine rechtliche Einstandspflicht i. S. des § 13 Abs. 1 StGB könne nämlich durch die Übernahme eines Pflichtenkreises begründet werden. Maßgeblich dafür sei die Bestimmung des vom Verpflichteten übernommenen Verantwortungsbereichs[293]. Dabei komme es, so der Senat, nicht auf die Rechtsform der Übertragung, sondern vielmehr darauf an, was unter Berücksichtigung des normativen Hintergrundes Inhalt der Pflichtenbindung sei[294]. Insoweit werde eine Garantenpflicht beispielsweise dadurch begründet, dass der Betreffende eine gesetzlich vorgesehene Funktion als Beauftragter übernimmt[295]. Im Übrigen könne die Übernahme entsprechender Überwachungs- und Schutzpflichten auch durch einen Dienstvertrag erfolgen, der Inhalt und Umfang einer Garantenpflicht bestimme. Dabei reiche allerdings der bloße Vertragsschluss nicht aus. Maßgebend für die Begründung einer derartigen Garantenstellung seien vielmehr die tatsächliche Übernahme des Pflichtenkreises sowie ein besonderes Vertrauensverhältnis, das den Übertragenden gerade dazu veranlasse, dem Verpflichteten besondere Schutzpflichten zu überantworten.

Für die Bestimmung von Inhalt und Umfang der Garantenpflicht komme es nach der Ansicht des Senats entscheidend auf die Zielrichtung der Beauftragung und damit auf die Frage an, ob sich die (dienstvertraglich begründete) Pflichtenstellung des Beauftragten allein darin erschöpfe, die unternehmensinternen Prozesse zu optimieren und gegen das Unternehmen gerichtete Pflichtverstöße aufzudecken und zu verhindern, oder ob der Beauftragte auch vom Unternehmen ausgehende Rechtsverstöße zu beanstanden und zu unterbinden habe[296].

Sodann macht der Leipziger Senat weitere Ausführungen zur Konkretisierung der in Rede stehenden Pflichten und kommt zu dem Schluss[297], dass so genannten, in Großunternehmen häufig eingesetzten „Compliance Officers" die Aufgabe zukomme, Rechtsverstöße, insbesondere auch Straftaten, die aus dem Unternehmen heraus begangen werden und diesem erhebliche Nachteile durch Haftungsrisiken oder Ansehensverlust bringen können, zu verhindern. Daher treffe derartige Beauf-

293 Interessanterweise erteilt der BGH an dieser Stelle der von *Armin Kaufmann* begründeten Funktionenlehre (vgl. *Kaufmann* 1959, S. 282 ff.) indirekt eine Absage, wenn er ausführt: „Es kann dahinstehen, ob der verbreiteten Unterscheidung von Schutz- und Überwachungspflichten in diesem Zusammenhang wesentliches Gewicht zukommen kann, weil die Überwachungspflicht gerade dem Schutz bestimmter Rechtsgüter dient und umgekehrt ein Schutz ohne entsprechende Überwachung des zu schützenden Objekts kaum denkbar erscheint". Vgl. BGHSt 54, 44 (48), Rn. 23. Zur Bedeutung dieser Unterscheidung vgl. unter 2. Teil, I. 3. a) 1).

294 BGHSt 54, 44 (48), Rn. 23.

295 Der BGH bezieht sich hierbei auf die Entscheidung des OLG Frankfurt NStZ 1987, 508 ff., das sich zur Frage der Strafbarkeit eines Gewässerschutzbeauftragten i. S. der §§ 21a ff. WHG wegen der Nichtabwendung einer Gewässerverunreinigung erstmalig zu äußern hatte.

296 BGHSt 54, 44 (49), Rn. 26.

297 BGHSt 54, 44 (49 f.), Rn. 27.

tragte als „notwendige Kehrseite ihrer gegenüber der Unternehmensleitung übernommenen Pflicht“[298] regelmäßig strafrechtlich eine Garantenpflicht i. S. des § 13 Abs. 1 StGB zur Abwendung von Straftaten, die von Unternehmensangehörigen begangen werden und im Zusammenhang mit der Tätigkeit des Unternehmens stehen.

Allerdings sei nach der Auffassung des BGH eine derart weitgehende Beauftragung zur Unterbindung von aus dem Unternehmen begangener Straftaten zu Lasten Dritter (auch außerhalb des hoheitlichen Bereichs) bei einem Leiter der Rechtsabteilung sowie der Innenrevision und damit (grundsätzlich) auch beim Angeklagten W nicht ersichtlich[299].

Gleichwohl gelangt der BGH im Ergebnis zur Annahme einer Garantenstellung des Angeklagten W. Dies sei zunächst der Besonderheit geschuldet, dass es sich bei der BSR um eine Anstalt des öffentlichen Rechts handelt[300]. Im Gegensatz zu einem auf Gewinnerzielung ausgerichteten privaten Unternehmen stelle nämlich bei einer Anstalt des öffentlichen Rechts „der Gesetzesvollzug das eigentliche Kernstück ihrer Tätigkeit“ dar, sodass im hoheitlichen Bereich damit die Unterscheidung zwischen Unternehmensinteressen und den Interessen außenstehender Dritter entfalle. Daher sei die BSR zur Gebührenberechnung in gesetzmäßiger Form gegenüber den Anliegern verpflichtet.

Zudem habe der Angeklagte W gerade diese Aufgabe, also die Überwachung des gesetzmäßigen Vollzuges der Straßenreinigung durch die BSR, nicht nur dienstvertraglich, sondern auch tatsächlich übernommen. Aufgrund seines konkreten Dienstpostens als Leiter der Rechtsabteilung sowie der Innenrevision und seiner Funktion innerhalb der BSR sei er verpflichtet gewesen, die einem öffentlich-rechtlichen Anschluss- und Benutzungszwang unterliegenden Anlieger vor betrügerisch überhöhten Gebühren zu schützen. Dies gehe insbesondere auch daraus hervor, dass er innerhalb der BSR als „Tarifrechtsexperte“ sowie deren „juristisches Gewissen“ angesehen wurde[301].

Die insoweit begründete „Sonderverantwortlichkeit“ verpflichte den Angeklagten i. S. des § 13 Abs. 1 StGB, von ihm erkannte Fehler der Tarifberechnung zu beanstanden und zwar unabhängig davon, ob sich diese zu Lasten seines Dienstherrn oder zu Lasten Dritter ausgewirkt haben. Sein pflichtwidriges Unterlassen führe dazu, dass ihm der Erfolg, den er hätte verhindern können, strafrechtlich zugerechnet werde. Im konkreten Fall bestätigte der BGH die Verurteilung des W wegen Beihilfe durch Unterlassen zum Betrug des Dr. G, weil er sich diesem ersichtlich untergeordnet und zudem mit Gehilfenvorsatz gehandelt habe. Als die dem W mögliche und geeignete sowie zumutbare Erfolgsabwendungshandlung

---

298 Insoweit beruft sich der BGH auf die erste Publikation, die die Frage der Garantenstellung des Compliance Officers zum Gegenstand hatte, nämlich *Kraft/Winkler* 2009, S. 29 ff.

299 BGHSt 54, 44 (50), Rn. 28.

300 BGHSt 54, 44 (50), Rn. 29.

301 BGHSt 54, 44 (51), Rn. 30.

sah der BGH die Unterrichtung des Vorstandsvorsitzenden bzw. des Aufsichtsratsvorsitzenden an[302].

Nach Auffassung des BGH kann also den Leiter der Innenrevision einer Anstalt des öffentlichen Rechts eine Garantenpflicht treffen, betrügerische Abrechnungen zu unterbinden (*amtlicher Leitsatz*).

b) Das obiter dictum zur Verantwortlichkeit des Compliance Officers

Analysiert man die Entscheidung des Senats, so werden neben der Entscheidungsbegründung weitere Ausführungen zum so genannten „Compliance Officer" eines Unternehmens getätigt, wonach diese Person regelmäßig eine Garantenpflicht i. S. des § 13 Abs. 1 StGB zur Verhinderung von Mitarbeiterstraftaten treffe, die aus dem Unternehmen heraus begangen werden und im Zusammenhang mit dessen Tätigkeit stehen[303]. Diese Ausführungen tragen jedoch zur eigentlichen Urteilsfindung nichts bei, da es sich bei dem Angeklagten W weder um einen Entscheidungsträger eines privatwirtschaftlichen Unternehmens handelte noch hatte er in der Anstalt des öffentlichen Rechts das Amt des „Compliance Officers" inne.

Derartige, insbesondere von den höchsten Gerichten verwendete Stilmittel werden als obiter dictum (lat. „nebenbei Gesagtes") bezeichnet[304]. Im Unterschied zu den tragenden ratio decidendi (lat. „Entscheidungsgrund"), die den Tenor der Entscheidung rechtfertigen und zu dessen Verständnis beitragen, handelt es sich bei einem obiter dictum um eine durch das Gericht beiläufig geäußerte Rechtsansicht, die die gefällte Entscheidung nicht trägt und daher grundsätzlich entbehrlich ist[305]. Auch § 13 der Geschäftsordnung des Bundesgerichtshofs schreibt vor, dass Tatbestand und Entscheidungsgründe klar und möglichst kurz abzufassen sind, indem sie sich auf das Wesentliche und auf den Gegenstand der Entscheidung beschränken sollen.

1) Resonanz dieser höchstrichterlichen Aussage im Schrifttum

Auch wenn sich über den durch den BGH mit der Aussage verfolgten Zweck nur Vermutungen anstellen lassen, spricht doch einiges dafür, dass es ihm darauf ankam, die Compliance-Debatte und insbesondere die Diskussion um die Position und das Aufgabenfeld des Compliance-Beauftragten zu intensivieren, um die Kriminalprävention durch die Unternehmen selbst weiter voranzutreiben[306]. Möchte

---

302 BGHSt 54, 44 (51 f.), Rn. 31.

303 BGHSt 54, 44 (49 f.), Rn. 27.

304 Grundlegend *Köbl* 1976, S. 752 ff.; *Lilie* 1993, S. 8 ff.; *Schlüter* 1973, S. 1 ff.

305 *Bydlinski* 1982, S. 513; *Pawlowski* 1999, Rn. 1034; *Engisch* 2010, S. 310. Aus der Rechtsprechung vgl. BGH VRS 59, 345 (346), der diesbezüglich von rechtlich unverbindlichen Auffassungen spricht, die für den konkreten Fall ohne Bedeutung sind. Zu den beachtlichen Versuchen die einzelnen obiter dicta zu typisieren vgl. *Schlüter* 1973, S. 77 ff. und *Lilie* 1993, S. 129 ff.

306 Auch der obiter dicta bisweilen kritisch gegenüberstehende ehemalige BAG-Vizepräsident *Dörner* erkennt darin die begründete Absicht der Gerichte, durch

man diese Prämisse als zutreffend ansehen, wäre dem BGH die Umsetzung seines Anliegens in eindrucksvoller Weise gelungen[307], denn nicht wenige sehen darin die erste wesentliche Aussage[308] der höchstrichterlichen Rechtsprechung zur Problematik der Verantwortlichkeit für das Handeln anderer vollverantwortlicher Personen im privaten Unternehmensverbund. Insoweit verwundert es nicht sonderlich, wenn vorrangig zur Begründung bzw. zur Widerlegung einer derartigen Garantenpflicht auf die sogenannte strafrechtliche Geschäftsherrenhaftung[309] und damit auf bekannte Begründungsansätze abgestellt wird. Daneben berufen sich die meisten Kritiker der Entscheidung auf das nicht spezifisch geregelte Berufsbild des Compliance-Beauftragten[310] oder es wird versucht, mittels detaillierter Schilderung entsprechender arbeitsvertraglicher Regelungen die Verantwortlichkeit des Compliance-Beauftragten abzuwenden[311].

---

den Ausspruch seiner Sichtweise eine wissenschaftliche Diskussion anzustoßen, vgl. *Dörner* 2007, S. 58. Vgl. auch *Prittwitz* 2013, S. 133 sowie *Rotsch* 2009, S. 716, Fn. 44, der die nicht tragenden Ausführungen als „Versuchsballon" bezeichnet, um „Reaktionen aus dem Schrifttum zu provozieren".

307 Vgl. beispielhaft *Hastenrath* 2011, S. 36, die in ihrer Untersuchung zu den Auswirkungen des Urteils in der Unternehmenspraxis festgestellt hat, „dass das Urteil deshalb eine derartige Wirkung erzeugt hat, da es das erste seiner Art ist, d.h. welches sich ausdrücklich mit dem Compliance Officer befasst." Ferner *Grau/Blechschmidt* 2009, S. 2145: „Die vorliegende Entscheidung ist aufgrund des obiter dictums zur Garantenstellung des sog. ‚Compliance Officers' von erheblicher praktischer Relevanz".

308 Vgl. *Beulke* 2011, S. 26; *Campos Nave/H. Vogel* 2009, S. 2546; *Spring* 2010, S. 222.

309 *Berndt* 2009, S. 690 f.; *Beulke* 2011, S. 24 ff.; *Deutscher* 2010, S. 1390 f.; *G. Dannecker/C. Dannecker* 2010, S. 988 ff.; *Mosbacher/Dierlamm* 2010, S. 269 f.; *Ransiek* 2010, S. 149 ff.; *Rönnau/F. Schneider* 2010, S. 54 ff.; *Rotsch* 2012a, 1. Teil, 4. Kap. Rn. 34 ff.; *Spring* 2010, S. 224 ff.; *Schwarz* 2012, S. 16 f.; *Warneke* 2010, S. 315 f.

310 *Campos Nave/H. Vogel* 2009, S. 2547 f.; *Geiger* 2011, S. 171; *Michalke* 2010, S. 668; *Momsen* 2011, S. 765 f.; *Rolshoven/Hense* 2009, S. 422; *Rößler* 2011, S. 922 f.; *Wolf* 2011, S. 1359 f.

311 *Campos Nave/H. Vogel* 2009, S. 2549; vgl. auch *Deutscher* 2010, S. 1392; *Fecker/Kinzl* 2010, S. 14 ff.; *Kraft/Winkler* 2009, S. 33; *S. Krieger/J. Günther* 2010, S. 369 ff.; *Meier* 2011, S. 780 ff.; *Warneke* 2010, S. 317; *Wolf* 2011, S. 1360. Sofern der öffentliche Diskurs sich vorrangig mit den Auswirkungen des Urteils beschäftigt und Versuche unternommen werden, die Verantwortlichkeit des Compliance-Beauftragten für Mitarbeiterstraftaten mittels Anpassung der arbeitsvertraglichen Regelung bzw. der Stellenbeschreibung zu reduzieren, stellt dies zwar eine nachvollziehbare Reaktion auf das Urteil dar, die dem Compliance-Beauftragten zum Vorteil reichen kann. Jedoch ist damit nicht die Wurzel des Problems, also die vom BGH intendierte Haftung verantwortlicher Akteure des Unternehmens behoben: Sollte es nämlich zu keiner wirksamen Übertragung der Überwachungsverantwortung auf einen Compliance-Beauftragten kommen, besteht die deutlich erhöhte Gefahr, dass sich die Unternehmensleitung als primär zuständiges Unternehmensorgan einem Unterlassungsvorwurf ausgesetzt sieht; vgl. hierzu nur *Rieble* 2010, S. 1

2) *Die Beeinflussung der Rechtswirklichkeit*

Auch die von der geäußerten Rechtsansicht betroffenen Subjekte können sich durch obiter dicta veranlasst sehen[312], ihr zukünftiges Verhalten danach auszurichten, um entweder Vorteile zu erhalten oder Nachteile abzuwenden. Dies kommt in der die hiesige Fragestellung betreffenden Untersuchung von *Hastenrath* recht deutlich zum Ausdruck[313]: *Hastenrath* befragte die Compliance-Verantwortlichen von mehr als 50 Unternehmen verschiedener Branchen zu den Auswirkungen des obiter dictums auf die Compliance-Organisationen, die Compliance Officer und die Stellung des Bereichs Compliance in der deutschen Unternehmenswirklichkeit. Dabei gaben 96 % der Compliance-Verantwortlichen an, das Urteil – vorrangig aufgrund des Bezugs zum Compliance Officer – zu kennen. Jedoch sehen die meisten in der strafrechtlichen Würdigung dieser Unterlassung keine Neuerung der Rechtsprechung für den Bereich der privaten Unternehmen und weisen dem Urteil keine (44 %) bzw. lediglich begrenzte (52 %) Relevanz für ihr Unternehmen zu[314].

Gleichwohl sind 48 % der Unternehmen daraufhin tätig geworden, indem sie insbesondere – auf Anraten der infolge des Urteils verfassten Stellungnahmen aus der Literatur – die Aufgaben und Befugnisse des Compliance Officers bzw. generell eine „Geschäftsordnung Compliance" festgelegt haben. Auch eine zu beobachtende Erhöhung der Vergütung sowie die vermehrte Aufnahme des Compliance Officers in die D&O-Versicherung hänge wohl mit der gesteigerten Bedeutung des Bereichs Compliance zusammen, zu der die Ausführungen des BGH beigetragen haben[315]. Darüber hinaus hätten sich fast zwei Drittel der befragten Compliance Officer näher mit dem Problem der Garantenstellung auseinandergesetzt[316].

All dies unterstreicht die Ausstrahlungswirkung, die auch ein obiter dictum in der Rechtswirklichkeit haben kann: So wurde das Urteil von einem Teil der befragten Compliance-Verantwortlichen gar „als ein ‚guter Weckruf' angesehen", denn nur durch eine nähere Befassung mit dem Thema Compliance Officer und Garantenstellung könne es zu einer klaren, praxistauglichen Definition der Aufgaben und Zuständigkeiten der Compliance-Verantwortlichen kommen[317].

Lediglich die Einschätzung der Compliance-Verantwortlichen zum Risiko einer persönlichen Strafbarkeit mag etwas überraschen. Denn laut der Untersuchung

sowie *Groß* 2012, S. 191 ff., deren Ausführungen zur strafrechtlichen Verantwortlichkeit des Compliance Officers vor dem Hintergrund der gesellschafts- bzw. arbeitsrechtlichen Kompetenzordnung allerdings nicht hinreichend zwischen dem Entstehungsgrund der Garantenstellung einerseits und der gebotenen (auch rechtlich möglichen) Erfolgsabwendungshandlung andererseits differenzieren.

312 Vgl. ferner zur Ausstrahlungswirkung von obiter dicta auf die Rechtsprechung *Lilie* 1993, S. 235; *Pawlowski* 1999, Rn. 1074; *Schuschke* 2007, S. 871.

313 *Hastenrath* 2011, S. 32 ff.

314 *Hastenrath* 2011, S. 33.

315 *Hastenrath* 2011, S. 34.

316 *Hastenrath* 2011, S. 35.

317 *Hastenrath* 2011, S. 36.

sehen über drei Viertel ihr Haftungsrisiko als eher gering an und sind insoweit auch nur wenig beunruhigt[318]. Dies liege nach der Ansicht der Verfasserin insbesondere daran, dass „der spezielle Fall der Berliner Stadtreinigungsbetriebe nicht verallgemeinert oder auf andere Unternehmen übertragen werden kann". Vielmehr könne davon ausgegangen werden, dass es im privaten Sektor weitere (höchstrichterliche) Entscheidungen zu diesem Problembereich geben wird, die „die Pflichten des Compliance Officers möglicherweise enger ziehen bzw. auf die Besonderheiten des Einzelfalls abstellen"[319].

3. Das Filtrat der Entscheidung für die hiesige Untersuchung

a) Die Garantenstellung des Compliance Officers

Nach § 13 Abs. 1 StGB ist eine untätig bleibende Person nur dann strafbar, wenn sie „rechtlich dafür einzustehen hat, dass der Erfolg nicht eintritt, und wenn das Unterlassen der Verwirklichung des gesetzlichen Tatbestandes durch ein Tun entspricht". Den Ausgangspunkt dieses interpretationsbedürftigen Gesetzeswortlauts bildet dabei die Begründung einer Garantenstellung in der Person des Täters. Diese kann auf verschiedensten Entstehungsgründen beruhen. Der BGH schlägt diesbezüglich einen bekannten Weg ein[320], wenn er die Übernahme einer Garantenpflicht in erster Linie aus dem Dienstvertrag herleitet und dabei explizit betont, dass der jeweilige „Inhalt der Pflichtenbindung" normativ zu würdigen sei. Zusätzlich sei es jedoch erforderlich, dass die dienstvertraglich geschuldeten Pflichten auch tatsächlich übernommen werden sowie dass ein „besonderes Vertrauensverhältnis" besteht, welches „den Übertragenden gerade dazu veranlasst, den Verpflichteten besondere Schutzpflichten zu überantworten"[321].

1) Die Notwendigkeit einer funktionalen Differenzierung

(a) Zur Einteilung der Garantenstellungen nach ihrer sozialen Funktion

Neben der Systematisierung der Garantenstellungen nach Entstehungsgründen kann man die Beurteilung einer strafrechtlich relevanten Garantenstellung – im Anschluss an *Armin Kaufmann*[322] – nach ihrer sozialen Funktion bzw. ihrer Schutzrichtung vornehmen. Diese sogenannte Zweiteilungs- bzw. Funktionenlehre[323] ermöglicht es, die Garantenstellungen „auf die beiden einzig denkbaren, sachlogisch zu unterscheiden-

---

318 *Hastenrath* 2011, S. 35.
319 *Hastenrath* 2011, S. 36.
320 Vgl. näher unter 2. Teil, II. 1.
321 BGHSt 54, 44 (48 f.).
322 *Kaufmann* 1959, S. 282 ff.
323 Diese Art der Unterteilung der Garantenstellungen wird in Anschluss an *Kaufmann* von allen gebräuchlichen Lehrbüchern herangezogen, vgl. nur Baumann/Weber/*Mitsch* 2003, § 15 Rn. 44 ff.; *Ebert* 2001, S. 177 ff.; *Gropp* 2005, § 11 Rn. 21 f.; *Heinrich* 2014, Rn. 925 ff.; *Jakobs* 1993, 28/27 ff.; *Jescheck/Weigend* 1996, § 59 IV 2;

den Verantwortungsebenen zurückzuführen“[324]. Danach wird eine Differenzierung in Beschützer- bzw. Obhutsgaranten einerseits und Überwacher- bzw. Sicherungsgaranten andererseits vorgenommen. Die Tragweite und Bedeutsamkeit dieser Unterteilung lässt sich dabei am besten unter Zugrundelegung folgenden Schaubilds erörtern:

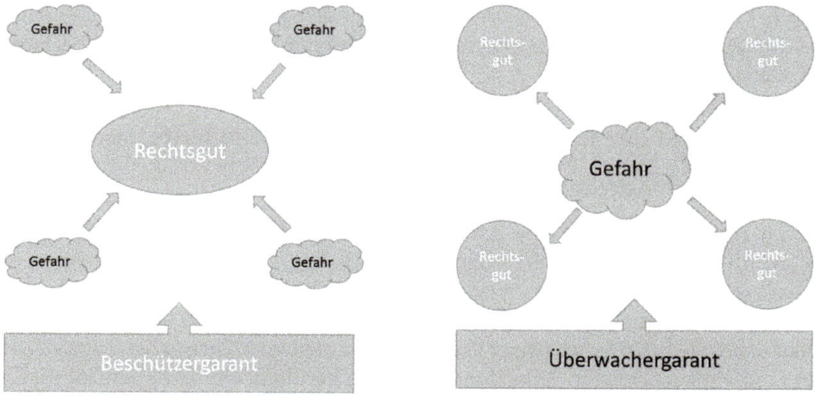

Die Gemeinsamkeit beider Garantenpositionen besteht darin, dass der Betroffene zum Schutz bedrohter Rechtsgüter von der Rechtsordnung „auf Posten gestellt“[325] ist[326]. Dies ist eine notwendige, den Kreis tauglicher Täter festlegende Voraussetzung dafür, ihn überhaupt wegen begehungsgleichen Unterlassens i. S. von § 13 Abs. 1 StGB zur Verantwortung ziehen zu können.

Der Unterschied zwischen beiden Garantenpositionen liegt in der Verteidigungsaufgabe des Garanten und in der Nähe zum geschützten Rechtsgut: Während der Beschützergarant bestimmte Rechtsgüter „gegen alle Angriffe, gleich aus welcher Richtung“ sie kommen mögen zu schützen hat, ist der Überwachergarant für das „Eindämmen einer konkreten Gefahrquelle“ verantwortlich, damit die Rechtsgüter Dritter nicht beeinträchtigt werden[327]. Der obhutspflichtige Beschützergarant steht also dem potentiellen Opfer eines drohenden Angriffs unmittelbar zur Seite[328] und ist kraft seiner Garantenstellung in der konkreten Tatsituation zur „Rundumver-

Krey/Esser, 2012, Rn. 1127 f.; *Kühl* 2012, § 18 Rn. 44 ff.; *Roxin* 2003, § 32 Rn. 33 ff.; *Stratenwerth/Kuhlen* 2011, § 13 Rn. 14 f.; *Wessels/Beulke/Satzger* 2014, Rn. 716 ff.

324 *H. Schneider* 2011, S. 353.

325 Zuerst *Kohler* 1890, S. 47.

326 Vgl. nur *Kaufmann* 1959, S. 283; *Rotsch* 2009, S. 715; *ders.* 2012b, S. 491.

327 Einhellige Meinung im Anschluss an *Kaufmann* 1959, S. 283; vgl. nur Baumann/Weber/*Mitsch* 2003, § 15 Rn. 46; *Ebert* 2001, S. 177; *T. Fischer* 2015, § 13 Rn. 15; *Kühl* 2012, § 18 Rn. 45.

328 Man spricht insoweit davon, dass der Beschützergarant die abzuwendende Gefahr am Verwirklichungsort zu unterbinden hat, vgl. *Kühl* 2012, § 18 Rn. 45; *Rotsch* 2009, S. 715.

teidigung" der betreffenden Rechtsgüter seines Schützlings gegen alle Gefahren, gleich aus welcher Richtung sie kommen mögen, aufgerufen[329]. Dagegen ist der sicherungspflichtige Überwachergarant zur Überwachung bestimmter Gefahrquellen „auf Posten gestellt" und hat kraft seiner Garantenstellung alle von der Quelle ausgehenden Gefahren zu unterbinden, gleich gegen welchen Rechtsgutsträger diese sich richten[330]. Die Schutzaufgabe bzgl. bestimmter Rechtsgüter stellt sich dabei lediglich als Reflex der Überwachung der Gefahrquelle dar.

Unabhängig davon, dass die Differenzierung nach der Funktion der Garantenstellung keine Auskunft darüber gibt, welcher Entstehungsgrund der jeweiligen Garantenstellung zugrunde liegt[331], ist diese materielle Unterscheidung wichtig und notwendig, um dem Inhaber einer solchen Position zu verdeutlichen, ob ihm eine Schutz- und/oder Überwachungspflicht obliegt[332]. Muss er bestimmte Rechtsgüter bzw. einen Rechtsgutsträger gegen Gefahren aus sämtlichen Richtungen verteidigen oder ist er vielmehr dazu verpflichtet, bestimmte Bedrohungen der Rechtsgüter Dritter zu unterbinden, die aus einer in seiner Sphäre befindlichen Quelle entstammen. Nur wenn sich der Adressat des Handlungsgebots darüber im Klaren ist, kann er die Reichweite seiner Verantwortlichkeit überblicken und die zur Abwendung des drohenden Erfolgs möglichen und erforderlichen Maßnahmen ergreifen.

(b) Einordnung der Garantenstellung des Compliance Officers

Überträgt man diese funktionelle Unterscheidung der Garantenpositionen auf das BGH-Urteil, so fällt zunächst auf, dass der BGH eine klare Trennung – vor allem in begrifflicher Hinsicht – nicht in der nötigen Deutlichkeit vornimmt[333],

---

329 *Kaufmann* 1959, S. 283.

330 Treffend *Kaufmann* 1959, S. 283: „Vom konkreten Rechtsgut her gesehen beschränkt sich die Schutzfunktion des Garanten auf eine einzige Angriffsrichtung, auf diejenige, die aus der einzudämmenden Gefahrquelle dem Rechtsgut droht". Der Betroffene hat hier der Gefahr an ihrem Ursprungsort Einhalt zu gebieten.

331 Statt aller Baumann/Weber/*Mitsch* 2003, § 15 Rn. 50: „Mit den Begriffen ‚Beschützergarant' und ‚Überwachergarant' werden soziale Strukturen beschrieben, nicht aber wird damit der Rechtsgrund für die strafbarkeitsbegründende Wirkung gelegt. Die rechtsgültige – dem Gesetzlichkeitsprinzip entsprechende – Begründung einer Garantenstellung muss also schon feststehen, bevor man sie dem Typ Beschützergarant oder dem Typ Überwachergarant zuordnen kann".

332 Vgl. hierzu *H. Schneider* 2011, S. 353f., der die Aussage und Relevanz dieser Unterscheidung am Beispiel der strafrechtlich relevanten, aus § 1353 Abs. 1 BGB abgeleiteten Einstandspflicht von Ehegatten füreinander verdeutlicht. Vgl. auch *Brammsen* 1986, S. 134f.; *Kudlich* 2012, S. 178; *Kühl* 2012, § 18 Rn. 43; *Rotsch* 2009, S. 715f.; *ders.* 2012b, S. 491; *Rudolphi* 1966, S. 53f.; *Spring* 2009, S. 206; *Stratenwerth/Kuhlen* 2011, § 13 Rn. 15.

333 Kritisch *G. Dannecker/C. Dannecker* 2010, S. 983; *Krüger* 2011, S. 6; *Mittelsdorf* 2011, S. 127; *H. Schneider* 2011, S. 354f.; *Schwarz* 2012, S. 15; auch *Rotsch* 2009, S. 716, der darin einen „wesentlichen Mangel" der BGH-Entscheidung sieht.

wenn er ausführt, dass es dahinstehen könne, „ob der verbreiteten Unterscheidung von Schutz- und Überwachungspflichten in diesem Zusammenhang wesentliches Gewicht zukommen kann, weil die Überwachungspflicht gerade dem Schutz bestimmter Rechtsgüter dient und umgekehrt ein Schutz ohne Überwachung des zu schützenden Objekts kaum denkbar erscheint“[334].

Zwar ist es zutreffend, dass auch Überwachungspflichten dem (mittelbaren) Schutz bestimmter Rechtsgüter dienen sowie dass es zur Wahrnehmung etwaiger Schutzpflichten rein faktisch notwendig ist, die zu schützenden Rechtsgüter „im Auge zu behalten“. Gleichwohl haben die vorstehenden Erörterungen gezeigt, dass die Offenlegung der sozialen Funktion der Garantenstellung für die Bestimmung der Reichweite der Handlungspflichten von gewichtiger Bedeutung ist.

Dementsprechend hält es auch der BGH im Hinblick auf den übernommenen Pflichtenkreis zu Recht für entscheidend, genauestens zu prüfen, „ob sich die Pflichtenstellung des Beauftragten allein darin erschöpft, [...] gegen das Unternehmen gerichtete Pflichtverstöße aufzudecken und künftig zu unterbinden, oder ob der Beauftragte weitergehende Pflichten dergestalt übernommen hat, dass er auch vom Unternehmen ausgehende Rechtsverstöße zu beanstanden und zu unterbinden hat“[335]. Unter Zugrundelegung dieser Prämisse kommt der BGH für den Compliance Officer sodann zu dem Schluss, dass deren Aufgabengebiet auch die Verhinderung von Straftaten umfasse, die von Unternehmensangehörigen aus dem Unternehmen heraus zum Nachteil Dritter begangen werden, da dies die notwendige Kehrseite ihrer gegenüber der Unternehmensleitung übernommenen Pflicht sei. Insoweit seien derartige Beauftragte i. S. von § 13 Abs. 1 StGB verpflichtet, solche Straftaten zu unterbinden[336].

Ausgehend von der funktionellen Zweiteilung wäre daher der Compliance-Beauftragte aufgrund seiner dienstlichen Stellung als Überwacher- bzw. Aufsichtsgarant[337] der Gefahrquelle Unternehmen einzustufen[338], die für ihn – übertragen auf den in Rede stehenden Sachverhalt – eine strafbewehrte Pflicht auslöst, den Betrug des Unternehmensangehörigen zu unterbinden. Genau dies ist nach der Ansicht des BGH die Folge der gegenüber der Unternehmensleitung übernommenen Aufgabe des Compliance Officers, auf die Einhaltung der Rechtsordnung hinzuwirken. Nicht dagegen ist er dazu verpflichtet, die Rechtsgüter Außenste-

---

334 BGHSt 54, 44 (48).

335 BGHSt 54, 44 (49).

336 BGHSt 54, 44 (49 f.).

337 Aufsichtsgaranten gehören zur Gruppe der Überwachergaranten und beschreiben eine rechtliche Einstandspflicht i. S. des § 13 Abs. 1 StGB dafür, dass andere Personen keine Straftaten begehen. Insoweit ist die Bezeichnung des Compliance-Beauftragten als Aufsichtsgarant etwas genauer; vgl. auch *Beulke* 2011, S. 36.

338 So auch *H. Schneider* 2011, S. 354 f. sowie die Autoren, die zur Herleitung einer Garantenstellung des Compliance Officers auf die strafrechtliche Geschäftsherrenhaftung abstellen möchten. Differenzierend auch *Rotsch* 2009, S. 717 f., der sich jedoch nicht abschließend festlegt.

hender (bspw. Vertragspartner, Kunden, Allgemeinheit, etc.) vor Gefahren, gleich aus welcher Richtung sie kommen mögen, zu beschützen. Denn eine derartige Einstandsplicht wäre – wie *Schneider* zu Recht betont[339] – weder im Hinblick auf die drohenden Gefahren begrenzbar noch stellt sie sich als Reflex der die Rechtsgüter Dritter mittelbar schützenden Überwachungspflicht dar. Eine Obhutspflicht für die Rechtsgüter Außenstehender bedürfte vielmehr einer eigenständigen Begründung, für die auch etwaige vertragliche Beziehungen des Unternehmens mit Geschäftspartnern oder Kunden regelmäßig nicht ausreichen werden[340]. Insofern kann es für den Compliance-Beauftragten im Hinblick auf die Rechtsgüter Außenstehender nur darum gehen, die Gefahren zu überwachen, die dem potentiellen Opfer aus der Richtung des Unternehmens drohen. Lediglich gegenüber dieser einzigen Angriffsrichtung kann er eine Gewähr dafür übernommen haben, die Gefahr an ihrem Ursprungsort abzuwenden.

Inwieweit der Compliance-Beauftragte damit auch zum (unmittelbaren) Schutz der Rechtsgüter des Unternehmens selbst „auf Posten gestellt" ist bzw. werden kann und somit (auch) als Beschützergarant der Rechtsgüter des Unternehmens fungiert, ist durch die Entscheidung des BGH noch nicht zwangsläufig gesagt, da dies weder Gegenstand des eigentlichen Urteils, also der tragenden Entscheidungsgründe, noch des obiter dicti war, trat doch der betrugsrelevante Vermögensschaden bei den Anliegern ein. Gleichwohl soll im Rahmen dieser Untersuchung auch auf diese Frage eingegangen werden[341].

2) Zum Entstehungsgrund der Überwachergarantenstellung

Die Erkenntnis darüber, dass den Compliance-Beauftragten i. S. der Funktionenlehre gewisse Überwachungspflichten über die Gefahrquelle Unternehmen treffen, sagt jedoch nichts darüber aus, dass er auch strafrechtlich i. S. des § 13 Abs. 1 StGB zur Abwendung eines tatbestandsmäßigen Erfolges verpflichtet ist[342]. Hierzu bedarf es einer eigenständig zu begründenden besonderen – über die jedermann obliegende Solidaritäts- und Beistandspflicht hinausgehende – Verantwortung. Nur wenn dieses als Garantenverhältnis zu bezeichnende Element in der Person des Unterlassenden

339 *H. Schneider* 2011, S. 354 f.

340 Auch wenn sich in den Vertragswerken zwischen Unternehmen spezielle Compliance-Klauseln befinden, in denen sich die Vertragspartner zur gegenseitigen Einhaltung allgemeiner und spezieller Regelungen verpflichten, kann daraus nur auf eine Überwachungspflicht im Hinblick auf die Gefahren, die der eigenen Sphäre entstammen und dem Vertragspartner drohen, geschlossen werden, da es widersinnig wäre, hieraus eine Schutzpflicht für die Rechtsgüter des Vertragspartners auch gegenüber Angriffen ableiten zu wollen, die von außenstehenden Dritten – beispielsweise eines anderen Unternehmens – begangen werden; i. E. wie hier *Barton* 2010, S. 24; *Brettel* 2014, § 2 Rn. 102; *Schwarz* 2012, S. 17 f.; *Warneke* 2010, S. 314 f.

341 Vgl. näher unter 4. Teil, II. 4.

342 Vgl. bereits unter 2. Teil, I. 3. a) 1) (a).

vorhanden ist, kann die Nichtvornahme einer Erfolgsabwendungshandlung überhaupt als begehungsgleich i. S. der Verbotsnorm eingestuft werden[343].

Bevor sich also im Folgenden mit der bisherigen Rechtsprechung zum Problemkreis auseinander zu setzen sein wird, gilt es an dieser Stelle zu klären, welchen Entstehungsgrund der Überwachergarantenpflicht des Compliance Officers der BGH heranzieht. Nach der Ansicht des BGH könne die Übernahme einer Garantenpflicht durch einen Dienstvertrag erfolgen. Dabei sei es zunächst erforderlich, den jeweiligen „Inhalt der Pflichtenbindung" normativ zu würdigen. Zusätzlich müssten die dienstvertraglich geschuldeten Pflichten auch tatsächlich übernommen worden sein und es müsse ein „besonderes Vertrauensverhältnis" bestehen, welches „den Übertragenden gerade dazu veranlasst, den Verpflichteten besondere Schutzpflichten zu überantworten"[344].

Sodann überträgt der BGH diese abstrakten Ausführungen an die Begründung einer Garantenstellung auf die Person des Compliance Officers. Derartige Beauftragte hätten es danach gegenüber der Unternehmensleitung regelmäßig vertraglich sowie faktisch übernommen, Rechtsverstöße und insbesondere Straftaten von Unternehmensangehörigen zu unterbinden[345]. Insoweit erwachse für sie in der Regel die strafbewehrte Pflicht i. S. des § 13 Abs. 1 StGB, „im Zusammenhang mit der Tätigkeit des Unternehmens stehende Straftaten von Unternehmensangehörigen zu verhindern"[346].

Nach der Argumentation des BGH beruht die Garantenstellung des Compliance Officers auf formellen und materiellen Kriterien. Im Sinne der formellen Rechtspflichtlehre müsse daher zunächst ein Gebot existieren, welches die Abwendung eines tatbestandsmäßigen Erfolgs zum Inhalt habe. Diese Einstandspflicht kann nach der Ansicht des BGH aus der dienstvertraglichen Regelung folgen. Daneben ist es

343 Statt aller vgl. nur *Arzt* 1980, S. 556f., der betont, dass die elementarste Funktion der Garantenstellung „die Festlegung des Kreises der (potentiellen) Täter eines unechten Unterlassungsdelikts" sei. Vgl. im Übrigen auch die Begründung des Sonderausschusses des Bundestages, BT-Drucks. V/4095, S. 8, wonach der Regierungsentwurf zu § 13 E 62 einschließlich seiner Begründung (BT-Drucks. IV/650, dort S. 124f.) im Wesentlichen übernommen wurde.

344 BGHSt 54, 44 (48f.). Die Bezeichnung der überantworteten Pflichten als Schutzpflichten ist in diesem Kontext ungenau, da es in Anwendung der Grundsätze der Funktionenlehre um Überwachungspflichten geht; vgl. bereits unter 2. Teil, I. 3. a) 1) (b). Als Grund für diese, sich nicht nur in terminologischer Hinsicht auswirkende Ungenauigkeit lässt sich wohl anführen, dass der BGH zur Untermauerung seiner Position frühere Rechtsprechung [BGHSt 46, 196 (202f.); 39, 392 (399)] heranzieht, bei der es – anders als im streitgegenständlichen Fall – um die vertragliche Übertragung einer Schutzgarantenposition im Verhältnis zwischen Bank und Bankkunde ging; vgl. auch *Rotsch* 2009, S. 716f., der diesbezüglich weitere Unstimmigkeiten anspricht.

345 Unklar in den Ausführungen des BGH zum Compliance Officer bleibt das materielle Kriterium der „besonderen Vertrauensbeziehung".

346 BGHSt 54, 44 (49f.).

aber auch denkbar, zur Bestimmung der Einstandspflicht eine Stellenbeschreibung heranzuziehen, auf die der Vertrag Bezug nimmt, oder es existiert eine gesetzliche Regelung mit entsprechendem Inhalt. Dieses formelle Gebot müsse nun, damit dessen Missachtung mit tatbestandlichen Handlungsunrecht gleichgestellt werden kann, auch materiell untermauert sein. Dafür bedarf es – übertragen auf die Fallkonstellation – der Invollzugsetzung des Vertrags in Form der tatsächlichen Übernahme, da nur dies auf Seiten des Übertragenden ein berechtigtes Vertrauen dergestalt erwachsen lassen kann, dass die Überwachung der Gefahrquelle oder auch der Schutz bestimmter Rechtsgüter durch den Verpflichteten gewährleistet ist[347].

Dieser Ableitungszusammenhang, der in der Kombination formeller und materieller Elemente besteht, ist sowohl in der allgemeinen Garantenlehre[348] wie auch in der Rechtsprechung[349] durchaus geläufig. Als klassische Beispiele für Fälle, in denen die Garantenstellung auf einer übernommenen schuldrechtlichen Verpflichtung beruht, lassen sich die typischen Beschützergaranten Babysitter, Bergführer oder etwa Bademeister anführen[350]. Jedoch können diese Kriterien auch zur Herleitung einer Überwachergarantenstellung herangezogen werden[351]. Dafür müsste der Inhalt des Vertrags zunächst auf die Abwehr bestimmter Gefahren bezogen sein. Zudem wäre es erforderlich, dass der Verpflichtete in die Überwacherposition tatsächlich eingerückt ist. Daher übernimmt etwa der Babysitter auch die Sicherungspflichten der Eltern in Bezug auf das anvertraute Kind[352] oder das vom Bauherren beauftragte Bauunternehmen die Pflicht, die Baustelle zu sichern[353]. Doch auch im rein unternehmerischen Kontext ist dieser Begründungsansatz keineswegs unbekannt. Beauftragt beispielsweise die Betreiberin einer Schwebebahn ein anderes Unternehmen mit der Wartung, so rückt jenes in die Überwacherposition des Übertragenden ein[354],

---

347 Ähnlich *H. Schneider* 2011, S. 357: „Argumentativ bewegt sich der BGH insoweit auf der Grundlage der formellen Rechtspflichtlehre, weil er der Sache nach trotz Einführung der Haftungskorrektive ‚tatsächliche Übernahme' und ‚Vertrauensbeziehung' auf das formelle Kriterium der vertraglichen Verpflichtung abstellt". Zustimmend *Brettel* 2014, § 2 Rn. 107 f.

348 Eine derartige Verbindung formeller und materieller Kriterien wird insbesondere befürwortet von Baumann/Weber/*Mitsch* 2003, § 15 Rn. 51; *Ebert* 2001, S. 178; *Jescheck/Weigend* 1996, § 59 IV 2; *Kühl* 2012, § 18 Rn. 43 f.; Sch/Sch$_{29}$-*Stree/Bosch*, § 13 Rn. 28; LK$_{12}$/StGB-*Weigend*, § 13 Rn. 34.

349 Zur Analyse der Rechtsprechung vgl. unter 2. Teil, II. 1.

350 Vgl. nur *Wessels/Beulke/Satzger* 2014, Rn. 720.

351 *Arzt* 1980, S. 652; Baumann/Weber/*Mitsch* 2003, § 15 Rn. 57 ff.; *Ebert* 2001, S. 178; *Jescheck/Weigend* 1996, § 59 IV 3c; *Konu* 2014, S. 95; *Krey/Esser*, 2012, Rn. 1166; *Kühl* 2012, § 18 Rn. 119; *H. Schneider* 2011, S. 357 f.; *Stratenwerth/Kuhlen* 2011, § 13 Rn. 23; LK$_{12}$/StGB-*Weigend*, § 13 Rn. 34.

352 Explizit betont von *Krey/Esser*, 2012, Rn. 1166; vgl. auch *Kühl* 2012, § 18 Rn. 119; *Roxin* 2003, § 32 Rn. 130.

353 OLG Stuttgart NStZ 2006, 450.

354 BGHSt 47, 224 (229 f.).

obwohl dieser dadurch nicht gänzlich aus seiner Pflichtenstellung entlassen wird[355]. In allen Fällen ist jedoch immer neben der formellen Verpflichtung der materielle Grund des Einstehenmüssens zu erörtern.

Anzubringen ist an dieser Stelle ferner, dass der BGH keine Aussage darüber trifft, ob es zur Entstehung einer Garantenpflicht des Übernehmenden zwingend eines wirksamen Dienstvertrags bedarf, da er lediglich die Aussage tätigt, dass der bloße Vertragsschluss allein nicht ausreiche. Inwieweit es auf dieses Kriterium im vorliegenden Kontext ankommt und welche Vorteile die Anknüpfung an die zivilrechtlichen Bezüge mit sich bringt, soll an späterer Stelle beleuchtet werden[356].

Geht es um die Beurteilung der Reichweite der Garantenpflicht des Compliance Officers, enthält die Entscheidung des BGH noch eine andere Facette, die in der Literatur bislang unter dem Begriff der „Betriebsbezogenheit“ der zu verhindernden Tat diskutiert wurde[357]. Gemeint ist damit die Aussage des BGH, dass sich die Garantenpflicht des Compliance Officers (nur) darauf beziehe, „im Zusammenhang mit der Tätigkeit des Unternehmens stehende Straftaten von Unternehmensangehörigen zu verhindern“[358]. Insoweit sollte es auch Anliegen der Untersuchung sein, zu klären, für welche Straftaten seitens der Mitarbeiter der BGH eine Verantwortlichkeit des Compliance Officers begründen möchte, bzw. generell ob und inwieweit sich eine derartige Beschränkung der Garantenpflicht mit den allgemeinen Prinzipien der Garantendogmatik vereinbaren lässt[359].

3) Zwischenfazit

Nach der Ansicht des BGH kann eine Garantenstellung aus der Verknüpfung von formellen (beispielsweise Gesetz oder Vertrag) und materiellen Kriterien (normative Würdigung, tatsächliche Übernahme und besondere Vertrauensbeziehung) begründet werden.

Stets ist die Offenlegung des Entstehungsgrundes einer Garantenstellung das „Anfangskriterium“ dafür, um eine Person wegen unechten Unterlassens gemäß § 13 Abs. 1 StGB zur Verantwortung ziehen zu können. Insoweit soll die bisherige Rechtsprechung auf die Relevanz der Kriterien hin untersucht werden, die der BGH in seiner BSR-Entscheidung fruchtbar macht. Konkret geht es dabei um die Herausarbeitung formeller und materieller Kriterien beim Einrücken einer Person in eine besondere Pflichtenstellung. In formeller Hinsicht stellt sich dabei insbesondere die Frage, ob und wie die bestehenden Regelungen eine etwaige Erfolgsabwendungspflicht beeinflussen.

---

355 Allgemeines Prinzip im Rahmen der Übertragung von Verantwortung, vgl. unter 2. Teil, II. 1. b) 2) (b).

356 Vgl. näher unter 4. Teil, II. 1.

357 Vgl. nur *Rogall* 1986, S. 618f.; *Roxin* 2003, § 32 Rn. 141; *Schall* 2004, S. 278ff.; *Spring* 2009, S. 238f.

358 BGHSt 54, 44 (50).

359 Vgl. näher unter 4. Teil, II. 3. b).

Daneben hat sich die Unterteilung der Garantenstellungen nach ihrer sozialen Funktion als nützlich erwiesen, um die Reichweite der aus der Stellung entspringenden Erfolgsabwendungspflichten bestimmen zu können. Dementsprechend sollen die dargelegten Einstandspflichten stets einer materiellen Wertung dahingehend zugeführt werden, ob sie als Schutz- oder Überwachungspflicht wahrzunehmen sind. Hierbei wird der Schwerpunkt der Prüfung bei den Überwachergarantenpflichten liegen. Speziell gilt es diesbezüglich den unternehmerischen Kontext zu beachten und herauszuarbeiten, inwieweit es einen Unterschied macht, ob der (betriebliche) Überwachergarant eine gegenständliche Gefahrquelle (z.B. eine gefährliche Anlage) oder eine Person zu überwachen hat. Falls dies der Fall sein sollte und dafür spricht insbesondere die bisherige Diskussion um die strafrechtliche Geschäftsherrenhaftung[360], so müssen die Gründe für eine derartige Differenzierung sowie die sich daraus ergebenden Schlüsse herausgearbeitet werden. Ein Hauptaugenmerk wird hierbei die Frage betreffen, ob sich der pflichtwidrig Unterlassende als Täter oder Teilnehmer an der Straftat des Aktivtäters strafbar macht.

Letztlich gilt es noch das vom BGH aufgestellte Kriterium der „unternehmensbezogenen Straftat" einer genaueren Prüfung zu unterziehen.

b) Die Erfolgsabwendungshandlung

Nach dem Wortlaut des § 13 Abs. 1 StGB ist der Garant dazu verpflichtet, den tatbestandlichen Erfolg abzuwenden. Dieser Erfolgsabwendungsverpflichtung – betrachtet man das obiter dictum zusammen mit der weiteren Urteilsbegründung – würde der Compliance Officer nach der Auffassung des BGH pflichtgemäß nachkommen, wenn er den Vorstandsvorsitzenden oder den Aufsichtsratsvorsitzenden unterrichten würde. Falls er dies (vorsätzlich) nicht täte, könnte seine pflichtwidrige Untätigkeit genau wie im entschiedenen Fall zur Annahme eines strafbaren Unterlassens führen.

Allerdings müsste dabei stets genau geprüft werden, ob die dem Unterlassenden „mögliche und geeignete Rettungshandlung" das Ausbleiben des tatbestandsmäßigen Erfolges auch tatsächlich bewirkt hätte[361]. Insoweit stellt sich die Frage nach der erforderlichen Kausalbeziehung im Bereich der Unterlassungsdelikte.

Ferner gilt es die unterlassene Erfolgsabwendungshandlung einer genauen Prüfung in außerstrafrechtlicher Hinsicht zu unterziehen, wobei etwa auch die Frage zu klären ist, ob der Garant auch dazu aufgefordert ist, externe Stellen von strafrechtsrelevanten Vorgängen in Kenntnis zu setzen oder ob sich die Erfolgsabwendungspflicht auf die internen Meldewege beschränkt. Sollten einzelne Handlungen dem Unterlassenden beispielsweise aus gesellschaftsrechtlicher Sicht nicht möglich sein, kann er in Umkehrung dazu strafrechtlich nicht verpflichtet sein[362].

---

360 Vgl. hierzu die letzte Aufarbeitung der Diskussion von *Spring* 2009, S. 123 ff.

361 Vgl. nur *Ebert* 2001, S. 176 f.

362 Dies ist Ausdruck der sogenannten „asymmetrischen Akzessorietät" des Strafrechts: Ist ein Verhalten in anderen Rechtsgebieten verboten, darf seine Vornahme

c) Die Bestrafung des Compliance Officers als Teilnehmer?

Hinsichtlich einer möglichen Bestrafung wäre wohl in einem zur BSR-Entscheidung parallel gelagerten Fall für den Compliance Officer auch von Beihilfe durch Unterlassen auszugehen. Dieses Ergebnis beruht darauf, dass der BGH auch im Falle der Abgrenzung von Täterschaft und Teilnahme im Unterlassungsbereich seine subjektive Theorie – teilweise kombiniert mit Elementen der Tatherrschaftslehre – heranzieht. Insoweit zeigt auch die BSR-Entscheidung, dass der BGH weiterhin[363] auf die innere Einstellung des Unterlassenden zur Tat des Handelnden abstellt, die lediglich dann vom bloßen Gehilfenwillen geprägt ist, wenn er sich dem Handelnden im Willen unterordnet und das Geschehen ohne innere Beteiligung bzw. Interesse am Taterfolg ablaufen lässt.

Diese Abgrenzungskriterien der Rechtsprechung sehen sich gerade im Bereich der Unterlassungsdelikte seit jeher großen Bedenken ausgesetzt[364]. Interessanterweise konzentrieren sich die Besprechungsaufsätze und Entscheidungsanmerkungen zur BSR-Entscheidung kaum[365] auf diesen Teil der Entscheidungsbegründung. Vielmehr wird – sofern eine strafrechtlich relevante Erfolgsabwendungspflicht angenommen wird und deren Grenzen ausgelotet wurden – nahezu selbstverständlich von Beihilfe durch Unterlassen ausgegangen[366]. Dies dürfte darauf zurückzuführen sein, dass die Annahme einer Garantenpflicht spezieller Akteure im Unternehmen im Hinblick auf die Verhinderung von Straftaten einzelner Mitarbeiter die weitaus bahnbrechendere Aussage des BGH darstellt als die hinlänglich bekannte Argumentation zur Abgrenzung von Täterschaft und Teilnahme.

Gleichwohl wird sich die nachfolgend noch durchzuführende eigene Untersuchung mit der Kritik an den Abgrenzungskriterien der Rechtsprechung befassen. Sollten sich die Kriterien der Rechtsprechung als untauglich erweisen, so gilt es auch aufzuzeigen wie eine sachgerechte Abgrenzung von Täterschaft und Teilnahme im Bereich der Unterlassungen möglich ist.

---

nicht zugleich ein strafbewehrtes Gebot darstellen. Grundlegend in Bezug auf die BSR-Entscheidung bereits *H. Schneider/Gottschaldt* 2011, S. 576 f.; ferner *Lüderssen* 2005, S. 163 ff.

363 So bereits BGHSt 2, 150 (155 f.); 43, 381 (396); BGH NJW 1966, 1763; BGH StV 1986, 59 (60); BGH NJW 1992, 1246 (1247); BGH NStZ 2009, 321 (322).

364 Vgl. nur *Mosenheuer* 2009, S. 165: „diffuses Rechtsgefühl"; *Roxin* 2003, § 31 Rn. 139: „ziemlich beliebige Festsetzung"; *Spring* 2009, S. 262: „Lotteriespiel"; LK_{12}/StGB-*Schünemann*, § 25 Rn. 206 f.

365 Sofern Publikationen diesen Entscheidungspassus aufgreifen, beschäftigen sie sich nur mit der Problematik der Beteiligung durch Unterlassen, vgl. *V. Haas* 2011, S. 392 ff.; *Krüger* 2011, S. 1 ff.

366 So bspw. *G. Dannecker/C. Dannecker* 2010, S. 987; *Kamp/Körffer* 2010, S. 74; *Kraft* 2010, S. 85; *H. Schneider/Gottschaldt* 2011, S. 576; ausführlicher dagegen *Ransiek* 2010, S. 152.

II. Dogmatische Einordnung der Auffassung des Senats in die bisherige Rechtsprechung

Die bisherige Analyse hat die entscheidungserheblichen Gründe des Bundesgerichtshofs aufgezeigt sowie auf die noch offenen Fragen und sonstige Unklarheiten hingewiesen. Nun soll es darum gehen, herauszufinden, ob und wie sich die Entscheidungsbegründung in die bisherige Rechtsprechung einfügt.

1. Die Übernahme von Garantenpflichten

Untersucht man die Rechtsprechung auf die Thematik „Übernahme einer Garantenpflicht" hin, so fällt einem neben der nahezu undenkbaren Vielfalt an Fallgestaltungen auf, dass allein mit dieser Begrifflichkeit kein eigenständiger Entstehungsgrund einer Garantenpflicht gemeint sein kann[367]. Stets geht es darum, die Verantwortlichkeitskriterien der Einstandspflicht i. S. von § 13 Abs. 1 StGB offen zu legen[368], wobei der Schwerpunkt der Würdigung teilweise durch formelle (Gesetz bzw. Vertrag), teilweise aber auch durch materielle Kriterien (tatsächliche Übernahme einer Funktion, berechtigtes Vertrauen) bestimmt ist. Insgesamt lässt sich jedoch schon an dieser Stelle befinden, dass auch die Rechtsprechung, wenn es um die Frage der Herleitung einer Garantenpflicht geht, um die Kopplung formeller und materieller Kriterien bemüht ist:

a) Die Begründung einer Beschützergarantenposition

1) Übernahme durch gesetzlich geregelte Stellung

Garantenstellungen kraft Übernahme einer Schutzaufgabe werden in der Rechtsprechung etwa dann angenommen, wenn der Betreffende eine gesetzlich geregelte Stellung übernimmt, die ihn verpflichtet, zum Schutze der strafrechtlich geschützten Rechtsgüter Einzelner oder der Allgemeinheit tätig zu werden.

(a) Betreuer-Konstellationen

So haben beispielsweise Mitarbeiter kommunaler Sozialdienste als Beschützergaranten kraft Pflichtenübernahme strafrechtlich dafür einzustehen, dass von ihnen betreute Kinder nicht durch vorhersehbare vorsätzliche Misshandlungen Dritter

---

367 Vgl. instruktiv *Arzt* 1980, S. 648ff. mit ausführlicher Darlegung der Zusammenhänge zwischen den Garantenstellungen anhand diverser Rechtsprechungsbeispiele.

368 Deutlich kommt dies in der Entscheidung des BGH NJW 2000, 2754 (2756) zum Ausdruck: „Bei der Garantenstellung handelt es sich um eine für die Haftung aus einem unechten Unterlassungsdelikt schlechterdings unverzichtbare Voraussetzung. An dieser essentiellen Bedeutung müssen sich die sachlich-rechtlichen Darlegungsanforderungen [...] orientieren".

körperlich verletzt werden oder gar zu Tode kommen[369]. Diese Beschützergarantenstellung, die der zuständige Sozialarbeiter im Rahmen eines Betreuungszusammenhangs zum Schutz des (mit-)betreuten Kindes auch tatsächlich übernommen haben muss, erwachse „im Hinblick auf wichtige Rechtsgüter des Kindes wie Leib oder Leben, Freiheit und sexuelle Integrität" und „ist das strafrechtliche Gegenstück des Gesetzesauftrags des Kinder- und Jugendhilfegesetzes", welcher darin bestehe, das „Recht eines jeden jungen Menschen auf Förderung seiner Entwicklung und auf Erziehung (§ 1 Abs. 1 KJHG) zu verwirklichen und ihn vor Gefahren für sein Wohl zu schützen (§ 1 Abs. 3 Nr. 3 KJHG)". Aus Art. 6 Abs. 2 S. 2 GG, § 1 Abs. 2 S. 2 KJHG ergäbe sich zudem, „dass trotz des Elternrechts (Art. 6 Abs. 2 S. 1 GG) die öffentliche Jugendhilfe [...] aufgrund des Wächteramtes des Staates verpflichtet ist, das körperliche, geistige und seelische Wohl von (mit-)betreuten Kindern auch vor rechtsgutsverletzenden Verhalten der Eltern oder eines Elternteils zu schützen"[370].

Hinsichtlich der materiell zu beurteilenden Schutzbedürftigkeit des Kindes, lässt sich der Entscheidung somit folgender Leitgedanke entnehmen: Auch wenn die Eltern zum Schutz der Rechtsgüter der minderjährigen Kinder primär einstandspflichtig sind, ist der Staat aufgrund des Auftrags des Kinder- und Jugendhilfegesetzes zum generellen Schutz der Rechtsgüter junger Menschen bestellt. Dieser Schutzauftrag verdichtet sich zu einer konkreten, auch strafrechtlich relevanten Einstandspflicht, wenn das grundsätzlich schutzbedürftige Kind in staatliche Obhut genommen wird, weil eine dringende Gefahr für das Wohl des Kindes, die im vorliegenden Fall sogar von der Mutter ausging, besteht. In derartigen Fällen üben (zusätzlich zu anderen Personensorgeberechtigten) die zuständigen und insoweit „auf Posten gestellten" Mitarbeiter von Jugendhilfeorganisationen die Kindesfürsorge aus.

(b) Verantwortung für Umweltschutzbelange

In ähnlicher Weise äußert sich die Rechtsprechung in Fallkonstellationen, in denen für den Umweltschutz zuständige Amtsträger gegen die ihnen obliegenden Pflichten zum Schutze der Allgemeinheit verstoßen[371]. So werden bspw. (spezielle) Bedienstete der Wasserschutzbehörden als Beschützergaranten angesehen, „da das Wasserhaushaltsgesetz diesen Behörden einen genau abgrenzbaren Aufgabenbereich zuweist, innerhalb dessen ihnen der Schutz der Gewässerreinheit obliegt"[372]. Aus dieser Rechtsstellung ergäbe sich „eine konkrete Rechtspflicht des zuständigen Amtsträgers, tatbestandsmäßige Gewässerverunreinigungen Dritter zu verhindern"[373].

---

369 OLG Stuttgart NJW 1998, 3131 ff.
370 OLG Stuttgart NJW 1998, 3131 (3132).
371 BGHSt 38, 325 ff.; OLG Frankfurt NJW 1987, 2753 ff.
372 OLG Frankfurt NJW 1987, 2753 (2757).
373 OLG Frankfurt NJW 1987, 2753 (2757); ähnlich BGHSt 38, 325 (332 ff.), der der Gemeinde im Rahmen der Abwasserbeseitigung eine besondere Pflichtenstellung

Diese Rechtspflicht zur Verteidigung des Rechtsguts „Reinheit des Gewässers“ ist dem verantwortlichen Amtsträger also kraft seiner besonderen Stellung zum Schutze der Allgemeinheit, die auf die Zustände keinen Einfluss nehmen kann, auferlegt. Dabei ist es aus Rechtsgüterschutzgesichtspunkten bzw. vom Schutzbedürfnis her vollkommen irrelevant, ob die Gefährdung der Reinheit des Gewässers auf zufälligen Ereignissen beruht oder von widerrechtlich handelnden Dritten verursacht wird[374].

(c) Zwischenfazit

Die vorstehenden Urteile verdeutlichen die Anforderungen, die die Rechtsprechung an die Begründung einer Beschützergarantenposition stellt, wenn der Betroffene in eine gesetzlich geregelte Stellung einrückt. In formeller Hinsicht muss es ihm aufgetragen sein, für den Schutz materiell zu bestimmender Rechtsgüter zu sorgen. Damit jedoch eine formelle Verpflichtung zu einer Einstandspflicht i. S. des § 13 Abs. 1 StGB erwächst, muss eine materiell zu beurteilende Schutzbedürftigkeit des entsprechenden Rechtsguts bestehen.

2) Übernahme von Schutzaufgaben aufgrund individueller Vereinbarung

Neben der Übernahme gesetzlich geregelter Schutzfunktionen ist es jedoch auch möglich, individuelle Vereinbarungen als denkbaren Grund einer Beschützergarantenstellung heranzuziehen. Als klassisches Beispiel fungiert in diesem Zusammenhang sicherlich die Vereinbarung zwischen den Eltern und dem Babysitter, wenn die Eltern ihren Schützling der Obhut des Babysitters anvertrauen[375].

(a) Babysitter-Konstellationen

In diesem Zusammenhang hatte der 2. Strafsenat des BGH einen Fall zu entscheiden, in welchem sich ein in häuslicher Gemeinschaft wohnender Freund der Eltern eines verhungerten Kindes wegen fahrlässiger Tötung durch Unterlassen zu verantworten hatte[376]. Der angeklagte „Freund der Familie“ hatte sich ohne ausdrückliche Absprache gelegentlich als Babysitter betätigt, indem er dem Kind – auf die Bitte der Mutter hin – ein Fläschchen in ihrer Abwesenheit gab. In seiner Begründung hierzu

---

aufträgt, die durch den Bürgermeister als Leiter der städtischen Verwaltung ausgefüllt werde.

374 Nachdem das OLG Frankfurt die Beschützergarantenstellung mit der wasserhaushaltsrechtlichen Pflichtenstellung des Amtsträgers begründet hatte, musste es sich mit den Anforderungen an die strafrechtlich gebotene Erfolgsabwendungshandlung beschäftigen. Diesen Ausführungen soll sich jedoch an passenderer Stelle zugewendet werden, vgl. unter 2. Teil, II. 2. a) 2).

375 Vgl. stellvertretend für viele *Kühl* 2012, § 18 Rn. 70: „Die durch diesen Rückzug des bisherigen Garanten begründete Gefahr für den Schützling muss jetzt durch den Übernehmenden von dem Schützling ferngehalten werden“.

376 BGH NStZ 1984, 163 f.

bestätigt der BGH die landgerichtliche Würdigung, dass der Angeklagte gegenüber der Mutter eine Schutzpflicht zugunsten ihres Kindes übernommen habe, die die Annahme einer Beschützergarantenstellung rechtfertige[377]: „Zwar wurde zwischen beiden keine ausdrückliche Absprache oder besondere Vereinbarung darüber getroffen, wer zu welchem Zeitraum das Kind versorgen sollte". Immerhin bestand aber – so die Ansicht des BGH – zu der Zeit, in der die Mutter außer Haus war, Klarheit darüber, dass er sich an der Versorgung des Kindes zu beteiligen habe. Eine Bereitschaft dazu habe er durch sein Verhalten zum Ausdruck gebracht und dabei erkannt, dass sich die Mutter „stillschweigend auf seine Mitwirkung verließ und auch deswegen ihre Fürsorgetätigkeiten noch weiter einschränkte"[378].

Diese Entscheidung gibt zunächst den Vertretern derjenigen Ansicht Vorschub, die auf die Wirksamkeit einer zivilrechtlichen Vereinbarung verzichten wollen und die Beurteilung einer Garantenstellung ausschließlich an materiellen Gesichtspunkten festmachen wollen. Dabei wird jedoch übersehen, dass die Bestimmung des materiellen Einstandserfordernisses nicht nur schwieriger, sondern mitunter auch extensiver erfolgen kann, wenn auf formelle Rechtspflichten verzichtet wird. Nicht wenige sehen darin eine unbestimmte Ausuferung der Garantenlehre und fordern eine Rückbesinnung auf kodifizierte Rechtspflichten, auch wenn diesbezüglich kein Alleingeltungsanspruch proklamiert wird[379]. Gleichwohl lässt sich der Entscheidung entnehmen, dass materiell bestehende Schutzpflichten im berechtigten Vertrauen auf die Fürsorgetätigkeit des Übernehmenden übergeben werden können.

(b) Arzt-Patienten-Verhältnisse

Etwas anders gelagert sind dagegen die Fälle, in denen die Schutzaufgabe des Übernehmenden aufgrund individueller Vereinbarung geradezu neu begründet wird. So entstehen nach der Ansicht der Rechtsprechung garantenrelevante Schutzpflichten des behandelnden Arztes im Hinblick auf die Rechtsgüter Leben und Gesundheit, wenn sich der Patient in ärztliche Behandlung begibt. Obwohl sich der BGH nicht ausdrücklich festlegt, „ob die Garantenpflicht auf Vertrag beruht oder in der tatsächlichen Übernahme der ärztlichen Behandlung wurzelt"[380], erkennt er das vom Landgericht angenommene Ergebnis beinahe selbstverständlich an.

Diese im Ergebnis richtige Würdigung beruht auf der vertrauenserweckenden Zusage des Arztes, die es dem Patient ermöglicht, seine höchstpersönlichen Rechtsgüter in die Obhut des Arztes zu stellen. Die Übernahme einer strafrechtlichen Verantwortung seitens des Arztes rechtfertigt sich hier je nach den Umständen des Einzelfalls dadurch, dass der Patient entweder auf anderweitigen Schutz ver-

---

377 BGH NStZ 1984, 163.

378 BGH NStZ 1984, 163.

379 Grundlegend *Seebode* 1992, S. 340 ff.; vgl. auch *Kahlo* 2001, S. 260; *Köhler* 1997, S. 218; *Klesczewski* 2012, Rn. 259 f.; Baumann/Weber/*Mitsch* 2003, § 15 Rn. 51; zuletzt auch *Rotsch* 2015b, § 4 Rn. 18.

380 BGH NJW 1979, 1258.

zichtet oder sich im Vertrauen auf die Einsatzbereitschaft des Arztes größeren Gefahren aussetzt, als er es sonst getan hätte. Es handelt sich insoweit nicht um die Übertragung bereits bestehender Garantenpflichten einer Person in gerade angesprochenem Sinne, sondern es erfolgt die (temporäre) Neubegründung einer Schutzgarantenpflicht des die Zusage Erteilenden.

(c) Die Relevanz außerstrafrechtlicher Aufklärungspflichten

Neben etwaigen Schutzpflichten für bedeutsame höchstpersönliche Rechtsgüter können jedoch auch im Falle individueller Beziehungen Aufklärungspflichten mit strafrechtlich relevantem Kerngehalt existieren. So hat beispielsweise die Rechtsprechung eine Garantenpflicht des Vermieters einer Wohnung dahingehend angenommen, den Mieter über den nachträglichen Wegfall des Eigenbedarfs aufzuklären. Bei einem Wohnraummietvertrag verfolge der Kündigungsgrund aus § 564b Abs. 2 Nr. 2 BGB den Zweck, „den Mieter umfassend vor einem ungerechtfertigten Verlust der Wohnung zu schützen“[381]. Dieses Schutzbedürfnis bestehe bis zur kündigungsbedingten Räumung der Wohnung gerade aufgrund der besonderen sozialen Bedeutung, die die Wohnung für einen Mieter hat, unverändert fort, sodass der Vermieter, sofern der vorübergehend vorhandene Eigenbedarf wegfällt, verpflichtet sei, „den Mieter nach dem Grundsatz des § 242 BGB auf die Veränderung der Sachlage hinzuweisen und sich zur Fortsetzung des Mietverhältnisses bereitzuerklären“[382]. Dabei rechtfertigen es nach Ansicht des Gerichts der besondere Schutzzweck des § 564b Abs. 2 Nr. 2 BGB, der dem Mieter bei Auszug möglicherweise drohende Schaden sowie die Abhängigkeit des Mieters vom Vermieter sogar, die nach bürgerlichem Recht bestehenden Aufklärungspflichten auch als strafrechtlich relevant i. S. von § 13 Abs. 1 StGB anzusehen.

Doch nicht nur zivilrechtliche Aufklärungspflichten können im Strafrecht Bedeutung erlangen. So ist etwa nach Ansicht des OLG Köln auch der Empfänger von Arbeitslosenhilfe nach § 60 Abs. 1 Nr. 2 SGB I verpflichtet, Änderungen in den Verhältnissen, die für die Leistung erheblich sind, unverzüglich mitzuteilen[383]. Da das Arbeitsamt auf die umfassende Aufklärung durch den Leistungsempfänger angewiesen sei, um über das Bestehen eines Leistungsanspruchs entscheiden zu können, hätte jener dafür „Sorge zu tragen“, dass die entsprechende Mitteilung den zuständigen Bediensteten des Arbeitsamts auch erreicht[384]. Insoweit führte die Nichtvornahme der (nochmaligen) Mitteilung nach der Ansicht des Gerichts zu einer Verurteilung des Leistungsempfängers wegen Betrugs durch Unterlassen.

Unabhängig davon, ob man diesen Ergebnissen folgen möchte, so verdeutlichen die Fälle, dass der Entstehungsgrund einer strafrechtlich bedeutsamen Garantenpflicht auf eine vertraglich übernommene Verpflichtung gegebenenfalls unter Zuhilfenahme gesetzlicher Regelungen bzw. auf eine sonstige außerstrafrechtliche

381 BayObLG NJW 1987, 1654 (1655).
382 BayObLG NJW 1987, 1654 (1655).
383 OLG Köln NStZ 2003, 374.
384 OLG Köln NStZ 2003, 374.

Norm zurückgeführt werden kann. Die entscheidende Frage dabei lautet jedoch, wann eine Person auch als Garant i. S. des § 13 Abs. 1 StGB angesehen werden muss. Dies wäre dann der Fall, wenn aus einer derartigen Verpflichtung eine rechtliche Einstandspflicht für die Abwendung eines tatbestandsmäßigen Erfolgs folgt, die es rechtfertigt, das Unterlassen mit der aktiven Herbeiführung gleichzustellen.

So betont auch die Rechtsprechung im Hinblick auf vertraglich übernommene Pflichten stets, dass nicht schon jegliche vertragliche Pflicht ohne weiteres ausreiche, um auch strafbewehrte Garantenpflichten begründen zu können[385]. So begeht beispielsweise nach Ansicht der Rechtsprechung ein Bankkunde gegenüber seiner Bank keinen Betrug durch Unterlassen, wenn er diese nicht über bankinterne Fehlbuchungen aufklärt, denn grundsätzlich gehöre es in den Risikobereich des Leistenden, ob die Schuld besteht oder ob die Leistung einen bestehenden Anspruch übersteigt[386]. Ebenso wenig treffe einen Arbeitnehmer eine aus seinem Arbeitsverhältnis begründete Garantenpflicht zur Aufklärung über ungerechtfertigte Lohnzahlungen gegenüber seinem Arbeitgeber[387]. Gleiches gelte schließlich auch, wenn ein Gebrauchtwagenhändler seine Kunden nicht über das verwendete Preisfestsetzungsverfahren beim Ankauf von Fahrzeugen informiert[388] oder wenn der Verkäufer eines Grundstücks dessen mangelnde Bebaubarkeit nicht mitteilt[389].

In allen Fällen reichten die vertraglichen Verpflichtungen aus den gegenseitigen Rechtsgeschäften nicht aus, um auch eine strafbewehrte Garantenpflicht begründen zu können. Hierfür sei es vielmehr erforderlich, „dass der Unterlassende aufgrund einer besonders begründeten Einstandspflicht gerade für die vermögensrechtliche Entscheidungsfreiheit des anderen ‚auf Posten gestellt' ist"[390]. Eben dies sei im Rahmen allgemeiner Vertragsverhältnisse regelmäßig nicht der Fall. Anders sei dies lediglich dann zu beurteilen, wenn besondere Umstände vorliegen. In Betracht käme hierfür ein besonderes Vertrauensverhältnis, das entweder in einer ausdrücklichen Vereinbarung bzw. in einer ständigen Geschäftsverbindung wurzelt[391], oder etwa auf eine Situation zurückzuführen sei, „in der der eine darauf angewiesen ist, dass ihm der andere die für seine Entschließung maßgebenden Umstände offenbart"[392].

385 BGHSt 39, 392 (399 ff.); 46, 196 (203 f.); BGH NJW 2000, 3013 (3014); OLG Stuttgart NStZ 2003, 554; OLG Celle NStZ-RR 2010, 207 (208).

386 BGHSt 39, 392 (398 ff.); 46, 196 (203 f.).

387 OLG Celle NStZ-RR 2010, 207 (208).

388 OLG Stuttgart NStZ 2003, 554.

389 BGH NJW 2000, 3013 (3014).

390 Grundlegend BGHSt 39, 392 (398).

391 BGHSt 39, 392 (398 ff.); 46, 196 (203 f.); OLG Stuttgart NStZ 2003, 554; OLG Celle NStZ-RR 2010, 207 (208).

392 BGH NJW 2000, 3013 (3014). Auf dieser Begründung beruht beispielsweise die Annahme einer strafrechtlich relevanten Aufklärungspflicht des Leistungsempfängers von Arbeitslosengeld, vgl. OLG Köln NStZ 2003, 374.

(d) Zwischenfazit

Es hat sich gezeigt, dass Schutzpflichten in Bezug auf bestimmte Rechtsgüter auch aufgrund individueller Vereinbarung übertragen werden können. Dabei ist nicht nur die abgeleitete Begründung einer Garantenpflicht wie im Falle des Babysitters denkbar, sondern es kann auch zum originären Entstehen einer Einstandspflicht durch Übernahme einer besonderen Schutzposition kommen[393]. Stets sind dafür die vertraglich ausgestalteten bzw. gesetzlich konkretisierten Pflichten einer materiellen Wertung zuzuführen. Dabei haben sich neben der tatsächlichen Übernahme des Pflichtenkreises die Kriterien des berechtigten Vertrauens bzw. der Abhängigkeit des Gegenübers vom Einspringen des Zusagenden als entscheidend herausgestellt.

b) Die Begründung einer Überwachergarantenposition

1) Die Differenzierung nach der Art der Gefahrquelle

Die eben dargelegten Entstehungsvoraussetzungen einer Garantenstellung lassen sich nun aber nicht nur im Bereich der Beschützergaranten finden. Auch als Überwachergaranten zu bezeichnende Personen zeichnen sich durch ein derartiges Begründungskonzept aus. Dabei ergeben sich hier Besonderheiten, die darin bestehen, ob der Garant mit der Überwachung einer sächlichen Gefahrquelle betraut wurde oder ob er dazu bestellt wurde, eine andere Person zu beaufsichtigen.

(a) Beispielhafte Verdeutlichung anhand der Entscheidung des BGH im Transfusionsfall

Um dies zu verdeutlichen sei zunächst eine Entscheidung des BGH angeführt, in der der erkennende 3. Strafsenat über die Garantenstellung einer stellvertretenden Leiterin eines Transfusionszentrums zu entscheiden hatte[394].

Ausweislich des zur Entscheidung stehenden und hier verkürzt wiedergegebenen Sachverhalts hatte der frühere Mitangeklagte B die Stellung als Direktor des Universitätsinstituts für Blutgerinnungswesen und Transfusionsmedizin inne und übte als Leiter der Abteilung gem. § 44 Abs. 1 NWUnivG u. a. die Fachaufsicht über das in seiner Abteilung beschäftigte Personal aus. In dieser Einrichtung war auch die Angeklagte als stellvertretende Institutsdirektorin beschäftigt. Eine der Haupttätigkeiten, die am Institut durch das Personal zu verrichten war, bestand in der Herstellung von Blutkonserven. Dabei wurden aus Gründen der Kosteneinsparung angeforderte aber nicht verwendete und noch haltbare Konserven für eine erneute Ausgabe aufbereitet. In diesem Zusammenhang entsprach es dem üblichen Arbeitsablauf, auch auf ein Verfahren zurückzugreifen, welches als „Abquetschen" bezeichnet wurde. Diese Methode barg allerdings die Gefahr in sich, dass Keime

393 Dies ist immer dann anzudenken, wenn sich ein Rechtsgutträger mit einzelnen Rechtsgütern der schützenden Hand eines anderen anvertraut.

394 BGH NJW 2000, 2754 ff.

die neu hergestellte Blutkonserve befallen können, was die Angeklagten nach den landgerichtlichen Feststellungen auch wussten. Im Jahr 1995 wurden insgesamt sechs Patienten derartig bakteriell verseuchte Blutkonserven transfundiert, von denen fünf aufgrund einer durch das Bakterium verursachten Sepsis verstarben und einer nach intensiver medizinischer Betreuung gerettet werden konnte. Das Landgericht verurteilte beide Angeklagten wegen fahrlässiger Tötung in fünf Fällen und fahrlässiger Körperverletzung jeweils durch Unterlassen.

Die daraufhin eingelegte Revision der Angeklagten zum BGH musste sich insbesondere[395] mit der Frage auseinandersetzen, ob die Angeklagte als stellvertretende Leiterin des Instituts eine Garantenstellung für die betroffenen Rechtsgüter innehatte, sie also zur Beachtung der Hygieneregeln dergestalt verantwortlich war, dass keine verseuchten Blutkonserven hergestellt werden, die dann ein gesundheitliches Risiko für potentielle Patienten zur Folge haben könnten. In diesem Zusammenhang zieht der BGH sodann mehrere Entstehungsgründe für eine derartige Einstandspflicht in Betracht[396]. Stets sei die besondere Pflichtenstellung für den konkreten Einzelfall genauestens darzulegen. Im vorliegenden Fall könne sich die Garantenstellung aus ihrer übernommenen Funktion im Unternehmen ergeben. Jedoch bedürfen die dergestalt übernommenen Aufgaben und Pflichten einer weiteren Präzisierung und Würdigung, für die nach der Ansicht des BGH die gesetzlichen Regelungen oder auch der dienstliche Auftrag bzw. die tatsächlich ausgeübte Tätigkeit herangezogen werden können.

Insoweit könne grundsätzlich auf § 44 des nordrheinwestfälischen Universitätsgesetzes abgestellt werden, nach dem der Leiter der Abteilung für die Behandlung der Patienten und sonstigen Dienstleistungen seiner Abteilung die ärztliche und fachliche Verantwortung unbeschadet der Verantwortung der von ihm mit den Aufgaben der Krankenversorgung betrauten Bediensteten trägt (§ 44 Abs. 1 NWUnivG). Darüber hinaus gewährt ihm die Norm ein Weisungsrecht gegenüber allen Bediensteten der Abteilung. Nach der Auffassung des BGH lässt sich dieser Regelung für den Institutsleiter „eine umfassende Verantwortung für die Vorgänge im Institut", also auch für die Beachtung der Hygienebestimmungen entnehmen[397]. Demgegenüber sei für die nach § 44 Abs. 2 S. 2 NWUnivG zu bestellende Stellvertreterin nicht allein aus ihrer formalen Stellung heraus klar, welche Pflichten und

395 Darüber hinaus tätigt der BGH Ausführungen zur Ursächlichkeit des Unterlassens für den Eintritt des Erfolgs und bemängelt an der landgerichtlichen Würdigung, dass der Schluss, die Einschaltung einer übergeordneten Stelle hätte zu einem Verbot des „Abquetschens" geführt und insoweit die Transfusionszwischenfälle verhindert, ohne eingehende Darlegung keineswegs so naheliegend oder gar selbstverständlich erscheine; vgl. BGH NJW 2000, 2754 (2757). Diese Anforderungen betreffen allerdings die Frage der Ursächlichkeit der ausgebliebenen Handlung im Falle einer fahrlässigen Unterlassungstäterschaft und werden daher an dieser Stelle nicht vertieft behandelt; vgl. aber unter 2. Teil, II. 2. b) 1).

396 BGH NJW 2000, 2754 (2755f.).

397 BGH NJW 2000, 2754 (2755).

Aufgaben ihr obliegen hätten. Hier hätte es weiteren Feststellungen inhaltlicher Art bedurft, inwieweit ihr generell oder etwa nur bei Verhinderung des Leiters eine entsprechende Verantwortung zuteil kam.

Darüber hinaus sei auch nach der Ansicht des BGH an eine Einsetzung als Garant aufgrund dienstlichen Auftrags oder tatsächlich ausgeübter Tätigkeit zu denken, „kraft derer sie für den Umgang mit den Blutkonserven und/oder die Einhaltung von Hygienevorschriften verantwortlich war“[398]. Jedoch bedürfe es dazu einer umfassenderen Darlegung „der dienstlich übertragenen oder tatsächlich wahrgenommen Aufgaben“ der stellvertretenden Leiterin als sie vom Landgericht vorgenommen wurde. „So wäre etwa darzustellen gewesen, ob und gegebenenfalls wie und in welchem Umfang die Angeklagte mit der Führung der Aufsicht über das nichtärztliche Personal, das mit Blutprodukten befasst war, betraut worden ist“[399].

(b) Stellungnahme

(1) Würdigung der Entscheidung

Der gerade dargestellte Fall verdeutlicht in vielerlei Hinsicht die Anforderungen, die an die Begründung einer Überwachergarantenstellung gerade im „betrieblichen Kontext“ zu stellen sind. Besonders auffallend ist dabei die Parallele zur BSR-Entscheidung was die Hierarchieebenen und Organisationszuständigkeiten innerhalb des Instituts angeht. Nach der Auffassung des BGH hatte der weisungsberechtigte Institutsleiter eine umfassende Gesamtverantwortung über sämtliche Vorgänge in seiner Abteilung inne. Er übte eine gesetzlich geregelte Funktion als Leiter einer Abteilung aus, kraft derer ihm besondere Pflichten und Aufgaben oblagen. So war er u. a. für die Einhaltung der Hygienebestimmungen durch das Personal rechtlich i. S. des § 13 Abs. 1 StGB dergestalt verantwortlich, dass sich durch die Nichtbefolgung der Vorschriften keine Risiken für die Rechtsgüter Dritter ergeben. Der Institutsleiter ist insofern als Überwachergarant anzusehen, da er dazu verpflichtet ist, die gesundheitsschädigenden Gefahren abzuwenden, die potentiellen Patienten dadurch drohen, dass sie mit bakteriell kontaminierten Blutkonserven des Instituts behandelt werden.

Demgegenüber konnte eine vergleichbare Einstandspflicht der stellvertretenden Institutsleiterin nicht hergeleitet werden. Weder existierte dafür eine dem Abteilungsleiter entsprechende gesetzliche Aufgabenzuweisung noch kam durch die landgerichtliche Begründung hinreichend genug zum Ausdruck, wie der dienstvertraglich bzw. tatsächlich übernommene Pflichtenkreis ausgestaltet war, um eine § 13 Abs. 1 StGB gerecht werdende Einstandspflicht begründen zu können. Dennoch weist die Entscheidung auf Besonderheiten hin, die (auch) für die Beurteilung der Begründung einer Überwachergarantenstellung herangezogen werden können:

In formeller Hinsicht kann nach Ansicht des BGH die Begründung einer Überwachergarantenstellung aus einer gesetzlichen und/oder vertraglichen Aufgaben-

---

398 BGH NJW 2000, 2754 (2756).

399 BGH NJW 2000, 2754 (2756).

zuweisung hergeleitet werden, soweit der Verpflichtete diese Aufgabenzuweisung durch seinen Dienstantritt auch tatsächlich übernommen hat. Dabei muss die Regelung in materieller Hinsicht gerade zum Schutze der bedrohten Rechtsgüter existieren und insoweit strafrechtliche Konsequenzen auslösen können. Diese Prüfung nimmt der BGH im vorliegenden Fall nicht ausdrücklich vor, was zum einen daran liegt, dass sich die Revision nicht auf die Garantenpflicht des Institutsleiters erstreckte, und zum anderen der Senat bzgl. der stellvertretenen Institutsleiterin unlängst zu dem Schluss kommt, dass die landgerichtlichen Feststellungen bereits schon nicht die übernommenen Aufgaben und Pflichten (in formeller Hinsicht) in ausreichendem Maße erkennen lassen.

(2) Zur Relevanz der Differenzierung nach der Art der Gefahrquelle

Geht es aber um die Strafwürdigkeit eines Unterlassens durch einen (potentiellen) Überwachergarant, so sollte danach differenziert werden, ob sich die Überwachungspflicht auf eine gegenständliche bzw. sächliche Gefahrquelle oder (allein) auf eine Person bezieht. Dies liegt an dem unterschiedlich zu beurteilenden materiellen Einstandserfordernis:

Insoweit geht die herrschende Lehre zu Recht davon aus[400], dass denjenigen, der eine sächliche Gefahrquelle kontrolliert, eine Verkehrssicherungspflicht trifft und er die Sache so abzusichern hat, dass von ihr keine Gefahren für die Rechtsgüter Dritter nach außen dringen. Der Grund für die Annahme einer Überwachergarantenposition liegt darin, dass Außenstehende die fremde Herrschaftssphäre respektieren müssen, also auch nicht auf die in einem solchen Bereich liegenden Gefahrquellen einwirken dürfen. Als Kehrseite dieser Ausschlussmöglichkeit hat derjenige, der die Verfügungsgewalt und Kontrolle über diesen Bereich ausübt, seinen eigenen Herrschaftsbereich so abzusichern, dass sich aus ihm für Dritte keine rechtswidrigen Gefahren ergeben[401]. Die Überwachungsbedürftigkeit ergibt sich hier aus der wesensimmanenten Unmöglichkeit von Sachen, auf ihren gefährlichen Zustand selbst einwirken zu können. Ihnen ist keine dem Menschen vergleichbare Verhaltenskontrolle möglich und es fehlt insbesondere an einem Bewusstsein zur Einordnung von Recht und Unrecht[402].

Dagegen wird, sofern die Gefährlichkeit des Verhaltens einer Person zu beurteilen ist, angenommen, dass aufgrund des Eigenverantwortlichkeitsprinzips grundsätzlich jeder für sein Handeln selbst verantwortlich ist und dass Ausnahmen

400 *Kühl* 2012, § 18 Rn. 106; *Ransiek* 1996, S. 34 f.; *ders.* 1999, S. 615; *Schall* 2004, S. 277; *Schünemann* 1971, S. 281 ff.; *Spring* 2009, S. 159; *Stratenwerth/Kuhlen* 2011, § 13 Rn. 44; Sch/Sch$_{29}$-*Stree/Bosch*, § 13 Rn. 43; LK$_{12}$/StGB-*Weigend*, § 13 Rn. 24, 51; zur Gültigkeit dieser vom Rechtsgüterschutz ausgehenden Grundsätze auch für das Deliktsrecht vgl. grundlegend *Ulmer* 1969, S. 169 f.

401 Vgl. stellvertretend *Ransiek* 1999, S. 615; *Schall* 2004, S. 277 m. w. N.

402 Ähnlich *Spring* 2009, S. 167.

hiervon einer besonderen Rechtfertigung bedürfen[403]. Nach diesem auch als „Prinzip der Selbstverantwortung“[404] oder „Autonomieprinzip“[405] bezeichneten Grundsatz schließt die Verantwortlichkeit des unmittelbar Handelnden eine Täterschaft des Hintermannes prinzipiell aus. Dies scheint auf den ersten Blick durchaus plausibel, sind Menschen doch grundsätzlich – im Gegensatz zu Sachen – im Stande, einen Willen zu bilden und danach zu handeln. An sie richten sich die Verbots- und Gebotsnormen des Strafrechts und es hängt regelmäßig von einem Willensakt (und nicht von zufälligen äußeren Umständen) ab, ob ein tatbestandlicher Erfolg eintritt oder nicht[406]. Insoweit kann man mangels entsprechender Überwachungsbedürftigkeit durchaus geneigt sein, auf die zusätzliche Heranziehung eines verantwortlichen Aufsichtsgaranten zu verzichten. Gleichwohl gibt es eine Reihe von auch in der Rechtsprechung anerkannten Aufsichtsgaranten, bei denen es insbesondere darum gehen wird, deren materielle Einstandskriterien herauszuarbeiten.

Insgesamt wird auf die Relevanz des Kriteriums der Eigenverantwortlichkeit für die Beurteilung der Strafbarkeit einer unterlassenen Erfolgsabwendungshandlung im Laufe der Untersuchung noch genauer einzugehen sein. Für diesen Teil der Bearbeitung erscheint es mir aus den genannten Wertungsunterschieden grundsätzlich für sinnvoll, zwischen der Überwachungsverantwortlichkeit hinsichtlich Sachgefahren auf der einen Seite und originären Personengefahren auf der anderen Seite zu differenzieren.

(3) Verdeutlichung der Erkenntnisse am Transfusionsfall

Doch bereits die eben besprochene Entscheidung des BGH im Transfusionsfall zeigt, dass eine trennscharfe Abgrenzung nicht immer möglich ist, lässt sich doch die Gefahr für die Gesundheit der Patienten sowohl auf die bakteriell verseuchte Blutkonserve (Sachgefahr) wie auch deren Einsatz zu Behandlungszwecken auf ein fehlerhaftes Verhalten der Institutsbediensteten im Umgang mit den Hygienevorschriften (Personengefahr) stützen. Dass derartige Mischformen von Gefahren keineswegs unüblich sind, werden die nachfolgend angeführten Entscheidungen zeigen. Möchte man dennoch herausfinden, welcher Gefahrtypus vordergründig vorliegt, dürfte ein Blick auf das (mittelbar) geschützte Rechtsgut sowie die zu dessen Schutz mögliche und erforderliche Gefahrabwendungshandlung hilfreich sein.

Im vorliegenden Fall ging die Gefahr für die Gesundheit der Patienten von der bakteriell verseuchten Blutkonserve und damit von einer Sache aus, die den Verantwortungsbereich des Institutsleiters betrifft. Dabei ist es aus Rechtsgüterschutz-

---

403 *Heine* 1995, S. 116; *Kühl* 2012, § 18 Rn. 116 ff.; *Neudecker* 1995, S. 76 ff.; *Roxin* 2003, § 32 Rn. 125; *Rogall* 1986, S. 615 f.; SK/StGB-*Rudolphi/Stein*, § 13 Rn. 32; *Schall* 2004, S. 271; *Schünemann* 1971, S. 324; *Spring* 2009, S. 144 f.; Sch/Sch$_{29}$-*Stree/Bosch*, § 13 Rn. 52 ff.; *Walther* 1991, S. 80 f.; *Waßmer* 2006, S. 191.

404 Grundlegend *Schumann* 1986, S. 42 ff.

405 *Schünemann* 1979, S. 104.

406 So auch *Beulke* 2011, S. 35; *Neudecker* 1995, S. 77; *Spring* 2009, S. 167.

Gesichtspunkten vollkommen irrelevant, ob die Gefahr rein zufällig entstanden ist oder auf menschlichem Fehlverhalten beruht, zumal im vorliegenden Fall (und nicht nur dort) dem unmittelbar handelnden nichtärztlichen Personal nicht mal ein Fahrlässigkeitsvorwurf gemacht werden konnte[407]. Der verantwortliche Institutsleiter hat letztlich zu gewährleisten, dass kein Patient in Kontakt mit einer derartig verseuchten Substanz kommt, sei es durch Vernichtung der Konserven oder bereits im Vorfeld durch einen den hygienischen Standards entsprechenden Produktionsablaufs bei Einsetzung des ihm unterstellten Personals. Derartige Mischformen an Gefahren wird man daher stets als spezielle Ausprägung einer Sachgefahr ansehen können[408].

2) Die Pflicht zur Überwachung von Sachgefahren

Nachdem die grundsätzliche Abgrenzung nach der Gefahrenquelle einer möglichen Überwachungspflicht gerade dargestellt wurde, soll an dieser Stelle der Frage nachgegangen werden, wie die Rechtsprechung Überwachungspflichten hinsichtlich sächlicher Gefahrenquellen gerade im betrieblichen Kontext begründet hat. Anschließend gilt es einen Blick darauf zu richten, wie es sich mit der Delegation derartiger Überwachungspflichten verhält.

(a) Voraussetzungen zur Begründung einer derartigen Pflicht

Die Pflicht zur Überwachung gefährlicher Sachen im eigenen Verantwortungsbereich ist eng mit den im Zivilrecht bestehenden Verkehrssicherungspflichten verwoben. Der dahintersteckende Grundgedanke ist der, dass derjenige, der eine gefährliche Sache unterhält bzw. eine Gefahrenlage schafft oder andauern lässt, in seinem Verantwortungsbereich die erforderlichen Vorkehrungen zu treffen hat, um eine Schädigung anderer tunlichst abzuwenden[409]. Er hat im Rahmen des Zumutbaren für die Sicherheit des Verkehrs einzustehen und die Verkehrsteilnehmer vor den Gefahren zu schützen, die seiner Herrschaftssphäre entspringen.

(1) Beispielhafte Verdeutlichung

Die Rechtsprechung in Strafsachen hat diesen Begründungsansatz zur Herleitung strafrechtlicher Überwachergarantenpflichten aufgenommen. So ist beispielsweise nach Ansicht des BGH der Betreiber einer Bergbahn und stellvertretend dafür der

---

407 Da es in diesem Fall – anders als in der BSR-Entscheidung – um fahrlässiges Unterlassen ging, konnte die Beurteilung der Strafbarkeit der beiden ursprünglich Angeklagten unabhängig von einer etwaigen Anlasstat erfolgen. Dementsprechend spielen auch etwaige Weisungsrechte lediglich eine untergeordnete Rolle.

408 In diesem Sinne auch *Spring* 2009, S. 160 f., der diesbezüglich von „rein personalen Gefahrquellen einerseits und sachlich-personalen oder rein sachlichen Gefahrquellen andererseits“ spricht.

409 BGHZ 5, 378 (380 f.); 14, 83 (85); 34, 206 (209).

intern als verantwortlich eingesetzte Leiter verkehrssicherungspflichtig für die Skiabfahrten, wenn er vertraglich die Pistenpflege übernommen hat und auch die tatsächliche Verfügungsgewalt ausübt[410]. Seine Überwachergarantenstellung im Hinblick auf den ordnungsgemäßen Zustand der Piste erwachse aus dem Grund, dass das Bergbahnunternehmen gerade den Skifahrern die Abfahrten auf den Pisten ermöglichen möchte. Diese dürften umgekehrt darauf vertrauen, dass sie die Pisten ohne Gefahren, die nicht dem Skisport als solchem eigen sind, abfahren können.

In entsprechender Art und Weise hat der Betreiber einer gefährlichen Betriebsanlage das Gelände so abzusichern, dass andere Personen nicht zu Schaden kommen. Diese grundsätzlich dem Betriebsinhaber obliegende Pflicht treffe jedoch auch denjenigen, welcher es gegenüber dem Betriebsinhaber (vertraglich und tatsächlich) übernommen hat, die Anlage ordnungsgemäß instand zu halten[411]. In dem Fall rücke er in die Pflicht zur Beseitigung von Gefahrquellen für andere ein.

Eine ähnliche Verpflichtung treffe nach Ansicht des BGH den KfZ-Werkstattleiter eines Transportunternehmens[412]. Er habe für die Gefahren Sorge zu tragen, die aus technischen Mängeln eines seiner Kontrolle unterliegenden Fahrzeugs bei dessen Betrieb erwachsen. Denn er habe die Wartungsaufgabe im Rahmen seines Arbeitsverhältnisses gegenüber der Firmenleitung der Spedition als gem. § 31 Abs. 2 StVZO verantwortlichem Halter übernommen. Diese bezog sich laut der Entscheidungsbegründung „auf die Beseitigung der mit dem Betrieb der von ihm zu wartenden Firmenfahrzeuge für die Allgemeinheit bestehenden Gefahren“[413].

Schließlich sei an dieser Stelle noch auf die wohl bekannteste Entscheidung im Rahmen der Beurteilung einer Unterlassungsverantwortlichkeit im Unternehmensverbund hingewiesen. Gemeint ist das sog. „Lederspray-Urteil“ des BGH[414], welches die Frage nach einer strafrechtlichen Produkthaftung der Unternehmensleitung zum Gegenstand hatte. Ausweislich seiner Entscheidungsbegründung nahm der BGH im Ergebnis eine Verpflichtung des Herstellers zum Rückruf der gesundheitsschädigenden Produkte an, die für die Geschäftsführer gleichzeitig eine Garantenpflicht begründe[415]. Als Entstehungsgrund für eine derartige Schadensabwendungspflicht zieht er zunächst wie die Ausgangsinstanz die zivilrechtlichen Verkehrssicherungspflichten, namentlich die Pflicht zur Produktbeobachtung, in Betracht. Diesbezüglich betont er, dass in der Tat manches dafür spreche, „dass dieselben Pflichten, die für die zivilrechtliche Produkthaftung maßgebend sind, auch die Grundlage strafrechtlicher Verantwortlichkeit bilden. [...] Andererseits dürfen die schadensersatz-

410 BGH NJW 1971, 1093 (1095).
411 BayObLGSt 1971, 230 (233); ähnlich BGH NJW 1992, 122.
412 BGH NJW 2008, 1897.
413 BGH NJW 2008, 1897 (1898).
414 BGHSt 37, 106 ff.
415 Auch BGH NStZ 1997, 545 geht im Übrigen – allerdings ohne nähere Begründung – davon aus, dass die Bestellung zum Geschäftsführer „grundsätzlich eine Garantenstellung begründet“.

orientierten Haftungsprinzipien des Zivilrechts nicht unbesehen zur Bestimmung strafrechtlicher Verantwortlichkeit benutzt werden“[416].

(2) Zwischenfazit

Die angeführten Urteile ließen sich nahezu beliebig mit weiteren Entscheidungen fortsetzen, in denen Gefahren für Außenstehende von Sachen ausgingen. Darauf soll jedoch an dieser Stelle verzichtet werden, da bereits durch das Aufgezeigte deutlich genug geworden ist, worauf es bei der Begründung einer Überwachergarantenstellung im Hinblick auf Sachgefahren ankommt: übt jemand bspw. als Betriebsinhaber[417] die Herrschaft über eine Sache aus, treffen ihn als „Kehrseite dieser Medaille“ im Einzelnen zu bestimmende Verkehrssicherungspflichten, da sich Außenstehende, die diese Herrschaftssphäre akzeptieren müssen, darauf verlassen bzw. verlassen dürfen, dass ihnen bzw. ihren Rechtsgütern durch die Art oder den Zustand der Sache keine Gefahren drohen.

Die materielle Legitimation einer Überwachergarantenpflicht liegt hier vor allem darin begründet, dass es den Sachen wesensimmanent unmöglich ist, auf die von ihnen ausgehende Gefährdung einzuwirken[418]. Leider kommen insbesondere die materiellen Kriterien, die der Grund dafür sind, warum aus einer Verkehrssicherungspflicht eine Erfolgsabwendungspflicht i. S. des § 13 Abs. 1 StGB folgt, in den einzelnen Urteilsbegründungen nicht immer hinreichend genug zum Ausdruck.

---

416 BGHSt 37, 106 (115). Leider verfolgt der BGH die Übertragung zivilrechtlicher Grundsätze ins Strafrecht an dieser Stelle nicht weiter, etwa indem er das materielle Einstandserfordernis einer angenommenen Garantenpflicht beleuchtet. Stattdessen leitet er die Schadensabwendungspflicht der Unternehmensleitung aus dem gefahrbegründenden Vorverhalten her, welches darin bestanden habe, dass der Hersteller Produkte mit erheblichem Schädigungspotential für die Verbraucher in den Verkehr gebracht habe (vgl. S. 117ff.). Kritisch hierzu *Beulke/G. Bachmann* 1992, S. 738ff.; *Brammsen* 2000a, S. 114ff.; *Dreher* 1992, S. 47ff.; *Kühl* 2012, § 18 Rn. 103; *Neudecker* 1995, S. 102ff.; *Puppe* 1992, S. 30ff.; *Roxin* 2003, § 32 Rn. 33; *Sowada* 2003, S. 242f.; *Spring* 2009, S. 96f.: Der Hauptkritikpunkt an der Argumentation des BGH wird darin gesehen, dass er im Rahmen der Bejahung der Ingerenz-Garantenstellung bereits schon die „rechtliche Missbilligung des Gefährdungserfolgs“ als ausreichend erachtet. Wenn aber die Vorhersehbarkeit des Verletzungserfolgs kein zwingendes Kriterium mehr sein soll, bedeute dies der Sache nach, dass das Erfordernis der Pflichtwidrigkeit des Vorverhaltens zugunsten reiner Kausalerwägungen aufgegeben wurde. Diese Begründung sei jedoch nicht zulässig, da die Pflichtwidrigkeit eines Verhaltens nur ex ante und gerade nicht ex post aus dem feststellbaren Gefährdungserfolg bestimmt werden könne.

417 Ist der Inhaber eines Betriebs eine juristische Person, so fällt die Überwachergarantenstellung ihren vertretungsberechtigten Organen zu. Dies geschieht durch die Übernahme ihrer Organtätigkeit. Garantenpflichtig ist daher bei einer GmbH ihr Geschäftsführer und bei einer Aktiengesellschaft ihr Vorstand bzw. das zuständige Vorstandsmitglied; vgl. auch unter 3. Teil, I. 1. b) 2) (b) (2).

418 Vgl. bereits unter 2. Teil, II. 1. b) 1) (b) (2).

(b) „Verantwortungsverteilung“ durch Aufgabenzuweisung

Wird die Verantwortlichkeit im Hinblick auf die Überwachung von Sachgefahren auf andere übertragen, stellen sich drei maßgebliche Fragen, denen anhand ausgewählter Urteile nachgegangen werden soll. Erstens: Was sind die Kriterien, die den Übernehmenden in die Überwachergarantenstellung des Übertragenden einrücken lassen? Zweitens: Wie verhält es sich in dem Fall mit der Verantwortlichkeit des Übertragenden? Drittens: Ist es möglich die Verantwortlichkeit für die Überwachung einer Gefahrquelle durch Aufgabenzuweisung „neu“ zu begründen?

(1) Verantwortlichkeit des Übernehmenden

Es gibt zahlreiche Entscheidungen, die die Problematik der Übertragung einer Garantenstellung im Hinblick auf Sachgefahren zum Gegenstand haben. Regelmäßig geht es dabei entweder um die Erteilung eines Bauauftrags[419] oder um die Beauftragung mit der Feststellung und gegebenenfalls Behebung von baulichen bzw. technischen Mängeln an (gefährlichen) Anlagen[420].

Die den Entscheidungen zugrunde liegenden Begründungen lassen sich wie folgt zusammenfassen: Nachdem die Garantenpflicht zur Sicherung einer Gefahrquelle des Übertragenden aufgrund der allgemeinen Verkehrssicherungspflicht angenommen wird[421], beschäftigen sich die Gerichte ausführlicher mit den Anforderungen an eine Übertragung. Hierbei sei für die Begründung einer Garantenstellung auf Seiten des Überantworteten die tatsächliche Übernahme des ihm von dem Übertragenden erteilten Auftrags maßgeblich.

Bezog sich der Auftrag „auf die gezielte Beseitigung einer offenkundig hochbrisanten Gefahrquelle für den Fahrbetrieb“[422] oder beinhaltete er „die Feststellung von Bauwerksmängeln“, so erwächst nach der Ansicht der Rechtsprechung aus der tatsächlichen Übernahme der Ausführung dieses Auftrags eine „Schutzfunktion gegenüber der Allgemeinheit, die in den durch eine unzureichende Mängelfeststellung und -beseitigung geschaffenen Gefahrenbereich geraten würde“[423]. Nicht dagegen bedürfe es einer arbeitsvertraglichen Verpflichtung, eine solche Schutzfunktion auch zu übernehmen, denn „maßgebend für die Begründung einer Garan-

419 BGHSt 19, 286 ff.; OLG Karlsruhe NJW 1977, 1930 f.; OLG Stuttgart NStZ 2006, 450.

420 BGHSt 47, 224 ff.; BGH NJW 2010, 1087 ff.

421 Vgl. etwa: BGHSt 19, 286 (288): „Der Bauherr hat [...] kraft seiner allgemeinen Verkehrssicherungspflicht eine mangels eigener Sachkunde und Erfahrung von vornherein besonders eindeutige Garantenstellung“. In ähnlicher Weise weist OLG Karlsruhe NJW 1977, 1930 (1931) dem Generalunternehmer eine „der allgemeinen Verkehrssicherungspflicht zu entnehmende Garantenstellung“ zu. Auch BGHSt 47, 224 (229) geht davon aus, dass es der Betreiberin einer Schwebebahn im Rahmen ihrer Verkehrssicherungspflicht garantenmäßig obliegt, Gefahrquellen vor der Wiederaufnahme des Fahrbetriebes zu beseitigen.

422 BGHSt 47, 224 (229).

423 BGH NJW 2010, 1087 (1090).

tenstellung ist allein die tatsächliche Übernahme des Pflichtenkreises, nicht (auch) das Bestehen einer entsprechenden vertraglichen Verpflichtung"[424].

Beurteilt man diese Argumentation der Rechtsprechung, so ist insbesondere bei Deutung der letzten Aussage Vorsicht geboten, da hier die Gefahr eines Missverständnisses gegeben ist, gerade wenn man die funktionelle Zweiteilung der Garantenpflichten in Schutz- und Überwachungspflichten außer Acht lässt. Was ist damit gemeint: Zurecht geht der BGH davon aus, dass es zur Annahme einer Garantenstellung des Beauftragten keiner ausdrücklich vertraglichen Vereinbarung einer Schutzaufgabe gegenüber der Allgemeinheit bedarf, da dies zur Annahme einer Beschützergarantenstellung führen würde, die im vorliegenden Zusammenhang allerdings lebensfremd wäre.

Vielmehr werden die Rechtsgüter der Allgemeinheit mittelbar dadurch geschützt, dass der an die Stelle des ursprünglichen Garanten tretende Beauftragte dessen Überwachungsaufgaben auszuüben hat, was für ihn – sofern er die Aufgaben auch tatsächlich übernommen hat – eine Überwachergarantenstellung in eigener Person begründet, da das materielle Einstandserfordernis im Hinblick auf die Überwachung von Sachgefahren weiterhin fortbesteht. Dahinter verbirgt sich folgende, auf dem Vertrauensgedanken beruhende Wertung[425]: Das Vertrauen der Allgemeinheit bezieht sich nicht darauf, dass der (Erst-)Garant die zur Abwendung der Gefahr erforderlichen Maßnahmen in eigener Person vornimmt. Vielmehr gehen dessen Pflichten nur dahin, das zur Gefahrenabwehr objektiv Erforderliche zu veranlassen. In diesem Rahmen steht es ihm daher auch frei, einen Dritten mit der Erfüllung der ihn treffenden Obliegenheiten zu beauftragen. Erweckt der Übernehmende durch sein Verhalten in der Person des übertragenden (Erst-)Garanten dabei die objektiv berechtigte Erwartung, er werde an dessen Stelle zur Erfüllung der Obliegenheiten tätig werden, so berechtigt das nicht nur den Übertragenden, sein eigenes Verhalten hieran auszurichten und auf weitere gefahreneindämmende Maßnahmen zu verzichten[426]. Vielmehr schaltet sich der Übernehmende dadurch in das zwischen den (von Sicherungsmaßnahmen abhängigen) Dritten und dem (Erst-)Garanten bestehende Vertrauensverhältnis ein und übernimmt ihnen gegenüber insoweit selbst die Rolle eines Überwachergaranten.

(2) Verantwortlichkeit des Übertragenden

Im Falle der Übertragung von Sicherungspflichten auf einen Beauftragten geht die Rechtsprechung davon aus, dass der Übertragende seiner allgemeinen Verkehrssicherungspflicht nicht völlig frei werde, da er zumindest die Verantwortung für die Auswahl des Beauftragten trage. Insoweit habe er weiterhin dafür einzustehen, „wenn er es bei der Auswahl des Vertreters, bei der Zuteilung der Aufgaben oder bei

424 BGHSt 47, 224 (229); ebenso bereits BayObLGSt 1971, 230 (233).

425 Grundlegend *Ulmer* 1969, S. 170 f.; vgl. ferner *Alexander* 2005, S. 217 ff.; *Ransiek* 1999, S. 618 f.

426 Zu diesem Synallagma zwischen Vertrauen und Kontrolle vgl. auch unter 4. Teil, II. 1.

der Ausübung der ihm möglichen und gebotenen Oberaufsicht an der erforderlichen Sorgfalt hat fehlen lassen oder wenn er trotz Kenntnis von bestehenden Missständen oder Gefahren nicht eingeschritten ist“[427].

Diese Grundsätze der Verantwortungszuschreibung sind dem Zivilrecht hinlänglich bekannt. Zu denken ist dabei in erster Linie an die Haftung des Geschäftsherrn sowie seiner Beauftragten bei Einsetzung von Verrichtungsgehilfen gem. der §§ 823 Abs. 1, 831 BGB[428] oder auch an die verbleibende Überwachungs- und Kontrollverantwortung jedes Vorstandsmitglieds einer Aktiengesellschaft gerade in Krisensituationen[429]. Doch auch zur Bestimmung strafrechtlicher Verantwortlichkeit lassen sich mit ihrer Hilfe die Verantwortungsbereiche von Übertragendem und Beauftragten abgrenzen[430]. Erteilt der Beauftragte dem Übertragenden die Zusicherung, eine Gefahrquelle zu überwachen, so rückt er in die Position des Übertragenden ein, welcher grundsätzlich auf die Zusage vertrauen und damit einhergehend eigene Sicherungsmaßnahmen zurückfahren darf. Dieses Vertrauen ist allerdings dann nicht mehr berechtigt, wenn dem Übertragenden Zweifel an der Zuverlässigkeit seiner Auswahlperson kommen bzw. hätten kommen müssen.

Die infolge der Delegation entstehende „Aufsichtspflicht im weiteren Sinne“[431] ist Ausdruck einer „Restverantwortlichkeit“ des ursprünglichen Garanten, welcher sich seiner „obersten Verantwortung“[432] zur Sicherung der Gefahrquelle nicht vollständig entledigen kann. Insofern hat er auch nach strafrechtlichen Maßstäben die jeweils eingesetzten Personen sorgfältig auszuwählen, zu instruieren und vor allem zu überwachen, um seiner fortbestehenden Verpflichtung als Normadressat nachzukommen.

---

427 OLG Karlsruhe NJW 1977, 1930 m. w. N. aus der Literatur; ebenso BGHSt 19, 286 (288 f.); OLG Stuttgart NStZ 2006, 450.

428 Eingehend *Ulmer* 1969, S. 163 ff.

429 Vgl. bereits unter 1. Teil, IV. 1.

430 Zur Abgrenzung der Verantwortungsbereiche im Strafrecht vgl. *Alexander* 2005, S. 125 ff., S. 214 ff.; *Böse* 2005, S. 43 ff.; *Brettel* 2014, § 2 Rn. 70 f.; *G. Dannecker* 2015, § 5 Rn. 63 ff.; *Dreher* 1992, S. 43 ff.; Sch/Sch$_{29}$-*Sternberg-Lieben/Schuster*, § 15 Rn. 151 f.; Sch/Sch$_{29}$-*Perron*, § 14 Rn. 18 f.; SSW/StGB-*Kudlich*, § 13 Rn. 30; *Mittelsdorf* 2007, S. 135; *dies.* 2011, S. 126; *Neudecker* 1995, S. 191 f.; *Ransiek* 1996, S. 38; *ders.* 1999, S. 618 f.; *Rudolphi* 1987, S. 874 f.; *Schmidt-Salzer* 1990, S. 2968 ff.; *Zimmermann* 2014, S. 171 ff.; eingehend *Waßmer* 2006, S. 253 ff., S. 259 ff.

431 Vgl. nur *Waßmer* 2006, S. 254 f. m. w. N., der zutreffend betont, dass es „einer ausdrücklichen Normierung dieser Aufsichtspflicht [...] nicht (bedarf), weil sie auch ohne ausdrückliche Normierung ‚von selbst‘ bzw. ‚quasi von selbst‘ aus der Delegation“ folge, da sie auf dem „ungeschriebenen Rechtsgrundsatz der Gefahrquellenverantwortung“ beruhe und insoweit die Kehrseite des Rechts zur Delegation bilde.

432 *Tiedemann* 2014, Rn. 361.

(3) Zur „Neubegründung“ von Verantwortung

Ging es bisher um Fragen der Delegation „bestehender Verantwortung“, soll nun der Frage nachgegangen werden, ob eine Überwachungsverantwortlichkeit durch ausdrückliche Zusicherung quasi „neu begründet“ werden kann. Eine besondere Ausprägung dahingehend lässt sich der Entscheidung des BGH im schon erwähnten „Baugruben-Fall“ entnehmen[433]. Zunächst geht der BGH im Falle der Beauftragung eines Bauunternehmers davon aus, dass die Verantwortung für die Bauausführung von dem Bauherrn auf den Bauunternehmer übergeht, welcher jenem „gerade wegen seiner besonderen Sachkunde und Erfahrung die Ausführung der gefährlichen Aufgabe anvertraut“[434]. Dies erscheint vor dem Hintergrund der gerade getätigten Aussagen durchaus konsequent.

Die Besonderheit des Falls besteht nun aber darin, dass der Bauherr zusätzlich eine „gegenüber dem bauausführenden Unternehmer als ‚Oberbauleiter‘ zur Überwachung der Bauausführung bestellte Person“ beauftragt hatte. Nach Ansicht des BGH könne für eine derartig beauftragte Person „ein bloßes Unterlassen [...] im allgemeinen keine strafrechtliche Verantwortlichkeit begründen, da es kraft des Übergangs der Verantwortlichkeit für die Bauausführung auf den Bauunternehmer an einer entsprechenden Pflicht zum Handeln fehlt“[435]. Dies verdeutlicht die Grundsätze im Rahmen der Delegation von Verantwortung, wonach der beauftragte Oberbauleiter höchstens eine dem Bauherrn verbleibende Restverantwortlichkeit in gerade eben beschriebenem Sinne übernommen haben könnte.

Darüber hinaus wirft der BGH aber die Frage auf, ob nicht das zwischen dem angeklagten Oberbauleiter und dem Bauherrn zustande gekommene Vertragsverhältnis „in Abweichung vom üblichen Schema eine noch weiter gehende Aufsichts- und Überwachungspflicht des Angeklagten zum Inhalt hatte“[436]. Anschließend stellt der BGH folgende, hier verkürzt wiedergegebene Überlegung an, die nach Zurückverweisung der Sache an das Landgericht einer Klärung unterzogen werden sollte:

„Dem Bauherrn konnte es nämlich *darauf ankommen*, angesichts der besonderen Gefährlichkeit des Unternehmens auch besonders verlässliche, den üblichen Rahmen *überschreitende Vorkehrungen zur Verhütung* eines Einsturzes der Baugrube und des angrenzenden Hauses *zu treffen*. Er konnte deshalb (auch mit der erfahrungsgemäß immer wieder zu beobachtenden Missachtung von Sicherheitsvorschriften willen) der Auffassung sein, dass es mit der Beauftragung eines verlässlichen Bauunternehmers und seiner statisch richtigen Anleitung im Rahmen der Oberbauleitung eines Statikers allein noch nicht getan sei, sondern dass *unbeschadet des Vorhandenseins eines verantwortlichen Bauleiters* für eine ständige sachkundige, an Ort und Stelle ausgeübte *Bauaufsicht eines Statikers gesorgt werden müsse*. [...] Hierbei hätte es sich dann um eine *Verpflichtung im Interesse der Bauaufsicht* gehandelt, die im Hinblick

433 BGHSt 19, 286 ff.
434 BGHSt 19, 286 (288); sich anschließend OLG Stuttgart NStZ 2006, 450.
435 BGHSt 19, 286 (288).
436 BGHSt 19, 286 (291).

auf die für Dritte aus den Bauarbeiten fließenden Gefahren begründet war und den Angeklagten damit neben dem Bauunternehmer in eine *eigene, umfassendere Garantenstellung* brachte“[437].

Ausweislich der gerade wiedergegebenen Passage der Entscheidungsbegründung im „Baugruben-Fall“ erblickt der BGH durchaus die Möglichkeit, eine Garantenstellung auch hinsichtlich der Überwachung von Sachgefahren originär auf vertraglicher Grundlage bzw. expliziter Absprache begründen zu können. Selbstverständlich müsste neben der tatsächlichen Übernahme der Verpflichtung diese auch materiell hinterfüttert sein. Als Kriterien dafür nennt der BGH die besondere Gefährlichkeit des Unternehmens sowie das ausdrückliche Interesse des Beauftragenden, diesbezüglich überschreitende Vorkehrungen zur Gefahrenvorsorge zu treffen. Der Erklärungsinhalt dieser Verpflichtung im Interesse des Rechtsgüterschutzes müsste zudem dem Beauftragten erkennbar ins Bewusstsein getreten sein, sodass ihm klar war bzw. klar gewesen sein müsste, dass er mit Eingehung dieser Verpflichtung einen besonderen Vertrauenstatbestand schafft, welcher es rechtfertigt, ihn als Garant i. S. des § 13 Abs. 1 StGB – gegebenenfalls zusätzlich zu einer anderen verantwortlichen Person – anzusehen.

Diese Erwägungen sind für die uns interessierende Problematik vor allem dahingehend relevant, inwieweit es möglich ist, für den Compliance-Beauftragten – ähnlich wie im Fall der BSR-Entscheidung – eine strafrechtlich relevante Überwachungspflicht gerade gegenüber Mitgliedern der Unternehmensleitung begründen zu können. Denn hierfür sind zumindest die bisherigen Begründungsansätze zur „Geschäftsherrenhaftung“ ungeeignet[438].

(4) Zwischenfazit

Überwachergarantenstellungen können in ähnlicher Weise wie Beschützergarantenstellungen auf andere Personen übertragen werden. Hierfür bedarf es einer expliziten Beauftragung, die den jeweiligen Pflichtenkreis konkretisiert, sowie einer tatsächlichen Übernahme der übertragenen Aufgaben und Pflichten durch den Beauftragten. In diesem Falle rückt der Beauftragte in die Garantenposition des Übertragenden ein und ist nun selbst zur Überwachung der Gefahrquelle im Interesse des Rechtsgüterschutzes der Allgemeinheit „auf Posten gestellt“. Der zusätzlichen und expliziten Übernahme einer Schutzfunktion gegenüber der Allgemeinheit bedarf es dabei nicht, weil bereits mit der übernommenen Aufgabe eine entsprechende Verantwortung korrespondiert. Demgegenüber wird der Übertragende nicht gänzlich aus seiner Pflichtenstellung entlassen. Vielmehr lebt seine Garantenpflicht wieder auf, wenn er feststellt bzw. feststellen müsste, dass der Beauftragte seine Aufgaben nicht zuverlässig wahrnimmt.

Zudem hat die Analyse der Rechtsprechung gezeigt, dass der BGH durchaus die Möglichkeit sieht, eine Überwachergarantenstellung aufgrund expliziter Beauf-

---

437 BGHSt 19, 286 (291), wobei die Hervorhebungen durch den Verfasser vorgenommen wurden.

438 So bereits *H. Schneider* 2011, S. 355 f.; *ders./Gottschaldt* 2011, S. 574.

tragung im Interesse des Rechtsgüterschutzes gerade bei besonderen Gefahren eigenständig begründen zu können.

(c) Gesetzliche Beauftragte

(1) Das Urteil zum Gewässerschutzbeauftragten

Ein im Zusammenhang mit der Begründung einer Überwachergarantenstellung im Betrieb bedeutsames Urteil, dass auch der BGH in seiner BSR-Entscheidung zitiert, wurde vom OLG Frankfurt gesprochen. Darin hatte der erkennende Senat die Überwachergarantenpflicht eines Gewässerschutzbeauftragten eines Unternehmens bejaht[439]. Diese ergebe sich aus dem übernommenen Pflichtenkreis des Gewässerschutzbeauftragten, welcher vor allem in der gesetzlichen Regelung des § 21b WassHG seinen Inhalt erfährt[440]. Hiernach habe der dem Gewässerbenutzer im Interesse des Gewässerschutzes zur Seite gestellte Beauftragte „nur für die Erfüllung seiner gesetzlichen Kontroll-, Informations- und Initiativpflichten einzustehen“[441]. Da ihm ausweislich der gesetzlichen Regelungen keine Entscheidungsbefugnisse oblägen, könne er grundsätzlich nicht als Täter einer Gewässerverunreinigung gem. § 324 Abs. 1 StGB angesehen werden. Seine pflichtwidrige Untätigkeit könne lediglich zur Annahme von Beihilfe durch Unterlassen zur Gewässerverunreinigung des Betriebsinhabers führen.

(2) Stellungnahme

Zu Recht geht das OLG Frankfurt davon aus, dass der betriebliche Gewässerschutzbeauftragte – anders als die Bediensteten der Wasserbehörden – nicht für die Reinheit des Gewässers insgesamt einzustehen hat, sondern auf der Seite des Betriebsinhabers stehend die Gefahrquelle Betrieb im Hinblick auf Gewässerverunreinigungen unter Kontrolle zu halten hat[442]. Er hat also – genau wie der Betriebsinhaber – eine sachbezogene Überwachergarantenstellung inne, da er zur Abwendung von Gewässerverunreinigungen gerade gesetzlich „auf Posten gestellt“ ist. Hieran könne nach der Ansicht des Gerichts auch die dem Gewässerschutzbeauftragten fehlende Anordnungsbefugnis nichts ändern. Vielmehr könne sich im Falle einer betriebsinternen Übertragung von Entscheidungsbefugnissen „eine sogenannte Beschützergarantenstellung ergeben, die zu einer Bestrafung als Täter führt“[443].

Diese Argumentation kann nicht überzeugen, da eine derartige Übertragung nicht zu einer funktionalen Änderung der Schutzrichtung der Garantenpflicht führen kann. Jedoch wird es durch die Ausstattung des Gewässerschutzbeauftragten

439 OLG Frankfurt NJW 1987, 2753 ff.

440 Nach der Neufassung des Wasserhaushaltsgesetzes, die am 01.07.2010 in Kraft getreten ist (Fassung vom 31.07.2009, BGBl. I S. 2585), sind die inhaltsgleichen Aufgaben des Gewässerschutzbeauftragten in § 65 WHG geregelt.

441 OLG Frankfurt NJW 1987, 2753 (2756).

442 Eingehend *Kuhlen* 2000a, S. 87 ff.

443 OLG Frankfurt NJW 1987, 2753 (2756).

mit Entscheidungsbefugnissen möglich, ihn unter Anwendung von § 14 Abs. 2 Nr. 2 StGB als tauglichen Täter des Sonderdelikts § 324 StGB (auch durch Unterlassen) zur Verantwortung zu ziehen. Ansonsten kann er diesen Straftatbestand als Täter weder durch Begehen noch durch Unterlassen verwirklichen.

Auch wenn dieses Urteil hauptsächlich die Überwachung einer sächlichen Gefahrquelle zum Gegenstand hat, so liefert es doch ein kräftiges Indiz dafür, dass Entscheidungsbefugnisse für die Frage nach der Begründung einer Überwachergarantenstellung nicht zwingend erforderlich sind. Vielmehr ergibt sich diese Sonderstellung aus den dem Beauftragten obliegenden gesetzlichen Pflichten, die gleichzeitig auch seine Einstandspflicht begrenzen[444]. Etwaige Anordnungsbefugnisse könnten dagegen für die Frage der Täterschaft oder Teilnahme im Rahmen der dem Garanten möglichen und erforderlichen Erfolgsabwendungshandlung relevant sein.

3) Die Pflicht zur Überwachung anderer Personen

Eine von der bisher erörterten Verantwortlichkeit für Sachgefahren zu trennende Fragestellung ist die Problematik der Garantenverantwortlichkeit für das Verhalten anderer Personen. Im betrieblichen Kontext wird dies unter dem Stichwort der „strafrechtlichen Geschäftsherrenhaftung" diskutiert. Dahinter verbirgt sich die Frage, ob und inwieweit die Mitglieder von Unternehmensorganen bzw. sonstige Führungskräfte für die Nichthinderung von Straftaten anderer Unternehmensangehöriger strafrechtlich zur Verantwortung gezogen werden können[445]. Da sich jedoch für diesen Teilbereich kaum einschlägige Urteile finden lassen[446], sollen zunächst anhand ausgewählter Entscheidungen die Kriterien herausgearbeitet werden, die nach Ansicht der Rechtsprechung geeignet sind, außerhalb betrieblicher Strukturen Aufsichtsgarantenstellungen begründen zu können.

(a) Eltern-Kind-Verhältnisse

Nach allgemeiner Meinung haben Eltern gegenüber ihren minderjährigen, insbesondere strafunmündigen Kindern nicht nur eine Beschützergarantenstellung inne, sondern sie haben auch von ihnen ausgehende Gefahren abzuwenden und müssen daher gegen bevorstehende Straftaten einschreiten[447]. Diese Überwacher-

---

444 So auch *Böse* 2003, S. 639 f.; *Kuhlen* 2000a, S. 88; *Rudolphi* 1987, S. 875. Deshalb liegt es für die Beurteilung einer Überwachergarantenpflicht des Compliance-Beauftragten nahe, diese Figur sowie ihr Aufgabenspektrum mit der des Gewässerschutzbeauftragten zu vergleichen; vgl. näher unter 3. Teil, I. 2. a) 1) und 3).

445 Vgl. dazu die Dissertation von *Spring* 2009, S. 3 mit weiteren Nachweisen zum Begriffsverständnis in Fn. 2.

446 So auch die Einschätzung von *Heine* 1995, S. 110; *Roxin* 2003, § 32 Rn. 134; *Schünemann* 1979, S. 75; *Spring* 2009, S. 79.

447 *Kühl* 2012, § 18 Rn. 116; *Roxin* 2003, § 32 Rn. 127; *Stratenwerth/Kuhlen* 2011, § 13 Rn. 19; *Wessels/Beulke/Satzger* 2014, Rn. 724a.

garantenstellung gehe nach Ansicht der Rechtsprechung direkt aus der Eigenschaft als gesetzlicher Vertreter und sorgeberechtigter Elternteil hervor[448]. Insoweit hätten die Eltern im Rahmen des Möglichen und Zumutbaren dafür einzustehen, dass eine Gefährdung Dritter durch das Kind unterbleibt.

Auffallend ist diesbezüglich, dass das „Ob" einer derartigen Garantenstellung kaum begründet wird. Vielmehr versuchen die Gerichte, die den Eltern mögliche und zumutbare Erfolgsabwendungshandlung auszuloten. Hier spielen vor allem der Erziehungsgedanke sowie Alter und Reifegrad des Kindes eine große Rolle. Die Überwachergarantenstellung ergibt sich hier daraus, dass der sorgeberechtigte Elternteil auch die elterliche Aufsichtspflicht (§§ 1631, 832 BGB) ausübt, deren Sinn gerade darin besteht, Gefahren von Dritten abzuwenden. Solange das Kind selbst noch nicht verantwortlich ist (vgl. auch § 828 BGB), haben die Eltern die Verantwortung für sie zu übernehmen, da die Allgemeinheit darauf vertraut bzw. darauf vertrauen darf, dass der Aufsichtspflichtige die Gefahren, die von dem zu überwachenden Kind ausgehen, beherrscht.

(b) Spezielle Rechtsbeziehungen

Neben den Eltern im Verhältnis zu deren minderjährigen Kindern hat die Rechtsprechung weitere Aufsichtsgaranten anerkannt. Diesen Fällen ist gemein, dass die Rechtsordnung einem Dritten die Verantwortung für das rechtswidrige Verhalten eines Menschen eben gerade auferlegt hat[449]. So hat das OLG Celle die Garantenpflicht eines Betreuers für ein durch den unter einer schweren Persönlichkeitsstörung leidenden Betreuten ausgeübtes Quälen von Tieren (§ 17 Nr. 2 lit. b TierSchG) bejaht[450]. Zwar habe sich die Betreuung gem. § 1901 Abs. 2 BGB grundsätzlich am Wohl des Betreuten zu orientieren, jedoch bestünden bereits nach der weit überwiegenden Auffassung im Betreuungsrecht für den Betreuer gewisse Fürsorgepflichten, die letztlich auch die Pflicht zur Aufsicht beinhalten können[451]. Diese Aufsichtspflicht trete umso deutlicher zutage, wenn man bedenkt, dass sich die Betreuung ausweislich des zugewiesenen Aufgabenkreises auf die Organisation der Tierhaltung erstreckte. Dies lasse „nur den Schluss zu, dass die Betreuung gerade die Beaufsichtigung des Betreuten im Hinblick auf die Tierhaltung bezweckt hat"[452]. Soweit es also die Tierhaltung betrifft, wurde dem Betreuer die Verantwortung für das Verhalten des Betreuten auferlegt, was für ihn eine entsprechende Garantenpflicht zur Folge habe.

Dies erscheint nur konsequent, ist doch der Betreute für sein Verhalten gerade im Umgang mit Tieren nicht bzw. nicht voll verantwortlich und es wurde gerade

---

448 BGHSt 6, 46 (57); OLG Düsseldorf NJW 1987, 201; zustimmend OLG Celle NJW 2008, 1012 (1013).

449 Vgl. SK/StGB-*Rudolphi/Stein*, § 13 Rn. 32, 35 mit Beispielen aus der Rechtsprechung: RGSt 53, 292 f.; BGH NJW 1983, 462 f.; OLG Celle NJW 2008, 1012 ff.

450 OLG Celle NJW 2008, 1012 ff.

451 OLG Celle NJW 2008, 1012 (1013).

452 OLG Celle NJW 2008, 1012 (1013).

deshalb dem Betreuer die Aufsicht über ihn bzgl. derartiger Verhaltensweisen vom Betreuungsgericht auferlegt. Ihm obliegt es im Interesse des Tierschutzes, das Verhalten des Betreuten zu kontrollieren. Insofern korrespondiert auch hier die Aufgabenzuweisung mit der Verantwortlichkeit, da der Schutzzweck der übertragenen Aufgabe die gegenüber dem Garanten tatbestandsmäßig geschützten Rechtsgüter offenbart. Neben dem in diesem Urteil deutlich zutage getretenen Deliktsbezug der Garantenpflicht stellt sich allerdings die an späterer Stelle zu beantwortende Frage[453], inwieweit die mangelnde bzw. beschränkte Eigenverantwortlichkeit des Beaufsichtigten ein essentielles Kriterium für die Begründung einer Garantenpflicht ist.

(c) Besondere Ausprägungen im betrieblichen Kontext

Bereits in der Rechtsprechung des Reichsgerichts lassen sich die ersten Begründungsansätze für die Annahme einer Garantenstellung des Betriebsinhabers bzw. des Leitungsorgans zur Abwendung von betriebsbezogenen Straftaten der Mitarbeiter finden[454]:

(1) Der „Fahrrad-Fall" des Reichsgerichts

Als zentrale Entscheidung im Hinblick auf die Verantwortlichkeit des Betriebsinhabers ist ein Urteil des Reichsgerichts zu nennen, in dem sich ein Angestellter und kaufmännischer Geschäftsführer einer Fahrradgroßhandlung wegen fahrlässiger Nichthinderung der von einem anderen Angestellten unternommenen verbotenen Ausfuhr von Fahrrädern strafrechtlich zu verantworten hatte[455]. Nach der Ansicht des Gerichts könne sich die besondere Rechtspflicht zur Verhinderung von bei der Ausübung des Gewerbes begangenen strafbaren Handlungen aus dem Gesetz ergeben oder sie könne durch Vertrag oder schlüssige Handlung rechtswirksam übernommen worden sein[456]. In der sich anschließenden Würdigung kommt das Reichsgericht zu dem Schluss, dass sich eine Rechtspflicht dieser Art „meist ohne weiteres aus der übernommenen Stellung" ergeben könne:

„Soweit jene Personen auf Grund ihrer Stellung Obliegenheiten des Gewerbetreibenden (Betriebsinhabers) wahrzunehmen haben, müssen sie auch die dem Gewerbetreibenden obliegende Pflicht zur Beachtung der Gesetze erfüllen; für den Umfang ihrer Verantwortlichkeit ist maßgebend der Umfang des ihnen erteilten Auftrags oder der übernommenen auftragslosen Geschäftsführung. Innerhalb des übernommenen Gebiets gewerblicher Tätigkeit richtet sich ihre Verpflichtung zur Verhinderung strafbarer Handlungen im Zweifel nach dem Umfang der Verpflichtung, die dem Gewerbetreibenden selbst nach allgemeinen Grundsätzen oder besonderer gesetzlicher Vorschrift auf jenem Gebiet des Nichtvorhandenseins des

453 Vgl. hierzu unter 3. Teil, I. 1. a) und c).
454 Vgl. insbesondere RGSt 58, 130 ff.; RGSt 71, 176 ff.
455 RGSt 58, 130 ff.
456 RGSt 58, 130 (131 f.).

Beauftragten obliegen würde; es ist aber nicht ausgeschlossen, dass sich im Einzelfall aus dem übernommenen Auftrag eine Einschränkung oder Erweiterung ergibt“[457].

Die vorliegende Entscheidungsbegründung bewegt sich nicht nur auf einer Linie mit den bisher dargelegten Entstehungsgründen einer Garantenpflicht des Betriebsinhabers bzw. seiner Beauftragten im Hinblick auf die Überwachung von sächlichen Gefahrquellen, sie kann gar als erstes Deutungsmuster der vom BGH in der BSR-Entscheidung angenommenen Garantenpflicht des Compliance Officers herhalten:

Soweit nämlich eine dem Betriebsinhaber obliegende Pflicht zur Beachtung der Gesetze angenommen wird, kommt nicht hinreichend genug zum Ausdruck, woraus sich diese Aufsichts- bzw. Kontrollpflicht ergeben soll und warum aus ihr eine strafrechtlich relevante Erfolgsabwendungspflicht folgen soll (Stichwort: materielles Einstandserfordernis). Derartiges wurde bereits im Zuge der Analyse einer möglichen Übertragung einer Überwachergarantenpflicht im Hinblick auf sächliche Gefahrquellen bemängelt[458]. Gleichwohl werden die Voraussetzungen einer Übertragung dieser Garantenpflicht durchaus treffend wiedergegeben, wenn zur Feststellung des Umfangs der Verantwortlichkeit des Beauftragten auf den Umfang des ihm erteilten Auftrags abgestellt wird. Obwohl dieser regelmäßig mit der Verpflichtung des Gewerbetreibenden übereinstimmen soll, könne sich im Einzelfall aus dem übernommenen Auftrag eine Erweiterung dieser Verpflichtung ergeben. Auch wenn das Reichsgericht mangels Entscheidungsrelevanz die dafür erforderlichen Kriterien offen lässt, findet sich hierin erneut[459] ein Ansatzpunkt für die Annahme einer strafrechtlich relevanten Erfolgsabwendungspflicht, die primär durch den vertraglich übernommenen Pflichtenkreis begründet ist. Erwähnt sei an dieser Stelle schließlich noch, dass das Reichsgericht explizit betont, „dass eine strafrechtliche Verantwortlichkeit des Betriebsleiters für strafbare Handlungen seiner Untergebenen aus dem Vorgesetztenverhältnis allein nicht entnommen werden kann“[460].

(2) Der „Seemanns-Fall“ des Reichsgerichts

In einer weiteren Entscheidung hat das Reichsgericht die strafrechtlich relevante Verpflichtung eines Schiffsoffiziers zur Verhinderung einer Zollhinterziehung durch Mitglieder der Mannschaft angenommen[461]. Eine derartige Verpflichtung ergebe sich schon aus den „öffentlich-rechtlichen Vorschriften“, wonach es jedem Schiffsoffizier obliege, den Kapitän in der Führung des Schiffes, einschließlich der allgemeinen Wahrung von Ordnung und Dienstzucht zu unterstützen (§§ 2 Abs. 2, 34 Abs. 3 SeemO)[462]. Insbesondere sei den Schiffsoffizieren aufgetragen, Dienstpflichtverlet-

457 RGSt 58, 130 (132).
458 Vgl. bereits unter 2. Teil, II. 1. b) 2) (a).
459 Vgl. schon BGHSt 19, 286 (291).
460 RGSt 58, 130 (132 f.).
461 RGSt 71, 176 ff.
462 RGSt 71, 176, 177.

zungen – wie das Einbringen von Tabak über den eigenen Bedarf hinaus (§§ 87, 88 SeemO i.V.m. § 96 Abs. 2 Nr. 5 SeemO) – zu verhindern. Aus dieser öffentlich-rechtlichen Pflicht leitet das Reichsgericht sodann eine strafrechtlich relevante Erfolgsabwendungspflicht im Hinblick auf den Tatbestand der Zollhinterziehung (§ 396 RAbgO) ab und stützt sich dabei maßgeblich auf die Befehlsgewalt des Schiffsoffiziers gegenüber sämtlichen Schiffsleuten (§ 3 Abs. 2 S. 1 SeemO), die es ihm ermögliche, das dienstliche Verhalten der Mannschaft zu bestimmen[463].

Anders als im eben angesprochenen Fahrrad-Fall stellt das Reichsgericht im vorliegenden Fall für die Beurteilung der Strafbarkeit des Schiffsoffiziers nicht auf den vertraglich mit der Reederei geregelten und übernommenen Pflichtenkreis ab, obwohl es zumindest diese Möglichkeit der Herleitung erkennt. Der Grund dafür ist wohl darin zu sehen, dass sich hier die gesetzlichen Bezugsnormen, die die Pflichten des Betroffenen diesbezüglich regeln, nahezu aufgedrängt haben. Allerdings bleibt auch dabei in der Begründung des Reichsgerichts offen, warum aus einer öffentlich-rechtlichen Dienstpflicht eine strafrechtlich relevante Erfolgsabwendungspflicht folgt. Denn sofern das Reichsgericht – übrigens im Gegensatz zum Fahrrad-Fall – auf die Disziplinarbefugnis des Schiffsoffiziers gegenüber den anderen Schiffsleuten abstellt, stellt dies eigentlich nur eine Möglichkeit der Erfolgsabwendung dar. Nicht dagegen folgt daraus auch zwingend die Pflicht dazu[464].

(3) Die Rechtsprechung seit 1945

Obwohl die meisten „neueren" Entscheidungen zur Überwachungsverantwortlichkeit von Leitungsorganen bzw. sonstigen Führungskräften sächliche Gefahrquellen zum Gegenstand hatten, lassen sich neben der BSR-Entscheidung zumindest zwei weitere Urteile höherer Strafgerichte ausmachen, die sich mit einem ausschließlich personalen Gefahrbezug der Überwachungspflicht zu beschäftigen hatten[465].

Die Besonderheit beider Entscheidungen bestand dabei darin, dass die Garantenpflicht zur Aufsicht über Unternehmensangehörige nicht grundsätzlich verneint wurde, da sich „aus der Stellung als Betriebsinhaber bzw. Vorgesetzter je nach den Umständen des einzelnen Falls eine Garantenpflicht zur Verhinderung von Straftaten nachgeordneter Mitarbeiter" ergeben könne. Jedoch beschränke sich diese „auf die Verhinderung betriebsbezogener Straftaten" und umfasse „nicht solche Taten, die der Mitarbeiter lediglich bei Gelegenheit seiner Tätigkeit im Betrieb begeht"[466].

---

463 RGSt 71, 176 (177f.).

464 Vgl. näher unter 3. Teil, I. 1. b) 2).

465 BGH NJW 2012, 1237ff.; OLG Karlsruhe GA 1971, 281ff.

466 BGH NJW 2012, 1237 (1238) unter Verweis auf RGSt 58, 130 (132) sowie OLG Karlsruhe GA 1971, 281 (283). Tatsächlich kommt das Merkmal der „betriebsbezogenen Straftat" – auch wenn nicht explizit so bezeichnet – bereits in der Entscheidung des Reichsgerichts im Fahrrad-Fall zum Ausdruck, wenn von einer Verantwortung der mit der Leitung und Beaufsichtigung eines Gewerbebetriebs betrauten Person für die Ausübung der gewerblichen Tätigkeit die Rede ist.

Als betriebsbezogen sei nach der Ansicht des BGH eine Straftat dann anzusehen, wenn „sie einen inneren Zusammenhang mit der betrieblichen Tätigkeit des Begehungstäters oder mit der Art des Betriebs aufweist"[467]. Allein das Fehlen dieses Kriteriums führte in beiden Fällen zum Ausschluss der strafrechtlichen Verantwortung der Angeklagten hinsichtlich ihrer Untätigkeit[468].

Im Ergebnis erteilen beide Gerichte einer umfassenden Aufsichtsgarantenpflicht des Betriebsinhabers respektive der für ihn tätigen Akteure bzgl. sämtlicher denkbaren Straftaten der Mitarbeiter eine Absage. Vielmehr – und das lässt sich im Umkehrschluss zu den Aussagen der jeweiligen Entscheidungsbegründung herauslesen – möchten sie eine beschränkte Aufsichtsgarantenpflicht hinsichtlich betriebsbezogener Straftaten im Einzelfall annehmen[469]. Welche Voraussetzungen hierfür gerade im Hinblick auf den Entstehungsgrund der Garantenstellung als erforderlich erachtet werden, soll nun auf den Prüfstand kommen.

Das OLG Karlsruhe äußert sich dazu wie folgt: „Eine Garantenpflicht des Vorarbeiters zum Schutze von Interessen Dritter gegen das unabhängige Handeln der ihm betrieblich unterstellten Personen könnte nur dann angenommen werden, wenn der Schutz des gefährdeten Rechtsguts von dem Tätigwerden der Aufsichtsperson in einer wesentlichen Beziehung abhängt und wenn die Beteiligten sich nach der Verkehrssitte auf das positive Handeln dieser Person verlassen"[470]. Entscheidend sei somit das Vorliegen einer besonderen Vertrauenslage. Im Hinblick auf die Garantenverantwortlichkeit für das Handeln dritter Personen bedeute dies, dass „eine strafrechtliche Verantwortlichkeit nur dann besteht, wenn die Allgemeinheit wegen eines bestimmten Autoritäts- und Vertrauensverhältnisses darauf vertrauen darf, dass der Aufsichtspflichtige Gefahren für Dritte, die von der zu überwachenden Person ausgehen, beherrscht und schädliche Auswirkungen verhindert"[471]. Dieses besondere Vertrauen sei jedoch nur dann gerechtfertigt, soweit sich die Straftaten auf betriebsbezogene Tätigkeiten erstrecken, da die dem Arbeiter zugewiesene Autorität und Verantwortung nur betriebsbezogene Wirkung entfalten könne. Von ihm könne daher nur erwartet werden, Gefahren abzuwenden, die „der Betrieb und die in diesem Rahmen durchgeführten Arbeiten mit sich bringen". Nicht aber umfasse

---

467 BGH NJW 2012, 1237 (1238) m. w. N. aus der Literatur.

468 So wurde weder in der Entscheidung des OLG Karlsruhe GA 1971, 281 (283) ein Vorarbeiter eines Heizungsbauunternehmens für das unterlassene Einschreiten gegen den Diebstahl seitens eines ihm unterstellten Arbeiters zum Nachteil des Auftraggebers bestraft noch habe sich ein Vorarbeiter einer städtischen Straßenbauabteilung dafür strafrechtlich verantwortlich gemacht, dass er körperliche Übergriffe seitens der ihm unterstellten Mitarbeiter gegenüber Dritten nicht verhinderte, vgl. BGH NJW 2012, 1237 (1238).

469 Diese Einschätzung teilen auch *Bülte* 2012, S. 177; *Grützner* 2012, S. 152; *Jäger* 2012, S. 394; *Kudlich* 2012, S. 179.

470 OLG Karlsruhe GA 1971, 281 (283).

471 OLG Karlsruhe GA 1971, 281 (283).

diese Erwartung Delikte, die nur „*bei Gelegenheit* einer betrieblichen Verrichtung" begangen werden[472].

Eine ähnliche Argumentation verfolgt der BGH in seiner Entscheidungsbegründung: „Weder mit einem auf dem Arbeitsverhältnis beruhenden Weisungsrecht gegenüber Mitarbeitern noch mit der Herrschaft über die ‚Gefahrquelle Betrieb' oder unter einem anderen Gesichtspunkt lässt sich eine über die allgemeine Handlungspflicht hinausgehende, besondere Verpflichtung des Betriebsinhabers begründen, auch solche Taten von voll verantwortlich handelnden Angestellten zu verhindern, die nicht Ausfluss seinem Betrieb oder dem Tätigkeitsfeld seiner Mitarbeiter spezifisch anhaftender Gefahren sind, sondern die sich auch außerhalb seines Betriebes genauso ereignen könnten"[473].

Die Essenz dieser Aussagen liegt darin, dass eine strafrechtlich relevante Einstandspflicht des Betriebsinhabers für Straftaten zumindest dann nicht besteht, wenn sich dadurch keine betriebstypischen bzw. tätigkeitsbezogenen Gefahren verwirklichen. Dass die Gerichte dabei an ein besonderes Vertrauensverhältnis bzw. an die berechtigte Erwartungshaltung von Außenstehenden anknüpfen, ist zu begrüßen, da anhand dessen eine Konkretisierung des materiellen Einstandserfordernisses erfolgen kann. Ebenso kommt durch diese Erwägungen der konkrete Tatbestandsbezug der Aufsichtspflicht zum Ausdruck. Dies liefert eine Antwort auf die Frage, ob der Betreffende gerade zum Schutze des tatbestandlich geschützten Rechtsguts von der Rechtsordnung bzw. aufgrund einer besonderen Vereinbarung „auf Posten gestellt" ist[474].

Offen bleibt in beiden Entscheidungen allerdings der Entstehungsgrund einer grundsätzlich für möglich erachteten Aufsichtsgarantenpflicht. Soweit das OLG Karlsruhe als Entstehungsgrund hierfür höchstens die Autorität des Vorgesetzten bzw. die hierarchischen Verhältnisse im Betrieb anführen möchte[475], so wird diese Argumentation schon durch die Ansicht des BGH entkräftet, der diesbezüglich gedenkt, auch andere Entstehungsgründe heranzuziehen[476]. Darüber hinaus bleibt die Frage ungeklärt, warum allein aus der Möglichkeit, das Verhalten des untergebenen Mitarbeiters durch arbeitsspezifische Weisungen beeinflussen zu können, die Pflicht hierzu folgen soll. Zu denken ist diesbezüglich eher an eine umfassende

---

472 OLG Karlsruhe GA 1971, 281 (283), Hervorhebung auch im Text.

473 BGH NJW 2012, 1237 (1238).

474 Vgl. auch *Kudlich* 2012, S. 178f.: „Die strafbarkeitsbegründende Reichweite der Garantenstellung ist immer auch durch ihren Schutzzweck bestimmt". In ähnlicher Weise betont *Rotsch* 2012b, S. 494; *ders.* 2015b, § 4 Rn. 21, dass „jede Garantenpflicht tatbestandsbezogen ist, sich also auf das konkret in Frage stehende Delikt beziehen muss". Hingewiesen sei ferner mit *Stein* 1988, S. 308, dass „jede Verhaltenspflicht, sei sie eine täterschaftliche oder teilnehmerschaftliche, ein Handlungsverbot oder -gebot, [...] der Verhinderung eines für alle Beteiligten stets identischen Erfolges, nämlich der Verletzung eines bestimmten Rechtsgutsobjekts" dient.

475 OLG Karlsruhe GA 1971, 281 (283).

476 BGH NJW 2012, 1237 (1238).

Verantwortung des Betriebsinhabers bzw. der stellvertretend für ihn handelnden Akteure, denen es obliegen könnte, die betrieblichen Anlagen, Vorgänge und betriebsbezogenen Tätigkeiten insgesamt unter Kontrolle zu halten. Dies wirft jedoch zugleich die Frage auf, wie es sich in dem Falle mit der Eigenverantwortlichkeit des die Straftat begehenden Mitarbeiters verhält.

(d) Zwischenfazit

Zwar beansprucht das Prinzip der Eigenverantwortlichkeit[477] auch in der Rechtsprechung Geltung, wonach es grundsätzlich ausgeschlossen sei, für das rechtswidrige Verhalten eines Menschen einen anderen zur Verantwortung zu ziehen[478], jedoch sind auch hier Ausnahmen von diesem Grundsatz anerkannt. Insbesondere in Fällen, in denen dem Betroffenen generell eine gesetzliche Aufsichtspflicht über eine nicht voll verantwortliche Person obliegt (Eltern-Kind-Verhältnis) bzw. ihm eine spezifische Aufgabe zur Beaufsichtigung einer nicht voll verantwortlichen Person übertragen wurde (Betreuer-Konstellationen), deren jeweiliger Sinn darin besteht, Gefahren von Dritten abzuwenden, kann eine Aufsichtsgarantenpflicht angenommen werden. Die Allgemeinheit darf hier in berechtigter Weise darauf vertrauen, dass der aufsichtspflichtige Dritte die Gefahren, die von der zu überwachenden Person ausgehen, beherrscht. Maßgebend für dieses Vertrauen ist insbesondere der Schutzzweck der übertragenen Aufgabe, der die Einstandspflicht des Garanten im Hinblick auf die geschützten Rechtsgüter bestimmt.

Daneben ist nach den Entscheidungsbegründungen vereinzelter Urteile eine Aufsichtsgarantenpflicht des betrieblich Vorgesetzten zur Verhinderung deliktischer Taten, die durch die Mitarbeiter des Unternehmens begangen werden, denkbar. Jedoch sind deren Grund und Grenzen noch nicht hinreichend genug ausgelotet. Dies wiederum dürfte in erster Linie auf den Grundsatz der Eigenverantwortlichkeit und damit auf die Problematik zurückzuführen sein, inwieweit die mangelnde bzw. beschränkte Eigenverantwortlichkeit des Beaufsichtigten ein essentielles Kriterium für die Begründung einer Aufsichtsgarantenpflicht ist. Die Beantwortung dieser Frage durch die Rechtsprechung steht nach wie vor aus. Gleichwohl lassen sich folgende Begründungsmuster erkennen:

Eine Rechtspflicht zur Beaufsichtigung der Mitarbeiter kann sich demnach aus der übernommenen Stellung im Unternehmen ergeben. Diese sei durch die gesetzlich und/oder vertraglich zugewiesene Aufgabe zu konkretisieren, wobei auch hier eine Erweiterung des gesetzlichen Auftrags aufgrund besonderer Vereinbarung möglich bleibe. Unklar bleibt dabei jedoch regelmäßig, warum aus der übertragenen Aufsichtsverpflichtung eine Erfolgsabwendungspflicht i. S. des § 13 Abs. 1 StGB folgt. Insbesondere besteht in der Rechtsprechung keine Einigkeit, inwieweit hierfür das Vorgesetztenverhältnis eine unabdingbare Voraussetzung ist.

---

477 Vgl. näher unter 3. Teil, I. 1. a) und c).

478 So in aller Deutlichkeit OLG Celle NJW 2008, 1012 (1013).

Dagegen kann man die Begrenzung einer derartigen Erfolgsabwendungspflicht auf betriebsbezogene Straftaten als durch die Rechtsprechung gesichert ansehen. Dies sei darauf zurückzuführen, dass ein besonderes Vertrauen der Allgemeinheit in die Erfolgsabwendungshandlung des Aufsichtspflichtigen nur dann als berechtigt angesehen werden könne, wenn die Straftaten Ausfluss betriebstypischer bzw. tätigkeitsbezogener Gefahren sind. Denn nur für Gefahren, die der Betrieb und die in diesem Rahmen durchgeführten Arbeiten mit sich bringen, könne der Betroffene die Verantwortung übernommen haben. Das die Garantenpflicht des Betriebsinhabers begrenzende Kriterium der „betriebsbezogenen Straftat" stellt demnach eine besondere Ausprägung des Rechtsgutsbezugs der übernommenen Aufsichtspflicht dar.

(e) Exkurs: Höchstrichterliche Rechtsprechung in Zivilsachen

Wagt man einen Blick über den Tellerrand der strafgerichtlichen Entscheidungspraxis hinein in die zivilgerichtliche Rechtsprechung, so wird man mit einem Urteil des VI. Zivilsenats des Bundesgerichtshofs vom 10.07.2012 konfrontiert, welches ein zum vorstehenden Meinungsstand grundverschiedenes Verständnis der Garantenpflicht von Geschäftsleitern erkennen lässt. Bereits im amtlichen Leitsatz heißt es: „Allein aus der Stellung als Geschäftsführer einer GmbH bzw. Mitglied des Vorstands einer AG ergibt sich keine Garantenpflicht gegenüber außenstehenden Dritten, eine Schädigung ihres Vermögens zu verhindern"[479].

(1) Sachverhalt und Entscheidungsgründe

Der Entscheidung liegt im Wesentlichen folgender Sachverhalt zu Grunde: Eine sich letztlich in Insolvenz befindende Aktiengesellschaft wurde durch Untreuehandlungen ihres Vorstandsvorsitzenden geschädigt, weil auf dessen Veranlassung Rechnungen einer GmbH, der *Beklagten zu 1*, beglichen wurden, welchen keine Forderungen zugrunde lagen. Nach den tatsächlichen Feststellungen der Berufungsinstanz leistete einer der GmbH-Geschäftsführer, der *Beklagte zu 2*, hierzu Beihilfe durch aktives Tun, indem er die zur Ermöglichung der Scheingeschäfte erforderlichen Absprachen auf Seiten der GmbH traf. Folgerichtig wurde er zum Schadensersatz aus § 823 Abs. 2 BGB i. V. m. §§ 266 Abs. 1, 27 StGB verurteilt.

Viel interessanter und für den Gegenstand dieser Untersuchung bedeutend ist allerdings, dass dem anderen Geschäftsführer der GmbH, dem *Beklagten zu 3*, von Seiten des klagenden Insolvenzverwalters der AG angelastet wurde, hierzu Beihilfe durch Unterlassen geleistet zu haben. Denn er habe sowohl vom Scheincharakter der Vorgänge und damit von der Haupttat des Vorstandsvorsitzenden als auch vom Gehilfenbeitrag seines Mitgeschäftsführers gewusst, sei aber gleichwohl hiergegen nicht eingeschritten. Insoweit müsse auch er Schadensersatz nach § 823 Abs. 2 BGB i. V. m. §§ 266 Abs. 1, 27, 13 StGB leisten. Dieser Schadensersatzanspruch wurde dem klagenden Insolvenzverwalter auch durch das Berufungsgericht zugesprochen, denn

479 BGH NJW 2012, 3439 ff.; sich anschließend BGH NJW-RR 2014, 1382 ff.

der *Beklagte zu 3* sei auf Grund seiner Organstellung dazu verpflichtet gewesen, gegen die Beteiligung des *Beklagten zu 2* an Straftaten aus dem Unternehmensbereich der *Beklagten zu 1* heraus einzuschreiten[480].

Die seitens des *Beklagten zu 3* eingelegte Revision zum Bundesgerichtshof hatte Erfolg. Im Ergebnis verneint der erkennende VI. Zivilsenat eine Schutzgesetzverletzung hinsichtlich der §§ 266 Abs. 1, 27 StGB, indem er urteilt, dass eine Garantenstellung des *Beklagten zu 3* nach den tatrichterlichen Feststellungen ausscheide, da ihm keine rechtliche Verpflichtung gegenüber der Aktiengesellschaft zukäme, den dieser durch die Zahlung auf die Scheinrechnungen entstandenen Vermögensschaden zu verhindern[481]. Eine derartige Garantenpflicht ergebe sich insbesondere nicht aus seiner Organstellung, da die Pflichten zur ordnungsgemäßen Führung der Geschäfte der Gesellschaft aus den § 43 Abs. 1 GmbHG, § 93 Abs. 1 S. 1 AktG, zu denen auch die Pflicht gehöre, für die Rechtmäßigkeit des Handelns der Gesellschaft Sorge zu tragen (Legalitätspflicht), grundsätzlich nur der eigenen Gesellschaft gegenüber und nicht auch im Verhältnis zu außenstehenden Dritten bestünden. Denn die Pflichten zur ordnungsgemäßen Geschäftsführung würden nicht dem Zweck dienen, Gesellschaftsgläubiger vor den mittelbaren Folgen einer sorgfaltswidrigen Geschäftsleitung zu schützen. Dies ergebe sich auch aus den § 43 Abs. 2 GmbHG, § 93 Abs. 2 AktG, die bei einer Verletzung der Geschäftsleiterpflichten nur Ansprüche gegenüber der Gesellschaft, nicht hingegen der Gläubiger entstehen ließen[482].

(2) Stellungnahme

Die Ablehnung einer Schadensersatzpflicht des *Beklagten zu 3* ist im Ergebnis konsequent[483], da dadurch ein Schadensersatzanspruch abgelehnt wird, den der Gesetzgeber gerade im negativen Sinn bewusst versagt hat. Allerdings ist die ergebnisorientierte[484] Begründung zirkelschlüssig und damit inhaltsleer[485]. Denn soweit der Senat mit der ganz herrschenden Meinung betont, dass die Bestimmungen der § 43 Abs. 1 GmbHG, § 93 Abs. 1 AktG keine Schutzgesetze i. S. des § 823 Abs. 2 BGB (für außenstehende Dritte) sind[486], wäre es in Anbetracht der Wertungen des zivilbzw. gesellschaftsrechtlichen Haftungssystems geradezu absurd, diese Normen zur Begründung einer Garantenpflicht des Mitgeschäftsführers zur Verhinderung des

480 OLG München BeckRS 2012, 16315.

481 BGH NJW 2012, 3439 (3441).

482 BGH NJW 2012, 3439 (3441); vgl. ferner BGH NJW-RR 2014, 1382 (1384).

483 Zustimmend *Grützner/Behr* 2013, S. 564 f.; a.A. *C. Dannecker* 2012, S. 443 allerdings mit anderer Begründung als der BGH.

484 Kritisch auch *Nietsch* 2013, S. 195.

485 Vgl. aber auch *C. Dannecker* 2012, S. 442, der zu Recht das Versäumnis des Senats kritisiert, sich mit der strafrechtlichen Rechtsprechung vor dem Hintergrund der Diskussion um die strafrechtliche Geschäftsherrenhaftung auseinanderzusetzen.

486 BGH NJW 2012, 3439 (3441); vgl. näher unter Ausblick.

der Aktiengesellschaft(!) durch Untreuehandlungen ihres Vorstandsvorsitzenden entstandenen Vermögensschadens heranzuziehen und die dadurch begründete Beteiligung an der Tat als schadensersatzpflichtige Schutzgesetzverletzung nach § 823 Abs. 2 BGB anzusehen. Wollte man eine derart weitgefasste Garantenpflicht jedoch annehmen, hätte dies die Aufhebung der grundsätzlich nur nach innen bestehenden Haftung der Leitungsorgane zur Folge, da damit „faktisch durch die Hintertür" eine Durchgriffshaftung auf diese begründet würde[487].

Ohne an dieser Stelle auf das in dieser Untersuchung zu präsentierende Ergebnis vorgreifen zu wollen, ist die Garantenpflicht des Mitgeschäftsführers der GmbH im vorliegenden Fall deshalb zu verneinen, weil er nicht zum Schutz des durch die Untreuehandlungen des Vorstandsvorsitzenden geschädigten Vermögens der Aktiengesellschaft „auf Posten gestellt" ist. Die dahintersteckende Wertung ist Folgende:

Nach ganz herrschender Meinung in Rechtsprechung[488] und Literatur[489] leistet auch derjenige dem Täter Hilfe, der die Tatförderung eines (weiteren) Gehilfen unterstützt. Das Wesen dieser sogenannten „Kettenbeihilfe" ist dabei, dass sich die eigene Beihilfe als durch eine weitere Teilnahmehandlung vermittelt erweist. In dieser Gestalt muss sie aber die Voraussetzungen der Beihilfe positiv erfüllen und damit letztlich auf die Haupttat bezogen sein[490].

Soweit wie hier die Haupttat in Untreuehandlungen eines Geschäftsleitungsmitglieds eines anderen Unternehmens zum Nachteil dessen besteht, handelt es sich aus Sicht des unterlassenden Mitgeschäftsführers der GmbH im Kern um eine unternehmensfremde Straftat. Der zu verhindernde Erfolg der in Betracht zu ziehenden Beihilfe – nämlich die Verwirklichung der Haupttat des Vorstandsvorsitzenden – entspringt somit einer Gefahrquelle, die sich außerhalb des eigenen Unternehmens befindet und für die er in Anbetracht des Schutzzweckbezuges jeder Garantenpflicht nicht verantwortlich gemacht werden kann. Denn normativ gesehen handelt es sich hierbei um ein internes, selbstschädigendes Verhalten, welches durch den Repräsentanten eines fremden Unternehmensträgers (der Aktiengesellschaft) ausgeübt wird. Bezogen auf diese Haupttat kann den Mitgeschäftsführer der GmbH aber keine strafbewehrte Erfolgsabwendungspflicht treffen, da die Straftat nicht in seinem von seinem Unternehmensträger (der GmbH) abgeleiteten Verantwortungsbereich liegt. Mit anderen Worten ist er aufgrund seiner organschaftlichen Stellung nicht zum Schutz fremden Vermögens schlechthin „auf Posten gestellt". Vielmehr muss die Gefahr der Beeinträchtigung fremden Vermögens und damit die Straftat(!) vom

---

487 In diese Richtung auch *Nietsch* 2013, S. 195 f., der unter Bezugnahme auf *Thole* 2009, S. 507 f. weitere Überlegungen zur Außenwirkung der Legalitätspflicht anstellt.

488 BGH NJW 2001, 2409 (2410); BGH NJW 2012, 3439 (3441); BGH NStZ 2013, 483 (484).

489 Baumann/Weber/*Mitsch* 2003, § 31 Rn. 40; *T. Fischer* 2015, § 27 Rn. 28; Sch/Sch$_{29}$-*Heine/Weißer*, § 27 Rn. 25; HK/GS-*Ingelfinger*, § 27 Rn. 15; Lackner/*Kühl*, § 27 Rn. 1.

490 So auch NK/StGB-*Schild*, § 27 Rn. 8.

eigenen Unternehmensträger ausgehen[491], was jedoch hier bei der Untreuetat des Vorstandsvorsitzenden nicht der Fall war[492].

An diesem Ergebnis ändert sich auch nichts dadurch, dass ein Mitarbeiter des eigenen Unternehmens (der Mitgeschäftsführer) hieran strafbare Beihilfe geleistet hat. Denn die Garantenpflicht des im Raum stehenden Vorwurfs einer eigenen (mittelbaren) Beihilfe durch Unterlassen konstituiert sich maßgeblich durch die Haupttat, zu deren Abwendung er in Anbetracht ihres Schutzzweckbezuges eben nicht verpflichtet ist.

2. Die sonstigen Voraussetzungen einer Tatbestandsverwirklichung durch Unterlassen

Ist nun aber festgestellt, dass eine Person aufgrund ihr obliegender besonderer Pflichten als Inhaber einer Garantenstellung angesehen werden kann, so sagt dies allein noch nichts darüber aus, ob sie sich auch strafbar gemacht hat, wenn tatbestandlich geschützte Rechtsgüter gefährdet oder gar verletzt wurden. Denn die Bejahung der Garantenstellung „rückt ihn zunächst nur in die Position des Normadressaten, an den sich das Verhaltensgebot des strafrechtlichen Tatbestandes richtet“[493].

Zum objektiven Tatbestand eines unechten Unterlassungsdelikts gehört weiterhin die Nichtvornahme der nach der tatbestandsmäßigen Situation gebotenen Handlung durch den handlungspflichtigen Garanten. Sofern der tatbestandsmäßige Erfolg eingetreten ist, müsste zudem, um den Garanten aus vollendetem Unterlassungsdelikt bestrafen zu können, die pflichtwidrig unterlassene Handlung den eingetretenen Erfolg auch kausal und zurechenbar verursacht haben[494].

---

491 An dieser Stelle verdeutlicht sich auch das nach der allgemeinen Meinung im Rahmen der Diskussion um die strafrechtliche Geschäftsherrenhaftung erforderliche Kriterium der „betriebsbezogenen Straftat“, was nichts anderes als eine besondere Ausprägung des Schutzzweckbezugs einer (Überwacher-)Garantenpflicht darstellt. Auch *C. Dannecker* 2012, S. 445ff. erkennt im Betriebsbezug den „zentralen, die Zurechnung zur betrieblichen Verantwortung begründenden Aspekt“ an. Allerdings zieht er daraus den m.E. unzutreffenden Schluss, dass sich dieser hier aus der aktiven Beteiligung des *Beklagten zu 2* offensichtlich ergebe. In diese Richtung auch *Zimmermann* 2014, S. 165f.

492 Charakteristisch am Tatbestand des § 266 StGB, der ein reines Vermögensschädigungsdelikt darstellt, ist gerade, dass der *Täter* in die organisatorische Sphäre des betroffenen Vermögens eingebunden ist und in Ausnutzung dessen dieses Vermögen *von innen heraus* schädigt; vgl. zum Normzweck nur MK/StGB-*Dierlamm*, § 266 Rn. 1f.

493 BGHSt 37, 106 (119).

494 Darüber hinaus können sich im Einzelfall Fragen zur Zumutbarkeit der Erfolgsabwendungshandlung sowie zur Handlungsäquivalenz gerade bei verhaltensgebundenen Delikten ergeben. Diese sollen jedoch bei den nachfolgenden Erwägungen außer Betracht bleiben, da zum einen auch in der Rechtsprechung keine einheitliche Linie existiert, ob Unzumutbarkeitserwägungen bereits die

a) Die Möglichkeit der Erfolgsabwendung

Um von einem strafrechtlich relevanten Unterlassen des Garanten sprechen zu können, müsste die aufgrund der tatbestandsmäßigen Situation erforderliche Handlung ausgeblieben sein[495]. Bei der Bestimmung dieses Verhaltensgebots kommt es entscheidend auf die Handlungsmöglichkeiten des Garanten in der konkreten Tatsituation an. Neben der Handlungsfähigkeit der Person, d.h. ihrer Befähigung zu willensgetragenen finalen Körperbewegungen, spielen hier vor allem die nach der Sachlage verfügbaren Mittel und individuellen Fähigkeiten des Garanten eine bedeutende Rolle[496]. Denn der Erfolg könne „nur dann auf das Verhalten gerade des Unterlassenden zurückgeführt werden, wenn dieser in der Lage war, eine der theoretisch erfolgsabwendenden Handlungen tatsächlich vorzunehmen"[497]. Dabei ist nach Ansicht der Rechtsprechung neben der faktischen Unmöglichkeit der Erfolgsabwendung auch die rechtliche Unmöglichkeit hierzu in Betracht zu ziehen[498]. Im Folgenden gilt es daher, die Anforderungen an die gebotene Erfolgsabwendungshandlung näher zu beleuchten, wobei Entscheidungen der Rechtsprechung zur „physisch realen Möglichkeit der geforderten Rettungshandlung" bewusst ausgeblendet werden sollen[499], da eine praktisch bedeutsame Relevanz im Hinblick auf die hier interessierende Fragestellung nur schwer vorstellbar ist.

1) Die außerstrafrechtliche Begrenzung der Erfolgsabwendungspflicht durch die Rechtsprechung

Geht es um das Erfordernis der rechtlichen Möglichkeit der Erfolgsabwendungshandlung, so ist diese Problematik eng mit den gesetzlichen Regelungen und sonstigen Verpflichtungen, die den Garanten betreffen, verwoben. Um dieses Zusammenspiel von außerstrafrechtlichen Regelungen und Handlungsgebot des

---

Tatbestandsmäßigkeit des Unterlassens entfallen lassen, und zum anderen eine Beschränkung der Relevanz der Handlungsäquivalenz auf verhaltensgebundene Delikte eher ein Problem des besonderen Teils bei der Auslegung des jeweiligen Tatbestands ist.

495 Einhellige Meinung, vgl. nur Baumann/Weber/*Mitsch* 2003, § 15 Rn. 15; *Ebert* 2001, S. 176; *Jescheck/Weigend* 1996, § 59 II 1; *Roxin* 2003, § 31 Rn. 1179; *Stratenwerth/Kuhlen* 2011, § 13 Rn. 57 f.; *Wessels/Beulke/Satzger* 2014, Rn. 708.

496 Vgl. nur *Stratenwerth/Kuhlen* 2011, § 13 Rn. 57 f.

497 *Stratenwerth/Kuhlen* 2011, § 13 Rn. 57 sprechen treffend von einer „Tatmacht" des Unterlassenden.

498 Vgl. aus der Rechtsprechung BGHSt 6, 46 (57); 37, 106 (125 f.); BGH LMRP 1988, 29; BGH NStZ 1997, 545 (546); OLG Bremen NJW 1957, 72 (73); OLG Frankfurt NJW 1987, 2753 (2757), die neben der Möglichkeit des Garanten zur Erfolgsabwendung auch die Zumutbarkeit der hierfür geeigneten Maßnahmen nach Lage der Dinge betonen und damit ein weiteres für jeden Einzelfall gesondert zu bewertendes Korrektiv anerkennen.

499 Vgl. hierzu aber BGHSt 15, 18 (22); 47, 318 (320); BGH NStZ 1998, 192 (193).

Garanten erfassen zu können, sei zunächst auf eine Entscheidung des OLG Bremen hingewiesen[500].

Ausweislich des zur Entscheidung stehenden Sachverhalts hatte die Ehefrau des Angeklagten einen Hund von einem Dritten geschenkt bekommen. Dieser lebte zunächst unter Zustimmung des Angeklagten im gemeinsamen Haushalt. Nachdem der Hund jedoch mehrere Personen angefallen hatte, bat er seine Frau, den Hund abzuschaffen oder außerhalb des Hauses in Pflege zu geben. Dem widersetzte sich jedoch die Frau, sodass der Hund in der Folgezeit zwei weitere Personen beißen konnte. Dies hatte für den Angeklagten zunächst eine Verurteilung wegen fahrlässiger Körperverletzung durch Unterlassen in zwei Fällen zur Folge.

Das OLG Bremen bejahte eine Garantenstellung aus vorangegangenem Tun sowie auch aus seiner Stellung als Ehemann und Haushaltsvorstand, die ihn verpflichte, besondere Maßnahmen zur Beseitigung der von dem Hund für Dritte ausgehenden Gefahren zu treffen[501]. Neben der festgestellten Rechtspflicht zum Einschreiten sei es jedoch für eine Bestrafung des Angeklagten erforderlich, dass auch die tatsächliche und rechtliche Möglichkeit bestand, durch geeignete Maßnahmen Verletzungen Dritter zu vermeiden[502]. Insoweit könne nach Ansicht des Gerichts nicht auf die Weggabe des Hundes abgestellt werden. Denn zu einem derartigen Verhalten gegen den ausdrücklichen Willen seiner Frau als Eigentümerin des Tieres sei der Angeklagte „schon aus rechtlichen Gründen nicht in der Lage“ gewesen[503].

Unabhängig davon, ob man die Prämissen des Senats zur Begründung der Garantenstellung teilen möchte, zeigt sich bereits in dieser Entscheidung, dass die Nichtvornahme einer verbotenen Handlung kein Unterlassungsunrecht darstellen kann. Diese Annahme soll durch weitere, gerade mit Unternehmensbezug versehene Urteile präzisiert werden, um der Frage nachzugehen, welche allgemeingültigen Prinzipien sich dahinter verbergen.

---

500 OLG Bremen NJW 1957, 72f.

501 OLG Bremen NJW 1957, 72 (73).

502 OLG Bremen NJW 1957, 72 (73) unter Verweis auf BGHSt 6, 46 (57).

503 OLG Bremen NJW 1957, 72 (73). In ähnlicher Weise äußerte sich der BGH LMRP 1988, 29: Die beiden als Zentraleinkäufer bei einer Lebensmittelgroßhandlung agierenden Angeklagten hatten sich für eine unterlassene Rückrufaktion kontaminierter Lebensmittel strafrechtlich zu verantworten. Ausweislich des zur Entscheidung stehenden Sachverhalts hatten sie die Geschäftsführung, der sie nicht angehörten, sondern vielmehr untergeordnet waren, bereits über die gesundheitsschädlichen Gefahren in Kenntnis gesetzt und sich für eine umfassende Rückrufaktion ausgesprochenen. Dies sei nach der Ansicht des BGH ausreichend gewesen. Insbesondere seien sie nicht dazu verpflichtet gewesen, „die von ihnen befürwortete Maßnahme gegen den erklärten Willen der Geschäftsführung selbst durchzuführen [...]“.

2) *Die Verwaltungsakzessorietät des Strafrechts am Beispiel von OLG Frankfurt, Urt. v. 22.05.1987–1 Ss 401/86*

(a) Die Aussage des Gerichts

Die bereits schon mehrfach angesprochene Entscheidung des OLG Frankfurt beinhaltet neben aufschlussreichen Begründungsansätzen zur Entstehung von Garantenstellungen zum Schutze von Umweltbelangen auch noch eine weitere wesentliche Prämisse im hier interessierenden Zusammenhang. Denn nachdem das OLG Frankfurt die Beschützergarantenstellung des Bediensteten der Wasserbehörde mit dessen wasserhaushaltsrechtlicher Pflichtenstellung als Amtsträgers begründet hatte, musste es sich mit den Anforderungen an die strafrechtlich gebotene Erfolgsabwendungshandlung beschäftigen. Danach werde die strafrechtliche Erfolgsabwendungspflicht „ebenfalls durch die wasserhaushaltsrechtliche Pflichtenstellung des Amtsträgers begrenzt" und könne niemals weiterreichen „als die verwaltungsrechtliche Pflicht der Behörde in der konkreten Situation". Das bedeutet nach den Ausführungen des Gerichts zum einen, dass der als Garant anzusehende Amtsträger demnach immer dann straflos bleibe, wenn er verwaltungsrechtlich am Einschreiten gehindert ist oder die Entscheidung in seinem (pflichtgemäßen) Ermessen liegt[504]. Besteht dagegen eine verwaltungsrechtliche Verpflichtung gleichen Inhalts, so könne zum anderen Gegenstand einer Garantenpflicht „nur der Einsatz des der Wasserbehörde zu diesem Zweck zur Verfügung gestellten verwaltungsrechtlichen Instrumentariums sein"[505].

(b) Anmerkung zur Entscheidung

Das OLG Frankfurt bezeichnet dieses Beziehungsverhältnis als „Verwaltungsakzessorietät" (des Strafrechts). Dahinter verbirgt sich der Grundgedanke, dass die strafrechtliche Verantwortlichkeit nicht weitergehen kann, als die außerstrafrechtliche Haftung[506]. Übertragen auf den konkreten Fall bedeutet dies zweierlei: einerseits macht sich der Garant nur dann strafbar, wenn er auch nach den wasserhaushaltrechtlichen Vorschriften hätte einschreiten müssen. Andererseits begrenzen die ihm zustehenden Befugnisse nach dem Wasserhaushaltsgesetz auch seine strafrechtlich gebotene Erfolgsabwendungshandlung[507].

3) *Die Zivilrechtsakzessorietät des Strafrechts am Beispiel von BGH, Urt. v. 06.07.1990–2 StR 549/89*

(a) Die Aussage des Gerichts

Ebenso wie das OLG Frankfurt stellt der BGH in seiner bekannten „Lederspray-Entscheidung", wenn es um die Problematik der Bestimmung der Erfolgsabwen-

---

504 OLG Frankfurt NJW 1987, 2753 (2757).
505 OLG Frankfurt NJW 1987, 2753 (2757).
506 So bereits *H. Schneider/Gottschaldt* 2011, S. 576; auch *Brettel* 2014, § 2014 Rn. 107 ff.
507 Vgl. näher unter 4. Teil, III. 1. a).

dungspflicht der Geschäftsführung geht, auf die außerstrafrechtlichen, namentlich gesellschaftsrechtlichen Bezüge ab[508].

Dies betrifft zum einen die Frage nach der grundsätzlichen Erfolgsabwendungspflicht, die im konkreten Fall im Rückruf des Produkts durch alle Geschäftsführer aufgrund des gesellschaftsrechtlichen „Grundsatzes der Generalverantwortung und Allzuständigkeit der Geschäftsleitung" in Krisen- und Ausnahmesituationen gleichermaßen bestehe (vgl. § 37 Abs. 2 GmbHG)[509].

Zum anderen zieht der BGH die zivilrechtlichen Grundsätze zur Bestimmung des Handlungsgebots des Einzelnen bei mehreren garantiepflichtigen Personen heran. Da es sich bei der Pflicht zum Rückruf „um eine ressortübergreifende, die Gesellschaft als Ganzes betreffende Maßnahme" handele, ändere auch die fehlende Befugnis des einzelnen Geschäftsführers, den in Rede stehenden Rückruf selbst anzuordnen, „nichts am Fortbestand seiner umfassenden, zur Schadensabwendung verpflichtenden Garantenstellung; wohl aber erfuhren dadurch seine aus dieser Garantenstellung fließenden, konkreten Handlungspflichten eine Begrenzung"[510]. Dementsprechend sei jeder einzelne Geschäftsführer „nur dazu verpflichtet, unter vollem Einsatz seiner Mitwirkungsrechte das ihm Mögliche und Zumutbare zu tun, um einen Beschluss der Gesamtgeschäftsführung über Anordnung und Vollzug des Rückrufs zustande zu bringen"[511].

(b) Anmerkung zur Entscheidung

Auch diese Ausführungen des BGH deuten auf eine das Strafrecht gestaltende Kraft außerstrafrechtlicher Regelungen hin, wenn es um die normative Bestimmung der gebotenen Erfolgsabwendungshandlung geht. Möchte man nämlich mit der Rechtsprechung dem Betriebsinhaber eine Überwachergarantenpflicht im Hinblick auf Sachgefahren zusprechen[512], so wird diese bei einer juristischen Person durch das Geschäftsführungsorgan wahrgenommen, das anstelle des Betriebsinhabers verpflichtet ist, das in ihrer Macht Stehende zur Abwendung drohender Erfolge zu veranlassen. Würde es sich anders als im konkreten Fall um einen Alleingeschäftsführer handeln, wäre dieser aufgrund der Übernahme seiner Organfunktion zum Rückruf des gesundheitsschädigenden Produktes verpflichtet. Üben nun aber mehrere Personen die Geschäftsführung aus und setzt die zur Abwendung des drohenden Erfolgs gebotene Handlung dabei nach zivilrechtlichen Maßstäben ein Tätigwerden

---

508 BGHSt 37, 106 (123 ff.).

509 BGHSt 37, 106 (123 f.). Auch BGH NStZ 1997, 545 (546) zieht es grundsätzlich in Erwägung, an die gesellschaftsrechtlichen Grundsätze zur Bestimmung der strafrechtlichen Einstandspflicht anzuknüpfen. Eine Entscheidung hierzu konnte jedoch offen gelassen werden, da es sich im konkreten Fall um einen faktisch nicht handlungsfähigen Geschäftsführer handelte.

510 BGHSt 37, 106 (126).

511 BGHSt 37, 106 (126).

512 Vgl. bereits unter 2. Teil, I. 1. b) 2).

der Gesamtheit der Geschäftsführung voraus, so ist es nur folgerichtig, die Mitglieder der Geschäftsführung insgesamt in die Verantwortung zu nehmen.

Jedoch müssen bei der Bestimmung der individuell jedem Geschäftsführer obliegenden Garantenpflicht dessen eingeschränkte Einflussmöglichkeiten Berücksichtigung finden. Maßgeblich hierfür sind insbesondere die gesellschaftsrechtlichen Regelungen, der Geschäftsverteilungsplan des Kollegialorgans sowie sonstige intern übertragene Geschäftsführungsbefugnisse[513]. Zu Recht beschränkt der BGH daher die Garantenpflicht des einzelnen Geschäftsführers darauf, gegenüber seinen Kollegen auf den gemeinsamen Produktrückruf und damit auf die zur Abwehr der Gefahr gebotene Handlung, die jedem für sich betrachtet nicht möglich wäre, hinzuwirken[514]. Denn durch eine derartige Bezugnahme auf die zivilrechtlichen Bezüge wird von den einzelnen Geschäftsführern nichts verlangt, was ihnen nach der unternehmensinternen Kompetenzverteilung nicht möglich bzw. unzumutbar wäre[515].

---

513 Zu dieser Mehrstufigkeit der Strafbarkeitsprüfung vgl. nur *Beulke/G. Bachmann* 1992, S. 741 f.; *Kuhlen* 1990, S. 569; *Schmidt-Salzer* 1990, S. 2967 ff.; insbesondere *Böse* 2005, S. 44 führt treffend aus: „Ist die Übernahme der Organfunktion Grundlage der Garantenpflicht, bestimmen die Bedingungen, unter denen diese Funktion wahrgenommen wird, auch die Grenzen dieser Pflicht. Die Einschränkung der Garantenpflicht ist dann Spiegelbild der begrenzten Herrschaftsmacht des Geschäftsführers über das Unternehmen".

514 Erwähnt sei allerdings eine diesbezüglich kritische Anmerkung von *C. Dannecker* 2012, S. 449, der unter dem Gesichtspunkt der Erfolgsbezogenheit der Garantenpflicht i. S. von § 13 StGB die Reichweite der individuellen Garantenpflicht des jeweiligen Gremienmitglieds weiter fassen möchte als nur auf die übrigen Gremienmitglieder entsprechend einzuwirken. Jedoch betont er selbst, dass sich die von ihm angedachten weiteren zur Erfolgsabwendung geeigneten Rettungshandlungen (Information des Aufsichtsrats bzw. eine Notgeschäftsführung) letztlich im gesellschaftsrechtlichen Normengefüge bewegen dürften.

515 Diesen Haftungsmaßstab überträgt die Rechtsprechung auch auf Aufsichtsratsmitglieder einer Aktiengesellschaft, vgl. OLG Braunschweig NJW 2012, 3798 (3800): nach der Auffassung des Gerichts stellt nicht nur die Forderung sowie die Entgegennahme eigener Vergütungen durch Aufsichtsratsmitglieder entgegen den Vorschriften der Satzung (vgl. § 113 Abs. 1 S. 2 AktG) eine (aktive) Untreue in Gestalt des Treubruchtatbestandes dar, auch die unterlassene Verhinderung derartiger Auszahlungen an die weiteren Aufsichtsratsmitglieder sei als Untreue durch Unterlassen strafbar. Im Rahmen seiner Entscheidungsbegründung gelangt das OLG ohne nähere Begründung zu einer (Beschützer-)Garantenpflicht i. S. v. § 13 Abs. 1 StGB der Aufsichtsratsmitglieder, die darin bestanden habe, „zumindest faktisch auf den Vorstand einzuwirken, um den Pflichtverstoß zu verhindern". Von dieser strafrechtlichen Mitverantwortung sieht das OLG den Unterlassenden im Sinne der Lederspray-Entscheidung nur dann als befreit an, wenn „er alles Mögliche und Zumutbare getan hat, um die notwendige Kollegialentscheidung herbeizuführen", woran es im entschiedenen Fall nach Auffassung des OLG allerdings fehlte.

b) *Die „Ursächlichkeit" des Unterlassens für den eingetretenen Erfolg*

Für die Beurteilung der „Ursächlichkeit" der gebotenen Handlung differenziert die Rechtsprechung danach, ob der untätig bleibende Garant täterschaftliches Unrecht oder Teilnahmeunrecht verwirklicht hat. Der Grund hierfür ist darin zu sehen, dass die Rechtsprechung auch im Bereich der aktiven Unrechtsverwirklichung einen unterschiedlichen Kausalitätsmaßstab anlegt: Für die Beurteilung der Frage, ob ein Tatbeitrag den objektiven Tatbestand eines Erfolgsdelikts erfüllt, geht sie mit der sogenannten Bedingungs- bzw. Äquivalenztheorie davon aus, dass eine Handlung nur dann Ursache eines Erfolgs sein kann, wenn sie nicht „hinweggedacht" werden kann, ohne dass der Erfolg in seiner konkreten Gestalt entfiele (conditio-sine-qua-non-Formel)[516]. Demgegenüber muss nach Ansicht der Rechtsprechung der Gehilfenbeitrag nicht conditio-sine-qua-non für den Erfolg der Haupttat gewesen sein. Es genüge vielmehr, dass die Handlung des Gehilfen die Haupttat als solche irgendwie gefördert oder erleichtert habe[517]. Diese Grundsätze gilt es nun mit der Rechtsprechung auf die Unterlassungsdelikte zu übertragen.

1) *Die „Kausalität" des täterschaftlichen Unterlassens*

Bereits aus dem Wortlaut des § 13 Abs. 1 StGB sowie aus dem Kriterium der Begehungsgleichheit ergibt sich, dass auch bei den unechten Unterlassungsdelikten das Bestehen einer „Kausalbeziehung" zwischen Unterlassung und Erfolg ohne weiteres vorausgesetzt wird[518]. Das spezifische Problem dieser Kausalbetrachtung ist jedoch, dass – anders als im Bereich der Begehungsdelikte[519] – kein realer, sondern nur ein möglicher Wirkungszusammenhang zugrunde gelegt werden kann, der nicht mit absoluter Sicherheit vorauszusagen ist[520].

(a) Die Ansicht der Rechtsprechung

Insoweit wendet die Rechtsprechung in Umkehrung ihrer conditio-sine-qua-non-Formel eine „hypothetische Kausalbetrachtung" an, wonach eine Unterlassung dann ursächlich für einen Erfolg sei, wenn der tatbestandsmäßige Erfolg bei Vornahme der pflichtgemäßen Handlung verhindert worden wäre, dieser also entfiele, wenn

---

516 BGHSt 1, 332 (333); 39, 195 (197); 45, 270 (294 f.); 49, 1 (3); BGH NJW 2003, 522 (526).

517 BGHSt 46, 107 (109); 54, 140 (142 f.); BGH NJW 2001, 2409 (2410); kritisch *Roxin* 2003, § 26 Rn. 184 ff.; LK_{12}/StGB-*Schünemann*, § 27 Rn. 29 ff. jeweils m. w. N.

518 Vgl. nur SSW/StGB-*Kudlich*, § 13 Rn. 10.

519 Vgl. auch *Arzt* 1980, S. 553, der der Kausalität bei der Prüfung einer Strafbarkeit aufgrund positiven Tuns die Funktion zuschreibt, quasi „als erstes Sieb" die äußerste Reichweite der Tatbestandsmerkmale zu bestimmen. Diese Funktion werde dagegen beim unechten Unterlassen durch die Garantenstellung ausgeübt.

520 *Ebert* 2001, S. 177; *Jescheck/Weigend* 1996, § 59 III 4; *Roxin* 2003, § 31 Rn. 42 f.; LK_{12}/StGB-*Weigend*, § 13 Rn. 70; *Wessels/Beulke/Satzger* 2014, Rn. 711; NK/StGB-*Wohlers/Gaede*, § 13 Rn. 14 f.

jene hinzugedacht würde[521]. Dabei müsse die Erfolgsabwendung durch die gebotene Handlung „mit an Sicherheit grenzender Wahrscheinlichkeit“[522] festzustellen sein.

Probleme tauchen bei der Zugrundelegung dieser Unterlassungskausalität insbesondere dann auf, wenn sich kein gesetzmäßiger Zusammenhang zwischen erwartetem Verhalten und Erfolg definieren lässt. Dies ist etwa dann der Fall, wenn die Erfolgsabwendung nur über einen freiverantwortlich handelnden Dritten realisierbar wäre, den der Garant hätte informieren sollen[523]. Die Rechtsprechung hat diesbezüglich mehrfach betont, dass der Schluss auf einen Kausalzusammenhang in derartigen Fällen „keineswegs so nahe liegend oder gar selbstverständlich“ sei[524], sondern dass es hier einer umfassenden Beweiswürdigung unter Einbeziehung sämtlicher Umstände des Einzelfalls bedürfe. Besteht danach die reale Möglichkeit oder Wahrscheinlichkeit, dass die Benachrichtigung den Dritten in seinem Handeln nicht beeinflusst hätte, kann das Unterlassen nicht als vollendete, sondern – Versuchsstrafbarkeit und entsprechender Vorsatz vorausgesetzt – nur als versuchte Tat bestraft werden. Ein fahrlässiges Unterlassen bliebe demnach straflos.

(b) Stellungnahme

Das ureigene Problem der Kausalbetrachtung beim Unterlassungsdelikt ist darin zu sehen, dass – faktisch betrachtet – nur bekannt ist, dass der Erfolg eingetreten ist und der Garant ihn weder aktiv herbeigeführt noch verhindert hat. Zu Recht geht die Rechtsprechung davon aus, dass nun die dem Garanten gebotene Handlung hinzugedacht und dabei der Frage nachgegangen werden muss, ob sie den Erfolg verhindert hätte. Diese hypothetische Erwägung wird sich nie mit absoluter Gewissheit voraussagen lassen. Wenn der BGH dabei auf eine „an Sicherheit grenzende Wahrscheinlichkeit“ abstellt, ist dies mit der herrschenden Lehre zu begrüßen[525], da aufgrund der Beweislage vernünftige Zweifel daran, dass das geforderte Verhalten den Erfolg abgewendet hätte, dazu führen (müssen), dass eine Erfolgszurechnung unterbleibt.

Dieser Zusatz, der mit der Auffassung des Gesetzgebers korrespondiert[526], stellt auch keine Aufweichung des Zusammenhangs zwischen erwarteter Handlung und Erfolg dar, als er sonst, wenn es um die Beurteilung der Ursächlichkeit des aktiven

---

521 BGHSt 6, 1 (2); 37, 106 (126); BGH NStZ 1985, 26 (27); BGH NJW 2000, 2754 (2757).

522 BGHSt 37, 106 (127); 43, 381 (397); BGH NStZ 1985, 26 (27); BGH NJW 2000, 2754 (2757).

523 Eingehend *Kahlo* 1987, S. 66 ff., insbesondere S. 77.

524 BGH NJW 2000, 2754 (2757); vgl. auch BGH NStZ 1986, 217.

525 Baumann/Weber/*Mitsch* 2003, § 15 Rn. 24; *Ebert* 2001, S. 177; MK/StGB-*Freund*, § 13 Rn. 210 ff.; HK/GS-*Heinrich*, Vormbem. zu § 13 Rn. 67 ff.; *Jakobs* 1993, 28/19; *Jescheck/Weigend* 1996, § 59 III 4; *Krey/Esser* 2012, Rn. 1123 ff.; *Rengier* 2014, § 49 Rn. 13; *Schilha* 2008, S. 187 f.; LK_{12}/StGB-*Weigend*, § 13 Rn. 72; *Wessels/Beulke/Satzger* 2014, Rn. 711 f.; NK/StGB-*Wohlers/Gaede*, § 13 Rn. 15.

526 Vgl. die Begründung des Sonderausschusses des Bundestages, BT-Drucks. V/4095, S. 8, wonach der Regierungsentwurf zu § 13 E 62 einschließlich seiner Begründung (BT-Drucks. IV/650, dort S. 124) im Wesentlichen übernommen wurde.

Tuns geht, vorausgesetzt wird. Vielmehr verbirgt sich dahinter eine Angleichung an diesen Maßstab und „eine Art Richtlinie für die richterliche Überzeugungsgewinnung, die der Begrenztheit des menschlichen Erkenntnisvermögens Rechnung trägt"[527].

Dagegen stellen die Anhänger der sogenannten „Risikoverminderungslehre" darauf ab, ob durch das gebotene Handeln das Risiko des Erfolgseintritts (mehr oder weniger signifikant) vermindert worden wäre[528]. Danach seien von dem Garanten auch solche Aktivitäten zu verlangen, die die Abwendung des Erfolges zwar nicht sicher, aber doch mit einer gewissen Wahrscheinlichkeit erwarten lassen. Die Risikoverminderungslehre ist jedoch mit den bekannten Argumenten ihrer Kritiker abzulehnen[529], da anderenfalls durch Unterlassen begangene Erfolgsdelikte unzulässiger Weise in Gefährdungsdelikte umgedeutet werden und der Grundsatz in dubio pro reo verletzt werden würde, wenn Zweifel an der Möglichkeit der Erfolgsverhinderung gegen den Garanten gewertet werden[530]. Zudem würde durch diesen Verzicht des Kausalnachweises die für das Begehungsdelikt fundamentale Zurechnungsvoraussetzung beim Unterlassungsdelikt praktisch aufgegeben[531], was weder mit dem Gesetzeswortlaut noch mit der Gleichstellung von Tun und Unterlassen vereinbar wäre[532].

2) Die „Kausalbeziehung" der Beihilfe durch Unterlassen

Bevor im nächsten Abschnitt auf die Abgrenzung zwischen Täterschaft und Teilnahme im Bereich der Unterlassungsdelikte eingegangen werden soll, ist an dieser Stelle die Kausalbeziehung einer Beihilfe durch Unterlassen näher zu erläutern.

---

527 So zutreffend *Roxin* 2003, § 31 Rn. 44 in Anlehnung an RGSt 75, 374; vgl. auch BGHSt 37, 106 (127).

528 *Brammsen* 1989, S. 126 f.; *Otto* 2004, § 9 Rn. 98 ff.; *Stratenwerth/Kuhlen* 2011, § 13 Rn. 54 ff.

529 Vgl. zur Kritik: Baumann/Weber/*Mitsch* 2003, § 15 Rn. 24; *Brettel* 2014, § 2 Rn. 81; MK/StGB-*Freund*, Vorbem §§ 13 ff. Rn. 311; HK/GS-*Heinrich*, Vormbem. zu § 13 Rn. 69; *Jakobs* 1993, 28/20; *Jescheck/Weigend* 1996, § 59 III 4; *Joecks* 2014, § 13 Rn. 22; *Rathgeber* 2012, S. 323 f.; *Rengier* 2014, § 49 Rn. 16; *Roxin* 2003, § 31 Rn. 51; *Schilha* 2008, S. 188; LK_{12}/StGB-*Weigend*, § 13 Rn. 72; *Wessels/Beulke/Satzger* 2014, Rn. 713; NK/StGB-*Wohlers/Gaede*, § 13 Rn. 15; eingehend *Prittwitz* 1993, S. 327 ff.

530 *Brettel* 2014, § 2 Rn. 81; MK/StGB-*Freund*, § 13 Rn. 223; NK/StGB-*Wohlers/Gaede*, § 13 Rn. 15 sprechen treffend von einer „unzulässigen Verdachtsstrafe". Darüber hinaus weist SSW/StGB-*Kudlich*, § 13 Rn. 11 zutreffend darauf hin, dass die Risikoerhöhungslehre im Bereich der Unterlassungsdelikte gar noch größeren Bedenken als beim Fahrlässigkeitsdelikt ausgesetzt sei, da dort wenigstens „ein tatsächlicher (empirischer) Kausalzusammenhang" bestehe.

531 Zutreffend Baumann/Weber/*Mitsch* 2003, § 15 Rn. 24 unter Verweis auf *Prittwitz* 1993, S. 335: „Erfolg ist verwirklichtes Erfolgsrisiko und Verursachung des Erfolges und daher mehr als Risikoerhöhung, nämlich Risikoverwirklichung. Erfolgsabwendung ist dementsprechend Verhinderung der Risikoverwirklichung, nicht lediglich Verringerung der Gefahr, dass sich das Risiko verwirklichen könnte".

532 Vgl. nur HK/GS-*Heinrich*, Vormbem. zu § 13 Rn. 69; *Joecks* 2014, § 13 Rn. 22.

(a) Die Ansicht der Rechtsprechung

Nach der Rechtsprechung soll Beihilfe durch Unterlassen bereits dann vorliegen, wenn die gebotene Handlung des Gehilfen die Tatvollendung des Haupttäters hätte erschweren können[533]. Nicht dagegen wird verlangt, dass der Gehilfe den Erfolg mit Sicherheit hätte abwenden können.

Dogmatischer Ausgangspunkt dieser Auffassung ist die Annahme, welche die Rechtsprechung im Bereich der Begehungsbeihilfe vertritt: Wenn die Unwertqualität der Beihilfe als Begehungsform in der Tatförderung bzw. -erleichterung liegt, so entspricht das garantenpflichtwidrige Unterlassen eines Gehilfen der Taterschwerung. Eine Taterschwerung liege vor, wenn das gebotene Einschreiten eine reelle Chance zur Verhinderung der Haupttat gehabt hätte[534]. Dagegen scheide strafbare Beihilfe aus, wenn der Garant keine echte Chance gehabt hatte, das Risiko des Gelingens der Haupttat zu verringern[535].

(b) Stellungnahme

Zu Recht geht die Rechtsprechung zunächst davon aus, dass weder der aktive noch der passive Gehilfenbeitrag conditio-sine-qua-non für den Erfolg der Haupttat gewesen sein muss, da Hilfeleisten i. S. des § 27 Abs. 1 StGB nicht notwendig Kausalität impliziert. Ansonsten könnte etwa der klassische Fall des „Schmiere-Stehens“ kaum als Beihilfe angesehen werden, da hier regelmäßig eine „echte Erfolgskausalität“ fehlen wird[536]. Vielmehr stellt die Norm das Hilfeleisten zur Haupttat eines anderen unter Strafe. Da in diesem Zusammenhang „der vom Täter verursachte Erfolg dem Gehilfen nicht als ‚sein Werk‘ zugerechnet wird, hängt die Strafbarkeit der Beihilfe nicht unbedingt von der im Täterschaftsbereich vorausgesetzten Kausalbeziehung ab“[537].

Soweit demnach unter Konkretisierung der Grundannahme der Rechtsprechung ein aktives „Hilfeleisten“ in jedem Tatbeitrag gesehen wird, welcher die Tatbestandsverwirklichung ermöglicht oder erleichert oder die vom Täter be-

533 BGHSt 43, 381 (397); BGH NJW 1953, 1838; 2003, 3212 (3213); OLG Frankfurt NJW 1987, 2753 (2756); vgl. bereits auch RGSt 71, 176 (178); 73, 52 (54).

534 Im Falle einer aktiven Taterleichterung muss dagegen der Gehilfe mit seiner Handlung die Chancen des Gelingens der Haupttat vergrößert haben.

535 So OLG Frankfurt NJW 1987, 2753 (2756) in Anlehnung an *Ranft* 1985, S. 270.

536 Zutreffend erkannt von *Waßmer* 2006, S. 349.

537 So zu Recht *Wessels/Beulke/Satzger* 2014, Rn. 582; zustimmend *Waßmer* 2006, S. 349. *Joecks* 2014, § 27 Rn. 10 weist dahingehend darauf hin, dass man den Aspekt der Kausalbeziehung der Beihilfe „nicht überbewerten“ dürfe, da in vielen Fällen, in denen etwa gelieferte Tatmittel seitens des Täters nicht genutzt wurden, Kausalität in Form einer Bestärkung des Tatentschlusses und damit psychische Beihilfe vorliege. Ebenso Baumann/*Weber*/Mitsch 2003, § 31 Rn. 18f.

gangene Rechtsgutsverletzung verstärkt hat[538], ist dies zu begrüßen[539]. Auch angesichts der gem. § 13 Abs. 1 HS 2 StGB erforderlichen normativen Entsprechung von Begehen und Unterlassen[540] bedeutet dies im Umkehrschluss für die Beihilfe durch Unterlassen, dass „der erwartete Eingriff des Garanten in den Ablauf der Tat diese verhindert, erschwert, abgeschwächt oder für den Täter riskanter gemacht hätte“[541].

Der Gedanke der Taterschwerung wird häufig mit dem Argument kritisiert, dass seine Anwendung „vielfach zu absurden Ergebnissen führen (würde), indem es bei Gefahr der Kriminalstrafe zu offensichtlich nutzlosen Handlungen zwänge“[542]. Im Übrigen werde „nun einmal aktives Handeln in weitergehendem Maße zugerechnet als Unterlassen, das nur als Erfolgsabwendungs- und nicht als Erschwerungspflicht“ auftrete[543]. Insoweit sei bei der Beihilfe durch Unterlassen eine „Kausalität in dem Sinne notwendig, dass durch das Einschreiten erreicht worden wäre, dass die Tat nicht oder nicht so hätte begangen werden können“[544].

Diese Kritik übersieht zum einen, dass der Gedanke der Taterschwerung den Garanten keineswegs zu offensichtlich nutzlosem Tätigwerden auffordert. Vielmehr nimmt auch die Rechtsprechung eine Beihilfe durch Unterlassen nur dann an, wenn der gebotenen Handlung unter den konkreten Tatumständen eine

---

538 In diesem Sinne etwa *Freund* 2009, § 10 Rn. 135; LK_{11}/StGB-*Jescheck*, § 13 Rn. 57; *Waßmer* 2006, S. 346; *Wessels/Beulke/Satzger* 2014, Rn. 582; ähnlich SSW/StGB-*Murmann*, § 27 Rn. 3; *Sering* 2000, S. 132f.; Baumann/*Weber*/Mitsch 2003, § 31 Rn. 13ff. m. w. N. zum Streitstand.

539 Einer derartigen Auslegung hat sich im Übrigen auch der Gesetzgeber angeschlossen, soweit er hinsichtlich der Lockerung der Kausalbeziehung bei § 130 OWiG auf die Anforderungen verweist, welche die Rechtsprechung an die Kausalität der aktiven bzw. passiven Beihilfe stellt, und dabei anmerkt, dass „Abweichungen vom strengen Kausalitätserfordernis dem geltenden Recht nicht fremd“ seien; vgl. BT-Drucks. 12/192, S. 33.

540 Zur Bedeutung der Entsprechungsklausel vgl. näher unter 4. Teil, III. 2. b) 1).

541 So zu Recht LK_{11}/StGB-*Jescheck*, § 13 Rn. 57; vgl. auch MK/StGB-*Freund*, § 13 Rn. 278f.; *ders.* 2009, § 10 Rn. 135; SK/StGB-*Hoyer*, § 27 Rn. 10; *Jakobs* 1993, 29/102a; MK/StGB-*Joecks*, § 27 Rn. 103f.; BeckOK/StGB-*Kudlich*, § 27 Rn. 3a; SSW/StGB-*Murmann*, § 27 Rn. 7; *Poguntke* 2013, S. 131f.; eingehend *Ranft* 1985, S. 270ff.; *Waßmer* 2006, S. 346ff.; a.A. jedoch *Sering* 2000, S. 136, der einen grundlegenden Unterschied zu den Fällen der aktiven Beihilfe erkennen möchte und deshalb die Anknüpfung an eine unterlassene Taterschwerung contra legem verwirft.

542 LK_{11}/StGB-*Roxin*, § 27 Rn. 44; LK_{12}/StGB-*Schünemann*, § 27 Rn. 53; vgl. auch *Grünwald* 1959, S. 118 Fn. 21; *Kaufmann* 1959, S. 293; *Nitze* 1989, S. 162.

543 LK_{11}/StGB-*Roxin*, § 27 Rn. 44; LK_{12}/StGB-*Schünemann*, § 27 Rn. 53.

544 Sch/Sch_{27}-*Cramer/Heine*, § 27 Rn. 16; ähnlich *Roxin* 2003, § 31 Rn. 169f.; § 26 Rn. 184, der es für erforderlich hält, dass „der Beitrag den Erfolg in seiner ganz konkreten Gestalt unter Einbeziehung aller zu ihm hinführenden Zwischenglieder beeinflusst“ haben müsse.

„hervorragende Eignung“ innewohnte[545] bzw. eine „echte Chance“ bestand[546], den Erfolg abzuwenden[547]. Zum anderen verkennen die Kritiker, dass sich ihre Ansicht „im Kern“ kaum von dem Gedanken der Taterschwerung unterscheidet[548]. Soweit sie nämlich die „Kausalität“ eines Tatbeitrags auch dann bejahen, falls dieser den Erfolg in seiner konkreten Gestalt beeinflusst, entspricht dies nichts anderem als einer anderen Bedeutung der Taterleichterung bzw. -erschwerung, was sich am besten unter Heranziehung zweier, die Diskussion prägender Beispielsfälle erklären lässt:

So meint *Roxin* unter Zugrundelegung seiner Vorstellung vom Kausalerfordernis einerseits, dass auch derjenige, der einem einsteigenden Dieb die Leiter hält, Beihilfe leiste, auch wenn der Täter ohne diese Hilfe die Leiter auf andere Weise befestigt hätte und auf jeden Fall ins Haus gelangt wäre[549]. Zu diesem zutreffenden Ergebnis gelangt man aber auch dadurch, dass man davon spricht, dass die Handlung des Gehilfen die Durchführung der Tat erleichtert hat. Andererseits kritisiert *Roxin*[550] den Gedanken der Taterschwerung an einem von *Jakobs* gebildeten Beispielsfall, wonach derjenige, der pflichtwidrig das Tor nicht schließt, welches der Dieb andernfalls überklettert hätte, Gehilfe sei[551]. Diese Kritik überzeugt nicht, da man auch hier ohne weiteres sagen könnte, dass der pflichtwidrig unterlassene Tatbeitrag – nämlich das Tor zu schließen – den Erfolg in seiner ganz konkreten Gestalt beeinflusst hat. Anders ausgedrückt ließe sich aber auch formulieren, dass der erwartete Eingriff des Garanten in den Ablauf der Tat diese erschwert hätte.

Soweit man also zutreffend im Rahmen der Begehungsbeihilfe die Taterleichterung als Zurechnungsmaßstab ausreichen lässt, kann das Äquivalent – schon um die Anforderungen an § 13 Abs. 1 StGB zu wahren – bei der Beihilfe durch Unterlassen nur Taterschwerung lauten. Beihilfe durch Unterlassen liegt demnach auch dann vor, wenn der Garant eine „angenehme“ Tatbegehung nicht modifiziert und damit

545 Vgl. *Ranft* 1985, S. 272 ff. m. w. N. aus der Rechtsprechung.

546 OLG Frankfurt NJW 1987, 2753 (2756).

547 Es verwundert daher schon ein wenig, wenn *Roxin* 2003, § 31 Rn. 170 die Kausalität auch dann bejahen möchte, wenn „die Erschwerung die Chance der Erfolgsverhinderung geboten und das Risiko des Erfolgseintritts auch bei einer Betrachtung ex post vermindert hätte“.

548 Zu dieser Einschätzung vgl. *Ambos* 2000, S. 721; zustimmend *Waßmer* 2006, S. 348 f.; vgl. auch MK/StGB-*Joecks*, § 27 Rn. 104, der von einem „bloßen Streit um Worte“ spricht.

549 *Roxin* 2003, § 26 Rn. 184.

550 LK_{11}/StGB-*Roxin*, § 27 Rn. 44; so auch LK_{12}/StGB-*Schünemann*, § 27 Rn. 53; gleiches würde bei Zugrundelegung der Ansicht von Sch/Sch_{27}-*Cramer/Heine*, § 27 Rn. 16 gelten.

551 *Jakobs* 1993, 29/102a meint zutreffend, dass das Nicht-Bereiten eines Hindernisses nicht rechtlich neutral sei, wenn die Beseitigung eines Hindernisses für den Betroffenen als aktive Beihilfe bestraft werde.

erschwert[552], indem er eine echte Chance zur Verhinderung des Erfolgs nicht nutzt. Dahingehend stellen sich nun aber – vor allem in den Situationen, in denen der Garant auf die Hilfe Dritter angewiesen ist – die gleichen Probleme wie im Bereich der hypothetischen Kausalbetrachtung bei der Täterschaft durch Unterlassen[553]. Auch hier wird man daher die hypothetischen Abläufe durch Schlussfolgerungen aus der – auf den konkreten Sachverhalt angewandten – Lebenserfahrung zu beurteilen haben[554]. Besteht danach die nicht unbegründete Annahme, dass eine Benachrichtigung den Dritten in seinem Handeln nicht beeinflusst hätte, entfällt die Zurechnung der Beihilfe durch Unterlassen und der Garant würde nicht bestraft werden, da das Gesetz die Bestrafung einer versuchten Beihilfe nicht vorsieht.

3. Die Beteiligung durch Unterlassen in der Rechtsprechung

Verhindert ein (Aufsichts-)Garant die vorsätzliche Straftat eines anderen nicht[555], so kommt nach Ansicht der Rechtsprechung entweder Beihilfe durch Unterlassen zu dessen Tat oder Unterlassungstäterschaft in Betracht. Demgegenüber war die Anstiftung durch Unterlassen – soweit ersichtlich – noch nie Gegenstand eines Urteils in der Rechtsprechung[556].

a) Die Abgrenzung von Täterschaft und Beihilfe durch Unterlassen in der Rechtsprechung

„Nach ständiger Rechtsprechung des Bundesgerichtshofs ist die Abgrenzung zwischen Täterschaft und Teilnahme in den Fällen, in denen ein erfolgsabwendungs-

552 So zu Recht MK/StGB-*Joecks*, § 27 Rn. 104; in ähnlicher Weise spricht BeckOK/StGB-*Kudlich*, § 27 Rn. 3a treffend von der „Pflicht, der sich abzeichnenden Förderung der Tatbegehung entgegenzutreten".

553 Vgl. bereits unter 2. Teil, II. 2. b) 1) (b).

554 Zutreffend LK_{12}/StGB-*Weigend*, § 13 Rn. 96, der an die Annahme, dass die Erfüllung der Handlungspflicht tatsächlich die generell zu erwartenden Folgen gehabt hätte, keine überhöhten Anforderungen stellen möchte.

555 Grundvoraussetzung für die Abgrenzung von Täterschaft und Teilnahme im Bereich der (unechten) Unterlassungsdelikte ist zunächst eine unabhängig von dieser Differenzierung zu begründende Garantenstellung, aus der situativ für den Betroffenen die Garantenpflicht i. S. von § 13 Abs. 1 StGB folgt; vgl. statt aller *Stein* 1988, S. 263 f. sowie die Begründung des Sonderausschusses des Bundestages, BT-Drucks. V/4095, S. 8, wonach der Regierungsentwurf zu § 13 E 62 einschließlich seiner Begründung (BT-Drucks. IV/650, dort S. 151) im Wesentlichen übernommen wurde.

556 Zu den konstruktiven Problemen einer derartigen Rechtsfigur vgl. nur *Bloy* 1987, S. 490 ff.; *Mosenheuer* 2009, S. 147 ff.; *Stein* 1988, S. 273 ff. jeweils m. w. N. Das Hauptproblem einer derartigen Rechtsfigur dürfte regelmäßig darin liegen, dass die bloße Untätigkeit, der kein bestimmter Erklärungswert beiwohnt, nicht (nachweisbar) zum Entstehen eines Tatentschlusses führen wird.

pflichtiger Unterlassender die deliktische Handlung eines Dritten nicht verhindert, nach denselben Kriterien vorzunehmen wie bei den Begehungsdelikten“[557]. Insoweit wendet die Rechtsprechung auch im Bereich der Unterlassungsdelikte ihre subjektive Theorie an, die sie auch hier mit Elementen der Tatherrschaftslehre im Zuge einer Gesamtwürdigung kombiniert. Danach sei aufgrund wertender Betrachtung abzuwägen, ob die „innere Haltung des Unterlassenden zur Begehungstat des anderen als Ausdruck eines sich die Tat zu eigen machenden Täterwillens aufzufassen ist oder ob seine innere Einstellung davon geprägt ist, dass er sich dem Handelnden im Willen unterordnet und das Geschehen ohne innere Beteiligung und ohne Interesse am drohenden Erfolg im Sinne bloßen Gehilfenwillens lediglich ablaufen lässt“[558].

Besondere Schwierigkeiten bereitet es dabei, genaue Kriterien für die Bestimmung des Täter- bzw. Gehilfenwillens festzulegen. Bereits in einem der ersten Urteile der Nachkriegsrechtsprechung betont der BGH[559]: „Besondere Sorgfalt verlangt die Prüfung der inneren Tatseite auch im Übrigen. Das Wesen der Unterlassungstat erlaubt es nicht, die Täterschuld aus einer Handlung des Täters zu entnehmen; sie lässt sich nur aus anderen, außerhalb des äußeren Hergangs liegenden Anhaltspunkten erschließen“. Im Falle einer garantenpflichtwidrigen Nichthinderung einer Selbsttötung sei Täterwille sowohl dann anzunehmen, wenn „er den Tod selber will (Vorsatz) oder als Folge des Untätigbleibens für möglich hält und für diesen Fall billigt (bedingter Vorsatz), wie auch wenn er die Todesfolge zwar nicht will, aber als Folge auch seines Untätigbleibens voraussieht und eintreten lässt, indem er sich dem fremden Selbsttötungswillen innerlich pflichtwidrig unterordnet“[560].

Auch wenn es sich in Fällen der unterlassenen Verhinderung einer Selbsttötung, da die Beihilfe hierzu straflos ist, um Spezialfälle handeln dürfte und der BGH selbst betont, dass es dahinstehen könne, ob in seinen Ausführungen „ein allgemeiner, für die Abgrenzung von Täterschaft und Teilnahme auch sonst beachtlicher Rechtsgedanke“ liege[561], so verwundert es doch sehr, wenn er zur Bejahung des Täterwillens und damit der Täterschaft auf die „Billigung“ des Taterfolges abstellt oder gar die „Unterordnung unter den fremden Selbsttötungswillen“ ausreichen lässt. Denn laut den nachfolgenden Entscheidungen[562] waren dies entweder keine tauglichen Abgrenzungskriterien[563] oder gar Kennzeichen für die Annahme von

557 So ausdrücklich BGHSt 43, 381 (396).
558 So BGHSt 43, 381 (396); BGH NJW 1992, 1246 (1247); BGH NStZ 2009 321 (322); vgl. aber auch BGHSt 2, 150 (155 f.); BGH NJW 1966, 1763; BGH StV 1986, 59 (60).
559 BGHSt 2, 150 (155).
560 BGHSt 2, 150 (155 f.)
561 BGHSt 2, 150 (156).
562 A.A. noch BGH NJW 1966, 1763, der zumindest die „Billigung“ des Taterfolges als Argument für die Annahme von (Mit-)Täterschaft heranzieht.
563 So BGH StV 1986, 59 (60), wonach Abgrenzungskriterium nicht die Billigung der durch den anderen vollzogenen Haupttat sei, denn beides sei auch für die Annahme einer Beihilfe durch Unterlassen erforderlich.

bloßem Gehilfenwillen[564]. So spreche insbesondere die Unterordnung unter den Willen des Handelnden – etwa weil er dessen bestimmenden Einfluss besonders unterliegt – für die Annahme von bloßen Gehilfenwillen, wohingegen Täterwille vor allem dann vorliegen soll, wenn ein besonderes Interesses am abzuwendenden Taterfolg festzustellen ist[565].

b) Stellungnahme

Der Rechtsprechung ist darin Recht zu geben, dass es bei den Unterlassungsdelikten keinen realen Tatbeitrag und somit keinen fassbaren Kausalzusammenhang gibt. Insoweit ist es im Unterschied zu den Begehungsdelikten im Bereich der Unterlassungsdelikte nicht gleichermaßen möglich, nach dem Kriterium der Tatherrschaft, verstanden als Steuerung des Geschehensablaufs, eine Abgrenzung vorzunehmen[566]. Vor diesem Hintergrund ist es nachvollziehbar, dass die Rechtsprechung wie im Bereich der Begehungsdelikte vornehmlich auf die innere Einstellung des Unterlassenden abstellt.

Positiv ist zu erwähnen, dass die Rechtsprechung nicht alle Fälle, in denen ein Garant die Begehung einer Straftat durch einen Dritten geschehen lässt, gleich behandeln möchte und insofern eine Abgrenzung der Beteiligungsformen vornimmt[567]. Zwar wurde die Formulierung des grundlegenden Entwurfs, wonach eine besondere Erwähnung der Worte „als Täter oder Teilnehmer" in § 13 E 62 erfolgen sollte[568], in der heutigen Regelung des § 13 Abs. 1 StGB nicht übernommen. Allerdings ist dies nicht darauf zurückzuführen, dass damit einer Unterscheidung zwischen Täterschaft und Teilnahme bei den Unterlassungsdelikten eine gänzliche Absage erteilt werden sollte. Vielmehr kam es dem Gesetzgeber bei der Umsetzung des Entwurfs darauf an, „nicht in den dogmatischen Streit über die Frage (in Rechtsprechung und Literatur) einzugreifen"[569].

Für eine Differenzierung zwischen Täterschaft und Teilnahme bei den Unterlassungsdelikten spricht zum einen, dass das Gesetz an anderer Stelle – nämlich in den §§ 8 S. 1, 9 Abs. 2 S. 1 StGB – ganz grundsätzlich neben der Täterschaft auch

---

564 BGHSt 43, 381 (396); BGH NJW 1992, 1246 (1247); BGH NStZ 2009, 321 (322).

565 BGH NJW 1992, 1246 (1247); BGH NStZ 2009, 321 (322).

566 So auch Baumann/*Weber*/Mitsch 2003, § 29 Rn. 58; *Fernàndez* 2012, S. 367 ff.; *V. Haas* 2011, S. 392; *Hoffmann-Holland* 2006, S. 623; *Krüger* 2011, S. 4; *Mosenheuer* 2009, S. 160; *Roxin* 2003, § 31 Rn. 133; *Seelmann* 1992, S. 416; *Stratenwerth/Kuhlen* 2011, § 14 Rn. 8.

567 Diese Erkenntnis teilen u. a. *Arzt* 1980, S. 557 f.; *Bottke* 2004, S. 28 f.; *V. Haas* 2011, S. 396; *Hoffmann-Holland* 2006, S. 622; *Krüger* 2011, S. 2 f.; *Mittelsdorf* 2007, S. 136; *Mosenheuer* 2009, S. 157 f.; *Schwab* 1996, S. 189 ff.; *Seelmann* 1992, S. 416; *Stein* 1988, S. 308; *Waßmer* 2006, S. 341 ff. Eingehend zur Abgrenzung von Täterschaft und Teilnahme bei Unterlassungsdelikten unter 4. Teil, III. 2.

568 Begr. RegE zum Strafgesetzbuch von 1962 (E 1962), BT-Drucks. IV/650, S. 13.

569 BT-Drucks. V/4095, S. 8.

von einer Teilnahme durch Unterlassen spricht. Zum anderen verlangt § 13 Abs. 1, HS 2 StGB selbst, dass das „Unterlassen der Verwirklichung des gesetzlichen Tatbestandes durch ein Tun" entsprechen muss.

Schaut man sich die Gesetzgebungsmaterialien an, wird deutlich, dass der Gesetzgeber selbst mit dieser Entsprechensklausel, vormals Gleichwertigkeitsklausel[570], bei den unechten Unterlassungsstraftaten stets verlangt, dass „dem *Unterlassen in der Unrechtsbewertung dasselbe Gewicht*" zukommen müsse „*wie der Begehung durch ein Tun*"[571]. Gleichzeitig wird an anderer Stelle als Begründung für die Beibehaltung des differenzierten Beteiligungssystems angeführt, dass „Vorschriften notwendig seien, die die Strafandrohungen des Besonderen Teils" auch für Fälle des Verleitens eines anderen zu einer Straftat bzw. des Unterstützens eines anderen bei seinem strafbaren Tun anwendbar machen und die „*je nach Art oder Gewicht der Beteiligungsform* allgemein bestimmen, ob und in welchem Umfange Beteiligte der Strafdrohung unterliegen"[572]. Später heißt es dann gar, dass „*Beihilfe auch durch Unterlassen begangen* werden" könne und hierfür Voraussetzung nur sei, dass „der Unterlassene rechtlich dafür einzustehen hat, dass der Erfolg, nämlich die Tat, nicht eintreten werde, und *sein Verhalten den Umständen nach der Verwirklichung des Beihilfetatbestandes durch ein Tun gleichwertig ist* (§ 13)"[573].

Diesen Aussagen lässt sich entnehmen, dass (auch) der Gesetzgeber davon ausgeht, dass sowohl Täterschaft als auch Teilnahme bei den unechten Unterlassungsdelikten möglich ist und die verschiedenen Beteiligungsformen unterschiedliches Gewicht besitzen, wobei insbesondere bei untergeordneter bzw. entfernterer Mitwirkung die Strafwürdigkeit des Verhaltens geringer ist. Tatsächlich sind, soweit eine Person als Garant anzusehen ist, in normativer Hinsicht Fälle denkbar, in denen die Hürde für ein erfolgsabwendendes Eingreifen des Garanten gegenüber dem Aktivtäter so hoch liegt, dass es unangemessen wäre, ihn – unabhängig von der lediglich fakultativen Strafmilderung des § 13 Abs. 2 StGB – ebenso wie diesen

570 Der Sonderausschuss des Bundestages begründete die Ersetzung der Formulierung „gleichwertig ist" durch das Wort „entspricht" damit, dass dieser Ausdruck etwas neutraler sei und daher eher den Widerspruch zwischen der Gleichwertigkeit von Handeln und Unterlassen einerseits und gleichzeitiger Einführung einer fakultativen Strafmilderung für die Unterlassungsfälle andererseits vermeide; vgl. BT-Drucks. V/4095, S. 8.

571 Vgl. die Begründung des Sonderausschusses des Bundestages, BT-Drucks. V/4095, S. 8, wonach der Regierungsentwurf zu § 13 E 62 einschließlich seiner Begründung (BT-Drucks. IV/650, dort S. 125) im Wesentlichen übernommen wurde.

572 BT-Drucks. IV/650, S. 146 f. in Auseinandersetzung mit der Einheitstäterlehre.

573 BT-Drucks. IV/650, S. 151. Dabei liegt nach der Gesetzesbegründung der obligatorischen Strafmilderung für die Beihilfe „der Gedanke zugrunde, dass die *entferntere Mitwirkung des Gehilfen in der Regel auf eine geringere Schuld schließen lässt* und ein Schuldstrafrecht dem bei den gesetzlichen Strafandrohungen Rechnung tragen sollte".

zu bestrafen, falls er das bedrohte Rechtsgut nicht hinreichend aktiv verteidigt[574]. Insbesondere *Krüger* weist zu Recht auf eine durchaus mögliche quantitative Abstufung der Handlungspflicht hin[575]: „Beim positiven Tun verletzt der Handelnde eine – mit der Garantenpflicht insofern korrespondierende – Unterlassungspflicht, nämlich das Rechtsgut, respektive dessen Träger, nicht aktiv anzugreifen. Bei dieser Unterlassungspflicht geht das Gesetz von einem Mehr-oder-Weniger-Bestehen aus. Anderenfalls könnte man nämlich die Differenzierung zwischen Täterschaft und Teilnahme überhaupt nicht erklären[576]. Warum diesen Mehr-oder-Weniger-Bestehen bloß für die Unterlassungspflicht beim positiven Tun, nicht aber für die Handlungspflicht im Bereich der unechten Unterlassungsdelikte gelten soll, bleibt unerfindlich".

Anknüpfend an die insoweit gebotene Differenzierung nach der Schwere des Unrechts des Unterlassenden ist auch im Bereich der Unterlassungsdelikte von einer stets erforderlichen Abgrenzung von Täterschaft und Teilnahme[577] auszugehen[578]. Ansonsten sähe man sich dem sachlichen Widerspruch ausgesetzt, beim mit größerem Handlungsunrecht versehenen positiven Tun eine Abgrenzung der

574 In diese Richtung auch *Bottke* 1994, S. 40 ff.; *Fernàndez* 2012, S. 368 f.; *Hardwig* 1965, S. 670; *Hoffmann-Holland* 2006, S. 626; MK/StGB-*Joecks*, § 25 Rn. 270; *Krüger* 2011, S. 2 f.; *Mosenheuer* 2009, S. 175 f.; *Sering* 2000, S. 95 ff.; *Spring* 2009, S. 264; *Stein* 1988, S. 308 ff.; *Waßmer* 2006, S. 343; LK_{12}/StGB-*Weigend*, § 13 Rn. 94 f.

575 *Krüger* 2011, S. 2.

576 Vgl. hierzu nur *Stein* 1988, S. 260, der den Gehilfenverhaltensnormen eine gegenüber den Täter- aber auch Anstifterverhaltensnormen „verminderte Dringlichkeit" zuschreibt, die zu „einer Minderung des in ihrer Verletzung liegenden Verhaltensunwerts" führe; ferner *Arzt* 1980, S. 555 mit dem zutreffenden Hinweis, dass es auch bei den Erfolgsdelikten durch Tun Abstufungen in der Verantwortlichkeit gebe. Solche Graduierungen der Verantwortlichkeit lägen zum einen der Abgrenzung zwischen Täterschaft und Beihilfe zugrunde und wirkten sich insoweit auf den Strafrahmen aus (vgl. § 27 StGB). Zum anderen würden sie im Rahmen der Strafzumessung berücksichtigt, also auch ohne einer Änderung des Strafrahmens wie sie bei Unterlassungen fakultativ möglich wäre.

577 Konkrete Kriterien hierfür enthalten jedoch weder die gesetzlichen Formulierungen noch die Gesetzgebungsmaterialien, wobei in letzteren zumindest anklingt, dass von Seiten des Gesetzgebers der Abgrenzung von Täterschaft und Teilnahme durch Rechtsprechung und Lehre nach dem „Gedanken der Tatherrschaft Raum" gelassen werden soll; vgl. BT-Drucks. IV/650, S. 147 f.

578 Zum abweichenden Ansatz der sog. „Pflichtdeliktstheorie" vgl. unter 4. Teil, III. 2. a); die Möglichkeit einer Beihilfe durch Unterlassen generell verneinend *Grünwald* 1956, S. 97 ff.; *ders.* 1959, S. 112 ff., der neben der Täterschaft durch Handeln und der Beihilfe durch Handeln als dritte Beteiligungsform die Beteiligung durch Unterlassen anerkennen möchte; vgl. ferner *Kaufmann* 1959, S. 291 ff.; *Nitze* 1989, S. 159 ff. Diese als „strenge Täterschaftstheorie" zu bezeichnende Auffassung (so LK_{12}/StGB-*Schünemann*, § 25 Rn. 210) kann jedoch aufgrund der dargestellten Argumente als überholt angesehen werden.

Begehungsformen zuzulassen, nicht aber beim anerkanntermaßen geringeren Unterlassungsunrecht[579].

Unabhängig von diesen gewinnbringenden Erkenntnissen ist jedoch für die Abgrenzung von Täterschaft und Teilnahme gerade im Bereich der Unterlassungsdelikte eine maßgebend auf den subjektiven Willen abstellende Theorie – wie sie die Rechtsprechung grundsätzlich verfolgt – aus folgenden Gründen zu kritisieren:

Dagegen spricht vor allem, dass sich die innere Einstellung des untätig bleibenden Garanten eben nicht in einer objektiv wahrnehmbaren Handlung zeigt, die nachvollziehbare Anhaltspunkte für eine genauere Feststellung des Willens liefern könnte[580]. Die Gefahr einer unbestimmten und willkürlichen Rechtsanwendung scheint dabei grundsätzlich gegeben[581], sodass nicht Wenige diese Vorgehensweise in der Nähe des rechtsstaatlich bedenklichen Gesinnungsstrafrechts ansiedeln[582].

Diese Meinung bestätigt sich im Übrigen auch durch die nicht in sich geschlossene Rechtsprechung[583]. Denn wenn zur Annahme von Täterwille das Tatinteresse von wesentlicher Bedeutung sein soll und hierfür mitunter auf die „Billigung" des Taterfolgs abgestellt wird[584], dann aber ausdrücklich betont wird, dass dieses Abgrenzungskriterium untauglich sei[585], so verdeutlicht dies umso mehr die durch die mangelnde Präzision des Ansatzes bedingte „Sprunghaftigkeit"[586] der Rechtspre-

579 Vgl. hierzu *Arzt* 1980, S. 555; *Bottke* 1994, S. 49 f.; *ders.* 2004, S. 38 f.; *Fernàndez* 2012, S. 369; *Hoffmann-Holland* 2006, S. 626; *Krüger* 2011, S. 2; *Mittelsdorf* 2007, S. 136; *Mosenheuer* 2009, S. 192 ff.; *Stein* 1988, S. 308 ff. Die geringere Strafwürdigkeit des Unterlassens ergibt sich daraus, dass vom Normadressaten des Unterlassungsdelikts mehr verlangt wird, indem ihm eine Rettungsaktion auferlegt und nicht bloß gefordert wird, von der Tat Abstand zu nehmen.

580 Zwar mag in Anlehnung an die BSR-Entscheidung im Falle der Nichthinderung von betrügerischen Handlungen eines Vorstandsmitglieds eine Unterordnung unter den Willen des Begehungstäters seitens des Unterlassenden aufgrund der Unternehmenshierarchie auch in objektiver Hinsicht zum Ausdruck kommen. Doch wie verhält es sich, wenn Mitarbeiter der gleichen Unternehmensebene oder gar – wie in den diskutierten Fällen zur strafrechtlichen Geschäftsherrenhaftung üblich – in der Hierarchie nachgeordnete Mitarbeiter strafrechtlich relevante Verfehlungen begehen?

581 Kritisch dahingehend auch *Hoffmann-Holland* 2006, S. 623 f.; *Krüger* 2011, S. 4; *Ransiek* 1996, S. 52; *Waßmer* 2006, S. 341 f.; LK_{12}/StGB-*Weigend*, § 13 Rn. 94; NK/StGB-*Wohlers/Gaede*, § 13 Rn. 26.

582 *Mosenheuer* 2009, S. 165; *Roxin* 2003, § 31 Rn. 138; LK_{12}/StGB-*Schünemann*, § 25 Rn. 208; *Spring* 2009, S. 262.

583 Vgl. auch *Mosenheuer* 2009, S. 165; *Roxin* 2003, § 31 Rn. 138.

584 BGHSt 2, 150 (156); BGH NJW 1966, 1763.

585 BGH StV 1986, 59 (60).

586 Diese Wertungswidersprüche liefern gar einen Grund zu der Annahme, dass im Bemühen um eine konturenschärfere Abgrenzung ein gesteigerter Wille zur Täterschaftsbegründung nur aus der Bejahung von dolus directus erfolgen kann,

chung[587]. Auch der Gesetzgeber, der sich im Rahmen der Abgrenzungsfrage (auch im Bereich der Begehungsdelikte) für die Anwendung des Gedankens der Tatherrschaft ausspricht, weist zutreffend darauf hin, dass Täter nicht schon derjenige sei, wer ein eigenes Interesse am Erfolg der Tat hat, da „zur Tatherrschaft nicht nur ein ‚Beherrschen-wollen', sondern auch ein ‚Beherrschen-können' gehört"[588].

c) Zwischenfazit

Der vordergründig subjektiven Theorie der Rechtsprechung ist insoweit beizupflichten, dass auch im Bereich der Unterlassungen eine Abgrenzung der Beteiligungsformen zu erfolgen hat. Hierbei sieht sie sich jedoch dem nicht unberechtigten Vorwurf ausgesetzt, dass sich ihre Vertreter im Bemühen um Einzelfallgerechtigkeit eher durch ein Bauchgefühl anstatt von handhabbaren Kriterien leiten lassen.

Anliegen der nachfolgend noch durchzuführenden eigenen Untersuchung soll es daher auch sein, Kriterien für eine sachgerechte Abgrenzung von Täterschaft und Teilnahme im Bereich der Unterlassungen aufzuzeigen. Dabei wird neben einer grundsätzlichen, am Unrechtsgehalt orientierten Differenzierung von Täterschaft und Teilnahme auf die besondere Struktur des garantenpflichtwidrigen Unterlassens bei der Beteiligung mehrerer an einer Straftat einzugehen sein.

III. Fazit

1. Zusammenfassung der Rechtsprechung

Die Analyse der Rechtsprechung hat die eingangs dieses Abschnitts aufgestellte These bestätigt[589], nämlich dass als Entstehungsgrund einer strafrechtlich relevanten Garantenpflicht die Übernahme entsprechender (außerstrafrechtlich geregelter) Pflichten herangezogen werden kann, sofern diese auch materiell dergestalt ausgeformt sind, dass daraus eine dem Begehen gleichgestellte Handlungspflicht zur Abwendung des tatbestandsmäßigen Erfolgs resultiert.

Für die Entstehung einer Beschützergarantenpflicht[590] bedeutet dies im Einzelnen Folgendes: Dem Betroffenen muss die *gesetzlich und/oder vertraglich geregelte Pflicht*

---

der wiederum zur Verwirklichung der meisten Tatbestände nicht zwingend erforderlich ist.

587 *Winkelbauer* 1998, S. 654 weist darauf hin, dass der von der Rechtsprechung beanspruchte Täterwille in der Führungsebene eines Unternehmens selten anzutreffen sein werde, da diese grundsätzlich „nur an einem bestimmten Ergebnis, nicht aber an der Art und Weise seiner Herbeiführung interessiert" sein werde. Zustimmend *Brettel* 2014, § 2 Rn. 64.

588 BT-Drucks. IV/650, S. 147 f.

589 Vgl. unter 2. Teil, I. 3. a).

590 Zur funktionellen Einteilung der Garantenstellungen nach ihrer Schutzrichtung vgl. unter 2. Teil, I. 3. a) 1) (a).

obliegen, für den Schutz materiell zu bestimmender Rechtsgüter einzustehen. Dabei reicht die formelle Verpflichtung nach gefestigter Rechtsprechung allein nicht aus[591]. Vielmehr muss der Verpflichtete den durch die Pflichten konkretisierten Aufgabenbereich auch *tatsächlich dergestalt übernommen* haben, dass er *zum Schutze des tatbestandlich geschützten Rechtsguts* „auf Posten gestellt" ist. Das bedeutet auch, dass ein gewisses *Abhängigkeitsverhältnis zum geschützten Rechtsgut* bestehen muss, welches es rechtfertigt, ihn gleich einem Begehungstäter zur Verantwortung zu ziehen.

Dieses Schutzbedürfnis kann auf den verschiedensten Gründen beruhen. So können beispielweise manche Individual-[592], aber auch Kollektivrechtsgüter[593] ohne die schützende Hand eines Obhutspflichtigen nicht (entsprechend) vor drohenden Gefahren verteidigt werden. Daneben spielt gerade im Falle der Übertragung von Einstandspflichten aufgrund individueller Vereinbarung das berechtigte Vertrauen des Übertragenden in die Wahrnehmung der zugesagten Tätigkeit seitens des Verpflichteten eine bedeutsame Rolle[594]. Diesbezüglich hat sich im Übrigen gezeigt, dass es nicht zwingend der Übertragung spezifischer Pflichten durch einen „primären Garanten" bedarf. Denn sowohl aus gesetzlich[595] wie *auch aus vertraglich übernommenen Pflichten kann sich originär* aufgrund einer besonders vertrauenserweckenden Zusage[596] bzw. einer besonderen Abhängigkeit des Gegenüber[597] eine Schutzgarantenpflicht im Hinblick auf bestimmte Rechtsgüter ergeben.

Diese Rechtsquellen können auch für die Annahme einer Überwachergarantenpflicht fruchtbar gemacht werden, wenn es um die Beurteilung der Frage geht, ob der Betroffene zur Überwachung einer Gefahrquelle „auf Posten gestellt" ist. So nimmt die Rechtsprechung insbesondere eine *Garantenpflicht zur Überwachung gefährlicher Sachen* an, die durch den Inhaber der Sachherrschaft auszuüben ist. Auch wenn der genaue Entstehungsgrund dieser Garantenpflicht oftmals[598] im

---

591 BGHSt 39, 392 (399 ff.); 46, 196 (203 f.); BGH NJW 2000, 3013 (3014); OLG Stuttgart NStZ 2003, 554; OLG Celle NStZ-RR 2010, 207 (208).

592 Hierunter fallen etwa die Eltern-Kind- bzw. Betreuerkonstellationen (OLG Stuttgart NJW 1998, 3131).

593 Vgl. etwa die besondere Verantwortlichkeit für Umweltschutzbelange (BGHSt 38, 325; OLG Frankfurt NJW 1987, 2753).

594 Beispielhaft hierfür seien die Babysitterkonstellationen (BGH NStZ 1984, 163) angeführt.

595 Vgl. hierzu wiederum die Betreuerkonstellationen (OLG Stuttgart NJW 1998, 3131), in denen der aufgrund gesetzlichen Auftrags eingesetzte Betreuer neben den garantiepflichtigen Eltern zum Schutze des Kindeswohls „auf Posten gestellt" wird.

596 Man denke an die Arzt-Patienten-Verhältnisse (BGH NJW 1979, 1258) oder an eine Vermögensschutzpflicht der Bank gegenüber ihren Kunden.

597 Vgl. hierzu einzelne Verpflichtungen des Vermieters (BayObLG NJW 1987, 1654) bzw. des ALG-Empfängers (OLG Köln NStZ 2003, 374).

598 Dezidiertere Begründungen finden sich bspw. bei BGH NJW 2000, 2754 (2755 f.); OLG Frankfurt NJW 1987, 2753 (2756): Danach könne sich eine Überwachergaran-

Verborgenen bleibt, ist dahingehend ein Konsens auszumachen[599], dass die Sicherungspflicht, die dem Betroffenen obliegt, *zum Schutze der durch die Gefahrquelle bedrohten Rechtsgüter Außenstehender* existieren muss, die gerade auf die Pflichterfüllung durch den Betroffenen mit *berechtigtem Interesse vertrauen* (dürfen)[600].

Diese Überwachergarantenpflichten können nach ständiger Rechtsprechung auf andere übertragen werden. Maßgeblich hierfür sind der *Umfang des erteilten Auftrags* sowie die *tatsächliche Übernahme der Auftragsausführung*. Dadurch trete bei fortbestehendem Einstandserfordernis gegenüber der Allgemeinheit der Übernehmende an die Stelle des ursprünglichen Garanten, welcher regelmäßig in die *ordnungsgemäße Auftragsausführung vertraut* und dies auch darf[601]. Beim Übertragenden verbleibt lediglich ein gewisses Maß an Restverantwortung, die ihn dann zum Tätigwerden verpflichtet, wenn ihm bei der Auswahl oder der Überwachung des Beauftragten Fehler unterlaufen sind[602].

Zudem hat die Analyse der Rechtsprechung auch im Hinblick auf die Überwachung von Sachgefahren gezeigt, dass der BGH durchaus die Möglichkeit sieht, unbeschadet des Vorhandenseins einer entsprechenden Garantenpflicht des Beauftragenden eine Überwachergarantenstellung gerade bei besonderen Gefahren *aufgrund expliziter Beauftragung* im Interesse des Rechtsgüterschutzes eigenständig begründen zu können[603], da hierdurch quasi ein neuer Vertrauenstatbestand geschaffen wird.

Geht es dagegen um die Beurteilung der auch für diese Untersuchung relevanten Frage, ob und inwieweit nach unserer Rechtsordnung einzelne betriebliche Akteure zur Aufsicht über andere Mitarbeiter verpflichtet sind, so lassen sich in der Rechtsprechung nur wenige einschlägige Urteile finden. Dennoch ist eine Tendenz dahingehend auszumachen, dass einer derartigen *Aufsichtsgarantenpflicht keine grundsätzliche Absage* erteilt wird. Vielmehr deuten vereinzelte Entscheidungen darauf hin, dass sich aus einer übernommenen Stellung im Betrieb eine je nach den Umständen des Falls besondere Rechtspflicht zur Verhinderung von Straftaten nachgeordneter Mitarbeiter ergeben könne, soweit diese *bei Ausführung betrieb-*

---

tenstellung aus der übernommenen Funktion im Unternehmen ergeben, die durch gesetzliche Regelungen bzw. den dienstlichen Auftrag ihre besondere Ausprägung erfährt. Als entscheidend erweise sich dabei der übertragende Aufgaben- und Pflichtenkreis, der dem Betroffenen im Interesse des Rechtsgüterschutzes der Allgemeinheit auferlegt ist.

599 Insbesondere ist nicht gänzlich klar, inwieweit die zivilrechtlichen Verkehrssicherungspflichten einen tauglichen Aufhänger darstellen und was der materielle Legitimationsgrund einer derartigen Garantenpflicht ist, vgl. näher unter 4. Teil, II. 3.

600 Vgl. nur BGH NJW 1971, 1093 (1095); 2008, 1897 (1898); 2010, 1087 (1090).

601 Vgl. etwa BGHSt 19, 286 (288); 47, 224 (229).

602 Vgl. vor allem BGHSt 19, 286 (288 f.); OLG Karlsruhe NJW 1977, 1930; OLG Stuttgart NStZ 2006, 450.

603 BGHSt 19, 286 (291).

licher Tätigkeiten und nicht nur bei Gelegenheit begangen werden[604]. Als potentielle Adressaten dieser Aufsichtsgarantenpflicht werden dabei der Betriebsinhaber sowie sonstige Vorgesetzte genannt. Unklar bleibt dabei vor allem der materielle Legitimationsgrund der Einstandspflicht.

Soweit dahingehend Versuche unternommen werden, stützen sich diese zum Teil auf ein bestimmtes *Autoritäts- bzw. Vorgesetztenverhältnis*, welches ein *berechtigtes Vertrauen der Allgemeinheit* dahingehend begründe, dass der Aufsichtspflichtige Gefahren für Dritte, die von der zu überwachenden Person ausgehen, beherrscht und schädliche Auswirkungen verhindert[605]. Doch bereits in anderen Entscheidungen wird betont, dass das „Vorgesetztenverhältnis allein" *nicht entscheidend* sei[606] bzw. gar die mangelnde „Entscheidungs- bzw. Anordnungsbefugnis" das Entstehen einer Garantenpflicht nicht hindere[607].

Die Gerichte stellen in diesen Entscheidungen mehr auf die *übernommene Stellung bzw. den erteilten Auftrag* ab, welche(r) anhand der gesetzlichen Anforderungen bzw. der vertraglichen Regelung zu konkretisieren sei[608], wobei auch hier vereinzelt erwogen wurde, dass sich im Einzelfall aus dem *übernommenen Auftrag eine Erweiterung der* dem Gewerbetreibenden obliegenden *Verpflichtung* ergeben könne[609]. Freilich kommt auch in diesen Entscheidungen die materielle Legitimation der Aufsichtsgarantenpflicht nicht hinreichend zum Ausdruck. Insbesondere kann der Rechtsprechung *keine eindeutige Aussage zum Eigenverantwortlichkeitsprinzip* entnommen werden[610], dessen Stellenwert im Rahmen der Diskussion um die strafrechtliche Geschäftsherrenhaftung in der Literatur am heftigsten umstritten ist. Lediglich Entscheidungen abseits betrieblicher Strukturen liefern eine Annahme dafür, dass die beschränkte Verantwortlichkeit der handelnden Person ein wesentliches Kriterium für die Begründung einer Aufsichtsgarantenpflicht sein könne[611].

Ein in sich geschlosseneres Bild liefert demgegenüber die Rechtsprechung, wenn es um die Beurteilung der Anforderungen an die in der konkreten Tatsituation aus der Garantenstellung des Unterlassenden entspringenden Erfolgsabwendungsver-

---

604 Vgl. neben BGHSt 54, 44 (50) vor allem BGH NJW 2012, 1237 (1238); OLG Karlsruhe GA 1971, 281 (283); aber auch schon RGSt 58, 130 (132).

605 RGSt 71, 176 (177 f.); OLG Karlsruhe GA 1971, 281 (283); ebenso angedeutet – wenn auch nicht ausschließlich in Erwägung gezogen – bei BGH NJW 2012, 1237 (1238).

606 RGSt 58, 130 (132 f.).

607 OLG Frankfurt NJW 1987, 2753 (2756).

608 BGH NJW 2000, 2754 (2755 f.); OLG Frankfurt NJW 1987, 2753 (2756).

609 RGSt 58, 130 (132).

610 Zumindest BGH NJW 2012, 1237 (1238) betont die Vollverantwortlichkeit der handelnden Angestellten, ohne jedoch daraus Rückschlüsse auf eine Überwachergarantenpflicht ziehen zu wollen.

611 Vgl. nur die Eltern-Kind-Verhältnisse [BGHSt 6, 46 (57); OLG Düsseldorf NJW 1987, 201] bzw. Betreuerkonstellationen [OLG Celle NJW 2008, 1012 (1013)].

pflichtung geht[612]. Da sich diese an den Fähigkeiten und Fertigkeiten des Normadressaten bemisst, müsse die *gebotene Handlung dem Täter auch faktisch und vor allem rechtlich möglich* gewesen sein. Insoweit kommt nach der Ansicht der Rechtsprechung den außerstrafrechtlichen Regelungen eine die strafrechtliche Verantwortlichkeit begrenzende Funktion zu.

Auch im Bereich der Kausalitätsfeststellung einer unterlassenen Handlung für den eingetretenen Erfolg verfolgt die Rechtsprechung eine einheitliche Linie: Danach ist zur Verwirklichung täterschaftlichen Unterlassungsunrechts erforderlich, dass die dem Täter mögliche und *gebotene Handlung den tatbestandlichen Erfolg „mit an Sicherheit grenzender Wahrscheinlichkeit" abgewendet hätte*[613]. Demgegenüber wird bei der Beurteilung einer Beihilfe durch Unterlassen ein nicht ganz so strenger Zurechnungsmaßstab angelegt. Dieser Beziehungszusammenhang entspricht vielmehr den Anforderungen, die die Rechtsprechung im Bereich einer Begehungsbeihilfe zugrunde legt: Demgemäß soll Beihilfe durch Unterlassen bereits dann vorliegen, wenn die *gebotene Handlung des Gehilfen die Tatvollendung des Haupttäters hätte erschweren können*[614].

Schließlich bleibt zu erwähnen, dass die Rechtsprechung zur Abgrenzung von Täterschaft und Teilnahme im Bereich der Unterlassungen dieselben Kriterien fruchtbar macht wie bei der Beurteilung von Begehungsunrecht. Hier wie dort stützt sie die Abgrenzung vordergründig auf ihre subjektive Theorie, indem sie danach fragt, ob der *Betreffende mit Täter- oder Teilnehmerwillen* gehandelt hat. Dabei bedient sie sich in ihren Entscheidungen mehr oder weniger *einzelner Elemente der Tatherrschaftslehre*, um den Willen des Beschuldigten im Zuge einer Gesamtwürdigung zu ermitteln.

Insgesamt lässt sich nach der Untersuchung der Rechtsprechung befinden, dass ein *Zusammenhang zwischen Aufgabenübertragung und Verantwortung* besteht: Werden nämlich Aufgaben und Kompetenzen auf andere übertragen, so ist dies nicht nur für die Frage der Begründung einer Garantenstellung relevant, sondern auch für die Beurteilung der aus dieser in einer tatbestandsmäßigen Situation entspringenden Erfolgsabwendungspflicht. Insoweit begrenzen vor allem die eingeräumten Befugnisse die Pflicht zur Abwendung des drohenden Erfolgs auf das Mögliche und Zumutbare.

---

612 BGHSt 6, 46 (57); 37, 106 (125 f.); BGH LMRP 1988, 29; BGH NStZ 1997, 545 (546); OLG Bremen NJW 1957, 72 (73); OLG Frankfurt NJW 1987, 2753 (2757).

613 BGHSt 37, 106 (127); 43, 381 (397); BGH NStZ 1985, 26 (27); BGH NJW 2000, 2754 (2757).

614 BGHSt 43, 381 (397); BGH NJW 1953, 1838; 2003, 3212 (3213); OLG Frankfurt NJW 1987, 2753 (2756).

2. Die BSR-Entscheidung auf dem Prüfstand der Rechtsprechungsdogmatik

Nach der eben erfolgten Analyse der Rechtsprechung kann der Schluss gezogen werden, dass sich die Entscheidungsbegründung des 5. Strafsenats des BGH durchaus im Einklang mit der ständigen Rechtsprechung verhält, soweit es um die allgemeingültigen Anforderungen geht, die die Rechtsprechung an die Begründung und Übernahme einer Garantenpflicht stellt. Insbesondere konnte nachgewiesen werden, dass die auch in der BSR-Entscheidung zur Begründung einer strafrechtlich relevanten Einstandspflicht herangezogene Koppelung formeller und materieller Kriterien gängige Praxis in der Rechtsprechung ist. Insoweit erweist sich das Abstellen des Senats auf den dienstvertraglich konkretisierten Pflichtenkreis als durchaus nachvollziehbares Kriterium, wenn er dabei zudem die tatsächliche Invollzugsetzung sowie das dadurch begründete besondere Vertrauensverhältnis als wesentlich erachtet.

Außerdem bestätigt die Entscheidung, wenn sie den Zusammenhang der Straftat des Unternehmensangehörigen mit der Tätigkeit des Unternehmens betont, den sich in der Rechtsprechung abbildenden Konsens der Beschränkung der Garantenpflicht des Aufsichtspflichtigen auf „betriebsbezogene Straftaten". Ebenso nachvollziehbar wie auch konsequent i. S. der ständigen Rechtsprechung ist die Bestrafung des Angeklagten wegen Beihilfe durch Unterlassen zum Betrug des Haupttäters, da aufgrund der Unternehmenshierarchie durchaus auch in objektiver Hinsicht zum Ausdruck kommt, dass sich der Angeklagte dem Haupttäter untergeordnet hat[615], was in Anwendung der von der Rechtsprechung bevorzugten subjektiven Theorie zur Annahme von Gehilfenvorsatz führt.

Gleichwohl bleiben (auch) in dieser Entscheidung etliche Fragen offen:

Neben den grundsätzlichen Unklarheiten im Zusammenhang mit dem dogmatischen Fundament einer Garantenpflicht gerade in materieller Hinsicht kommt in der Entscheidung nicht hinreichend genug das dem Compliance Officer obliegende Aufgabenspektrum zum Ausdruck, um eine treffende Antwort auf die Frage geben zu können, ob er wirklich zur Verhinderung von Straftaten seitens der Unternehmensangehörigen i. S. des § 13 Abs. 1 StGB „auf Posten gestellt" ist[616]. Dabei wäre vor allem der Schutzzweck der Handlungspflicht zu untersuchen gewesen.

Insbesondere die in Zusammenschau mit der ratio des Urteils ebenfalls für den Compliance Officer bedeutsame Aussage des BGH, dass er auch gegen Straftaten eines Vorstandsmitglieds einschreiten müsse, kann durchaus als ein Novum im Rahmen der bisherigen Diskussion um Aufsichtsgarantenpflichten in Unternehmen angesehen werden. Unterstellt diese Annahme sei zutreffend, so hätte dies nichts

---

615 Angemerkt sei allerdings, dass der BGH die Hierarchieverhältnisse nicht ausdrücklich herausstellt, sondern meint, dass sich der Angeklagte dem Haupttäter „ersichtlich" untergeordnet habe; vgl. BGHSt 54, 44 (51).

616 Freilich ist dies gerade auch dem Charakter der Rechtsausführung als obiter dictum geschuldet.

weniger zur Konsequenz, als dass zur Begründung einer Aufsichtsgarantenstellung auf den Verweis auf eine Autoritäts- bzw. Vorgesetztenstellung verzichtet werden kann. Dies lässt nun aber die Frage aufkommen, wie eine derartige Überwachergarantenpflicht überhaupt zu begründen wäre. An dieser Stelle eröffnen vereinzelte Urteile der Rechtsprechung einen denkbaren Weg, die eine einzelfallbezogene Neubegründung bzw. Erweiterung bestehender Garantenpflichten auf vertraglich konkretisierter Grundlage in Betracht ziehen möchten.

Zudem gibt auch dieses Urteil keine Antwort auf die Frage, inwieweit die Eigenverantwortlichkeit des die Straftat begehenden Mitarbeiters die strafrechtliche Verantwortung des Aufsichtspflichtigen beeinflusst.

Letztlich darf auch nicht unerwähnt bleiben, dass sich die theoretische Grundannahme, der sich die Rechtsprechung zur Abgrenzung von Täterschaft und Teilnahme bedient, als nicht hinreichend präzise erwiesen hat. Auch insoweit sollen die nachfolgenden Ausführungen helfen, ein tragfähigeres Konstrukt zu finden.

3. Teil: Der Diskussionsstand zum Problem der Garantenstellung des Compliance-Beauftragten

Nachdem infolge der Analyse der Rechtsprechung durchaus tragfähige Grundlagen aufgezeigt wurden, um die Aussagen des BGH zur Unterlassungsverantwortlichkeit des Compliance Officers zumindest partiell zu bestätigen, soll sich im Folgenden mit dem Meinungsspektrum der Literatur zum Prüfungsgegenstand der Untersuchung auseinandergesetzt werden. Hierbei soll sich die Analyse in erster Linie auf die Reaktionen beschränken, die das Urteil des BGH in Lehre und Praxis ausgelöst hat. Nicht dagegen soll eine dezidierte Erörterung sämtlicher in der Literatur vertretener Ansätze zur Begründung bzw. Ablehnung einer Aufsichtsgarantenstellung im Unternehmen erfolgen. Denn dies würde den Fokus der Untersuchung zu stark auf die Problematik der strafrechtlichen Geschäftsherrenhaftung[617] lenken, deren dogmatische Bestimmungsversuche – wie bereits angeklungen[618] – nicht zwingend alle aufgezeigten Unklarheiten des Urteils erfassen. Jedoch gilt es dieses seit Jahrzehnten umstrittene Problem der Unterlassungsdogmatik in die Diskussion um Compliance einzukleiden. Daher sollen die Begründungsstrukturen und Argumente der Lehren zur strafrechtlichen Geschäftsherrenhaftung partiell hinzugezogen werden, wenn die Reaktionen auf die Entscheidung aufgezeigt und kritisch hinterfragt werden.

Die nachfolgende Darstellung wird sich dabei an den einzelnen Argumenten orientieren, mit denen eine Aufsichtsgarantenpflicht des Compliance-Beauftragten in Erwägung gezogen bzw. generell verneint wird. Gleichzeitig gilt es bereits in diesem Kapitel, sich der Stichhaltigkeit der ins Feld geführten Argumente zu vergegenwärtigen, um sodann – zusammen mit dem Ertrag der Rechtsprechungsanalyse – einen tragfähigen Ausgangspunkt für den eigenen Ansatz zu erhalten.

I. Die abgeleitete Geschäftsherrenhaftung

Mustert man die bisher erschienen Besprechungsaufsätze und Anmerkungen zum Urteil, so ist eine lautstarke Meinung vordergründig dahingehend auszumachen, dass sich eine Aufsichtsgarantenpflicht des Compliance-Beauftragten allenfalls aus einer entsprechenden Garantenpflicht der Unternehmensleitung ableiten und insoweit auch nicht über deren Umfang hinausgehen könne[619]. Ausgehend von der

617 Zur Vielzahl der Ansätze in der Literatur vgl. zuletzt *Dous* 2009, S. 184ff.; *Spring* 2009, S. 124ff.; *Waßmer* 2006, S. 94ff.

618 Vgl. bereits unter 2. Teil, I. 2. b) 1).

619 *Berndt* 2009, S. 690f.; *Beulke* 2011, S. 25ff.; *Bürkle* 2010a, S. 6ff.; *Deutscher* 2010, S. 1390ff.; *Geiger* 2011, S. 172f.; *Groß* 2012, S. 181; *Klopp* 2012, S. 274; *Knauer* 2012, S. 474ff.; *Lackhoff/Schulz* 2010, S. 86; *Mosbacher/Dierlamm* 2010, S. 269f.; *Rieble*

Erkenntnis, dass es keine – etwa den Unternehmensbeauftragten vergleichbare – gesetzliche Regelung gibt, die das Tätigkeitsfeld des Compliance-Beauftragten vorgibt, versuchen die Vertreter dieses Standpunktes daher zunächst die Aufsichtsgarantenpflicht der Unternehmensleitung unter Zugrundelegung der Ansätze zur strafrechtlichen Geschäftsherrenhaftung zu rekonstruieren.

1. Die Unternehmensleitung als Aufsichtsgarant?

Höchst umstritten und zweifelhaft ist bereits die Frage, ob und inwieweit eine strafbewehrte Pflicht der Unternehmensleitung dahingehend besteht, Straftaten seitens der ihr untergeordneten Unternehmensangehörigen zu verhindern. Im Grunde genommen geht es hierbei immer nur um zwei Dinge[620]; erstens: welches Begründungskonzept taugt überhaupt zur Herleitung einer betrieblichen Aufsichtsgarantenpflicht? Zweitens: Wie verhält sich eine derartige Pflicht zur Überwachung anderer Personen zu dem Grundsatz der Eigenverantwortlichkeit des Individuums?

a) Das Prinzip der Eigenverantwortlichkeit

Bevor sich im Folgenden mit der Legitimation einer unternehmerischen Aufsichtsgarantenpflicht auseinandergesetzt wird, gilt es sich zunächst mit dem vermeintlichen Gegenspieler einer derartigen Pflicht zu beschäftigen. Die Rede ist vom Grundsatz der Eigenverantwortlichkeit eines jeden Menschen. Nach diesem Prinzip ist jeder grundsätzlich nur für sein eigenes Verhalten verantwortlich[621]. Dabei handelt es sich um einen allgemein anerkannten Grundsatz, auch wenn er in unserer Rechtsordnung nirgendwo ausdrücklich kodifiziert ist. Vielmehr wird der Grundsatz der Eigenverantwortlichkeit bzw. der Selbstverantwortung allgemein unserer Verfassung entnommen, die in ihrer gesamten Konzeption von einem Menschenbild

---

2010, S. 1; *Rönnau/F. Schneider* 2010, S. 54ff.; *Rößler* 2011, S. 920ff.; *Rotsch* 2012a, 1. Teil, 4. Kap. Rn. 34ff.; *ders.* 2012b, S. 493; *ders.* 2015b, § 4 Rn. 11, 19ff.; *Rübenstahl* 2009, S. 1343f.; *Schwarz* 2012, S. 16f.; *Spring* 2010, S. 224ff.; *Warneke* 2010, S. 315f.; *Zimmermann* 2014, S. 149f.

620 Sofern man nach Beantwortung dieser zwei Kernpunkte zu der Erkenntnis gelangt, dass den Betriebsinhaber und stellvertretend dafür die Unternehmensleitung eine grundsätzliche Pflicht zur Verhinderung von Straftaten seitens der Mitarbeiter trifft, stellen sich schließlich noch die Fragen, wie der Handlungsadressat dieser Pflicht ausreichend gerecht wird bzw. inwieweit diese Pflicht auf spezielle Delikte beschränkt ist. Diesen Fragen soll allerdings erst an späterer Stelle nachgegangen werden, vgl. unter 4. Teil, III. 1.

621 *Bock* 2011, S. 325ff.; *Gimbernat* 2001, S. 651; *Heine* 1995, S. 116f.; *Jakobs* 1993, 29/32; Sch/Sch$_{29}$-*Eisele*, Vorbem §§ 13 ff. Rn. 100ff.; *Kühl* 2012, § 4 Rn. 84; *Neudecker* 1995, S. 66f.; *Roxin* 2003, § 32 Rn. 125; SK/StGB-*Rudolphi/Stein*, § 13 Rn. 32; *Sangenstedt* 1989, S. 400, S. 411; *Schilha* 2008, S. 154; *Schumann* 1986, S. 6; *Schünemann* 1979, S. 104; *Spring* 2009, S. 144ff.; *Walther* 1991, S. 79; *Waßmer* 2006, S. 191; NK/StGB-*Wohlers/Gaede*, § 13 Rn. 51.

ausgehe, nach dem der Mensch grundsätzlich zu freier Selbstbestimmung fähig und demzufolge für sein Handeln selbst verantwortlich sei[622]. Aus dieser Prämisse wird dann allgemein der Schluss gezogen, dass man für das Verhalten anderer Personen grundsätzlich nicht strafrechtlich zur Verantwortung gezogen werden kann.

Ausnahmen von diesem Grundsatz seien in einer auf Selbstbestimmung angelegten Gesellschaft nur dort zulässig, wo „die Verantwortung für das rechtswidrige Verhalten eines Menschen durch die Rechtsordnung neben diesem oder an Stelle dieses auch einem Dritten auferlegt" sei[623]. Inwieweit unternehmerische Aufsichtspflichten existieren, die die Annahme einer strafbewehrten Sonderpflicht unter Beachtung dieses Grundsatzes rechtfertigen, ist nun aber seit jeher umstritten. Jedenfalls lässt sich bereits an dieser Stelle die Feststellung treffen, dass eine etwaige Sonderverantwortlichkeit auch am Maßstab des Prinzips der Eigenverantwortlichkeit zu messen ist[624].

b) Die im Schrifttum vertretenen Ansätze zur Herleitung einer Aufsichtsgarantenpflicht

1) Die Aussagekraft spezialgesetzlicher Regelungen

Zum Teil wird auch weiterhin in Reaktion auf das Urteil die Existenz spezialgesetzlicher Vorschriften zur Verneinung einer unternehmerischen Aufsichtsgarantenpflicht angeführt[625].

(a) Die unter Strafe gestellte Vorgesetztenverantwortlichkeit

Die Vertreter dieser Ansicht sehen es als zwingend erforderlich an, dass die Rechtsordnung einem die Befehlsgewalt Innehabenden explizit strafrechtliche Fremdverantwortlichkeit für das rechtswidrige aufsichtsbezogene Verhalten an sich eigenverantwortlich handelnder Personen zuweisen müsse. Dies zugrunde gelegt sind die §§ 357 Abs. 1 StGB, 108 Abs. 1 S. 1 SeemG, 41 WStG, die die Nichthinderung von Straftaten durch Vorgesetzte unter Strafe stellen, als Ausnahmeregelungen zu begreifen, aus denen man – mangels einer entsprechenden Bestimmung im Bereich

---

622 *Neudecker* 1995, S. 66; *Otto/Brammsen* 1985, S. 651; *Schumann* 1986, S. 1 f.; *Walther* 1991, S. 79 ff.; auch *Sangenstedt* 1989, S. 352: Der Grund für diese Verantwortlichkeit liege darin, dass allein der Handelnde über die Mittel verfügt, seine Motivation zu bestimmen und so dem „kriminellen Verlangen direkt an der Wurzel entgegenzutreten". Kritisch zu einem Verständnis des Selbstverantwortungsprinzips als allgemeines Rechtsprinzip *Greco* 2011, S. 9 f.; zustimmend *Rotsch* 2012a, 1. Teil, 4. Kap. Rn. 32.

623 So SK/StGB-*Rudolphi/Stein*, § 13 Rn. 32 stellvertretend für viele.

624 Vgl. näher unter 3. Teil, I. 1. c).

625 *Campos Nave/H. Vogel* 2009, S. 2548 f.; *Kretschmer* 2009, S. 476; *Stoffers* 2009, S. 3176; *Warneke* 2010, S. 316; in diese Richtung auch *Grützner/Behr* 2013, S. 565.

der Privatwirtschaft – den Schluss ziehen müsse, dass eine allgemeine Geschäftsherrenhaftung gesetzgeberisch nicht gewollt sei[626].

Dagegen ist allerdings einzuwenden, dass allein die Existenz von Sondernormen keine Rückschlüsse dahingehend zulässt, inwieweit nicht auch eine allgemeine, von § 13 Abs. 1 StGB erfasste Geschäftsherrenhaftung gesetzgeberisch gewollt ist[627].

Denn insbesondere bei § 357 StGB ist der Regelungsgehalt der Vorschrift ein anderer: Die Norm stellt als Sondervorschrift die Beteiligung an Delikten, die der Untergebene im Amt begeht, unter Strafe und geht dabei den allgemeinen Regeln über die Teilnahme als lex specialis vor, indem sie die Beteiligung an derartigen Taten zu täterschaftlichem Unrecht aufwertet[628]. Die besondere Bedeutung der Vorschrift ist daher darin zu sehen, dass teilnahmebedingte Strafmilderungen (§§ 27 Abs. 2, 30 Abs. 1 StGB) entfallen, da die Beteiligung des Vorgesetzten bzw. des Aufsichtspflichtigen gem. § 357 StGB immer wie die Täterschaft bestraft wird, selbst wenn straferhöhende Merkmale, die beim Haupttäter vorlagen, beim Aufsichtspflichtigen nicht gegeben sind[629]. Zudem hat auch § 41 WStG keinen mit den Grundsätzen des unechten Unterlassungsdelikts vergleichbaren Anwendungsbereich, wenn hier bereits die fahrlässige Verursachung einer schwerwiegenden Folge infolge mangelhafter Dienstaufsicht als ausreichend erachtet wird, ohne dass es dabei einer Anlasstat eines Untergebenen bedarf.

Einige Vertreter im Schrifttum erblicken gar in den spezialgesetzlichen Vorschriften zur strafrechtlichen Vorgesetztenverantwortlichkeit einen „allgemeinen Rechtsgedanken“, der für die Anerkennung einer strafrechtlichen Geschäftsherrenhaftung spreche[630]. Jedoch schlägt dieses Argument eher fehl, da es (zumindest als Alleinstellungsmerkmal) nichts anderes als eine unzulässige Analogie zu Lasten des Täters (Art. 103 Abs. 2 GG, § 1 StGB) bedeuten würde[631].

Nach alledem ist im Hinblick auf die Spezialnormen davon auszugehen, dass ihnen gerade aufgrund der darin vorgesehenen Strafschärfungen und Strafbarkeitsausdehnungen keine generelle Aussage zur Begründung oder Ablehnung einer

---

626 *Bock* 2011, S. 329; *Heine* 1995, S. 116; LK_{11}/StGB-*Jescheck*, § 13 Rn. 45; *Langkeit* 2007, S. 651; SK/StGB-*Rudolphi/Stein*, § 13 Rn. 35a.

627 *Beulke* 2011, S. 29 ff.; *Brammsen* 2000a, S. 130 f.; *G. Dannecker/C. Dannecker* 2010, S. 989; *Rönnau/F. Schneider* 2010, S. 54 f.; *Roxin* 2003, § 32 Rn. 140; *Schlüchter* 1995, S. 158; *Schilha* 2008, S. 156; ausführlich *Alexander* 2005, S. 113 ff.; *Spring* 2009, S. 180 ff.

628 RGSt 68, 90 (92); BGHSt 5, 155 (165); Sch/Sch_{29}-*Heine/Weißer*, § 357 Rn. 1; *Jerouschek* 1999, S. 432; Maurach/*Gössel*/Zipf 1989, § 50 Rn. 43; HK/GS-*Rotsch/Sahan*, § 357 Rn. 1; SK/StGB-*Rogall*, § 357 Rn. 1.

629 Sch/Sch_{29}-*Heine/Weißer*, § 357 Rn. 1; *Jerouschek* 1999, S. 432; SK/StGB-*Rogall*, § 357 Rn. 1.

630 *Bauer/Wißmann* 2014, S. 19; *Rönnau/F. Schneider* 2010, S. 56; *Roxin* 2003, § 32 Rn. 140.

631 So zu Recht *Beulke* 2011, S. 31; *Neudecker* 1995, S. 79; *Spring* 2009, S. 180.

strafrechtlichen Geschäftsherrenhaftung entnommen werden kann[632]. Dieses Ergebnis bestätigt sich im Übrigen dadurch, dass es eine Reihe anerkannter Aufsichtsgaranten – wie bspw. Eltern, Babysitter, Lehrer oder Fahrlehrer – gibt, für die keine expliziten Regelungen existieren. Dies verdeutlicht auch, dass Kriterien jenseits der spezialgesetzlichen Regelungen gefunden werden müssen, um Aufsichtsgarantenpositionen annehmen oder ablehnen zu können.

(b) Die betriebliche Aufsichtspflichtverletzung

Gleichwohl sehen sich die Vertreter, die eine unternehmerische Aufsichtsgarantenpflicht unter Verweis auf die spezialgesetzlichen Normen zur strafrechtlichen Verantwortlichkeit Aufsichtspflichtiger ablehnen möchten, in ihrer systematischen Auslegung durch § 130 Abs. 1 OWiG bestätigt, da diese Norm betriebliche Aufsichtspflichtverletzungen gerade nur als Ordnungswidrigkeit und nicht als Straftat ahnden möchte[633].

Jedoch vermag auch diese Ansicht nicht zu überzeugen, da nicht einzusehen ist, warum allein aus der Existenz einer Norm des Ordnungswidrigkeitenrechts der Schluss gezogen werden soll, dass ein (schwerwiegendes) Handeln oder Unterlassen nicht zugleich auch strafbewehrtes Unrecht darstellen kann[634]. Davon geht jedenfalls auch § 21 Abs. 1 S. 1 OWiG aus, der besagt, dass nur das Strafrecht angewendet wird, wenn eine Handlung gleichzeitig Straftat und Ordnungswidrigkeit ist. Insoweit müsste, wollte man von einer Sperrwirkung des § 130 OWiG ausgehen, eine klare Aussage des Gesetzgebers vorliegen, für die sich allerdings in der Gesetzesbegründung keinerlei Anhaltspunkte finden lassen[635].

---

632 Vgl. auch *Rogall* 1986, S. 615, der betont, dass ein solches Vorgehen schon mit Rücksicht auf die „bekannte Austauschbarkeit von Analogie- und Gegenschluss" angegriffen werden und „selbstverständlich keine materiellen Erwägungen zur Gleichstellungsproblematik ersetzen" könne. Zustimmend *Beulke* 2011, S. 31; *Groß* 2012, S. 185 f.; *Konu* 2014, S. 127; *Spring* 2009, S. 182.

633 *Campos Nave/H. Vogel* 2009, S. 2548 f.; *Grützner/Behr* 2013, S. 565; *Kretschmer* 2009, S. 476; *Stoffers* 2009, S. 3176; *Warneke* 2010, S. 315 f.; vgl. hierzu auch SK/StGB-*Rudolphi/Stein*, § 13 Rn. 35a; LK_{11}/StGB-*Jescheck*, § 13 Rn. 45; *Langkeit* 2007, S. 651; a.A. *Rogall* 1986, S. 615; *Rönnau/F. Schneider* 2010, S. 56; *Roxin* 2003, § 32 Rn. 140; *Rübenstahl* 2009, S. 1343, wonach § 130 OWiG als gesetzgeberisch gewollte Erweiterung einer bestehenden Garantenverantwortlichkeit des Betriebsinhabers zu interpretieren sei bzw. diese gar voraussetze.

634 Ebenso *Beulke* 2011, S. 29 f.; *Knauer* 2012, S. 476; *Konu* 2014, S. 129; *Neudecker* 1995, S. 74; *Ransiek* 2010, S. 149; *Rößler* 2011, S. 922; eingehend *Spring* 2009, S. 182 ff.; *Wilhelm* 2013, S. 134 betont treffend, dass § 130 OWiG dahingehend „als rechtsgüterschutzverstärkende Ergänzung des Kriminalstrafrechts" fungiere.

635 Vgl. BT-Drucks. V/1269, S. 67 ff.; zustimmend *G. Dannecker/C. Dannecker* 2010, S. 989; *Beulke* 2011, S. 29 f.; *Ransiek* 2010, S. 149; *Schilha* 2008, S. 157; *Spring* 2009, S. 187 f. mit umfassender Auswertung der Gesetzesbegründung.

Ferner ist zu beachten, dass der Anwendungsbereich von § 130 OWiG viel weiter gefasst ist und daher die Norm durch die Anerkennung einer strafrechtlichen Geschäftsherrenhaftung nicht maßgeblich an Bedeutung verlieren würde[636]. Denn der Vorsatz bzw. die Fahrlässigkeit des Unternehmensinhabers muss sich nicht auf die tatsächlich begangene Zuwiderhandlung des Mitarbeiters beziehen[637], da es sich bei dieser um eine objektive Bedingung der Ahndung handelt, die durch die erforderlichen Aufsichtsmaßnahmen zumindest wesentlich erschwert worden wäre. Insoweit wird angenommen, dass die „ordnungswidrigkeitenrechtliche Geschäftsherrenhaftung"[638] subsidiär sei, wenn ein Aufsichtspflichtiger die Voraussetzungen einer Unterlassungsstrafbarkeit erfüllt, bzw. ihr komme der Charakter eines Auffangtatbestandes für den Fall der nicht beweisbaren Beteiligung einer Leitungsperson an der Tat des Mitarbeiters zu[639].

Jedenfalls lässt sich aus § 130 OWiG – wie auch aus den vorgenannten spezialgesetzlichen Normen – keine abschließende, das Strafrecht verdrängende Funktion ableiten.

2) Die „Herrschaft über Untergebene" als Entstehungsgrund einer Aufsichtsgarantenpflicht

(a) Die unternehmerische Herrschaftskonzeption

(1) Grundgedanke und Kritik

Das bedeutsamste Argument der Befürworter einer Aufsichtsgarantenpflicht von Leitungspersonen im Unternehmen wird seit jeher in der Befehlsgewalt des betrieblich Vorgesetzten gesehen, die es ihm in Verbindung mit seiner Organisationsmacht ermögliche, das Verhalten seiner untergebenen Mitarbeiter zu steuern[640]. Hiernach übe die Unternehmensleitung nicht nur eine rein faktische Herrschaft aus, sondern ihre Autoritätsstellung sei aufgrund des gesetzlich normierten arbeitsrechtlichen Direktionsrechts auch rechtlich anerkannt. Zusätzlich wird in diesem Zusammenhang zur Untermauerung der Herrschaftsgewalt nicht selten auf die umfassende

---

636 Vgl. auch *Ransiek* 2010, S. 149; *Spring* 2009, S. 186.

637 *Achenbach* 2015, 1. Teil, 3. Kap. Rn. 60; *Hellmann*/Beckemper 2013, Rn. 965; *Knauer* 2012, S. 476; KK/OWiG-*Rogall*, § 130 Rn. 20; *Wilhem* 2013, S. 46.

638 So *Spring* 2009, S. 182.

639 Vgl. OLG Düsseldorf wistra 1989, 358 (359); *Achenbach* 2015, 1. Teil, 3. Kap. Rn. 41; *Groß* 2012, S. 183 ff.; *Hellmann*/Beckemper 2013, Rn. 954; KK/OWiG-*Rogall*, § 130 Rn. 124 f.; *ders.* 1986, S. 620; *Rößler* 2011, S. 922; *Rübenstahl* 2009, S. 1343; *Wilhem* 2013, S. 61 m. w. N.

640 Grundlegend *Schünemann* 1971, S. 323 ff.; *ders.* 1979, S. 101 ff.; *ders.* 1984, S. 318; vgl. auch *Groß* 2012, S. 189 f.; *Herzberg* 1972, S. 320 f.; *Roxin* 2003, § 32 Rn. 135; *Rogall* 1986, S. 616 ff.; *Schilha* 2008, S. 167; *Spring* 2009, S. 222 ff.; *Tiedemann* 2014, Rn. 296; NK/StGB-*Wohlers/Gaede*, § 13 Rn. 53.

Organisationsmacht sowie den überlegenen Informationsfundus des Betriebsinhabers bzw. der Unternehmensleitung verwiesen[641].

Dagegen wird bereits vorgebracht, dass die dem Betriebsinhaber in Form von Weisungsrecht und Organisationsmacht eingeräumte Autoritätsstellung nicht mit der Herrschaftsmacht von Garanten, die von der Rechtsordnung anerkannt werden (man denke an Eltern gegenüber ihren minderjährigen Kindern oder militärische Vorgesetzte gegenüber ihren Untergebenen), gleichgesetzt werden könne[642]. Vielmehr sei das Direktionsrecht lediglich als Mittel der Unternehmensführung, nicht aber zur Gefahrenabwehr verliehen[643] und eröffne daher kein ausschließliches Gestaltungsrecht des Betriebsinhabers hinsichtlich des Verhaltens der Mitarbeiter bei Verrichtung ihrer betrieblichen Tätigkeiten[644]. Eine Überwachergarantenpflicht sei hiernach nur dann anzunehmen, wenn Umstände vorliegen, durch die das Verhalten des Mitarbeiters mit dem Organisationskreis des Betriebsinhabers besonders verknüpft ist, so bspw. wenn es um die Benutzung oder Auslieferung gefährlicher Sachen gehe[645].

Ungeachtet dessen möchten die Vertreter eines herrschaftsbezogenen Ansatzes die dem Betriebsinhaber von der Rechtsordnung eingeräumte Möglichkeit zur Verhaltensbestimmung über andere Mitarbeiter als Ausgangspunkt zur Herleitung einer unternehmerischen Aufsichtsgarantenpflicht nehmen. Dahinter verbirgt sich folgende, bereits im Zusammenhang mit der Erläuterung des Grundsatzes der Eigenverantwortlichkeit erörterte Grundannahme: Wem es gestattet ist, sein Verhalten selbst zu bestimmen, trägt auch die Verantwortung für die Folgen seines Handelns[646]. In gleicher Weise treffe daher denjenigen, welchem von der Rechtsordnung aus ein Verhaltensbestimmungsrecht über eine andere Person eingeräumt ist, als Ausgleich für diese Einschränkung des Selbstbestimmungsrechts auch die Pflicht, Straftaten des ihm Untergebenen zu verhindern. Die Verantwortung für fremdes Handeln sei insoweit die Kehrseite der Fremdbestimmung[647].

Diese auf den ersten Blick schlüssig anmutende Annahme liefert jedoch kein taugliches Kriterium dafür, eine Aufsichtsgarantenpflicht selbst bei Bestehen eines Verhaltensbestimmungsrechts begründen zu können. Denn die Behauptung, der unternehmensintern zugewiesenen Kompetenz entspreche Verantwortung, läuft auf

641 Vgl. nur *T. Fischer* 2015, § 13 Rn. 68 ff.; *Petermann* 2014, S. 543 f.; *Rönnau/F. Schneider* 2010, S. 56; *Schünemann* 1979, S. 102.

642 *Beulke* 2011, S. 38 f.; *Brammsen* 2000a, S. 124 f.; *Jakobs* 1993, 29/36; *Langkeit* 2007, S. 652; *Otto* 2004, § 9 Rn. 93, Fn. 76; *ders.* 1998, S. 413; SK/StGB-*Rudolphi/Stein*, § 13 Rn. 35a.

643 *Beulke* 2011, S. 38.

644 *Jakobs* 1993, 29/36.

645 *Brammsen* 2000a, S. 126 f.; *Jakobs* 1993, 29/36; *Langkeit* 2007, S. 652 f.; SK/StGB-*Rudolphi/Stein*, § 13 Rn. 35a.

646 Eingehend *Herzberg* 1972, S. 320 f.

647 So ausdrücklich *Spring* 2010, S. 225 f.; auch *Herzberg* 1972, S. 320 f.; *Noll* 1972, M 28 f.

die Formulierung des Ergebnisses hinaus und ist insofern inhaltsleer[648]. Allein der Hinweis auf das arbeitsrechtliche Direktionsrecht führt nämlich noch nicht dazu, dass daraus auch zwangsläufig die strafbewehrte Handlungspflicht zum Gebrauch dieses Rechts folgt. Vielmehr stellt das Direktionsrecht der Autoritätsperson lediglich eine (effektive) Möglichkeit dar, den Deliktserfolg zu verhindern[649], was jedoch eine weitere Voraussetzung jeder Unterlassungsverantwortlichkeit ist. Es bedarf daher auch von den Vertretern, die Aufsichtsgarantenpflichten mittels der Herrschaft über eine Person begründen wollen, genauerer Darlegung, warum aus der reinen Möglichkeit der Erfolgsverhinderung auf die Pflicht hierzu zu schließen ist.

(2) Die Kriterien einer überlegenen Herrschaft

Schünemann geht insoweit davon aus, dass die rechtliche Befehlsgewalt des Betriebsinhabers eine Herrschaft über „partiell unmündige Personen" sei[650]. Denn mit der Eingliederung in den fremden, über das Direktionsrecht des Arbeitgebers vermittelten Befehlsapparat sei die menschliche Freiheit nur noch theoretisch vorhanden und hätte praktisch kaum noch Bedeutung[651]. Dies beruhe darauf, dass die tätigkeitsbezogene Gehorsamspflicht des Arbeitnehmers nicht geleugnet werden könne[652], denn er handele nicht mehr aufgrund einer individuellen Entscheidung, sondern in Befolgung der ihm aufgetragenen Verbandsregeln. Zudem habe der Betriebsinhaber ein gegenüber den unteren Ebenen überlegenes Herrschaftswissen, dass er in Verbindung mit seiner rechtlichen Befehlsgewalt sowie der Fungibilität des einzelnen Arbeitnehmers zu einer nahezu lückenlosen Verhaltenssteuerung benutzen könne[653]. Dies rechtfertige es, ihn zu verpflichten, solche Taten von Unternehmensangehörigen zu verhindern,

---

648 Zutreffend *Bottke* 1994, S. 15; ebenso erkannt von *Beulke* 2011, S. 37.

649 *Bergmann* 2012, S. 326; *Beulke* 2011, S. 32; *Bottke* 1994, S. 16; *Grützner/Behr* 2013, S. 565; *Heine* 1995, S. 117; *Hsü* 1986, S. 242 f.; *Köhler* 1997, S. 224; *Mittelsdorf* 2011, S. 126; *Otto* 1998, S. 413; *Rotsch* 2015b, § 4 Rn. 22; *H. Schneider* 2011, S. 360; *Spring* 2009, S. 152; *Waßmer* 2006, S. 117; vgl. auch *C. Dannecker* 2012, S. 448, der zu Recht betont, dass „die Weisungsbefugnis nicht der zurechnungsbegründende materielle Haftungsgrund der Geschäftsherrenverantwortlichkeit" sei. Vielmehr verlagere sich deren Relevanz „in die dogmatische Kategorie der gebotenen Rettungshandlung".

650 *Schünemann* 1971, S. 328 f.; *ders.* 1979, S. 101 f. Unter „partieller Unmündigkeit" versteht er dabei „keine natürliche (biologisch-psychologische) Einschränkung der menschlichen Steuerungsfähigkeit", sondern „die rechtlich verankerte und faktisch existente Befehlsgewalt eines Menschen über einen anderen Menschen" (S. 89).

651 *Schünemann* 1971, S. 330.

652 *Schünemann* 1979, S. 102; vgl. auch *Rogall* 1986, S. 616 f., der diesbezüglich betont, dass, wenn man die soziale Wirklichkeit „in Zeiten eines angespannten Arbeitsmarktes" bedenkt, davon auszugehen sei, dass die Weisungen des Arbeitgebers in aller Regel befolgt werden. Zustimmend *Schall* 2004, S. 272; *Schilha* 2008, S. 167.

653 *Schünemann* 1979, S. 102 f.; auch *Rönnau/F. Schneider* 2010, S. 56.

die Ausfluss seiner Befehls- und Organisationsherrschaft sind, denn nur diesbezüglich habe er die verbandsspezifischen Vermeidemöglichkeiten[654].

(3) Der Ausgleich für gesteigerte Betätigungsmöglichkeiten

Neben der Betonung der Existenz eines „besonderen innerbetrieblichen Subordinationsverhältnisses"[655] wird von den Vertretern herrschaftsbezogener Ansätze zuweilen der „Ausgleichsgedanke" zur Begründung betrieblicher Aufsichtsgarantenpflichten herangezogen[656]. Die dahintersteckende normative Wertung beruht auf dem „Prinzip sozialer Fairness"[657] bzw. einer Interessenabwägung, wie sie bereits in ähnlicher Form im Rahmen der zivilrechtlichen Verkehrssicherungspflichten vorgenommen wird. Die Befürworter des „Ausgleichsgedankens" sind dabei stets darum bemüht zu betonen, dass hiermit keine „Übernahme des zivilistischen Denkens"[658] in das Strafrecht bzw. „ein Rückfall in den Atavismus der formellen Rechtspflichttheorie"[659] bezweckt werde.

Wohl aber gehen sie davon aus, dass „vorstrafrechtlich begründete Risikosicherungspflichten" auch im Strafrecht Bedeutung erlangen können[660]. Insoweit seien Risikosicherungspflichten des Unternehmensinhabers insbesondere dann begründet, wenn die Organisation des Verbands besondere Gefahren herbeiführt, die sich zu Lasten der Rechtsgüter Dritter auswirken können. Allgemein werden dabei als besondere Gefahren der „Einsatz von Mitarbeitern im eigenen Organisationskreis" sowie die „gesteigerten Betätigungsmöglichkeiten"[661] im hoch abstrakten Zweckverband ausgemacht, aus denen „als Kehrseite der Freiheit, ein Unternehmen zu betreiben", die Pflicht erwachse, schädliche Auswirkungen von Handlungen zu verhindern, die auf diese unternehmensspezifischen Gefahren zurückzuführen sind[662].

---

654 *Schünemann* 1979, S. 105; *ders.* 1984, S. 318; ähnlich *Petermann* 2014, S. 543 f.; *Rogall* 1986, S. 618 f.; *Roxin* 2003, § 32 Rn. 137; *Schall* 2004, S. 272.

655 So *Schall* 2004, S. 272.

656 *Hoyer* 1998, S. 32; *Konu* 2014, S. 169 ff.; *Petermann* 2013, S. 170 ff.; *Rogall* 1986, S. 617 f.; *Rönnau/F. Schneider* 2010, S. 56; *Schall* 2004, S. 272; vgl. aber auch *Bottke* 1994, S. 25 f.; *G. Dannecker/C. Dannecker* 2010, S. 991; *Köhler* 1997, S. 222 f.; *Neudecker* 1995, S. 76; *Waßmer* 2006, S. 255 f., S. 260 ff.; NK/StGB-*Wohlers/Gaede*, § 13 Rn. 33, 53, die alle dem Topos „Herrschaft über den Grund des Erfolgs" kritisch gegenüberstehen.

657 *Bottke* 1994, S. 23.

658 *Bottke* 1994, S. 26.

659 *Rogall* 1986, S. 618.

660 *Bottke* 1994, S. 25 f.; ähnlich *Köhler* 1997, S. 223; *Rogall* 1986, S. 618; vgl. auch *Alexander* 2005, S. 59 ff.; SK/StGB-*Rudolphi/Stein*, § 13 Rn. 18 ff.

661 *Rogall* 1986, S. 617 f.; ähnlich *Petermann* 2014, S. 542 f.; *Köhler* 1997, S. 223; *Neudecker* 1995, S. 76; a.A. *Hsü* 1986, S. 254; *Nietsch* 2013, S. 196 sowie *Oertle* 1996, S. 96 f., der darin lediglich eine „Grundgefahr des herrschenden kapitalistischen Wirtschaftssystems" erkennen möchte, die „jeder wirtschaftlichen Betätigung immanent" sei.

662 Vgl. nur *Konu* 2014, S. 178 f.; *Rönnau/F. Schneider* 2010, S. 56; *Rotsch* 2012a, 1. Teil, 4. Kap. Rn. 32; *Schall* 2004, S. 272; NK/StGB-*Wohlers/Gaede*, § 13 Rn. 53; in diese

Bottke betont ferner, dass derjenige, der zum privaten Nutzen eine „drittlastige Gefahrquelle [...] schafft und hierfür die Bereitschaft der Gesellschaft, seine Organisation zu akzeptieren, in Anspruch nimmt, [...] neben dem Nutzen fairerweise [...] auch den berechtigten, ordnungspolitisch begründbaren Sicherheitserwartungen der Gesellschaft Rechnung zu tragen" habe[663]. Damit macht er zusätzlich ein Begründungsmuster fruchtbar, das an die berechtigte Erwartungshaltung Außenstehender anknüpft und auch unabhängig vom „Ausgleichsgedanken" vertreten wird[664].

(b) Stellungnahme

Möchte man mit den Vertretern herrschaftsbezogener Ansätze die (rechtliche) Befehlsgewalt bzw. das Verhaltensbestimmungsrecht als konstitutives Element jeder Aufsichtsgarantenstellung ansehen[665], so sind Aufsichtsgarantenpflichten im Unternehmen allenfalls von „oben nach unten", nicht aber – wie dies das Urteil im Fall der Berliner Stadtreinigung nahelegt – von „unten nach oben" anzunehmen[666].

(1) Der Herrschaftsgedanke als Leitmotiv?

An dieser Stelle gilt es zunächst generell die Fokussierung auf die über das Weisungsrecht des Vorgesetzten vermittelte „Herrschaft über seinen Untergebenen" kritisch zu hinterfragen. Erblickt man darin mit *Schünemann* die „Herrschaft über den Grund des Erfolges", liefe dies im Ergebnis – entgegen der von ihm proklamierten Eindämmung der „Garantenhypertrophie"[667] – eher auf eine Ausweitung der Aufsichtsgarantenstellung hinaus[668], da jedem betrieblich Vorgesetzten analog seiner sektoralen Herrschaft eine Aufsichtsgarantenpflicht gegenüber seinen Untergebenen zukäme[669].

Richtung auch *Bauer/Wißmann* 2014, S. 19; *Bottke* 1994, S. 16, S. 25 f.; *C. Dannecker* 2012, S. 444; *Hellmann*/Beckemper 2013, Rn. 951; *Hoyer* 1998, S. 32; *Köhler* 1997, S. 223 f.; *Mansdörfer/Trüg* 2012, S. 436; *Waßmer* 2006, S. 261 ff., wonach die rechtlichen Einwirkungsmöglichkeiten in Form von Weisungsrecht, etc. lediglich die Mittel zur Gefahrabwendung darstellen.

663 *Bottke* 1994, S. 26.

664 Vgl. hierzu *Otto/Brammsen* 1985, S. 536 f., S. 648, die eine Garantenpflicht zur Verhinderung fremder Straftaten nur dann annehmen, wenn eine „auf Sicherung und Überwachung des eigenen tatsächlichen und rechtlichen Einfluss- und Herrschaftsbereiches gerichtete gegenseitige Erwartungsbeziehung" vorliege; eingehend *Brammsen* 1986, S. 129 ff., S. 232 f.

665 So *Herzberg* 1972, S. 320 f.; *Rogall* 1986, S. 616 ff.; *Schilha* 2008, S. 167; *Schünemann* 1979, S. 101 ff.; *Tiedemann* 2014, Rn. 296; vgl. aber auch *Beulke* 2011, S. 37; SK/StGB-*Rudolphi/Stein*, § 13 Rn. 32; *Spring* 2010, S. 225 f.

666 So bereits *H. Schneider* 2011, S. 356; *ders./Gottschaldt* 2011, S. 574.

667 *Schünemann* 1984, S. 295.

668 *Bottke* 1994, S. 15 spricht diesbezüglich gar von einer „Dynamisierung der Garantenstellung". Auch *C. Dannecker* 2012, S. 447 warnt zu Recht vor einer allgemeinen „Vorgesetztenverantwortlichkeit".

669 So aber *Schünemann* 1979, S. 107.

Zudem stellt das von *Schünemann* zur „Bewältigung der Gleichstellungsproblematik" fruchtbar gemachte „Herrschaftskriterium"[670] „kein § 13 StGB zu entnehmendes Fundamentalprinzip zur Begründung und Herleitung aller Garantenstellungen" dar[671]. Soweit nämlich die „Herrschaft" als Möglichkeit des Unterlassenden verstanden wird, auf den Geschehensablauf einzuwirken, reicht dies allein noch nicht aus, um dem Unterlassenden die eingetretene Rechtsgutsbeeinträchtigung als die seine zuzurechnen, da die zentrale Frage, warum gerade für diese (untätig bleibende) Person eine Rechtspflicht zur Erfolgsabwendung besteht, unbeantwortet bleibt[672]. Dabei besteht doch gerade der Zweck der Frage nach einer Garantenstellung darin, aus dem Kreis aller Rechtssubjekte, die ja sämtlich die gebotene Handlung (bei bestehender Möglichkeit) nicht vorgenommen haben, diejenigen Personen herauszufiltern, die eine rechtliche(!) Verantwortlichkeit für die Ereignisse trifft[673]. Dieser Zweck lässt sich allein durch das Abstellen darauf, wer die Herrschaft in Form der Möglichkeit zur Erfolgsabwendung hat, nicht erreichen[674]. Die fehlende rechtliche Bindung seines Ansatzes zeigt sich im Übrigen auch daran, soweit *Schünemann* das von § 13 Abs. 1 StGB geforderte *„rechtliche Einstehenmüssen* [...] nur als ein(en) tautologische(n) Hinweis auf die Notwendigkeit einer strafrechtlichen Erfolgsabwendungspflicht für das unechte Unterlassungsdelikt" versteht und die *„sachlogische Begehungsgleichheit*" des Unterlassungsdelikts maßgeblich aus der Entsprechungsklausel herleitet[675].

Wenngleich das Kriterium der „Herrschaft über den Grund des Erfolges" nichts zur rechtlichen Begründung einer Garantenstellung beizutragen vermag, so beschreibt es doch „im Wege eines Ähnlichkeitsschlusses"[676] das Kriterium der Tatherrschaft bei den Begehungsdelikten, welches dort im Rahmen der Abgrenzung von Täterschaft und Teilnahme Bedeutung erlangt und als Indiz für die Annahme von

---

670 *Schünemann* 1971, S. 238; *ders.* 1984, S. 293 ff.; nahe stehend auch *Roxin* 2003, § 32 Rn. 19 ff.; *Sangenstedt* 1989, S. 366.

671 So zu Recht *H. Schneider* 2011, S. 359; kritisch auch *Kühl* 2007, S. 500; *Kretschmer* 2006, S. 899; *Maiwald* 1981, S. 480 f.; Maurach/*Gössel*/Zipf 1989, § 46 Rn. 61; *Mittelsdorf* 2011, S. 126; *Neudecker* 1995, S. 110 f.; *Otto/Brammsen* 1985, S. 534; *Tiedemann* 2014, Rn. 296; eingehend hierzu *Brammsen* 1986, S. 69 ff.; *Waßmer* 2006, S. 116 ff.

672 Vgl. auch *Waßmer* 2006, S. 120 zur Figur der von *Roxin* (2003, § 32 Rn. 19) angenommenen „Kontrollherrschaft". Zutreffend betont *Waßmer*, dass auch die Anknüpfung an die Kontrollherrschaft nichts an dem Erfordernis einer Rechtspflicht ändere, sondern damit schlicht unterstellt werde, dass der Unterlassende zur Kontrolle rechtlich verpflichtet sei.

673 So auch *Neudecker* 1995, S. 110; zur „Siebfunktion" der Garantenstellung beim unechten Unterlassungsdelikt vgl. *Arzt* 1980, S. 553 f.; *Gropp* 2005, § 11 Rn. 9; *Schwab* 1996, S. 192; aber auch *Brammsen* 2000a, S. 111, wonach Garantenpflichten „qualitativ andersartige Pflichten [...] für einen im Vorhinein objektiv bestimmbaren Personenkreis" seien.

674 So zu Recht *Neudecker* 1995, S. 110 f.

675 *Schünemann* 1979, S. 84 f.

676 Zutreffend *Roxin* 2003, § 32 Rn. 19; vgl. aber auch *Schünemann* 1971, S. 238, S. 376.

Täterschaft herangezogen wird[677]. Insoweit vermag der Herrschaftsgedanke im Falle der Beteiligung mehrerer an einer Straftat, wenn man wie hier die Möglichkeit einer Beihilfe durch Unterlassen nicht grundsätzlich ablehnen möchte, durchaus geeignet sein, die Art der Beteiligung des unterlassenden Garanten zu umreißen.

Weiterhin erscheint zweifelhaft, ob in der heutigen Zeit noch von einer derartigen (rechtlichen) Anordnungskompetenz des Betriebsinhabers angesichts der komplexen Organisationsstrukturen gerade in Großunternehmen ausgegangen werden kann. So werden bspw. bei einer Aktiengesellschaft die Weisungsbefugnisse des Arbeitgebers gegenüber den abhängig beschäftigten Arbeitnehmern durch den Vorstand wahrgenommen[678]. Aufgrund des aktienrechtlichen Kollegialprinzips (§ 77 Abs. 1 AktG) ist es jedoch nicht ohne weiteres möglich, dass ein Vorstandsmitglied in den Ressortbereich eines anderen Vorstandsmitglieds „hineinregieren" und dort Anordnungen treffen sowie Weisungen erteilen darf[679], auch wenn dort der Rechtsverstoß begangen wurde[680]. Stellt etwa das mit Compliance beauftragte Vorstandsmitglied die Vertriebskorruption eines Mitarbeiters fest, wird regelmäßig ein abgestimmtes Vorgehen mit dem für den Bereich Vertrieb zuständigen Vorstandsmitglied erforderlich sein, um den Rechtsverstoß zu beheben bzw. Sanktionen einzuleiten. Sofern nun aber einem Vorstandsmitglied keine direkte Einflussmöglichkeit auf die strafrechtlich relevanten Vorgänge im fremden Ressort zusteht, verblasst die „herkömmliche" Handhabe der Begründung einer Aufsichtsgarantenstellung mittels der „Herrschaft über Untergebene"[681].

(2) Der „Ausgleichsgedanke" als materieller Einstandsgrund

Demgegenüber lässt sich nach hier vertretener Auffassung der „Ausgleichsgedanke" als materieller Einstandsgrund einer vorstrafrechtlich begründeten Überwachungspflicht durchaus fruchtbar machen. Dahinter verbirgt sich folgende Wertung:

Jede Tätigkeit muss sich – unabhängig vom Ziel der Gewinnerwirtschaftung – im Einklang mit dem geltenden (Straf-)Recht bewegen und darf Dritten keinen Schaden zufügen. Insofern ist auch der Betriebsinhaber dazu aufgerufen, dass – sobald sein erwerbswirtschaftliches Handeln Dritte tangiert – daraus keine Gefahren für die Außenwelt hervorgehen. Bedient er sich hierbei anderer Mitarbeiter als Hilfspersonen, erweitert dies seinen unternehmerischen Handlungsspielraum. Diese Art der

---

677 Grundlegend *Roxin* 2006, S. 60 ff.; *ders.* 2003, § 25 Rn. 27 ff. m. w. N.

678 Vgl. nur *Fleischer* 2006a, § 1 Rn. 8; KK/AktG-*Mertens/Cahn*, § 76 Rn. 4; Hüffer/*Koch*, § 84 Rn. 14 jeweils m. w. N.

679 So bereits *H. Schneider/Gottschaldt* 2011, S. 574; *Brettel* 2014, § 2 Rn. 109; *Favoccia/Richter* 2010, S. 139 f.; ähnlich *Neudecker* 1995, S. 111 im Falle der Herleitung einer Aufsichtsgarantenstellung eines Vorstandsmitglieds über einen Gremiumskollegen mittels Herrschaftskriterien.

680 Vgl. bereits unter 1. Teil, IV. 2. b).

681 Zur weiteren Kritik vgl. unter 3. Teil, I. 1. c) 2) (c) (1).

„gesellschaftlichen Arbeitsteilung in hoch abstrakten Zweckverbänden“[682] ist zwar an sich erlaubt. Jedoch ist damit durchaus die abstrakte Gefahr verbunden, dass das Handeln einer oder mehrerer Person(en) im Außenverhältnis in unrechtmäßige Mittel umschlagen kann. Gerade angesichts verschärfter Konkurrenzbedingungen sowohl am Arbeits- wie auch am globalen Markt scheint die Gefahr des Umschlagens einer grundsätzlich erlaubten Tätigkeit in eine Straftat – unabhängig von den Besonderheiten einer „kriminogenen Unternehmensstruktur“[683] – vorhanden. Begleitet wird diese Annahme durch eine weitere spezifische Gefahr von betrieblicher Organisation und Koordination als der Einzelne die Zusammenhänge nicht mehr durchschaut oder durchschauen bzw. beeinflussen kann[684]. Damit einhergehend lassen sich oftmals auch Prozess- und Kontrolldefizite ausfindig machen, die zu Schäden an Rechtsgütern führen können.

Schlägt sich nun jene abstrakte Gefahr in einer konkreten Tatgefahr nieder, so trifft in Anwendung des „Ausgleichs-Ansatzes“ den am besonderen Verbandszweck konstitutiv Beteiligten, also den Betriebsinhaber bzw. den Unternehmensträger, eine Tätigkeitspflicht zur Abwendung der schädlichen Außenwirkungen[685]. Da es sich hierbei – insbesondere bei größeren Unternehmen – oftmals um eine juristische Person handeln wird, müssen die das Unternehmen bzw. die Gesellschaft als Organisation treffenden Überwachungspflichten präzisiert und auf die jeweiligen Repräsentanten abgeleitet werden, was sich nach außerstrafrechtlichen Regelungen bestimmt[686]. Grundsätzlich ordnet das Gesellschaftsrecht an, dass die Geschäftsleitung als höchste Hierarchieebene im Unternehmen für alle externen Unternehmenspflichten verantwortlich ist. Allerdings steht der Geschäftsleitung

---

682 Insbesondere auf die philosophischen Bezüge eingehend *Köhler* 1996, S. 223.

683 Eine derartige Beschränkung der Garantenpflicht des Betriebsinhabers auf Straftaten, die „gerade durch die Eigenarten des Unternehmens und seiner Tätigkeit in besonderem Maße drohen“, wird jedoch von *Mosbacher/Dierlamm* 2010, S. 269 gefordert, die hierfür beispielhaft „Drückerkolonnen“ sowie die Unterhaltung „schwarzer Kassen“ anführen; a.A. *G. Dannecker* 2015, § 5 Rn. 94.

684 In diese Richtung *Ransiek* 1996, S. 41; *Waßmer* 2006, S. 265 f.; auch *G. Dannecker* 2015, § 5 Rn. 7 ff., der betont, dass sich auch aus der unterbliebenen Delegation für den Unternehmensleiter eine strafrechtliche Verantwortung durch Unterlassen ergeben könne, soweit er sich überfordert, indem er die sachlich notwendige Einschaltung von Mitarbeitern unterlässt.

685 So auch *Bottke* 1994, S. 28; *Hellmann*/Beckemper 2013, Rn. 951; *Köhler* 1996, S. 223; *Schall* 2004, S. 277; kritisch *Nietsch* 2013, S. 196.

686 *Alexander* 2005, S. 125 ff., S. 214 ff.; *G. Dannecker/C. Dannecker* 2010, S. 984 f.; *Mittelsdorf* 2007, S. 62 ff.; *dies.* 2011, S. 123; *Ransiek* 2010, S. 151 f.; *Rogall* 2000, S. 164 f.; *Schmidt-Salzer* 1990, S. 2968, der zu Recht auf den „organisationssoziologischen und gesellschaftsrechtlichen Sachverhalt“ hinweist, wonach „das Unternehmen (z. B. also die AG oder die GmbH) einen zweckorientierten lebenden Organismus“ darstelle und „die Verantwortung für die Geschehenisse innerhalb dieses Organismus bei der Geschäftsleitung“ liege.

in gewissen Grenzen die Möglichkeit zur horizontalen wie auch zur vertikalen Aufgabendelegation zu[687].

Hiergegen wird bisweilen vorgebracht, dass sich die Tat des jeweiligen Mitarbeiters „nicht als ‚Ausfluss der gesteigerten Betätigungsmöglichkeiten', sondern als Folge eines Tatentschlusses des Handelnden" darstelle und daher nicht „jedes privatnützige, den eigenen Einflussbereich steigernde Verhalten zugleich eine strafbewehrte Überwachergarantenpflicht zur Folge" haben müsse[688]. Dieser Ansicht ist zuzugestehen, dass auch die Verbandstat regelmäßig Ausfluss des Tatentschlusses des individuell handelnden Mitarbeiters ist.

Doch bereits die fahrlässige Straftatverwirklichung seitens des Handelnden zeigt, dass Außenstehenden zugefügtes Unrecht zumindest keinen Tatentschluss im rechtstechnischen Sinne voraussetzt. Auch dürfte es aufgrund der komplexen Organisationsstrukturen im Unternehmen bisweilen schwierig bis nahezu unmöglich sein, dem das schädigende Verhalten an den Tag legenden Akteur den strafrechtlich missbilligten Erfolg auch zurechnen zu können.

Zudem – und das ist meines Erachtens der entscheidende Grund – werden durch eine derartige Trennung der Verantwortungsbereiche die Verflechtungen in der Unternehmenswirklichkeit verkannt. Denn insbesondere eine juristische Person als Unternehmensträger ist darauf angewiesen, sich sowohl zur Erfüllung ihrer produktiven Arbeiten wie auch zur „Kommunikation" mit der Außenwelt diverser Hilfspersonen zu bedienen. Hierbei nimmt der Einzelne seine Aufgaben nicht isoliert wahr, sondern er ist innerbetrieblich infolge der Arbeitsteilung in die Gesamtaktivitäten des Unternehmens eingebunden. Werden die Mitarbeiter dabei in redlicher Erfüllung der ihnen im Zuge der Unternehmensorganisation übertragenen Aufgaben unter Nutzung der ihnen eingeräumten Handlungsmöglichkeiten tätig, so entspricht dies dem Verbandszweck und liegt im wirtschaftlichen Interesse des Unternehmensträgers. Sofern ein Mitarbeiter allerdings in diesem Zusammenhang Straftaten begeht, nutzt er ebenso die ihm – eigentlich im Interesse des Verbands – eingeräumten und durch seinen Aufgabenbereich vermittelten Spielräume aus. Damit realisiert sich ein mit der Arbeits- und Aufgabenteilung einhergehendes betriebs- bzw. unternehmenstypisches Risiko, für das der Unternehmensträger einzustehen hat, da er umgekehrt auch nur durch die von ihm bevorzugte Unternehmensorganisation in Gestalt der Arbeitsteilung und Aufgabendelegation wirtschaftliche Erfolge erzielen kann[689].

---

687 Vgl. näher unter 1. Teil, IV. 1.

688 So *Spring* 2009, S. 153; vgl. auch *Beulke* 2011, S. 32; eingehend *Bosch* 2002, S. 175 ff.

689 Vgl. nochmals *Bottke* 1994, S. 28, der zu Recht betont, dass „das Gebot, Nutzen und Lasten solcher Organisationen sozial fair und mit den Rechtsgütern anderer verträglich zu gestalten, [...] die normative Brücke von der (rechtlich abgesicherten) Befehlsgewalt des Betriebsinhabers und dem Recht, diese [...] zu gebrauchen, zu der Pflicht" schlage, „solches im Interesse des Rechtsgüterschutzes (und der Akzeptabilität gewählter Organisation) zu tun".

Bei Lichte betrachtet ist dann die Aufsichtspflicht des Unternehmensträgers die Abwandlung seiner ursprünglichen Pflicht, Dritten keinen Schaden zuzufügen, und es würde somit keinen Unterschied machen, ob eine Person einen Betrieb allein führt oder ob sie sich dazu – was im Falle einer juristischen Person immer der Fall ist – diverser Hilfspersonen bedient. Stets geht es um die Abwendung unternehmensspezifischer Gefahren durch den Betriebsinhaber, die im Falle einer komplexen Unternehmensorganisation eben auch darauf zurückzuführen sind.

3) Die umfassende Überwachungspflicht über den „Gefahrenherd Betrieb"

Ein anderer Begründungsansatz, der auch in Reaktion auf die BSR-Entscheidung von vielen Befürwortern einer Überwachergarantenpflicht des Betriebsinhabers herangezogen wird[690], liegt in der Annahme, dass ein Betrieb an sich einen „Gefahrenherd"[691] darstelle, der umfassend dahingehend zu überwachen sei, dass weder von den jeweiligen Betriebseinrichtungen noch von den betrieblichen Verrichtungen Gefahren für Dritte ausgehen[692].

(a) Die Gleichsetzung sachlicher und personaler Gefahren

Nach dieser oft mit dem Herrschaftsansatz kombinierten Konzeption[693] trifft den Inhaber eines Unternehmens die Pflicht zur Überwachung aller aus dem Betrieb herrührender (betriebsbezogener) Gefahren und zwar unabhängig davon, ob die Gefahren von Sachen oder Personen drohen. Ausgehend von der materiellen Legitimation einer Überwachergarantenpflicht für sächliche Gefahrquellen[694] sind die Vertreter dieses Ansatzes der Auffassung, dass die Garantenstellung des Betriebsinhabers nicht auf sächliche Gefahren zu beschränken sei, sondern „all-

---

690 *Beckemper* 2013, S. 92f.; *G. Dannecker/C. Dannecker* 2010, S. 990; *G. Dannecker* 2015, § 5 Rn. 24; *Knauer* 2012, S. 475; *Mittelsdorf* 2011, S. 126; *Poguntke* 2013, S. 87ff.; *Ransiek* 2010, S. 148f.; *Rönnau/F. Schneider* 2010, S. 56; *Rotsch* 2012a, 1. Teil, 4. Kap. Rn. 32; *ders.* 2012b, S. 493; *Zimmermann* 2014, S. 144f.

691 So ausdrücklich *Roxin* 2003, § 32 Rn. 137; aber auch *Heinrich* 2014, Rn. 970; *Schlüchter* 1995, S. 158 sowie *Schall* 2004, S. 277, der ansonsten – wie die anderen Vertreter der Konzeption – von einer zu überwachenden Gefahrquelle spricht.

692 *Groß* 2012, S. 189f.; *Schall* 2004, S. 273ff.; *Ransiek* 1996, S. 35ff.; *Rathgeber* 2012, S. 316; *Roxin* 2003, § 32 Rn. 137ff.; differenzierend *Langkeit* 2007, S. 653; *Mosbacher/Dierlamm* 2010, S. 269.

693 *T. Fischer* 2015, § 13 Rn. 68ff.; *Groß* 2012, S. 189f.; *Schall* 2004, S. 275f.; *Ransiek* 1996, S. 35ff.; *Roxin* 2003, § 32 Rn. 137.

694 Vgl. nur *Ransiek* 1996, S. 35: „Die rechtliche Zuständigkeit mit der Befugnis, andere fernzuhalten, die sich deshalb vor den Gefahren dieser Sache nicht oder nur eingeschränkt schützen können, ist nur hinnehmbar, wenn dieser Ausschlussmöglichkeit eine Pflicht zum Schutz anderer entspricht. [...] Die anderen können den Freiheitsbereich des Inhabers nur gewähren, wenn sie darauf vertrauen können, dass für ihren Schutz gleichwohl gesorgt wird".

gemein Gefahren aus der Organisation für Dritte“ und somit „auch Gefahren für den Rechtsverkehr“ erfasse[695].

Es gehe nämlich nicht darum, eine besondere Verhinderungspflicht von Straftaten Untergebener zu konstruieren, sondern es gehe generell um die Überwachung von Unternehmensgefahren, die auch aus der von Außenstehenden zu akzeptierenden Organisation erwachsen können[696], und es komme schlichtweg nur darauf an, „die gesetzlichen oder vertraglichen Bedingungen der (unternehmerischen) Tätigkeit einzuhalten“[697]. Insoweit werden von den Vertretern dieser Auffassung personelle Gefahren mit sächlichen Gefahren gleichgesetzt bzw. es wird unter Erörterung verschiedener Fallkonstellationen aufgezeigt, dass eine Trennung zwischen sächlichen und personellen Sicherungspflichten kaum möglich sei[698]. Dabei sehen sie sich in ihrer Ansicht vor allem auch dadurch bestätigt[699], dass selbst die Kritiker ihrer Auffassung eine Garantenpflicht des Betriebsinhabers dann anerkennen wollen, wenn gefährliche Einrichtungen oder in seinem Betrieb durchgeführte gefährliche Verrichtungen zu überwachen sind[700].

(b) Stellungnahme

Der Ansatz der umfassenden Verantwortlichkeit des Betriebsinhabers für alle aus seinem Herrschaftsbereich ausgehenden Gefahren besticht durch seine einfache Handhabe, da danach eine Trennung im Hinblick auf den Ursprung der betrieblichen Gefahr nicht erforderlich wäre. Doch so einleuchtend der materielle Legitimationsgrund einer Sicherungspflicht bzgl. einer gefährlichen Sache auch ist, so wenig überzeugt es[701], beinahe unbegründet[702] von einer Gleichsetzung bzw. „Untrennbarkeit“ von sächlichen und personellen Gefahrquellen zu sprechen[703]. Zwar sind

695 *Ransiek* 1996, S. 35; *ders.* 2010, S. 150; ähnlich *Groß* 2012, S. 189f.; *Poguntke* 2013, S. 87ff.; *Schall* 2004, S. 277; *Zimmermann* 2014, S. 144f.

696 *Schall* 2004, S. 277f.

697 *Ransiek* 1996, S. 36.

698 Als prominentestes Beispiel dient in diesem Zusammenhang der durch Wartungsfehler hervorgerufene oder potenzierte technische Mangel, vgl. hierzu *Roxin* 2003, § 32 Rn. 137, 141, der diesbezüglich von einer „verlängerten Sachgarantenstellung“ spricht. *Poguntke* 2013, S. 90ff. bezeichnet dies als „Gesamtgefahrenquelle Betrieb“; vgl. ferner *Mittelsdorf* 2011, S. 126; *Schall* 2004, S. 275f.; *Ransiek* 1996, S. 36; *ders.* 2010, S. 150f.

699 Vgl. nur *Roxin* 2003, § 32 Rn. 141.

700 *Bosch* 2002, S. 191f.; *Brammsen* 2000a, S. 126ff.; *Heine* 1995, S. 120; *Jakobs* 1993, 29/36; *Langkeit* 2007, S. 652f.; SK/StGB-*Rudolphi/Stein*, § 13 Rn. 35a.

701 Kritisch auch *Beulke* 2011, S. 34f.; *Bock* 2011, S. 331ff.; *Spring* 2009, S. 166ff.

702 Soweit ersichtlich geht allenfalls *Ransiek* 1996, S. 36; *ders.* 2010, S. 150 näher darauf ein, warum von einer einheitlichen Überwachungspflicht von Unternehmensgefahren ausgegangen werden kann.

703 So aber *Mittelsdorf* 2011, S. 126; *Rönnau/F. Schneider* 2010, S. 56; *Rotsch* 2012a, 1. Teil, 4. Kap. Rn. 32; *Roxin* 2003, § 32 Rn. 137, 141; *Schall* 2004, S. 275f.

die gebildeten Fallkonstellationen (wie das Hervorrufen eines technischen Mangels durch einen Wartungsfehler, die Auslieferung mangelhafter Arzneimittel bzw. fehlerhafter Fahrzeuge, die Einhaltung von Emissionsvorschriften, etc.) durchaus treffende Beispiele für allgemein anerkannte Überwachergarantenpflichten, jedoch wird dadurch verschleiert, dass der materielle Grund der Überwachungspflicht in der per se gefährlichen Sache bzw. dem gefährlichen Betrieb an sich liegt[704].

Im Dunkeln bleibt aber der materielle Legitimationsgrund einer Überwachergarantenpflicht bzgl. rein personeller Gefahren ohne sachlichen Bezug, wie Betrügereien, Bestechungen, Wettbewerbsverstößen, etc. Diese Fälle können nämlich im Hinblick auf ihre Legitimation nicht unbesehen mit den gerade Genannten gleichgesetzt werden[705]. Der bereits angeklungene qualitative Grund für die unterschiedliche Überwachungsbedürftigkeit von gegenständlichen und (rein) personellen Gefahren ist darin zu sehen[706], dass bei gefährlichen Sachen die Sicherung obligatorisch ist, da diese nicht selbst auf ihren Zustand einwirken können und der Freiheitsbereich des Inhabers nur gewährt werden kann, wenn Außenstehende darauf vertrauen können, dass für ihren Schutz gleichwohl gesorgt wird.

Im Gegensatz dazu ist das Verhalten eines Menschen in aller Regel willensgetragen. Ist er selbst mit der Fähigkeit ausgestattet, zwischen Recht und Unrecht entscheiden zu können, wird er vom Verhaltensappell des Strafrechts erreicht und kann für sein Verhalten verantwortlich gemacht werden. Aus diesem Grund besteht in aller Regel kein Bedürfnis, andere Personen als Garanten in die Verantwortung miteinzubeziehen[707]. Möchte man dennoch eine Aufsichtsgarantenpflicht einzelner Personen im Unternehmen begründen, so muss man nicht nur den Wesensunterschied zwischen rein personellen und (auch) sächlichen Gefahren beachten, sondern es bedarf genauerer Darlegung, ob und wie diese Annahme mit dem Grundsatz der Selbstverantwortung in Einklang zu bringen wäre.

Genau diesen Begründungsaufwand vermag jedoch der „Gleichstellungsansatz in seiner reinen Form“ schon deshalb nicht zu leisten, da (rein) personelle Gefahren eben nicht mit gegenständlichen Gefahrenherden vergleichbar sind. Sofern allerdings die Vertreter dieses Ansatzes zur Bekräftigung ihrer Argumentation zusätzlich den „Ausgleichsgedanken“ heranziehen wollen[708], kann dies nur befürwortet werden, da hiermit zwar ebenso die Möglichkeit der Herleitung einer Überwacher-

---

704 In diesen Fällen kann man durchaus geneigt sein, von einer „Untrennbarkeit“ zu sprechen. Jedoch ist diese darauf zurückzuführen, dass es entweder zwingend zur Erzielung einer Außenwirkung der bereits gefährlichen Sache eines menschlichen Beitrags (Auslieferung etc.) bedarf oder es aus Gründen des Rechtsgüterschutzes schlichtweg egal ist, ob die mit einem technischen Mangel behaftete Sache zufällig gefährlich geworden ist oder dieser Zustand durch menschliches Fehlverhalten hervorgerufen wurde.

705 So auch *Beulke* 2011, S. 35; *Schilha* 2008, S. 164 f.; *Spring* 2009, S. 167 f.

706 Vgl. bereits unter 2. Teil, II. 1. b) 1) (b).

707 So auch *Beulke* 2011, S. 35; *Neudecker* 1995, S. 77; *Spring* 2009, S. 167 f.

708 In diese Richtung *Schall* 2004, S. 277.

garantenpflicht für alle unternehmensspezifischen Risiken verbunden ist. Jedoch beruht diese nicht auf der fehlerbehafteten Grundannahme der Gleichstellung von personellen mit gegenständlichen Gefahren.

c) Der Stellenwert des Eigenverantwortlichkeitsprinzips bei der Begründung einer Aufsichtsgarantenpflicht

Ungeachtet der einzelnen Begründungsansätze zur Herleitung einer unternehmerischen Aufsichtsgarantenpflicht müsste diese den Grundsatz der Eigenverantwortlichkeit in ausreichendem Maße berücksichtigen, nach dem jeder grundsätzlich nur für sein eigenes Verhalten, nicht aber für das Handeln anderer Personen verantwortlich ist[709]. Sofern man diesem Grundsatz im Rahmen der strafrechtlichen Geschäftsherrenhaftung überhaupt Bedeutung zukommen lassen möchte, kann das Spannungsverhältnis zwischen betrieblicher Aufsichtsgarantenpflicht und Eigenverantwortlichkeit entweder generell zugunsten eines Instituts aufgelöst werden oder es müsste dargelegt werden, wie beide (vermeintlich gegenläufigen) Prinzipien in Einklang miteinander zu bringen sind.

1) Die Irrelevanz des Eigenverantwortlichkeitsprinzips bei der Begründung einer Aufsichtsgarantenpflicht

(a) Grundgedanke

Keinerlei Rechtfertigungsbedarf der unternehmerischen Aufsichtsgarantenpflicht vor dem Grundsatz der Selbstverantwortung besteht, wenn man mit *Ransiek* eine allgemeine Überwachungspflicht von Unternehmensgefahren annimmt[710]. Seiner Ansicht nach bedarf es nämlich gar keiner speziellen Konstruktion einer Pflicht zur Verhinderung von Straftaten Untergebener, denn schon der Wortlaut des § 13 Abs. 1 StGB lege nahe, dass es nicht darum gehe, Straftaten anderer zu verhindern, sondern es gehe „allein um die Frage, ob jemand rechtlich dafür einzustehen hat, dass der *Erfolg* nicht eintritt, der zum Tatbestand eines Strafgesetzes gehört. [...] Ob andere autonom handeln und für die Herbeiführung des Erfolges ihrerseits verantwortlich sind“[711], sei danach vollkommen belanglos, da der dem Unternehmensinhaber gemachte Schuldvorwurf eben nicht die Tat des Untergebenen, sondern die pflichtwidrig unterlassene Erfolgsabwendung zum Inhalt habe.

(b) Stellungnahme

Dieser Ansicht ist jedoch mit *Spring* entgegenzuhalten[712], dass der Wortlaut von § 13 Abs. 1 StGB keinen Aufschluss darüber zulässt, ob eine Garantenstellung besteht oder nicht. Vielmehr muss diese unabhängig von der Norm begründet werden können.

---

709 Vgl. bereits unter 3. Teil, I. 1. a).

710 *Ransiek* 1996, S. 35 f.; *ders.* 2010, S. 150.

711 *Ransiek* 2010, S. 150; zustimmend *G. Dannecker/C. Dannecker* 2010, S. 990.

712 *Spring* 2009, S. 169.

Wenn *Ransiek* hierfür das materielle Einstandserfordernis zur Überwachung von Sachgefahren heranzieht und personelle Gefahren damit gleichsetzen will[713], so wurde diese These bereits widerlegt[714]. Insoweit liefern auch die gebildeten Fallkonstellationen, in denen jeweils der Umgang mit einer gefährlichen Sache eine Überwachergarantenpflicht auslösen soll[715], keine Begründung für seine gleichsetzende Annahme, da sich hier die Sicherungspflicht aus der Überwachungsbedürftigkeit einer Sachgefahr an sich ergibt. Nicht dagegen ist damit zugleich auch eine Erklärung für die Annahme einer Überwachergarantenpflicht von rein personellen Gefahren verbunden.

Wenn *Ransiek* nun diesbezüglich anmerkt, dass es für den vermögensschutzpflichtigen Garant unerheblich sei, ob „das Opfer sich aus eigenem Antrieb zu einer vermögensschädigenden Verfügung entschlossen hat oder aber dazu durch einen Dritten veranlasst worden ist“[716], verkennt er damit die Schutzrichtung der angenommenen Garantenpflicht, da dieses Beispiel allenfalls Erkenntnisse über das Bestehen und die Reichweite einer Beschützergarantenpflicht, nicht aber die Erklärung für eine Aufsichtsgarantenpflicht über (verantwortliche) Personen liefern kann.

Doch auch unabhängig von der grundsätzlichen Verkennung des Rechtfertigungsbedürfnisses einer unternehmerischen Aufsichtsgarantenpflicht vor dem Prinzip der Selbstverantwortung, gestalten sich die Ausführungen *Ransieks* widersprüchlich. Denn wenn er – im Ergebnis dem BGH folgend – den angeklagten Leiter wegen Beihilfe durch Unterlassen zum Betrug des Haupttäters verurteilen möchte, weil er „selbständig die betrügerischen Handlungen des Haupttäters nicht verhindern konnte“[717], so erkennt er doch die Relevanz der Straftat des Anderen bei der Beurteilung der Unterlassungsverantwortlichkeit an. Denn der Erfolg der Beihilfe ist die Verwirklichung der Haupttat durch einen anderen, deren Gelingen es im Falle garantenpflichtwidrigen Unterlassens zu verhindern galt.

2) Das Eigenverantwortlichkeitsprinzip als bedeutsames Institut bei der Begründung einer Aufsichtsgarantenpflicht

Wenn nun feststeht, dass sich das Prinzip der Eigenverantwortlichkeit bei der Begründung einer Aufsichtsgarantenpflicht nicht so einfach beiseiteschieben lässt[718], stellt sich die Frage, wie sich beide Positionen zueinander verhalten.

(a) Die überlagerte Eigenverantwortlichkeit des Unternehmensangehörigen

Insbesondere *Schünemann* warnt vor einer „Verabsolutierung“ des Selbstverantwortungsprinzips und fordert, „die gegenläufigen Herrschafts- und Verantwort-

---

713 *Ransiek* 1996, S. 35f.
714 Vgl. näher unter 3. Teil, I. 1. b) 3) (b).
715 *Ransiek* 2010, S. 150f.
716 *Ransiek* 2010, S. 150.
717 *Ransiek* 2010, S. 152.
718 Vgl. insbesondere *Geilen* 1965, S. 474f., der treffend formuliert, dass die Eigenverantwortung ein für alle Garantenfälle „übergreifendes Prinzip“ sei.

lichkeitsprinzipien mit einander in praktische Konkordanz zu bringen und [...] jeden Grundsatz gerade so weit zur Geltung (kommen zu lassen), wie es der andere gestattet"[719]. Ausgehend von seiner schon beschriebenen Theorie der „partiellen Unmündigkeit" eines Menschen[720] sei „die Eigenverantwortlichkeit des Einzelnen beim Verbandshandeln weitgehend nur eine Fassade, hinter der sich realiter die formellen und informellen Zwänge der Organisation durchsetzen"[721]. Nach *Schünemanns* Verständnis setzt sich daher die „garantiebegründende Herrschaft qua organisatorischem Machtapparat" des Betriebsinhabers gegenüber der Eigenverantwortlichkeit des Verbandsmitglieds immer durch, wenn jenes „in Befolgung der Verbandsregeln" handelt[722].

Auch andere Vertreter herrschaftsbezogener Ansätze[723] sehen im Falle der Einbettung eines Menschen in betriebliche Strukturen – ohne allerdings diese als „partiell Unmündige" zu bezeichnen – die Eigenverantwortlichkeit des Einzelnen als durch die Herrschaftsbefugnis des Betriebsinhabers überlagert an. So betont *Schall* unter Aufzählung allgemein anerkannter Konstellationen[724], dass es nichts Ungewöhnliches sei, eine Überwachergarantenpflicht zur Verhinderung eigenverantwortlich begangener Straftaten in Autoritätsverhältnissen auch über die spezialgesetzlichen Regelungen hinaus anzunehmen.

Schließlich wendet *Rotsch*[725] unter Verweis auf *Greco*[726] gegen die Vertreter, die eine Aufsichtsgarantenpflicht des Unternehmensinhabers aufgrund des Grundsatzes der Eigenverantwortlichkeit des aktiv Handelnden generell verneinen wollen, ein, dass diesem Grundsatz gerade keine die Verantwortung Dritter beschränkende Wirkung zukommen könne, da „bislang von niemandem eine tragfähige Begründung des Gedankens der Selbstverantwortung als allgemeines Rechtsprinzip [aber eigentlich auch im Übrigen[727]] geleistet worden" sei.

---

719 *Schünemann* 1971, S. 329f.; zustimmend *Rogall* 1986, S. 617; *Rönnau/F. Schneider* 2010, S. 56 in Fn. 23; *Schilha* 2008, S. 161; vgl. auch *Dous* 2009, S. 235ff.; *Brammsen* 2000a, S. 130 in Fn. 140 m. w. N.

720 Vgl. näher unter 3. Teil, I. 1. b) 2) (a) (2).

721 *Schünemann* 1979, S. 104.

722 *Schünemann* 1979, S. 104.

723 *Landscheidt* 1985, S. 113ff.; *Rogall* 1986, S. 617; in diese Richtung auch *Konu* 2014, S. 172ff.; *Petermann* 2013, S. 177ff.; *Rönnau/F. Schneider* 2010, S. 56; *Rotsch* 2012a, 1. Teil, 4. Kap. Rn. 32; *Schall* 2004, S. 272f., die jedoch die Garantenpflicht auch aus der Verantwortlichkeit für die „Gefahrquelle Unternehmen" herleiten.

724 *Schall* 2004, S. 273, der beispielhaft Überwachergarantenpflichten von Vollzugsbeamten gegenüber Gefangenen, Anstaltspersonal gegenüber Sicherungsverwahrten, Lehrern gegenüber strafmündigen Schülern sowie Fahrlehren gegenüber ihren Fahrschülern benennt.

725 *Rotsch* 2012a, 1. Teil, 4. Kap. Rn. 32; *ders.* 2015b, § 4 Rn. 10.

726 *Greco* 2011, S. 9ff.

727 So dürfte *Rotsch* zu verstehen sein, wenn man seine weiteren Ausführungen an den betreffenden Stellen mit einbezieht.

(b) Die Dominanz der Eigenverantwortlichkeit des aktiv Handelnden

Demgegenüber sind die Vertreter der Gegenauffassung der Meinung[728], dass allein die betriebliche Weisungsbefugnis des Leitungsorgans die Eigenverantwortlichkeit des Mitarbeiters nicht beseitigen könne und die Verantwortung für sein Handeln ausschließlich in dessen Verantwortungsbereich liege. Bereits das Vorhandensein der propagierten Befehls- und Organisationsherrschaft des Vorgesetzten über seine Untergebenen sei überaus zweifelhaft, sodass eine für eine Garantenstellung erforderliche gesteigerte Verantwortlichkeit nicht angenommen werden könne[729]. Denn es wäre widersprüchlich, wenn man mit der ganz herrschenden Meinung eine mittelbare Täterschaft des Betriebsinhabers beim aktiven Tun durch Befehls- und Organisationsherrschaft verneinen[730] würde und dieselben Gesichtspunkte gleichzeitig fruchtbar machen möchte, um eine Garantenstellung zu begründen[731].

Zudem verstoße es „geradezu gegen die Achtung des anderen als Person, ihm die Fähigkeit zu eigenverantwortlichem Handeln abzusprechen, sobald er in einer Betriebshierarchie eingegliedert ist“[732]. Dieses Ergebnis bestätige sich im Übrigen durch die moderne unternehmerische Führungslehre, die „auf Mitverantwortung, Vertrauen und Kooperation statt auf Befehl und Kontrolle durch Vorgesetzte und tumben Gehorsam der Befehlsempfänger“ setze[733]. Daher könne von einem „Mangel an Defizit“ oder gar von einer „partiellen Unmündigkeit“ nicht gesprochen werden[734]. Eine Pflicht des Betriebsinhabers zur Verhinderung fremder Straftaten sei nach alledem vor allem aufgrund der Eigenverantwortlichkeit des handelnden Mitarbeiters ausgeschlossen[735],

728 *Bock* 2011, S. 327 ff.; *ders.* 2012, S. 69 f.; *Brammsen* 2000a, S. 124 f.; *Heine* 1995, S. 117 f.; *Langkeit* 2007, S. 652 f.; *Otto* 1998, S. 413; SK/StGB-*Rudolphi/Stein*, § 13 Rn. 35a; LK_{12}/StGB-*Weigend*, § 13 Rn. 56; *Wessels/Beulke/Satzger* 2014, Rn. 724.

729 *Heine* 1995, S. 117.

730 Zur Ablehnung der Übertragung der Figur der mittelbaren Täterschaft durch Benutzung eines organisatorischen Machtapparats auf Wirtschaftsunternehmen vgl. nur *Brammsen* 2000a, S. 140 ff.; *Heine* 1995, S. 100 ff.; *Roxin* 2003, § 25 Rn. 129 ff. jeweils m. w. N. zum Streitstand.

731 *Neudecker* 1995, S. 85 f.; *Heine* 1995, S. 117, der einer derartigen Begründung schon aufgrund der Gleichstellungsklausel des § 13 StGB eine Absage erteilen möchte.

732 *Neudecker* 1995, S. 85.

733 *Beulke* 2011, S. 33; ähnlich *Spring* 2009, S. 233 ff. mit einem Exkurs in die betriebswirtschaftliche Führungslehre.

734 Vgl. nur *Heine* 1995, S. 116 ff., der zur Begründung seiner Ansicht die betriebliche Herrschaftsstruktur mit elterlicher bzw. vormundschaftlicher Herrschaftsgewalt vergleicht und zu dem Ergebnis kommt, dass die dort bestehenden Aufsichtspflichten mit gesteigerten personalen, auf der konstitutionellen Unmündigkeit des Abhängigen beruhenden Fürsorgepflichten korrespondieren, wie sie so im Arbeitsleben nicht anzutreffen seien.

735 Vgl. nur *Berndt* 2009, S. 691; *Kretschmer* 2009, S. 476; *Warneke* 2010, S. 316 in Reaktion auf die BSR-Entscheidung.

welche eine „normative Barriere“[736] für die Unterlassungsverantwortlichkeit des Betriebsinhabers bilde.

In ähnlicher Weise betonen *Beulke*[737] und sein Schüler *Spring*[738] den Stellenwert des Eigenverantwortlichkeitsprinzips im Zusammenhang mit der Begründung einer unternehmerischen Aufsichtsgarantenstellung. Jedoch begreifen sie den Grundsatz nicht „als normative, unüberwindbare Sperre“[739], da durchaus Situationen denkbar seien, in denen sich die Eigenverantwortlichkeit des aktiv Handelnden nicht auf die Verantwortung des Geschäftsherrn auswirke. Die diesbezüglich gebildeten Konstellationen betreffen allerdings die Verantwortlichkeit des Geschäftsherrn aus Ingerenz bei gefährlicher Betriebsorganisation, wonach der Geschäftsherr nicht primär für die Verhinderung fremder Taten, sondern für sein eigenes pflichtwidriges Vorverhalten einstehen müsse[740].

Darüber hinaus möchte *Spring* in Konkretisierung der herrschaftsbezogenen Ansätze eine Aufsichtsgarantenpflicht des Geschäftsherrn annehmen, wenn neben der durch das arbeitsrechtliche Direktionsrecht vermittelten Autoritätsstellung ein „materieller Haftungsgrund“ gegeben ist[741]. Dieser „materielle Haftungsgrund“ sei insbesondere dann anzunehmen, wenn der Untergebene „in einer bestimmten Situation oder hinsichtlich einer bestimmten Aufgabe mit einem Defizit behaftet ist, das ohne Überwachung mit hoher Wahrscheinlichkeit zu einem Schaden an Rechtsgütern Dritter führen würde“[742].

(c) Stellungnahme

Bereits die dargelegten Meinungen, die gegensätzlicher kaum ausfallen könnten, belegen, dass der Stellenwert des Eigenverantwortlichkeitsprinzips seit jeher[743] die „Gretchen-Frage“ bei der Begründung einer (betrieblichen) Aufsichtsgarantenstellung darstellt.

---

736 LK_{12}/StGB-*Weigend*, § 13 Rn. 56.

737 *Beulke* 2011, S. 32 f.

738 *Spring* 2010, S. 225 ff.

739 *Beulke* 2011, S. 33.

740 *Beulke* 2011, S. 39 f.; grundlegend *Spring* 2009, S. 240 ff. Die Herleitung einer unternehmerischen Überwachergarantenpflicht aus dem Ingerenzgedanken ist zwar grundsätzlich denkbar. Jedoch soll der Ingerenzansatz (grundlegend *Welp* 1968) bei den nachfolgenden Ausführungen außen vor bleiben, da er sowohl in seiner allgemeinen Begründung wie auch in seiner speziellen Ausprägung durchaus umstritten ist (vgl. zum Streitstand mit unternehmerischem Bezug *Neudecker* 1995, S. 94 ff.; zuletzt *Spring* 2009, S. 169 ff.) und zudem keine Aufsichtsgarantenpflicht über fremdes Verhalten im eigentlichen Sinne verkörpert, da der Ansatzpunkt des Unterlassungsvorwurfs der Anlasstat vorgelagert ist.

741 *Spring* 2009, S. 229 ff.

742 *Spring* 2009, S. 235; *ders.* 2010, S. 227.

743 Diese Einschätzung teilen u. a. *Beulke* 2011, S. 28; *Neudecker* 1995, S. 84; *Schilha* 2008, S. 154; *Spring* 2009, S. 144.

(1) Zur Herrschaftskonzeption

Die gegenüber dem von *Schünemann* vertretenen Herrschaftsansatz bereits angebrachten Vorbehalte[744] treten umso deutlicher zu Tage, wenn man die Konsequenz seiner Ausführungen am Selbstverantwortungsgrundsatz misst: Wenn *Schünemann* das die Einstandspflicht des Betriebsinhabers auslösende Moment in der „partiellen Unmündigkeit" des Untergebenen sieht, die eine „auf einem bestimmten Gebiet bestehende Gehorsamspflicht" ausdrücke[745], und er diese unmittelbar aus der Eingliederung in den organisatorischen Befehls- und Machtapparat ableitet, macht er nichts anderes, als direkt aus dem Direktionsrecht des Betriebsinhabers auf dessen Handlungspflicht zu schließen. Dabei stellt das Weisungsrecht lediglich eine Handlungsmöglichkeit zur Verhinderung eines Erfolgs dar und kann (allein) eine Einstandspflicht nicht begründen. Zu Recht kritisiert *Spring*, dass „die von *Schünemann* als *Ursache* der Aufsichtspflicht genannte Unmündigkeit [...] tatsächlich nur eine *Folge* des Weisungsrechts (sei) und [...] für die Herleitung einer Aufsichtspflicht" nichts hergebe[746]. Obwohl *Schünemann* nach eigener Aussage das Herrschafts- und Verantwortungsprinzip „miteinander in praktische Konkordanz" bringen möchte[747], wird das Eigenverantwortlichkeitsprinzip letztlich beiseitegeschoben[748].

Möchte man mit der hier vertretenen Ansicht die Möglichkeit einer Beihilfe durch Unterlassen nicht grundsätzlich ablehnen[749], reicht die durch das Direktionsrecht vermittelte Herrschaftsposition an sich nicht zur Annahme einer strafbewehrten Garantenpflicht aus. Deswegen ist schließlich auch ein maßgeblicher Einwand der Kritiker einer Aufsichtsgarantenpflicht des Geschäftsherrn[750], der prinzipiell auf der Eigenverantwortlichkeit des Untergebenen beruht, nicht haltbar[751]:

Wenn jene nämlich auf die Wertungswidersprüche hinweisen, die entstünden, falls einerseits eine mittelbare Täterschaft beim aktiven Tun kraft Befehls- und Organisationsherrschaft verneint und andererseits eine Aufsichtsgarantenstellung aufgrund jener Herrschaft bejaht werden würde, verkennen sie dabei die Möglichkeit einer Abstufung der Schwere des Unterlassungsunrechts. Denn dieser Vergleich liefert allenfalls eine Begründung dafür, dass eine (mittelbare) Unterlassungs*täterschaft* des Geschäftsherrn dann ausscheidet, wenn ein verantwortlich handelnder

---

744 Vgl. näher unter 3. Teil, I. 1. b) 2) (b) (1).

745 *Schünemann* 1979, S. 102.

746 *Spring* 2009, S. 152; ähnlich *Bottke* 1994, S. 61f.; *Hsü* 1986, S. 247.

747 *Schünemann* 1971, S. 330.

748 Gleiches ist auch bei anderen Vertretern herrschaftsbezogener Ansätze zu beobachten, die zwar vor einer „Verabsolutierung" des Verantwortungsprinzips warnen, ihre Haltung aber im Hinblick auf die befürwortete Aufsichtsgarantenpflicht über verantwortliche Personen nicht hinreichend begründen, vgl. *Rogall* 1986, S. 617; *Rönnau/F. Schneider* 2010, S. 56; aber auch *Schall* 2004, S. 272f.

749 Zur gebotenen Differenzierung nach der Schwere des Unrechts auch im Bereich unechter Unterlassungen vgl. bereits unter 2. Teil, II. 3. b).

750 Vgl. nur *Heine* 1995, S. 117; *Neudecker* 1995, S. 85f.

751 Vgl. hierzu auch *Spring* 2009, S. 147.

Untergebener eine Straftat begeht. Keine Aussage wird jedoch dadurch darüber getroffen, ob nicht etwa eine Einstandspflicht niedrigerer Intensität besteht, die im Falle vorsätzlicher Missachtung eine Beihilfe durch Unterlassen an der fremden Straftat darstellt[752].

(2) Selbstverantwortung des anderen und Garantenpflichten

Diese Ausführungen liefern einen berechtigten Grund für die Annahme, dass das Verantwortungsprinzip nicht absolut in dem Sinne gilt, dass eine Aufsichtsgarantenpflicht des Geschäftsherrn stets ausscheidet, wenn ein verantwortlich handelnder Mitarbeiter eine Straftat begeht. Um allerdings Klarheit darüber zu erlangen, in welchem Verhältnis eine etwaige Unterlassungsverantwortlichkeit des Geschäftsherrn zur Tat des Mitarbeiters steht, gilt es zunächst herauszufinden, welche Bedeutung dem Verantwortungsprinzip an sich zukommt:

Das im Gesetz nicht explizit verankerte Verantwortungsprinzip dient zum einen der Abgrenzung von Verantwortungsbereichen im Rahmen der objektiven Zurechnung, bspw. wenn ein Opfermitverschulden in Betracht zu ziehen ist oder etwa Dritte in einen Kausalverlauf eintreten[753]. So verstanden ist es der Sinn der Lehre vom Verantwortungsprinzip, die Kausalität als Grundlage der täterschaftlichen Zurechnung durch die Abgrenzung von Verantwortungsbereichen zu konkretisieren und zu korrigieren[754].

Seinen rechtshistorischen Ursprung und damit auch das zweite wesentliche Anwendungsfeld hat das maßgeblich von *Gallas*[755] geprägte Verantwortungsprinzip[756] dagegen bei der mittelbaren Täterschaft im Rahmen der Abgrenzung von Täterschaft und Teilnahme, wenn es um die Beurteilung der Frage geht, ob mittelbare Täterschaft trotz Verantwortlichkeit des unmittelbar ausführenden „Tatmittlers“ möglich ist. Beispielhaft seien hierfür die diskutierten Grenzfälle mittelbarer Täterschaft in Form des Ausnutzens eines vermeidbaren Verbotsirrtums, des Missbrauchs

752 Es verwundert daher schon ein wenig, wenn *Heine* als Verfechter der die Unterlassungsverantwortlichkeit des Betriebsinhabers ausschließenden Eigenverantwortlichkeit des Untergebenen einräumt, dass auch in diesen Konstellationen die gesetzlichen Teilnahmevorschriften zu beachten seien und es auf die Gewichtigkeit des geforderten Beitrags im Einzelfall ankomme; vgl. Sch/Sch$_{27}$-*Cramer/Heine*, Vorbem §§ 25 ff. Rn. 109b.

753 Vgl. zur Bedeutung der Lehre von den Verantwortungsbereichen Sch/Sch$_{29}$-*Eisele*, Vorbem §§ 13 ff. Rn. 100 ff. m. w. N.

754 *Gropp* 1996, S. 15; vgl. auch *Kühl* 2012, § 4 Rn. 83, wonach das Verantwortungsprinzip „eine Art Zuständigkeitsregelung“ bei einer durch Dritt- bzw. Opferverhalten vermittelten Kausalität anstrebe. Grundlegend *Schumann* 1986, S. 69 ff. sowie für den Bereich gemeinschaftlicher Risikoschaffung durch „Täter“ und „Opfer“ *Walther* 1991, S. 81 ff.; kritisch zur Leistungsfähigkeit der Lehre von den Verantwortungsbereichen *Frisch* 1988, S. 238 ff.

755 *Gallas* 1968, S. 99 f.

756 Zum rechtshistorischen Urpsrung vgl. nur *Küper* 1989, S. 941 m. w. N.

staatlicher Machtbefugnisse, der Schaffung mafiaähnlicher Organisationsstrukturen sowie deren höchst strittige Übertragung auf Wirtschaftsunternehmen genannt[757]. Je nach vertretenem Standpunkt lassen sich derartige Fallkonstellationen mehr oder weniger unter Zuhilfenahme des Verantwortungsgrundsatzes lösen:

Nach dem „strengen Verantwortungsprinzip" ist die täterschaftliche Verantwortung eines Dritten als Hintermann ausgeschlossen, wenn der Vordermann vollverantwortlich handelt[758]. Der Dritte könnte jedoch Teilnehmer an der Straftat sein, die wiederum nach Akzessorietätsregeln zu beurteilen ist. So interpretiert steht das Verantwortungsprinzip in einem Spannungsverhältnis zu einer anderen maßgeblichen Figur der mittelbaren Täterschaft, dem Tatherrschaftsgedanken.

Versteht man mit den Anhängern einer als „materiell-objektiv" zu bezeichnenden Tatherrschaftslehre[759] den Begriff der Tatherrschaft eher faktisch, nämlich als tatsächliche Macht oder Kontrolle über die Tatbestandsverwirklichung, dann ist Täter jeder, der selbst diese Täterschaftsmerkmale verwirklicht. Ein derartiges Verständnis der Tatherrschaft, das der Verantwortlichkeit des Vordermanns grundsätzlich keine Beachtung schenkt, führt dazu, dass ein „Täter hinter dem Täter"[760] möglich ist, da die „am Tatgeschehen Beteiligten (positiv) klassifiziert" würden[761].

Doch auch im Bereich der mittelbaren Täterschaft sei es keinesfalls zwingend, einem der beiden Lösungsmaßstäbe prinzipiellen Vorrang einzuräumen[762]. So werden auch – unabhängig etwaiger Binnendifferenzierungen – normativ begründete Tatherrschaftsauffassungen vertreten, die das Verantwortungsprinzip als sozialethisches Regulativ heranziehen, um das normative Element der Tatherrschaft zu konkretisieren[763]. Danach stellt der Verantwortungsgrundsatz kein unüberwindbares Hindernis bei der Begründung einer mittelbaren Täterschaft über (voll-)verantwortliche Täter dar, sondern er dient vielmehr als „gewisses Leitkriterium, das

757 Vgl. überblicksartig *Wessels/Beulke/Satzger* 2014, Rn. 541 f. m. w. N.

758 *Gallas* 1968, S. 99 f.; *Jakobs* 1993, 21/103; *Kindhäuser* 2013, § 39 Rn. 36; *Otto* 2004, § 21 Rn. 92.

759 Maurach/*Gössel*/Zipf 1989, § 48 Rn. 15, 85 ff.; *Ransiek* 1996, S. 48; *Roxin* 2006, S. 244 ff.; *Schild* 1994, S. 22 ff.; eingehend *Schroeder* 1965, S. 181 ff.; *ders.* 1995, S. 179; in diese Richtung auch *Schlösser* 2004, S. 330 ff. („Soziale Tatherrschaft").

760 Zuerst Kohlrausch/*Lange*, vor § 47 I. B 1.

761 So *Gropp* 1996, S. 15, der treffend von einer „einteilenden" Beteiligungslehre spricht.

762 So BGHSt 35, 347 (353) unter Verweis auf die systematische Stellung von § 25 Abs. 1 Alt. 2 StGB sowie den gesetzgeberischen Willen (BT-Drucks. IV/650, S. 149; V/4095, S. 12).

763 Der BGHSt 35, 347 (353); 40, 218 (232 ff.) spricht diesbezüglich von einem „offenen Wertungsproblem", dessen Übergänge fließend seien. Aus der Literatur vgl. *Dous* 2009, S. 231 ff.; *Küper* 1989, S. 948; LK_{11}/StGB-*Roxin*, § 25 Rn. 87 ff.; *Stratenwerth/Kuhlen* 2011, § 12 Rn. 59 ff.; auch *Schumann* 1986, S. 75 f. als Verfechter des Selbstverantwortungsprinzips möchte Organisationsherrschaft innerhalb eines staatlichen(!) Machtapparts als „Ausnahme" zulassen.

bei anderweitigen Abgrenzungsmöglichkeiten überstimmt werden kann“[764]. Nahezu widerspruchsfrei lassen sich so nur die Konstellationen der mittelbaren Täterschaft lösen, in denen der Hintermann nach materiell-objektiven Kriterien die Tatherrschaft innehat und der Vordermann für die begangene Tat nicht verantwortlich ist[765].

Ich möchte es mit meinen Ausführungen zum Stellenwert des Verantwortungsgrundsatzes im Rahmen der mittelbaren (Begehungs-)Täterschaft bewenden lassen[766], da zum einen ein abschließendes Urteil eine fundiertere Auseinandersetzung mit dem Meinungsbild – auch im Hinblick auf die verschiedenen Ausprägungen der mittelbaren Täterschaft – erforderlich machen würde und zum anderen die Essenz für die Fragestellung dieser Untersuchung schon ausreichend deutlich gemacht werden kann:

Das Verantwortungsprinzip dient im Zusammenhang mit der Begründung einer Aufsichtsgarantenstellung auch über verantwortliche Personen nicht dazu, die strafrechtliche Verantwortlichkeit des Aufsichtspflichtigen generell auszuschließen[767]. Denn dies würde voraussetzen, dass – wie im Falle eines Erst- und Zweitschädigers – handelnder und unterlassener Akteur „beziehungslos hintereinander geschaltet“ wären[768]. Bei den hier in Rede stehenden Konstellationen ist die Sachlage jedoch insoweit eine andere, als dass der unterlassene „Hintermann“ – bspw. der Geschäftsherr – in bestimmten (tatbestandsmäßigen) Situationen gerade zur Überwachung des handelnden Mitarbeiters verpflichtet ist, sodass beide rechtsgutsschädigenden Akte miteinander verwoben sind. Anders ausgedrückt: der an den Aufsichtspflichtigen gerichtete Verhaltensapell konkretisiert sich überhaupt erst durch das rechtsgutgefährdende Verhalten des Aktivtäters. Möchte man das Verhältnis der beiden rechtsgutbeeinträchtigenden Akte zueinander näher bestimmen, zeigt bereits der Blick auf das Täterschafts- und Teilnahmesystem des geltenden Strafrechts (§§ 25–27 StGB), dass für einen Unrechtserfolg durchaus mehrere Personen die Verantwortung tragen können[769]. Wenn nun aber die Verantwortlichkeit

---

764 So *Dous* 2009, S. 232; aber auch *Küper* 1989, S. 942; LK_{11}/StGB-*Roxin*, § 25 Rn. 77, die darauf hinweisen, dass eine Verabsolutierung des Verantwortungsgrundsatzes schon durch die unbestrittene Möglichkeit der Bestrafung von Hintermännern als mittelbare Täter hinter lediglich fahrlässig handelnden Tatmittlern widerlegt sei.

765 So i. E. auch *Greco* 2011, S. 13, der dem Selbstverantwortungsprinzip, obwohl er sich als Sympathisant dieser Figur outet (S. 9), beinahe jede Bedeutung absprechen möchte.

766 Zur Figur einer mittelbaren Täterschaft durch Unterlassen vgl. näher unter 4. Teil, III. 2. c) 3).

767 So u.a. auch *Bottke* 1994, S. 22f.; *Brettel* 2014, § 2 Rn. 99; *Konu* 2014, S. 172ff.; *Poguntke* 2013, S. 81ff.; *Rudolphi* 1966, S. 136f.; *Waßmer* 2006, S. 268f.; ferner *C. Dannecker* 2012, S. 444f., der die entscheidende Frage letztlich darin erblicken möchte, ob „sich die Straftat des Unternehmensangehörigen (trotz dessen Verantwortlichkeit) noch als Verwirklichung betrieblicher Risiken darstellt“.

768 So zu Recht *Mittelsdorf* 2011, S. 123; zustimmend *Konu* 2014, S. 172; vgl. auch unter 4. Teil, III. 2. c) 1).

769 Vgl. auch *Hardwig* 1965, S. 670, der treffend betont: „Subjekt einer Sonderpflichtverletzung sein bedeutet eben nicht notwendig Täter einer Tat sein. Wesentlich

des Einzelnen in diesen Fällen nicht mit seiner Alleinverantwortlichkeit gleichgesetzt werden kann, so ist nicht einzusehen, warum die Eigenverantwortlichkeit des unmittelbar Handelnden die Verantwortlichkeit des Unterlassenden für den Erfolgseintritt prinzipiell ausschließen soll.

Für den unterlassenden „Hintermann“ stellt sich daher zunächst unabhängig von der Selbstverantwortung des unmittelbar Handelnden die Frage, ob er zur Überwachung der betreffenden Person „auf Posten gestellt“ ist[770]. Sofern danach klar ist, dass einer aufsichtspflichtigen Person eine nach den Grundsätzen der Unterlassungsdogmatik zu bestimmende Garantenstellung i. S. von § 13 Abs. 1 StGB zukommt, dient das Verantwortungsprinzip „als normatives Leitkriterium“[771] dazu, Täterschaft und Teilnahme bei garantenpflichtwidrigem Unterlassen voneinander abzugrenzen[772].

3) Zwischenfazit

Bereits das differenzierende Beteiligtensystem des deutschen Strafrechts verdeutlicht, dass die Eigenverantwortlichkeit des unmittelbar handelnden Unternehmensangehörigen nicht zwingend den Zugriff auf ebenfalls strafrechtlich verantwortliche Akteure sperren muss, was insbesondere aus der Existenz der Teilnahmevorschriften der §§ 26, 27 StGB, aber auch – je nach vertretenem Standpunkt – aus den Abwandlungen der unmittelbaren (Allein-)Täterschaft hervorgeht. Ist jemand – etwa der Geschäftsherr – als Garant zur Überwachung einer anderen Person verpflichtet, was vordergründig zu beurteilen ist, dann kann er sich nicht (strafbefreiend) auf die Eigenverantwortung der zu überwachenden Personen berufen, da „ihn die Tatsache,

---

kommt es auf etwas anderes an, nämlich auf die Position der Beteiligten im Verhältnis zur Tat und zueinander“. Insoweit sei laut *Meurer* 1987, S. 2425 dem Strafgrund der Teilnahme besondere Beachtung zu schenken, wonach es eben nicht darum gehe, „jemanden für das Verhalten anderer verantwortlich“ zu machen, sondern es gehe immer „um die Verantwortung für Gefahren und Erfolge, die durch sein eigenes Verhalten begründet oder abgewendet werden können“.

770 Zu Recht geht auch *Krüger* 2011, S. 2 davon aus, dass die Garantenstellung sowohl Voraussetzung für Unterlassungstäterschaft wie auch für bloße Teilnahme durch Unterlassen sei und dass es erst „in einem zweiten Schritt entscheidend auf das Wie der Abgrenzung bei der Beteiligung durch Unterlassen an fremden Straftaten“ ankomme. In ähnlicher Weise differenziert *Bottke* 1994, S. 22 zwischen einem „Garantenpflichtgrund“ und einem „Unterlassungstäterstrafgrund“. Vgl. ferner *Mosenheuer* 2009, S. 191 ff.

771 *Dous* 2009, S. 237.

772 Vgl. eingehend unter 4. Teil, III. 2. c) 1). Hingewiesen sei insoweit auch auf die Parallele zum Begehungsbereich: Handelte der Geschäftsherr bei der Begehung oder Förderung fremder Straftaten aus dem Unternehmen heraus aktiv, so könnte und müsste die Zurechnung nach den allgemeinen Regeln von Täterschaft und Teilnahme erfolgen; vgl. bereits *Momsen* 2011, S. 756.

dass andere Personen handeln, von seiner eigenen Verpflichtung, die besonderen Delinquenzgefahren durch Kontrolle einzudämmen, nicht entbinden kann"[773].

Der Verantwortungsgrundsatz zwingt also (auch) im Bereich der pflichtwidrigen Nichtverhütung fremder Straftaten nicht zu „Entweder-Oder-Lösungen" im Hinblick auf die Entstehung der Garantenstellung als solcher. Vielmehr dient er – dem Anliegen nach Herstellung „praktischer Konkordanz" folgend – dazu, die Zuständigkeiten der in die Rechtsgutsverletzung involvierten Personen zu regeln und die Verantwortlichkeiten unter Berücksichtigung des (mit Blick auf die Teilnahmevorschriften) individuell verwirklichten Unrechts normativ abzugrenzen[774].

2. Delegation bestehender Aufsichtsgarantenpflichten auf den Compliance Officer?

Im Ausgangspunkt der folgenden Ausführungen steht die These, dass eine Aufsichtsgarantenpflicht des Compliance Officers allenfalls aus einer die Unternehmensleitung selbst betreffenden Aufsichtspflicht abgeleitet werden und insoweit auch nicht über deren Umfang hinausgehen könnte. Anknüpfend an die schon vom BGH gewählte Vorgehensweise besteht zunächst Einigkeit[775] darüber, dass auch (bestehende!) Überwachergarantenpflichten übertragen werden können[776]. Entscheidend komme es hierbei auf die Zielrichtung der Beauftragung sowie auf die tatsächliche und vertrauensbegründende Übernahme des Pflichtenkreises an, wobei nicht wenige die Unbeachtlichkeit der Wirksamkeit der der Beauftragung zugrundeliegenden vertraglichen Abrede betonen[777]. Gleichwohl wird das Haupt-

773 So zu Recht *Waßmer* 2006, S. 269.

774 Auch *Frisch* 1988, S. 240 ff. betont in seiner grundlegenden Arbeit zum tatbestandsmäßigen Verhalten der Erfolgsdelikte die Notwendigkeit der „Koordination mehrerer normativer Prinzipien", wobei er für die in Rede stehenden Konstellationen auf die Dogmatik der Unterlassungsdelikte, die Teilnahmevorschriften sowie auf den Topos der Eigenverantwortlichkeit verweist. Letztlich verneint er jedoch eine (Sicherungs-)Garantenstellung des Geschäftsherrn bzgl. rein personeller Gefahrquellen, ohne dabei näher auf die Dogmatik der Garantenstellungen bzw. die Teilnahmelehre einzugehen (S. 359 f.).

775 A.A. wohl *Beulke* 2011, S. 27 f., der – wenig überzeugend – betont, dass der Begründungsansatz des BGH schon deshalb fehl gehe, weil die Möglichkeit der Begründung einer Garantenpflicht durch Pflichtenübertragung lediglich im Falle einer Beschützergarantenkonstellation bestehe.

776 *Berndt* 2009, S. 690 f.; *Bürkle* 2010a, S. 6 f.; *G. Dannecker/C. Dannecker* 2010, S. 990; *Deutscher* 2010, S. 1390; *Knauer* 2012, S. 474 ff.; *Konu* 2014, S. 183; *Lackhoff/Schulz* 2010, S. 86; *Ransiek* 2010, S. 152; *Rönnau/F. Schneider* 2010, S. 57 f.; *Rotsch* 2012a, 1. Teil, 4. Kap. Rn. 35; *ders.* 2015b, § 4 Rn. 17 ff.; *Mosbacher/Dierlamm* 2010, S. 269 f.; *Rübenstahl* 2009, S. 1342 f.; *Schwarz* 2012, S. 16; *Warneke* 2010, S. 315 f.; *Zimmermann* 2014, S. 144.

777 *Barton* 2010, S. 23; *Bürkle* 2010a, S. 5 in Fn. 18; *Lackhoff/Schulz* 2010, S. 86; *Rönnau/F. Schneider* 2010, S. 59; *Wybitul* 2009, S. 2592; so auch noch *Rotsch* 2012a,

augenmerk im Rahmen der Frage nach einer wirksamen Aufgabendelegation auf die vertragliche Ausgestaltung und konkrete Beschreibung des überantworteten Dienstpostens gelegt. Sind diese Grundsätze der Delegation von Garantenpflichten einmal dargelegt, gehen die Meinungen bei der Subsumtion des Berufsbilds des Compliance Officers unter diese abstrakten Anforderungen auseinander.

a) Das Aufgabenfeld des Compliance Officers und die Zielrichtung von Compliance

Ausgehend von der Erkenntnis, dass sich der für die Bestimmung einer strafrechtlich relevanten Einstandspflicht maßgebliche Aufgaben- und Pflichtenkreis eines Compliance Officers nicht standardmäßig beschreiben lässt, besteht Einigkeit darüber, dass dieser stets im Einzelfall zu ermitteln ist, um überhaupt eine Aussage über das Bestehen sowie die Reichweite einer etwaigen Garantenpflicht treffen zu können. Hat danach etwa ein Compliance Officer gegenüber der Unternehmensleitung lediglich (beratende) Aufgaben im Zusammenhang mit der Implementierung eines Compliance-Systems übernommen und/oder beschränkt sich sein Tätigkeitsfeld auf die Einführung eines Verhaltenskodex bzw. einer Anti-Korruptionsrichtlinie sowie darauf bezogener Mitarbeiterschulungen ohne Überwachungsauftrag, wird man ihn nicht als Garant zur Verhinderung von Straftaten ansehen können, die Mitarbeiter des Unternehmens zum Nachteil Außenstehender begehen[778].

Doch unabhängig davon, dass ein derartiger „Aufgabenzuschnitt" nicht dem typischen Berufsbild eines Compliance Officers entspricht[779], erweist sich eine solche Reduktion des Pflichtenstandards als unzweckmäßig. Denn soweit die Unternehmensleitung nicht die ihr obliegende Pflicht zur Überwachung der Einhaltung gesetzlicher Regelungen wirksam auf den Compliance Officer delegiert, tritt bei ihr auch keine Entlastung von dieser Pflicht ein[780]. Zudem ist die dem Compliance

---

1. Teil, 4. Kap. Rn. 35; nun aber *ders.* 2015b, § 4 Rn. 18. Diese Haltung gestaltet sich insoweit problematisch als daraus die Konsequenz gezogen wird, dass eine tatsächliche überobligatorische Aufgabenwahrnehmung (auch) eine Überwachergarantenpflicht begründen könne; vgl. näher unter 4. Teil, II. 1.

778 Ebenso *Rotsch* 2012b, S. 497, der zudem betont, dass bei einem derartigen Aufgabenzuschnitt der Compliance Officer bereits nicht i. S. des § 13 StGB unterlasse.

779 Vgl. näher zum Berufsbild unter 1. Teil, IV. 2. c) 2).

780 Vgl. nur *G. Dannecker* 2015, § 5 Rn. 96; aber auch *Wolf* 2011, S. 1356, der im Ansatz zutreffend betont, dass – wie herkömmlich – die Sorge für die Einhaltung der ressortspezifisch geltenden Rechtsnormen auch (nur) den jeweils fachlich zuständigen Führungskräften übertragen werden könne. Zwar ist eine derartige Verteilung der Compliance-Aufgaben durchaus zulässig. Allerdings besteht bei diesem Ansatz die nicht unerhebliche Gefahr, dass dabei gerade die Compliance-Risiken, die durch die Verzahnung der Funktionsbereiche entstehen, unentdeckt bleiben bzw. diese nicht unbeeinflusst von den konfligierenden Interessen der Fachbereiche beseitigt werden (können), was die Effektivität der unternehmensweit wahrzunehmenden Compliance seitens der Unternehmensleitung mindert.

Officer regelmäßig übertragene Weiterentwicklung des Compliance-Systems nur dann in effektiver Weise gewährleistet, wenn er zur Identifizierung der Compliance-Risiken die Einhaltung gesetzlicher Regelungen sowie der unternehmensspezifischen Compliance-Vorgaben auch überwacht. Deswegen ist für die folgenden Darstellungen zugrunde zu legen, dass es der Compliance Officer – was regelmäßig auch der Fall sein wird – gegenüber der Unternehmensleitung übernommen hat, für die Einhaltung der gesetzlichen Bestimmungen zu sorgen.

Soweit in der literarischen Diskussion Einigkeit darüber besteht, dass der Compliance Officer Überwachungsaufgaben gegenüber der Unternehmensleitung übernommen hat, liegt ein Hauptaugenmerk[781] zur Beantwortung der Frage nach seiner strafrechtlichen Einstandspflicht auf dem Vergleich seiner Position mit derer eines Betriebs- bzw. Unternehmensbeauftragten sowie derer eines Compliance-Beauftragten im Bereich Wertpapier-Compliance. Besondere Geltung beansprucht in diesem Zusammenhang die jeweilige Zielrichtung der konkreten Beauftragung.

1) Der Vergleich des Compliance Officers mit Gesetzlichen Beauftragten

Da bereits vor der BSR-Entscheidung die Erörterung einer Garantenpflicht des Compliance Officers auch anhand eines Vergleichs seiner Position mit derer eines Betriebs- bzw. Unternehmensbeauftragten sowie den daraus abzuleitenden rechtlichen Konsequenzen erfolgte[782], verwundert es nicht sonderlich, dass sich ein Großteil der Reaktionen auf das Urteil auch hiermit – freilich mit divergierenden Ansichten – auseinandersetzt.

(a) Zur Ablehnung der Vergleichbarkeit

So nimmt eine Ansicht, die sich letztlich gegen die in Rede stehende Garantenpflicht eines Compliance Officers ausspricht, an, dass dessen Stellung und Funktion

---

781 Soweit teilweise in Reaktion auf die BSR-Entscheidung angenommen wird, dass der Compliance Officer zwar intern im Verhältnis zum Vorstand wirksam die erweiterten Kontrollfunktionen übernommen und für deren ordentliche Erfüllung zu sorgen habe, aber organschaftlich für die Kontroll- und Überwachungsaufgaben der Vorstand (letzt-)verantwortlich bleibe und es daher „kontraproduktiv" wäre, eine Garantenstellung des lediglich ausführenden Compliance Officers anzunehmen (vgl. *Rolshoven/Hense* 2009, S. 427; aber auch *Wolf* 2011, S. 1357), soll dem nicht näher nachgegangen werden, da diese Behauptung nicht überzeugt. Bereits die klassische Babysitter-Konstellation verdeutlicht, dass der das Kind in seine Obhut nehmende Babysitter (temporär) in die den Eltern obliegende Garantenpflicht „hineinwächst", obwohl diese nicht aus ihrer Garantenpflicht „entlassen" werden, also weiterhin einschreiten müssen, soweit dem Kind Gefahren drohen, die aus der Unzuverlässigkeit des Babysitters resultieren oder sonst von außen einwirken.

782 *Kraft/Winkler* 2009, S. 32. Die Begriffe „Unternehmensbeauftragter" und „Betriebsbeauftragter" werden im Folgenden synonym gebraucht; zu begrifflichen Differenzierungen vgl. *Rehbinder* 1989, S. 311 ff.

jedenfalls nicht mit der eines spezialgesetzlich vorgeschriebenen Betriebsbeauftragten gleichzusetzen sei[783]. Kennzeichnend für Betriebsbeauftragte seien nämlich „gesetzlich zugewiesene Pflichtaufgaben und Kompetenzen sowie deren Ausrichtung auf Allgemeinwohlbelange“[784]. Ein Betriebsbeauftragter überwache „quasi als verlängerter Arm der Behörden“ spezifische betriebliche Gefahrquellen, von denen „nach Auffassung des Gesetzgebers erhöhte Risiken für Rechtsgüter der Allgemeinheit oder Dritter ausgehen“[785].

Demgegenüber gebe es weder eine (gesellschaftsrechtliche) Pflicht zur Einsetzung eines Compliance Officers noch sei den Unternehmen dessen Pflichtenheft (gesetzlich) vorgegeben[786]. Da beides in das freie Ermessen des Leitungsorgans gestellt werde, würde der Compliance Officer allein als Beauftragter der Unternehmensleitung im Unternehmensinteresse und nicht etwa zum Schutz übergeordneter Allgemeinwohlbelange tätig[787]. Denn Compliance diene nur dem Zweck, das Unternehmen als Ganzes und seine Mitarbeiter vor Haftungsrisiken, Ansehensverlust sowie sonstigen Nachteilen, die durch Rechtsverstöße drohen, zu bewahren[788]. Zwar sei nicht von der Hand zu weisen, dass die Aufgabenwahrnehmung des Compliance Officers im Idealfall auch zu einer Verhinderung von Rechtsverstößen zum Nachteil von Rechtsgütern außenstehender Dritter führe. Allerdings sei dieser (tatsächliche) Schutz Dritter lediglich ein Reflex einer unternehmensinternen Maßnahme[789].

---

783 *Campos Nave/H. Vogel* 2009, S. 2548; *Deutscher* 2010, S. 1391; *Geiger* 2011, S. 173; *Groß* 2012, S. 176 ff.; *Rolshoven/Hense* 2009, S. 427; *Schwarz* 2012, S. 16 f.; *Warneke* 2010, S. 316; *Wilhelm* 2013, S. 137 f.; *Wolf* 2011, S. 1356, die alle auf eine eingehende Erörterung der Garantenpflicht des Betriebsbeauftragten verzichten, sondern diese vielmehr (als durch die Rechtsprechung „gesichert“) voraussetzen.

784 Vgl. nur *Wolf* 2011, S. 1356 unter Berufung auf *Lösler* 2008, S. 1100.

785 *Campos Nave/H. Vogel* 2009, S. 2548, die es aufgrund der „legislativen Risikobewertung“ als vertretbar ansehen, Betriebsbeauftragte „strafrechtlich für die ordnungsgemäße Kontrolle der ihnen zur Überwachung anvertrauten Gefahrquellen haften zu lassen“. So auch *Geiger* 2011, S. 173; *Groß* 2012, S. 177; *Wolf* 2011, S. 1359.

786 Vgl. nur *Campos Nave/H. Vogel* 2009, S. 2548; *Wolf* 2011, S. 1356. Zu den gesellschaftsrechtlichen Bezügen vgl. bereits unter 1. Teil, III.

787 *Hauschka* 2014, S. 167; *Kort* 2011, S. 409 f.; *Rolshoven/Hense* 2009, S. 427; *Schwarz* 2012, S. 17; *Warneke* 2010, S. 314; *Wilhelm* 2013, S. 137 f.; *Wolf* 2011, S. 1356.

788 *Campos Nave/H. Vogel* 2009, S. 2548; *Grau/Blechschmidt* 2009, S. 2145; *Konu* 2014, S. 75; *Warneke* 2010, S. 314. Zur Zielrichtung von Compliance vgl. auch unter 1. Teil, III. 1.

789 So *Schwarz* 2012, S. 17; *Warneke* 2010, S. 314 f., die daraus ableiten, dass die Annahme sachfremd wäre, dass ein Unternehmen durch die Bestellung eines Compliance Officers diesen verpflichten möchte, die Rechtsgüter fremder Dritter zu schützen. In diese Richtung ferner *Campos Nave/H. Vogel* 2009, S. 2548; *Konu* 2014, S. 75; *Rolshoven/Hense* 2009, S. 427; *Rößler* 2011, S. 921; *Wilhelm* 2013, S. 137 f. sowie bereits schon vorher für den WpHG-Sektor *Casper* 2009, S. 208; *Lösler* 2005, S. 108; *ders.* 2008, S. 1102.

Eine strafrechtlich relevante Garantenpflicht des Compliance Officers, auch Straftaten von Unternehmensangehörigen zu Lasten Außenstehender zu verhindern, sei daher nach den Vertretern dieser Ansicht mangels Vergleichbarkeit seiner Stellung und Funktion gegenüber der eines speziellen Betriebsbeauftragten „im Umkehrschluss“[790] nicht anzunehmen.

(b) Vergleichbarkeit aufgrund Informationsvorsprungs als garantenstellungbegründendes Merkmal?

Zu einem komplett gegensätzlichen Ergebnis gelangen die Vertreter derjenigen Ansicht, die sich im Ergebnis für die Vergleichbarkeit der Position des Compliance Officers mit der Stellung eines spezialgesetzlich vorgeschriebenen Betriebsbeauftragten aussprechen und insoweit die Ergebnisse der Debatte um den Betriebsbeauftragten auch für den Compliance Officer fruchtbar machen[791]. Entscheidend sei danach nicht der Umstand, dass für den Compliance Officer im Gegensatz zu den Betriebsbeauftragten keine gesetzliche Regelung existiert. Vielmehr komme es hier wie dort für die Bestimmung einer strafrechtlich relevanten Einstandspflicht auf den übertragenen Aufgaben- und Pflichtenkreis sowie die damit einhergehenden Kompetenzen des Beauftragten an[792]. Denn auch für den Betriebsbeauftragten erfolge „durch das Gesetz nur eine Konkretisierung und Eingrenzung der von der Geschäftsleitung übernommenen Pflichten“[793].

Diese Pflichten bestünden u. a. darin, die Einhaltung der jeweiligen (spezialgesetzlichen) Vorschriften im Betrieb zu überwachen, die Übereinstimmung der Betriebstätigkeit mit den gesetzlichen Vorgaben zu fördern, Betriebsstätten zu kontrollieren, Mängel aufzuspüren, festgestellte Unzulänglichkeiten mitzuteilen sowie Maßnahmen zu deren Beseitigung vorzuschlagen[794]. Insoweit sei deren Stellung mit der Position eines Compliance Officers vergleichbar, was dazu führe, dass der Compliance Officer, dem es regelmäßig analog dem Betriebsbeauftragten an einer unmittelbaren Anordnungs- bzw. Weisungskompetenz[795] fehle, genau wie jener „jedenfalls als Überwachergarant für die ihm obliegenden Kontroll-, Informations- und Initiativpflichten“ anzusehen sei[796].

---

790 So ausdrücklich *Wolf* 2011, S. 1359.

791 *Kamp/Körffer* 2010, S. 73 f.; *Knauer* 2012, S. 477 f.; *Kraft* 2010, S. 84 f.; *ders./Winkler* 2009, S. 32; *Pietrek* 2012, S. 184 ff.; *Rönnau/F. Schneider* 2010, S. 57 f.

792 *Knauer* 2012, S. 477 f.; *Rönnau/F. Schneider* 2010, S. 57 f.

793 *Rönnau/F. Schneider* 2010, S. 57.

794 *Knauer* 2012, S. 478; *Kraft* 2010, S. 84; *ders./Winkler* 2009, S. 32 jeweils m. w. N. Zum Betriebsbeauftragten vgl. bereits unter 1. Teil, II. 3. a).

795 Zu diesem Kriterium vgl. bereits unter 3. Teil, I. 1. c) 2) (c) (1) sowie im Folgenden unter 3. Teil, I. 2. b).

796 *Kraft* 2010, S. 84 f.; *ders./Winkler* 2009, S. 32; ähnlich *Beckemper* 2013, S. 94; *Kamp/Körffer* 2010, S. 73; *Poguntke* 2013, S. 188 ff., S. 244; *Rönnau/F. Schneider* 2010, S. 58 sowie *Knauer* 2012, S. 478, der treffend betont, dass die mangelnde Anordnungskompetenz gerade nicht zur Begrenzung oder zum Wegfall der Garantenstellung

Diese Überwachergarantenstellung des Compliance Officers gründe sich auf dem gegenüber der Geschäftsleitung nicht unerheblichen Informationsvorsprung[797], welcher durch die ordnungsgemäße Wahrnehmung der Überwachungsaufgaben durch den Beauftragten unweigerlich entstehe, da es der Geschäftsleitung nach Delegation dieser Pflichten im berechtigten Vertrauen auf die Einsatzbereitschaft des Beauftragten erlaubterweise möglich sei, weitere (eigene) Maßnahmen zur Überwachung der Einhaltung der maßgeblichen Vorschriften zu unterlassen[798]. Die insoweit angesammelten und ausgewerteten Informationen ermöglichten es dem Compliance Officer zu einer „Schlüsselfigur"[799] bei der Verhinderung von Gesetzesverstößen zu werden, da er angesichts seines Eskalationsrechts auch entscheide, inwieweit die Geschäftsleitung in die Lage versetzt wird, Gegenmaßnahmen zu treffen[800]. Dieser entstehende Informationsfundus sei daher in der Lage, sein „Defizit in der Handlungsmacht" auszugleichen und damit eine Garantenstellung zu begründen[801].

Aus der so begründeten Garantenstellung ergäbe sich für den Compliance Officer eine (auch) nach außen gerichtete Garantenpflicht i. S. des § 13 Abs. 1 StGB zur Verhinderung unternehmensbezogener Straftaten[802], da sich der übernommene Aufgabenbereich des Compliance Officers auf sämtliche Rechtsvorschriften erstrecke, zu deren Einhaltung das Unternehmen verpflichtet ist[803]. Im Übrigen obliege dem Betriebsinhaber „unzweifelhaft" eine Garantenpflicht mit Außenwirkung, an deren Charakter sich nichts durch „die (Teil-)Delegation der Pflicht auf den Beauftragten im Innenverhältnis" ändere[804].

---

führe, sondern allerhöchstens die Frage der aus der Garantenstellung zu folgernden Pflicht betreffe.

797 *Knauer* 2012, S. 478; *Rönnau/F. Schneider* 2010, S. 58; vgl. auch *Beckemper* 2013, S. 94; *Dann/Mengel* 2010, S. 3267; *Schrott* 2014, S. 301 f.; *Zimmermann* 2014, S. 140; eingehend *Konu* 2014, S. 194 ff., der bei einer vertikalen Aufgabendelegation ohne Weisungsrecht von einer „modifizierten" Geschäftsherrenhaftung spricht, welche sich durch eine aus dem Eskalationsrecht und dem Informationsvorsprung hervorgehenden *Informationssteuerungsherrschaft* bzw. *Informationsorganisationsherrschaft* begründe.

798 Näher zur Delegation unternehmerischen Aufgaben unter 1. Teil, IV. 1.

799 *Dann/Mengel* 2010, S. 3267.

800 *Rönnau/F. Schneider* 2010, S. 58.

801 So *Knauer* 2012, S. 478; vgl. auch *Rönnau/F. Schneider* 2010, S. 58, die den Informationsvorsprung als übernommenen Teil der „Herrschaftsmacht über die Gefahrquelle" angesehen, welche die Garantenstellung des Betriebsinhabers begründe, und insofern von einer *sekundären Garantenpflicht* sprechen.

802 *Beckemper* 2013, S. 94; *Knauer* 2012, S. 477; *Kraft* 2010, S. 84; *Rönnau/F. Schneider* 2010, S. 58.

803 So *Kamp/Körffer* 2010, S. 73; vgl. auch *Dann/Mengel* 2010, S. 3267 f.

804 *Rönnau/F. Schneider* 2010, S. 58; ebenso *Beckemper* 2013, S. 94.

2) *Der Vergleich des Compliance Officers mit dem Wertpapier-Compliance-Beauftragten*

Vereinzelt wird in Reaktion auf die BSR-Entscheidung auch der Vergleich der Stellung des Compliance Officers mit der eines Compliance-Beauftragten im Wertpapierdienstleistungssektor bemüht, um eine Aussage über das Bestehen und die Reichweite der in Rede stehenden Garantenpflicht des Compliance Officers tätigen zu können[805]. Da allerdings die strafrechtliche Einstandspflicht eines WpHG-Compliance-Beauftragten im Gegensatz zu der eines Betriebsbeauftragten bislang keiner näheren Erörterung unterzogen wurde, fehlt es den vorgebrachten Ansichten regelmäßig an der Tiefe ihrer Argumentation.

So sehen diejenigen, die für die Anerkennung einer strafrechtlichen Einstandspflicht eine ausdrückliche gesetzliche Anordnung wie auch ein spezifisches Gefährdungspotential der Unternehmenstätigkeit (als zwingend) voraussetzen, zwar den WpHG-Compliance-Beauftragten, nicht aber den Compliance Officer an sich als Garant für die Rechtsgüter außenstehender Dritter an[806].

Andere wiederum beschränken sich darauf, den Vergleich des WpHG-Compliance-Beauftragten mit einem Unternehmensbeauftragten aufzugreifen und gelangen zu dem Ergebnis, dass, wenn schon dieser nach allgemeiner Auffassung nicht als Unternehmensbeauftragter einzustufen sei[807], dies erst recht für den gesetzlich nicht zwingend vorgesehenen Compliance Officer gelten müsse[808]. Aus diesem „Vergleich übers Eck" ergebe sich, dass für den Compliance Officer keinesfalls regelmäßig eine strafrechtliche Garantenpflicht zur Verhinderung von Straftaten, die Unternehmensangehörige zum Nachteil Dritter begehen, hergeleitet werden könne.

3) *Stellungnahme*

Auch die eben dargelegten Ansichten stehen sinnbildlich für die Kontroverse um die strafrechtliche Garantenpflicht des Compliance Officers. Im Ergebnis ist weder der Begründung der Anhänger, die die Garantenpflicht des Compliance Officers aufgrund mangelnder Vergleichbarkeit seiner Position mit derer eines Betriebsbeauftragten verneinen, noch den Vertretern der gegenteiligen Ansicht im Hinblick auf deren garantenstellungsbegründendes Merkmal zuzustimmen. Im Einzelnen:

---

805 *Rolshoven/Hense* 2009, S. 427; *Warneke* 2010, S. 316; *Wolf* 2011, S. 1359. Zum Compliance-Beauftragten in Wertpapierdienstleistungsunternehmen vgl. auch unter 1. Teil, II. 3. b) 3).

806 In diese Richtung *Geiger* 2011, S. 173; *Warneke* 2010, S. 316; zweifelnd *Wolf* 2011, S. 1359.

807 Die Vergleichbarkeit eines WpHG-Compliance-Beauftragten mit einem Unternehmensbeauftragten verneinend *Casper* 2009, S. 212ff.; *Lösler* 2008, S. 1100ff.; a.A. *Veil* 2008, S. 1096f.

808 *Rolshoven/Hense* 2009, S. 427; einschränkend *Deutscher* 2010, S. 1391.

(a) Die rechtliche Stellung des Betriebsbeauftragten

Bereits die Rechtsnatur und Funktion des Betriebsbeauftragten werden im Diskurs um dessen Vergleichbarkeit mit einem Compliance Officer teilweise unzutreffend dargestellt[809]. Denn bei einem Betriebsbeauftragten handelt es sich nicht um ein behördliches Aufsichtsorgan i. S. eines Beliehenen bzw. um einen – was auch immer das heißen soll – „verlängerten Arm“ der Behörde; vielmehr ist er ein Instrument der unternehmerischen Eigenüberwachung[810]. Insbesondere die Betriebsbeauftragten für Umweltschutz sind eher als „Hilfsorgane“ des Anlagenbetreibers, welcher durch die Unternehmensleitung repräsentiert wird, anzusehen[811], da sie ihre Aufgaben aus von der Unternehmensleitung abgeleiteter Verantwortung wahrnehmen, welcher es ebenso obliegt, für die Einhaltung der umweltrechtlichen Bestimmungen zu sorgen[812].

Dem widerspricht auch nicht, dass ein Betriebsbeauftragter zum Schutz spezifischer Allgemeinwohlbelange[813], etwa einzelner Facetten des Umweltschutzes, im Unternehmen zu installieren ist. Denn er hat den bezweckten (Umwelt-)Schutz lediglich dadurch zu gewährleisten, indem er seinem, sich auf den Betrieb als Gefahrenquelle erstreckenden Überwachungsauftrag nachkommt[814]. Diese Form der staatlich auferlegten Pflicht zur Selbstüberwachung beruht darauf, dass der Gesetzgeber davon ausging, dass ein intensiver Umweltschutz „nicht mehr stets von der Geschäftsleitung neben anderen Aufgaben wahrgenommen werden“ könne[815].

---

809 Ist aber bereits die Ausgangsannahme der Argumentation fehlerbehaftet, liegt es vorgehensimmanent auf der Hand, dass die abgeleiteten Ergebnisse nicht die Rechtswirklichkeit wiederspiegeln können.

810 Eingehend *Haouache* 2003, S. 30 ff. m. w. N. zur nunmehr einhelligen Auffassung in Fn. 58; vgl. weiterhin *Böse* 2003, S. 638; *Kloepfer* 2004, § 5 Rn. 425; *Konu* 2014, S. 72; *Poguntke* 2013, S. 241.

811 So auch *Casper* 2009, S. 204; *Lindemann* 2015, § 11 Rn. 23.

812 Vgl. nur *Böse* 2003, S. 638 f. mit Verweis auf § 1a Abs. 2 WHG a. F. (nunmehr in § 5 Abs. 1 WHG): Die Pflicht zur Eigenüberwachung des Unternehmensinhabers knüpfe an die potentielle Gefahr an, welche durch den Betrieb des Unternehmens hervorgerufen wird. Näher zur Überwachung von sächlichen Gefahrquellen vgl. bereits unter 2. Teil, II. 1. b) 2).

813 Statt aller *Haouache* 2003, S. 202; vgl. bereits unter 1. Teil, II. 3. a).

814 Insoweit ist etwa der Gewässerschutzbeauftragte eines Betriebes nicht zum Schutz der Reinheit eines anliegenden Gewässers generell verpflichtet. Vielmehr obliegt es ihm einzig, sicherzustellen, dass die Reinheit des Gewässers nicht durch die Nutzung „seines“ Betriebes beeinträchtigt wird. Infolgedessen ist er nicht als Schutzgarant für ein Allgemeinrechtsgut, sondern als Überwachergarant eines potentiell die Gewässerreinheit gefährdenden Betriebes anzusehen; vgl. hierzu bereits die das Urteil des OLG Frankfurt NJW 1987, 2753 ff. aufgreifenden Darstellungen unter 2. Teil, II. 1. b) 2) (c).

815 Vgl. sinnbildlich den Gesetzesentwurf der CDU/CSU Fraktion BT-Drucks. 7/1088, S. 14 zur gesetzlichen Regelung des Gewässerschutzbeauftragten, welcher im Wesentlichen als Grundlage für die §§ 21a ff. WHG übernommen wurde; vgl. BT-Drucks. 7/4546, S. 8.

Vielmehr würden es „die vielfältigen Erfordernisse des modernen arbeitsteiligen Großbetriebs, die technische Kompliziertheit der Materie und der gesetzlichen Bestimmungen [...] erforderlich (machen), den internen Umweltschutz der Unternehmen [...] einem besonderen Funktionsträger, dem Umweltbeauftragten für Wasserreinhaltung, anzuvertrauen“[816].

Hinter den umweltrechtlichen Normen, die Unternehmen einem gesetzlichen Organisationszwang unterwerfen, verbirgt sich also schlichtweg die gesetzgeberische Erkenntnis, dass es – um einer Überforderung der Geschäftsleitung entgegenzutreten – zur Überwachung und Kontrolle besonderer betrieblicher (Sach-)Gefahren für hochrangige Rechtsgüter der Allgemeinheit eines zusätzlichen Funktionsträgers bedarf, welcher die umweltrechtlichen Pflichten entweder anstelle der Geschäftsleitung zu vollführen oder auf deren Erfüllung hinzuwirken hat[817]. Insoweit findet hier eine Überlagerung der gesellschaftsrechtlichen Organisationsfreiheit durch das Aufsichtsrecht statt, welche auf einer gesetzgeberischen Gefahrenbewertung betrieblicher Tätigkeit beruht[818].

(b) Der Compliance-Beauftragte im Wertpapierdienstleistungsunternehmen

In ähnlicher Weise lassen sich die aufsichtsrechtlichen Vorgaben im Wertpapiersektor sowie die Rolle und Stellung des WpHG-Compliance-Beauftragten beurteilen. Auch der bei Wertpapierdienstleistungsunternehmen gesetzlich zu inthronisierende Compliance-Beauftragte nimmt seine Aufgaben aus von der Geschäftsleitung abgeleiteter Verantwortung wahr, welche für die Durchführung der Compliance letztlich weiterhin die Verantwortung trägt[819]. Beide unternehmerischen Institutionen haben für die Einhaltung der wertpapierrechtlichen Regelungen durch das Wertpapierdienstleistungsunternehmen sowie dessen Mitarbeiter zu sorgen, was letztendlich nur eine besondere Ausprägung der gesellschaftsrechtlich ohnehin bestehenden Legalitätspflicht darstellt.

Als zentral erweist sich nun die Erkenntnis, dass nicht nur die Regelungen des WpHG insgesamt sondern auch die Organisationspflichten des § 33 WpHG sowohl dem Anleger- und Funktionsschutz des Kapitalmarkts als auch dem individuellen Unternehmens- bzw. Solvenzschutz und damit der Stabilität des Finanzmarkts generell dienen[820]. Dies erkennen auch die Vertreter derjenigen Ansicht, die den Compliance-Beauftragten als einzig bzw. primär auf das Unternehmensinteresse

---

816 Ebenda.

817 In diese Richtung auch *Böse* 2003, S. 638; *Casper* 2009, S. 204; *Haouache* 2003, S. 31 f.

818 Vgl. auch *Rudolphi* 1987, S. 879, der zutreffend betont, dass es „durchaus möglich und legitim (sei), zum Schutze eines besonders bedrohten Rechtsgutes oder zur Überwachung besonders intensiver Gefahrenquellen auch mehrere Garanten auf Posten zu stellen“.

819 Einhellige Meinung, vgl. nur *Lösler* 2008, S. 1102 sowie unter 1. Teil, II. 3. b) 3).

820 *Eisele* 1993, S. 1022; *ders./Faust* 2011, § 109 Rn. 3a f.; Schwark/Zimmer-*Fett*, § 33 WpHG Rn. 31; *Veil* 2008, S. 1097; Schwark/Zimmer-*Zimmer*, § 1 WpHG Rn. 4 ff.

verpflichtet ansehen und den faktisch mit seiner Einsetzung verbundenen Schutz der Anleger und Kunden des Wertpapierdienstleistungsunternehmens lediglich als einen Regelungsreflex des § 33 Abs. 1 WpHG deklarieren[821]. Doch unabhängig davon, ob man von einer derartigen Abstufung des gesetzgeberisch gewollten Schutzauftrages des WpHG ausgehen möchte, ist auch damit zugestanden, dass die Begründung einer Überwachergarantenstellung des Compliance-Beauftragten hinsichtlich der Kontrolle der Einhaltung der Bestimmungen des WpHG prinzipiell möglich ist, da für die Annahme einer Überwachergarantenstellung der mittelbare Schutzzweckbezug auf die genannten Allgemeinrechtsgüter ausreichend ist.

Genau wie im Falle der Einsetzung eines Betriebsbeauftragten für Umweltschutz erfährt hier das gesellschaftsrechtlich weiter gefasste unternehmerische Ermessen in organisatorischer Hinsicht zur Sicherstellung der Einhaltung der Vorgaben des WpHG eine Einschränkung, hinter der die gesetzgeberische Wertung steckt, dass der Erhalt der Funktionsfähigkeit der Finanzmärkte sowie ein kollektiver Anlegerschutz nur dann effektiv möglich sind, wenn die Wertpapierdienstleistungsunternehmen selbst näher beschriebene organisatorische Vorkehrungen treffen[822]. Insofern ist der WpHG-Compliance-Beauftragte ein unternehmensinternes Organ, welches zur Erfüllung der unternehmerischen Pflichten (auch) im Allgemeinwohlinteresse einzusetzen ist.

Dieser Befund gibt nun Anlass, das Wesen bzw. die Zielrichtung der (allgemeinen) Compliance-Funktion näher zu beleuchten.

(c) Die Zielrichtung von Compliance

Compliance in materieller Hinsicht[823] verlangt von den Mitgliedern des Geschäftsleitungsorgans als Ausdruck ihrer Leitungsverantwortung, dass sie selbst das Legalitätsprinzip bei ihrem eigenen Handeln zu wahren sowie außerdem sicherzustellen haben, dass die von ihnen geführte Gesellschaft und die für sie auf den verschiedenen Verantwortungsebenen handelnden Akteure Gesetz und Recht einhalten[824]. Außerhalb des Anwendungsbereichs der soeben beschriebenen branchenspezifischen Spezialvorschriften besteht jedoch für die Unternehmen mangels eindeutiger gesetzlicher Grundlage keine allgemeine Rechtspflicht zur Einrichtung einer

---

821 *Casper* 2009, S. 208; *Lösler* 2005, S. 108; *ders.* 2008, S. 1102.

822 Vgl. bereits unter 1. Teil, II. 3. b) 3).

823 Vgl. bereits unter 1. Teil, III. 1.

824 Vgl. stellvertretend *Goette* 2011, S. 391 sowie *Thole* 2009, S. 512, der insoweit treffend von der „Legalitätspflicht des Unternehmensträgers" spricht. *Knauer* 2012, S. 477 sieht die Übertragung der den Unternehmensträger treffenden Pflichten auf die Mitglieder des Leitungsorgans schon nach § 14 StGB als strafrechtlich zwingend an und meint, dass die von § 14 StGB erfassten Personen damit bereits qua Gesetz in die „Garantenstellung des Unternehmensträgers" einrückten. Dabei übersieht er allerdings, dass eine Garantenpflicht i. S. des § 13 StGB eigenständig zu begründen ist und nicht durch den pauschalen Hinweis auf die Grundsätze der Vertreterhaftung des § 14 StGB ersetzt werden kann.

Compliance-Organisation bzw. zur Schaffung eines Compliance-Systems. Vielmehr kommt es hier für den Vorstand einer Aktiengesellschaft nur darauf an, im Rahmen seiner Leitungsverantwortung gemäß den §§ 76, 93 AktG zu prüfen, was nach den Eigenarten des Unternehmens erforderlich und zumutbar ist, um rechtmäßiges Verhalten auf allen Ebenen zu gewährleisten[825].

Im Unterschied zum regulierten Sektor beruht die Schaffung von Compliance-Strukturen somit nicht auf einer zwingenden Vorgabe des Gesetzgebers, sondern vielmehr auf „selbstverpflichtender Freiwilligkeit" der Unternehmen[826]. Dahinter-steckt regelmäßig auch eine Reaktion der Unternehmen auf die oben dargestellten Anforderungen der tatsächlichen und rechtlichen Rahmenbedingungen ihrer Tätigkeit[827]. Obwohl den Unternehmen hier keine spezifischen Anforderungen betreffs der Schaffung und inhaltlichen Ausgestaltung einzelner Compliance-Strukturen im Allgemeinwohlinteresse auferlegt werden, bedeutet dies allerdings keinesfalls, dass die Unternehmensleitung nicht auch zur Achtung der Rechtsgüter Außenstehender verantwortlich wäre. Denn diese Verpflichtung ergibt sich bereits aus ihrer originären Leitungs- bzw. Überwachungsaufgabe, wonach sie eben für die Wahrung und Durchsetzung des Legalitätsprinzips auf allen Ebenen des Unternehmens zu sorgen hat. Hierunter fallen sämtliche das Unternehmen betreffende Rechtsvorschriften des Zivil-, Straf- und Ordnungswidrigkeitenrechts sowie des öffentlichen Rechts[828].

Hervorzuheben ist weiterhin, dass es auch in den regulierten Bereichen nur darum geht, Maßnahmen der Selbstregulierung jedenfalls auch im Interesse der Allgemeinheit verbindlich zu machen[829], deren Notwendigkeit zur Einführung sich bei pflichtgemäßer Wahrnehmung der Leitungsverantwortung bereits als Konsequenz des unternehmerischen Risikopotentials ergeben müsste. Insofern lässt sich sagen, dass der Gesetzgeber mit den sektorspezifischen Vorgaben die unternehmerische Entscheidung zur Unternehmensorganisation teilweise vorwegnimmt[830] und es im Übrigen der Unternehmensleitung (allein) überlassen bleibt, den Umgang mit den unternehmerischen Risiken organisatorisch zu gewährleisten.

Soweit behauptet wird, dass Compliance „keine Veranstaltung im Interesse des Allgemeinwohls" sei, sondern „vielmehr ausschließlich der Verfolgung des Unter-

825 Vgl. näher unter 1. Teil, III. 2. b).

826 Zutreffend *Deutscher* 2010, S. 1389.

827 Vgl. bereits unter 1. Teil, II. m. w. N. aus Rechtsprechung und Schrifttum.

828 Vgl. bereits unter 1. Teil, III. 1.

829 *Theile* 2010, S. 460 spricht dahingehend treffend von einer „regulierten Selbstregulierung". Eingehend *Kölbel* 2013, S. 507 ff.

830 In den Spezialvorschriften ist jeweils ein erkennbares öffentliches Interesse eingekleidet, welches bspw. im Falle der Betriebsbeauftragten für Umweltschutz in dem Schutz der Allgemeinheit vor besonderen Sachgefahren unternehmerischer Tätigkeit oder aber im Bereich der Wertpapierdienstleistungsunternehmen in der Gewährleistung der Stabilität des Finanzmarkts generell wurzelt.

nehmensinteresses“ diene[831], verkennen die Vertreter die gebotene Differenzierung zwischen materieller Compliance und Compliance in organisatorischer Hinsicht[832]. Richtig verstanden dient nämlich Compliance in organisatorischer Hinsicht als funktionales Konzept der Sicherstellung des Legalitätsprinzips und damit auch der Wahrung der staatlich gesetzten Gebots- und Verbotsnormen, die den Schutz unternehmensfremder Rechtsgüter bezwecken.

Auch erweist sich der häufige Einwand[833] als irreführend, die Ausrichtung des Schutzzwecks der Compliance-Pflicht auf das Unternehmensinteresse ergebe sich aus dem Anliegen von Compliance, der Abwendung von Haftungsrisiken, Ansehensverlust sowie sonstiger Nachteile. Denn derartige Nachteile sind vor allem dann zu erwarten, wenn Rechtsgüter außenstehender Dritter geschädigt werden und das Unternehmen dahingehend als Verursacher bzw. im zivilrechtlichen Sinne als Schuldner etwaiger Ausgleichsansprüche anzusehen wäre. Schon vor diesem Hintergrund wird deutlich, dass das Unternehmensinteresse weiter gefasst ist als der unmittelbare Schutz des Vermögens des Unternehmens und es diesbezüglich auch darum geht, Rechtsverletzungen zu verhindern, die Schadensersatzforderungen Dritter auslösen können[834].

Im Übrigen ist mit Nachdruck zu betonen, dass die Legalitätspflicht der Unternehmensleitung nicht mit ihrer allgemeinen Schadensabwendungspflicht vermischt werden darf[835]. Beide Pflichten stellen Teilbereiche der allgemeinen Sorgfaltspflicht des § 93 Abs. 1 S. 1 AktG bzw. des § 43 Abs. 1 GmbHG dar. Insoweit trifft die Unternehmensleitung einerseits die Legalitätspflicht verstanden als Pflicht zur Beachtung des äußeren Handlungsrahmens und andererseits die Pflicht zur sorgfältigen Unternehmensleitung i. e. S., zu der auch die Schadensabwendungspflicht gehört[836]. Die Notwendigkeit dieser Differenzierung wird vor allem bei der rechtlichen Beurteilung sogenannter „nützlicher Pflichtverletzungen“ deutlich. Dabei handelt es sich um Außenrechtsverletzungen, von denen das Unternehmen letztlich profitiert.

---

831 So *Kort* 2011, S. 409; aber auch *Casper* 2009, S. 208; *Hauschka* 2014, S. 167; *Michalke* 2010, S. 669; *Rolshoven/Hense* 2009, S. 427; *Schwarz* 2012, S. 17; *Warneke* 2010, S. 314; *Wolf* 2011, S. 1356.

832 Vgl. bereits unter 1. Teil, I. 2.

833 *Campos Nave/H. Vogel* 2009, S. 2548; *Grau/Blechschmidt* 2009, S. 2145; *Warneke* 2010, S. 314.

834 Auch *Dann/Mengel* 2010, S. 3267 betonen, dass die Unterscheidung zwischen Straftaten, die gegen das Unternehmen gerichtet sind, und solchen, die (vordergründig) in seinem Interesse begangen werden, in diesem Kontext bedeutungslos sei. Da das betroffene Unternehmen entweder unmittelbar (z.B. durch Entzug von Eigentum) oder jedenfalls mittelbar (§ 73 StGB, § 30 OWiG) geschädigt werden könne, sei der Compliance-Beauftragte im einen wie im anderen Fall zum Handeln aufgerufen. In diese Richtung auch *Klopp* 2012, S. 275.

835 Grundlegend *Thole* 2009, S. 512 ff.

836 Michalski/GmbHG-*U. Haas/Ziemons*, § 43 Rn. 43; *Nietsch* 2013, S. 196; *Thole* 2009, S. 517; prinzipiell auch Spindler/Stilz-*Fleischer*, § 93 Rn. 12; *ders.* 2006b, § 7 Rn. 2.

Da der Unternehmensleitung im Hinblick auf zwingendes Gesetzesrecht ausweislich der Regierungsbegründung zum UMAG kein unternehmerisches Ermessen zusteht[837], gebührt der Einhaltung der Gesetzesbestimmungen dem Gesellschaftsinteresse gegenüber Vorrang[838].

Wenn nun aber die Pflicht der Unternehmensleitung zur Beachtung des äußeren Handlungsrahmens (Legalitätspflicht) absolut gilt, beschränken sich die Compliance-Strukturen, die zur Wahrung und Durchsetzung des Legalitätsprinzips beitragen sollen, nicht nur auf das Unternehmensinteresse, sondern sie dienen gerade auch dem Zweck, gesetzeskonformes Verhalten des Unternehmens und seiner Mitarbeiter (auch) im Außenverhältnis sicherzustellen[839].

Die Unternehmensleitung kann die ihr obliegenden, mit ihrer Compliance-Pflicht korrespondierenden Compliance-Aufgaben im Rahmen des ihr zustehenden unternehmerischen Ermessens horizontal und/oder vertikal delegieren, ohne dass sich am Charakter bzw. an der Zielrichtung dieser Pflicht etwas ändert[840]. Insoweit kommt es für die Bestimmung der dem Compliance Officer obliegenden Compliance-Pflicht auf den ihm von der Unternehmensleitung übertragenen Aufgaben- und Pflichtenkreis an. Hat er also – was regelmäßig auch der Fall sein wird – gegenüber der Unternehmensleitung die Sorge für die Einhaltung der gesetzlichen Bestimmungen übernommen, bezieht sich dieser Überwachungsauftrag auch darauf, rechtmäßiges Verhalten der Gesellschaft nach außen sicherzustellen.

Im Ergebnis lassen sich also deutliche Parallelen zu den gesetzlich vorgeschriebenen Beauftragten erkennen, da es hier wie dort um die Überwachung spezifischer Risiken unternehmerischer Tätigkeit geht. Der Unterschied besteht jedoch darin,

---

837 Vgl. bereits unter 1. Teil, III. 1.

838 Zum Vorrang der Legalitätspflicht gegenüber der allgemeinen Pflicht der Unternehmensleitung, Gewinn zu erwirtschaften und Schaden von der Gesellschaft abzuwenden vgl. BGH ZIP 2010, 1892 (1894); LG München I NZWiSt 2014, 183 (187); ferner *Cichy/Cziupka* 2014, S. 1483; Spindler/Stilz-*Fleischer*, § 93 Rn. 36; *ders.* 2006b, § 7 Rn. 22; *ders.* 2014, S. 322; Michalski/GmbHG-*U. Haas/Ziemons*, § 43 Rn. 50 f.; *Heinz* 2010, § 22 Rn. 63; Lutter/Hommelhoff-*Kleindiek*, § 43 Rn. 15; *Konu* 2014, S. 40 f.; Großkommentar/GmbHG-*Paefgen*, § 43 Rn. 66; *Rathgeber* 2012, S. 149 ff.; *Reichert* 2011, S. 113; Scholz/GmbHG-*U. Schneider*, § 43 Rn. 78; MK/AktG-*Spindler*, § 93 Rn. 91 f.; *Thole* 2009, S. 517 f.; Baumbach/Hueck-*Zöllner/Noack*, § 43 Rn. 23; aus strafrechtlicher Sicht vgl. *Rönnau* 2008, S. 724 ff. m. w. N.

839 Im Ergebnis auch *Barton* 2010, S. 23; *Bürkle* 2005, S. 567; Spindler/Stilz-*Fleischer*, § 93 Rn. 23 f.; *Goette* 2011, S. 391; Michalski/GmbHG-*U. Haas/Ziemons*, § 43 Rn. 44; *Hüffer* 2011, S. 303; *Frodermann/Ph. Schäfer* 2009, 7. Kap. Rn. 173; Hölters/AktG-*Hölters*, § 93 Rn. 68; vgl. auch *Thole* 2009, S. 509, der betont, dass „die Außenverantwortlichkeit der Gesellschaft, also die externe Rechtsbindung der Gesellschaft [...] dadurch in die Innenbeziehung zwischen Vorstand und Gesellschaft transportiert" werde.

840 Zutreffend betont von *Rönnau/F. Schneider* 2010, S. 58; ebenso *Beckemper* 2013, S. 94. Zu den Grundsätzen der Delegation von Aufgaben vgl. bereits unter 1. Teil, IV. 1.

dass ein Compliance Officer als unternehmensinterner Funktionsträger nicht aufgrund gesetzlicher Vorgabe (im Allgemeinwohlinteresse) zu inthronisieren ist, da der Gesetzgeber die Unternehmensleitung im Hinblick auf die Überwachung allgemeiner Risiken unternehmerischer Tätigkeit als ausreichend selbstbefähigt ansieht. Die mangelnde gesetzliche Regelung zur Einsetzung eines Compliance Officers hat allerdings keine Auswirkung auf die Beurteilung einer etwa ihm obliegenden strafrechtlichen Einstandspflicht, da Garantenpflichten auch auf vertraglicher Grundlage entstehen können und es insoweit stets darum geht, welchen konkreten Aufgaben- und Pflichtenkreis der Beauftragte übernommen hat.

Damit ist jedoch noch nicht gesagt, dass der Compliance Officer auch die in Rede stehende Aufsichtsgarantenpflicht zur Verhinderung von Straftaten der Unternehmensangehörigen zum Nachteil außenstehender Dritter innehat. Diese muss vielmehr gesondert begründet werden (können)[841].

Als untauglich hierfür erweist sich die Begründung einer Aufsichtsgarantenstellung mittels des Informationsvorsprungs des jeweiligen unternehmerischen Funktionsträgers. Teilweise wird dieses Ergebnis auf die Existenz der Regelung des § 138 StGB gestützt und insofern behauptet, dass das Wissen um Straftaten nur in Ausnahmefällen strafbar sei und § 138 StGB „überflüssig"[842] bzw. eine „Privilegierung für die dort genannten besonders schweren Katalogstraftaten"[843] wäre, wenn bereits die Information über eine geplante Straftat für die Annahme einer Garantenstellung genügen würde. Diese Argumentation vermag allerdings nicht wirklich zu überzeugen, weil ihr Ableitungszusammenhang keinesfalls zwingend ist. Denn bei § 138 StGB handelt es sich um ein echtes Unterlassungsdelikt, das jedermann verpflichtet, sich um die Verhinderung, im Einzelnen bestimmter (schwerer) Straftaten in einer eingeschränkten Weise – nämlich durch rechtzeitige Anzeige gegenüber der Behörde oder dem Bedrohten – zu bemühen[844]. Demgegenüber ist der Regelungsgehalt bei unechtem Unterlassen ein anderer. Hier geht es nämlich um ein Einstehenmüssen für die Verhinderung des deliktsspezifischen Erfolgs, dessen Begründung unabhängig von der Existenz echter Unterlassungsdelikte nach eigenständig zu beurteilenden Kriterien zu erfolgen hat[845].

Vielmehr unterliegt die Ansicht, dass eine Überwachergarantenstellung eines unternehmensinternen Funktionsträgers aus seinem gegenüber der Unternehmensleitung nicht unerheblichen Informationsvorsprung hergeleitet werden könne, deshalb

841 Zu den Einzelheiten vgl. später unter 4. Teil, II.

842 *Schwarz* 2012, S. 16f.

843 *Warneke* 2010, S. 316.

844 Vgl. nur *T. Fischer* 2015, § 138 Rn. 2.

845 Dieses Ergebnis bestätigt sich ferner dadurch, dass die Nichtanzeige gem. § 138 StGB entweder als weniger schwer wiegende Angriffsform subsidiär gegenüber einer strafbaren Beteiligung an der anzuzeigenden Katalogtat, etwa durch garantenpflichtwidriges Nichtverhindern derselben, zurücktritt oder in derartigen Fällen bereits schon auf Tatbestandsebene die Anzeigepflicht des § 138 StGB verneint wird. Zu dieser Kontroverse vgl. nur SK/StGB-*Rudolphi/Stein*, § 138 Rn. 5f. m. w. N.

durchgreifenden Bedenken, weil nicht ersichtlich ist, warum aus einem tatsächlichen(!) Informationsvorsprung bzgl. strafrechtlich relevanter Sachverhalte eine rechtliche(!) Einstandspflicht begründet werden könne, die ihn zum Überwachergaranten gem. § 13 Abs. 1 StGB macht. Dieser Informationsvorsprung ergibt sich nämlich rein faktisch erst durch die ordnungsgemäße Wahrnehmung der Überwachungsaufgabe, zu der er gegenüber dem Unternehmensträger (vorstrafrechtlich) verpflichtet ist. Damit ist der Informationsvorsprung als das Destillat der Aufgabenwahrnehmung anzusehen; nicht jedoch ist er der Grund für die Einstandspflicht selbst[846].

b) Die fehlende Weisungsbefugnis

Möchte man eine Überwachergarantenpflicht nicht schon generell aufgrund der Eigenverantwortlichkeit des die Straftat begehenden Unternehmensangehörigen verneinen[847], so wird vielfach auf die dem Compliance Officer fehlende Weisungsbefugnis bzw. Anordnungskompetenz hingewiesen, aufgrund dessen er nicht als Überwachergarant angesehen werden könne[848]. In der Tat ist in der Regel davon auszugehen, dass der Compliance Officer gegenüber Mitarbeitern außerhalb der Compliance-Abteilung nicht weisungsbefugt ist[849]. Kann er aber kein dem „Betriebsinhaber vergleichbares Direktionsrecht"[850] bzw. „keinerlei disziplinarische Gewalt"[851] über die Mitarbeiter des Unternehmens ausüben, ist es nur konsequent, eine (abgeleitete) Überwachergarantenstellung des Compliance Officers zu verneinen, wenn man den herrschaftsfundierten Ansätzen folgt, die als konstitutives Merkmal jeder Aufsichtsgarantenstellung die „Herrschaft über Untergebene" voraussetzen, welche sich wiederum auf die „Befehlsgewalt des Vorgesetzen" bzw. die „Mittel der Verbandsdisziplin" stütze[852].

Mangels eines dem Compliance Officer zustehenden Direktionsrechts könne nicht von einer zureichenden Herrschaft über die Mitarbeiter ausgegangen werden[853], da

---

846 Angemerkt sei ferner, dass das Wissen um eine konkrete Straftat bei einem Garanten als Bestandteil des Vorsatzes hinzutreten muss, damit sich dieser wegen vorsätzlichen begehungsgleichen Unterlassens überhaupt strafbar machen kann.

847 So bereits *Beulke* 2011, S. 32f.; *Kretschmer* 2009, S. 476; *Spring* 2010, S. 226f.; wohl auch *Warneke* 2010, S. 316.

848 *Berndt* 2009, S. 691; *Geiger* 2011, S. 172; *Rolshoven/Hense* 2009, S. 427; *Schwarz* 2012, S. 16; *Warneke* 2010, S. 316; *Wolf* 2011, S. 1359; vgl. weiterhin *Beulke* 2011, S. 37; *Rößler* 2011, S. 923; *Rübenstahl* 2009, S. 1342.

849 Vgl. bereits unter 1. Teil, IV. 2. c) 2) (c).

850 *Warneke* 2010, S. 316.

851 *Geiger* 2011, S. 172.

852 Gleiches gilt im Übrigen erst recht gegenüber den Mitgliedern der Unternehmensleitung bzgl. derer eine Überwachergarantenpflicht des Compliance-Beauftragten unter Zugrundelegung dieses Ansatz nie erwachsen kann; vgl. zum Ganzen bereits *H. Schneider/Gottschaldt* 2011, S. 574.

853 *Berndt* 2009, S. 691, der die Herrschaft der Unternehmensleitung im Hinblick auf die Verhaltenskontrolle der nachgeordneten Instanzen als „dezentralisierungsfest" bezeichnet.

„gerade keine vollständige Übertragung der Überwachungs- und Schutzpflichten für eine bestimmte Gefahrquelle“ stattfinde[854]. Auch aus der dem Compliance Officer regelmäßig obliegenden Berichtspflicht im Hinblick auf beobachtete Compliance-Verstöße nachgeordneter Mitarbeiter ergebe sich nichts anderes, da dies keine „Herrschaft über Untergebene“ vermittele[855].

Demgegenüber setzen andere zu Recht das Bestehen einer Weisungsbefugnis des Compliance Officers nicht als zwingend zur Begründung einer Überwachergarantenpflicht voraus[856]. So betonen *Dannecker/Dannecker*[857], die genau wie *Ransiek*[858] von einer Überwachergarantenpflicht der Unternehmensleitung für die Gefahrquelle Betrieb insgesamt ausgehen, dass „auch eine nur partielle Aufgabenübertragung“ der Garantenbewehrtheit nicht entgegenstehe, wenn „die Erfüllung der übernommenen Aufgabe weiterhin für das Rechtsgut dieselbe Bedeutung“ habe wie zuvor. Für den Compliance Officer bedeute dies Folgendes: Hat er stellvertretend für die Unternehmensleitung die Überwachungsaufgabe übernommen, sei „dies auch ohne die Interventionsaufgabe von zentraler Bedeutung, weil die Geschäftsherrenverantwortung ohne ordnungsgemäße Überwachung schlechthin nicht wahrgenommen werden“ könne[859]. Insoweit sei er als Garant anzusehen, da es – der Grundannahme einer einheitlichen Überwachungspflicht folgend – nur darum gehe, den deliktischen Erfolg und nicht die Straftat eines anderen zu verhindern[860].

---

854 *Schwarz* 2012, S. 16.

855 So *Geiger* 2011, S. 172 unter Verweis auf *H. Schneider/Gottschaldt* 2011, S. 574; a.A. *Deutscher* 2010, S. 1390, der die Garantenstellung des Compliance Officers aus der ihm obliegenden Berichtspflicht ableiten möchte und insoweit von einer „modifizierten Geschäftsherrenhaftung“ spricht; so auch *Rönnau/F. Schneider* 2010, S. 58.

856 *Beckemper* 2013, S. 94; *G. Dannecker/C. Dannecker* 2010, S. 990; *C. Dannecker* 2012, S. 447; *Kamp/Körffer* 2010, S. 73; *Kraft* 2010, S. 84 f.; *ders./Winkler* 2009, S. 32; *Rönnau/F. Schneider* 2010, S. 57 f.; *Rotsch* 2015b, § 4 Rn. 22; *H. Schneider* 2011, S. 360; i.E. zustimmend, jedoch ohne dogmatische Begründung *Barton* 2010, S. 23 f.; *Dann* 2011, S. 155; *ders./Mengel* 2010, S. 3267; *Deutscher* 2010, S. 1390; *Lackhoff/Schulz* 2010, S. 86 f. Vgl. bereits unter 3. Teil, I. 1. c) 2) (c) (1).

857 *G. Dannecker/C. Dannecker* 2010, S. 990; zustimmend *Bauer/Wißmann* 2014, S. 25.

858 *Ransiek* 2010, S. 150, vgl. hierzu bereits unter 3. Teil, I. 1. b) 3).

859 *G. Dannecker/C. Dannecker* 2010, S. 990; ähnlich *Beckemper* 2013, S. 94; *Rönnau/F. Schneider* 2010, S. 58. Auch hinsichtlich des Gewässerschutzbeauftragten wird überwiegend angenommen, dass die fehlende Entscheidungs- bzw. Weisungsbefugnis seine Garantenpflicht nicht ausschließe, wohl aber den Kreis seiner Pflichten begrenze. Insoweit habe er nur dafür einzustehen, „dass Gewässerverunreinigungen nicht deshalb eintreten, weil er seine Kontroll- und Informationspflichten nicht erfüllt hat“. Vgl. nur *Rudolphi* 1987, S. 875; zustimmend *Böse* 2003, S. 639 f.; *Kuhlen* 2000a, S. 88.

860 Eine Einschränkung wollen *G. Dannecker/C. Dannecker* 2010, S. 990 allerdings dann vornehmen, wenn die Überwachungsaufgaben im Rahmen hierarchisch strukturierter Compliance-Abteilungen zwischen den jeweiligen Mitarbeitern zu stark aufgeteilt werden, da ein vergleichsweise niedriges Verantwortungsniveau

Dieser Begründung ist insofern zuzustimmen als die Verantwortung bei Übertragung der Überwachungsaufgabe auch ohne Interventionsbefugnis im Interesse des Rechtsgüterschutzes beim Empfänger fortwirken muss. Dies ergibt sich, wenn man mit der hier vertretenen Auffassung die Befehlsgewalt nicht als konstitutives Merkmal zur Begründung jeder Aufsichtsgarantenstellung ansieht, allein schon aufgrund der allgemeinen Grundsätze wirksamer Pflichtendelegation[861]. Und dennoch mag die Argumentation von *Dannecker/Dannecker* nicht durchweg überzeugen, da sie im Ausgangspunkt die These von der Überwachungspflicht der „Gefahrenquelle Betrieb" vertreten, die vor dem Hintergrund der Eigenverantwortlichkeit des Begehungstäters keine hinreichende Begründung für die Pflicht zur Überwachung rein personeller Gefahren – wie bspw. Betrugstaten – liefern kann[862].

II. Die Anknüpfung an außerstrafrechtliche Bezugsnormen sowie sonstige rechtliche Kodifikationen

Bereits im Zusammenhang mit der „Lederspray-Entscheidung" des BGH wurden in Literatur und Praxis Stimmen laut[863], zivilrechtliche Verkehrssicherungspflichten – allen voran die Produktbeobachtungspflicht des Herstellers – zur Bestimmung strafrecht-

---

einer Person nicht die sachlogischen Bedingungen der Garantenstellung erfülle. Die von ihnen angeführten Abgrenzungskriterien (Maß der eingeräumten Selbständigkeit bzw. Eigenverantwortlichkeit, Position und Einfluss innerhalb der Unternehmenshierarchie, Rang des geschützten Rechtsguts) erscheinen mir allerdings zu wenig griffig, um eine trennscharfe Abgrenzung vornehmen zu können, sodass der Verdacht organisierter Unverantwortlichkeit im Raum steht. Es leuchtet mir insbesondere nicht ein, warum ein Leiter einer Compliance-Abteilung, der partiell Aufgaben der Unternehmensleitung übertragen bekommen hat, als Garant anzusehen sein soll, nicht aber der Compliance-Mitarbeiter niedrigerer Stufe, der ebenfalls partielle Überwachungsaufgaben erhalten hat, wenn doch der konkrete Pflichtenkreis den Umfang der Garantenpflicht bestimmt. Vgl. auch *Bürkle* 2010a, S. 8, der ebenfalls die Möglichkeit einer (teilweisen) Subdelegation auf nachgeordnete Mitarbeiter der Compliance-Abteilung anerkennt.

861 Zu den Grundsätzen der Aufgabendelegation vgl. näher unter 1. Teil, IV. 1.

862 Vgl. näher unter 3. Teil, I. 1. b) 3) (b). Ferner sei an dieser Stelle noch angemerkt, dass die Stellung bzw. die Funktion eines Compliance Officers mit derer eines Betriebsbeauftragten auch angesichts der beiden Funktionsträgern abgängigen Weisungsbefugnis nur bedingt vergleichbar ist. Denn der insbesondere den betrieblichen Beauftragten für Umweltschutz gesetzlich zugewiesene Überwachungsauftrag beruht letztlich auf der Überwachungsbedürftigkeit besonderer Sachgefahren, für deren Eindämmung Anordnungskompetenzen zur Verhaltenssteuerung der Mitarbeiter eher irrelevant sind.

863 Eingehend *Alexander* 2005, S. 59ff., S. 116ff.; *Deutscher/Körner* 1996, S. 301f., S. 327ff.; vgl. auch *Kuhlen* 1990, S. 567; *ders.* 2000b, S. 663ff.; *Schmidt-Salzer* 1990, S. 2967, die darin gar eine „Befreiung von strafrechtsdogmatischen Einordnungen"

licher Einstandspflichten heranzuziehen[864]. Hinter den dortigen Erwägungen, die die strafrechtliche Geschäftsherrenhaftung im eigentlichen Sinne allenfalls am Rande betreffen, da es sich hierbei nicht um die Verantwortlichkeit für rein personelle Gefahren handelt, könnten sich zwar lehrreiche Erkenntnisse verbergen. Doch leider lassen die Ausführungen der Befürworter einer derartig abgeleiteten strafbewehrten Überwachungspflicht des Betriebsinhabers oftmals eine fundierte dogmatische Begründung ihres Standpunkts vermissen. Ähnliche Beobachtungen lassen sich auch anstellen, sofern mitunter eine strafrechtliche Garantenpflicht des Aufsichtsrats zur Verhinderung von Straftaten des Vorstands unter Verweis auf eine inhaltsgleiche, gesellschaftsrechtliche Pflicht bejaht wird, ohne dabei das materielle Einstandserfordernis der proklamierten Garantenverantwortlichkeit offen zu legen[865].

1. Grundgedanke

Auch in Reaktion auf die Ausführungen des BGH zum Compliance Officer wird mitunter das gesellschaftsrechtlich geregelte Aufgaben- und Pflichtenspektrum der Unternehmensleitung fruchtbar gemacht, um eine Aussage dahingehend treffen zu können, ob und inwieweit der Unternehmensleitung damit auch eine strafbewehrte Aufsichtspflicht zur Verhinderung von Straftaten der Mitarbeiter zukommt, die der Compliance Officer wiederum übernommen haben könnte[866]. Im Ausgangspunkt der Überlegungen steht dabei die Compliance-Verantwortung der Geschäftsleitung, die bei einer Aktiengesellschaft Ausdruck der Leitungsverantwortung des Vorstands ist

---

sehen. Vgl. auch *Beulke/G. Bachmann* 1992, S. 740, die den Gedanken der Verantwortungsbegründung aus Verkehrssicherungspflichten als „nicht abwegig" bezeichnen, jedoch dabei – ähnlich wie der BGH – betonen, dass dies „nicht unbesehen" erfolgen dürfe. Im Ergebnis wollen sie in Anlehnung an *Jakobs* 1993, 29/42 an das Bestehen eines Sonderrisikos und das Kriterium der Beherrschbarkeit anknüpfen, wofür „zivilrechtliche Gefährdungshaftungen ein Indiz abgeben" mögen.

864 Offen gelassen bei BGHSt 37, 106 (115); vgl. auch unter 2. Teil, II. 1. b) 2) (a) (1).

865 So vor allem *Tiedemann* 1989, S. 321 f.; *ders.* 2010, Rn. 183; aber auch *Ransiek* 1999, S. 624 f., die die Überwachergarantenstellung des Aufsichtsrats zugunsten Dritter gegenüber Straftaten der Geschäftsführung ohne weiteres aus der in § 111 AktG bzw. § 52 GmbHG geregelten Aufgabe dieses Organs ableiten. Vgl. auch Michalski/GmbHG-*G. Dannecker*, § 82 Rn. 63; dezidierte Herleitung dagegen bei *Schilha* 2008, S. 168 ff.; einschränkend *Cramer* 1993, S. 582 ff.; a.A. *Brammsen* 2000a, S. 126 in Fn. 120; *D. Krause* 2011, S. 60 f.

866 In diese Richtung *Barton* 2010, S. 22 f.; *Brettel* 2014, § 2 Rn. 103 ff.; *Bürkle* 2010a, S. 5 f.; *Fecker/Kinzl* 2010, S. 13 f.; *H. Schneider/Gottschaldt* 2011, S. 573 ff.; für die Anerkennung des Prinzips der Generalverantwortung und Allzuständigkeit im Strafrecht vgl. *Schmidt-Salzer* 1990, S. 2967 ff.; *Alexander* 2005, S. 118 f.; *Brettel* 2014, § 2 Rn. 70 f.; *Neudecker* 1995, S. 27 ff. m. w. N. in Fn. 26; *Kindhäuser* 2013, § 36 Rn. 63, der sich im Übrigen für eine generelle „Berücksichtigung des Gedankens der Verkehrsicherungspflicht" bei der Herleitung einer Garantenstellung des Unternehmers ausspricht.

(§ 76 Abs. 1 AktG). Danach seien die Mitglieder des Vorstands u. a. verpflichtet, auf die „Einhaltung sämtlicher gesetzlicher Vorgaben und unternehmensinterner Regelungen“[867] hinzuwirken, „legales Unternehmensverhalten“[868] sicherzustellen bzw. „gesetzmäßiges Verhalten in Außenbeziehungen eines Unternehmens zu gewährleisten“[869].

Anstatt jedoch nachzuweisen, ob und inwieweit aus dieser gesellschaftsrechtlichen Überwachungspflicht der Geschäftsleitung[870] eine strafrechtliche Garantenverantwortlichkeit dieser abgeleitet werden kann, beschränken sich die Ausführungen lediglich auf die Darlegung der Anforderungen und Konsequenzen einer Delegation der Überwachungsaufgaben auf den Compliance Officer[871]. Sofern die Pflichtenübertragung auf den Compliance Officer wirksam durch entsprechende Abrede und tatsächliche Übernahme erfolgt, rücke der Compliance Officer in die zivil- und strafrechtliche Compliance-Verantwortung der Geschäftsleitung ein, welche dadurch entlastet werde, solange sie ihrer verbleibenden Überwachungspflicht

---

867 *Fecker/Kinzl* 2010, S. 13.

868 *Bürkle* 2010a, S. 6.

869 *Barton* 2010, S. 23.

870 Vgl. näher unter 1. Teil, III. 1.

871 So vor allem *Barton* 2010, S. 23f.; *Bürkle* 2010a, S. 6f.; *Fecker/Kinzl* 2010, S. 14; einen anderen Weg wählt dagegen *Bergmann* 2012, S. 396ff., der in Ausnahmefällen eine Beschützergarantenstellung des Compliance-Beauftragten zugunsten der Rechtsgüter Dritter annehmen möchte. Diese Beschützergarantenstellung könne dann angenommen werden, wenn ein rechtliches Verhältnis zwischen dem Unternehmen des Compliance-Beauftragten (als Gläubiger) und dem potentiell Geschädigten (als Dritten) besteht, in dessen Rahmen der Compliance-Beauftragte inhaltliche Prüfungen vorzunehmen hat. Denn dann bestünde die für einen Vertrag mit Schutzwirkung zugunsten Dritter vorausgesetzte Gläubigernähe. Diese Herleitung vermag allerdings nicht zu überzeugen, da sie – unabhängig von der m. E. fehlenden Schutzbedürftigkeit des Dritten [eingehend zu diesem Kriterium BGH NJW 1978, 883; 1996, 2927 (2929)] – die Funktion des Compliance-Beauftragten im Unternehmen verkennt. Denn seine Pflicht besteht nicht darin, die Interessen der Vertragspartner des Unternehmens durch fortlaufende inhaltliche Prüfung der Betriebsabläufe, Qualitätskontrollen, Abrechnungskontrollen oder Buchprüfungen im konkreten Einzelfall zu schützen. Auch soweit derartige Aufgaben von anderen Abteilungen übernommen werden, erscheint es mir zumindest fraglich, den betroffenen Akteuren allein unter Heranziehung ihres mit dem Unternehmen geschlossenen Arbeitsvertrages eine (Beschützer-)Garantenstellung auf Grundlage des Instituts des Vertrages mit Schutzwirkung zugunsten Dritter aufzuerlegen, da sie ihre Aufgaben im (primären) Interesse des eigenen Unternehmens wahrnehmen. Darüber hinaus ist zu befinden, dass nach dieser Ansicht eine nach außen gerichtete Garantenstellung eines Unternehmensangehörigen jedenfalls dann ausscheidet, wenn entweder gar keine vertraglichen Beziehungen mit potentiell geschädigten Dritten bestehen oder diese keinen individuellen Schaden erleiden, wie es bspw. bei den als betriebsbezogene Straftaten einzuordnenden Bestechungsdelikten der Fall ist.

genügt[872]. Auch die dem Compliance Officer regelmäßig abgängige Weisungs- bzw. Anordnungsbefugnis ändere nichts an seiner abgeleiteten Garantenverantwortlichkeit, sondern sie begrenze lediglich seine Garantenpflicht[873] auf das Mögliche und Zumutbare[874].

Eine derartige, auf die dienstvertragliche Verpflichtung abstellende Betrachtungsweise eröffnet anders als die herkömmlichen Ansätze zur strafrechtlichen Geschäftsherrenhaftung, die Überwachungspflichten allenfalls im Überordnungsverhältnis anerkennen, zudem die Möglichkeit, den Compliance Officer auch als überwachungspflichtig hinsichtlich potentieller Straftaten der Unternehmensleitung anzusehen. So betont *Schneider*, dass die Überwachungspflichten eines Compliance-Beauftragten nicht gegenüber dem Geschäftsleitungsorgan, sondern vielmehr gegenüber dem Vertragspartner und damit der juristischen Person selbst bestünden, welche ein Interesse daran haben könnte, den Compliance-Beauftragten auch zur Überwachung der von Mitgliedern der Unternehmensleitung ausgehenden Gefahren „auf Posten zu stellen“[875]. Insoweit sei die Frage, ob die Unternehmensleitung einer Überwachung durch den Compliance-Beauftragten unterliegt, von „der Ausgestaltung des jeweiligen Vertrages und des tatsächlich übernommenen Pflichtenkreises“ abhängig[876].

2. Kritik

Kritiker halten dieser Ansicht vor, dass eine Überwachergarantenstellung „nicht etwa *originär* durch eine privatrechtliche Vereinbarung zwischen zwei Privatrechtssubjekten begründet werden“ könne[877]. Vielmehr müssten Überwachungs- und Sicherungspflichten zunächst außerhalb einer Vereinbarung präexistieren, um durch oder auf Basis einer Vereinbarung übernommen werden zu können[878]. Denn für eine „originäre Begründung strafrechtlicher Verantwortlichkeit“ fehle es „Privatrechtssubjekten an der erforderlichen – verfassungsrechtlichen – Legitimation“[879].

Andere wiederum betonen, dass niemand allein durch das Versprechen, eine andere Person zu überwachen – und sei es noch so innig abgegeben – zum Aufsichtsgaranten über diese werde[880]. Vielmehr setze eine Übernahme von Schutz- und

872 *Fecker/Kinzl* 2010, S. 14.

873 *Barton* 2010, S. 23 f.; *Brettel* 2014, § 2 Rn. 109; *Knauer* 2012, S. 478; *H. Schneider/Gottschaldt* 2011, S. 576 f.

874 *Bürkle* 2010a, S. 6 f. spricht durchaus treffend von einer gegenüber der Geschäftsleitung „geringeren Systemverantwortung“ des Compliance Officers.

875 *H. Schneider* 2011, S. 358; *ders./Gottschaldt* 2011, S. 575.

876 *H. Schneider* 2011, S. 358; zustimmend *Hellmann*/Beckemper 2013, Rn. 952a.

877 *Geiger* 2011, S. 172 f.; in dieses Richtung auch *Momsen* 2011, S. 766.

878 So *Geiger* 2011, S. 173.

879 Ebenda.

880 *Beulke* 2011, S. 28; *Spring* 2010, S. 226; zustimmend im Falle der Begründung einer Beschützergarantenstellung *G. Dannecker/C. Dannecker* 2010, S. 984.

Überwachergarantenpflichten gleichermaßen deren vorherige Existenz voraus, welche sich hier vornehmlich aufgrund der Eigenverantwortlichkeit des Überwachten als problematisch erweise[881].

Demgegenüber verneint *Rotsch*, der eine primäre Garantenpflicht der Geschäftsleitung sowie deren grundsätzliche Möglichkeit zur Delegation durchaus bejaht, die Garantenpflicht des Compliance-Beauftragten deshalb, weil ihm die erforderliche „rechtlich fundierte faktische Nähe zum bedrohten Rechtsgut", welcher auch strafrechtliche Relevanz zukommen müsse, regelmäßig fehle[882]. Zwar räumt *Rotsch* dem Compliance-Beauftragten – je nach Ausgestaltung seines Arbeitsvertrags – durchaus eine „besondere herausgehobene Nähe zum Rechtsgut" ein. Allerdings genüge „diese bloß vertragliche Regelung" nicht zur Begründung einer strafrechtlichen Garantenpflicht, da „ihr nicht ohne weiteres die erforderliche strafrechtliche Relevanz" zukäme[883].

3. Stellungnahme

Die Heranziehung außerstrafrechtlicher Vorschriften zur Begründung einer strafrechtlichen Erfolgsabwendungspflicht ist an sich begrüßenswert, da sich damit durchaus die Möglichkeit eröffnet, der ausfüllungsbedürftigen und interpretationsoffenen Formulierung von § 13 Abs. 1 StGB, der von einer rechtlichen(!) Einstandspflicht zur Abwendung eines tatbestandsmäßigen Erfolgs spricht, genauere Konturen zu verleihen, was nicht nur im Sinne des aus Art. 103 Abs. 2 GG folgenden Bestimmtheitsgebots liegt. Auch ist mit einer derartigen Vorgehensweise zugleich die Möglichkeit verbunden, in Anwendung des Grundsatzes von der asymmetrischen Akzessorietät des Strafrechts[884] eine grundsätzlich angenommene strafrechtliche Einstandspflicht auf das rechtlich Mögliche zu beschränken und damit die Grenzen der Unterlassungsverantwortlichkeit auszuloten.

Gleichwohl darf diese Gangart nicht zu einem „Rückfall in die formelle Rechtsquellenlehre" führen, wonach jedem Verstoß gegen eine außerstrafrechtliche Gebotsnorm zugleich auch eine Verantwortung aus unechtem Unterlassen folgt[885]. Dass diese Gefahr nicht gänzlich unbegründet ist, zeigen die eben getätigten Aus-

---

881 *Spring* 2010, S. 226.

882 *Rotsch* 2012b, S. 497 f.; *ders.* 2015b, § 4 Rn. 24.

883 Ebenda.

884 Vgl. näher unter 2. Teil, II. 2. a) sowie unter 4. Teil, II. 1. und III. 1.

885 Die auf *Paul Johann Anselm von Feuerbach* zurückgehende formelle Rechtsquellenlehre prägte die Garantendogmatik bis zu Beginn des 20. Jahrhunderts. In seinem Lehrbuch von 1832, § 24 heißt es: „So ferne eine Person ein Recht auf wirkliche Aeusserung unsrer Thätigkeit hat, in so ferne giebt es Unterlassungsverbrechen [...]. Weil aber die ursprüngliche Verbindlichkeit des Bürgers nur auf Unterlassungen geht; so setzt ein Unterlassungsverbrechen immer einen besondern Rechtsgrund (Gesetz oder Vertrag) voraus, durch welchen die Verbindlichkeit zur Begehung begründet wird. Ohne diesen wird man durch Unterlassung kein

führungen zur Herleitung einer Garantenpflicht der Geschäftsleitung mittels ihr obliegender gesellschaftsrechtlicher Verpflichtungen. Zwar wird die Compliance-Verantwortlichkeit der Unternehmensleitung und die Delegation dieser Pflichten durchaus treffend beschrieben[886], jedoch bleibt dabei im Verborgenen, warum damit zugleich auch eine strafrechtliche Verantwortlichkeit sowohl auf Seiten der Unternehmensleitung wie auch auf Seiten des Compliance Officers verbunden ist. Vielmehr bedarf es auch im Falle des Abstellens auf gesellschaftsrechtlich normierte Pflichten einer fundierten materiellen Begründung, um eine strafrechtlich relevante Einstandspflicht daraus legitimieren zu können. Auch dies soll Anliegen der nachfolgenden Ausführungen sein[887].

Soweit die Gegner eines derartigen Begründungsansatzes auf die fehlende gesetzliche Regelung zum Aufgaben- und Pflichtenkreis eines Compliance Officers abstellen[888], wurde dieser Kritikpunkt bereits oben widerlegt[889], da es für die Beurteilung der Garantenverantwortlichkeit des Compliance Officers nicht darauf ankommt, ob seine Stellung und Funktion gesetzlich vorgeschrieben ist. Vielmehr kommt es stets und somit auch für diesen Fall darauf an, welche konkreten Pflichten gesetzlich auferlegt und/oder vertraglich übernommen wurden.

Es wurde bereits aufgezeigt, dass der Unternehmensleitung die Wahrung der staatlich gesetzten Gebots- und Verbotsnormen obliegt[890]. Im Rahmen dieser sogenannten Legalitätspflicht sind die Mitglieder des Leitungsorgans nicht nur verpflichtet, sich selbst gesetzestreu zu verhalten, vielmehr obliegt ihnen auch die Legalitätskontrolle, die darauf gerichtet ist, gesetzeskonformes Verhalten aller für die Gesellschaft handelnden Akteure(!) zu gewährleisten. Diese Legalitätspflicht der Unternehmensleitung stellt die angesprochene „präexistente", gesetzlich auferlegte(!) Pflicht dar, die der Compliance Officer regelmäßig auf Basis seines Dienstvertrags übernimmt. In diesem Rahmen ist es einem Unternehmen durchaus möglich, einen Compliance Officer gegenüber dem Unternehmensträger (explizit) vertraglich zu verpflichten, auch das Verhalten der Mitglieder des Leitungsorgans im Hinblick auf dessen Rechtmäßigkeit zu überwachen.

Dagegen spricht auch nicht die Behauptung, dass Garantenpflichten nicht originär mittels Vertrages begründet werden können, sondern bereits vorher existieren müssen[891]. Denn diese Annahme lässt sich zumindest im Bereich der Schutzgarantenpflichten an einem bekannten Beispiel entkräften: der Grund für die Annahme

---

Verbrecher". Zu den geschichtlichen Hintergründen vgl. nur *Schünemann* 1984, S. 287 ff.

886 Vgl. vor allem *Bürkle* 2010a, S. 5 ff.; *Fecker/Kinzl* 2010, S. 13 ff.

887 Vgl. näher unter 4. Teil, II. 3.

888 So bspw. *Geiger* 2011, S. 172 f.; *Momsen* 2011, S. 766; MK/AktG-*Spindler*, § 91 Rn. 72; *Warneke* 2010, S. 316.

889 Vgl. näher unter 3. Teil, I. 1. c) 2) (c) (1) bzw. 3. Teil, I. 2. b).

890 Vgl. näher unter 1. Teil, III. 1.

891 So *Spring* 2010, S. 226; aber auch *G. Dannecker/C. Dannecker* 2010, S. 984; zwischen Schutz- und Überwachungspflichten differenzierend *Geiger* 2011, S. 172 f.

einer Beschützergarantenstellung des Bergführers für die Rechtsgüter der Expeditionsteilnehmer liegt in dessen verbindlicher und vertrauenserweckender Zusage, er werde sich in bestimmten Situationen in bestimmter Weise verhalten. Nur im Vertrauen auf die Einhaltung dieser Zusage werden die Teilnehmer die für sie gefährliche Expedition antreten und von weiteren (eigenen) Vorsorge- oder Gefahrabwendungsmaßnahmen absehen. In derartigen Fällen (ähnliches gilt auch im Arzt-Patienten-Verhältnis sowie in der Beziehung einer Bank gegenüber dem angelegten Vermögen ihrer Kunden) entsteht die Beschützergarantenstellung originär aufgrund des Dienstvertrags, soweit dieser auch tatsächlich umgesetzt wird. Es ist daher schon aus Gründen des effektiven Rechtsgüterschutzes nicht einzusehen, warum es nicht auch den Rechtssubjekten selbst unterliegen kann, als „Konsequenz der zurechenbaren Schaffung eines Vertrauenstatbestandes“[892] – hier gegenüber dem selbst handlungsunfähigen Unternehmensträger – eine Aufsichtsgarantenstellung zu erschaffen, deren materieller Entstehungsgrund sich an den gleichen Erfordernissen wie eine gesetzlich kodifizierte Pflicht messen lassen müsste.

Unabhängig von diesen strafrechtlichen Folgerungen verbleibt bei den einzelnen Mitgliedern des Leitungsorgans nach den Grundsätzen der Aufgabendelegation[893] auch im Falle horizontaler Aufgabenübertragung eine „Restverantwortung“, derer sie sich nicht vollständig entledigen können. Diese verpflichtet jedes Mitglied, die übrigen Kollegiumsmitglieder bei Wahrnehmung der ihnen zugewiesenen Aufgaben anlassbezogen zu überwachen und vor allem bei erkennbaren Fehlleistungen einzuschreiten. Diese Pflicht stellt eine Abwandlung der „präexistenten“, gesetzlich auferlegten Legalitätspflicht der Mitglieder des Leitungsorgans dar. Insbesondere weil sich der Compliance Officer vertraglich gegenüber der juristischen Person verpflichtet, welche durchaus ein Interesse daran haben könnte, ihn auch zur Überwachung der von Mitgliedern der Unternehmensleitung ausgehenden Gefahren „auf Posten zu stellen“, spricht meines Erachtens nichts dagegen, ihn durch entsprechende vertikale Aufgabendelegation an der abgewandelten Überwachungsverantwortung der Leitungsmitglieder teilhaben zu lassen. Zwar hätte diese auf den Compliance Officer übertragene Aufgabe zur Überwachung der Mitglieder des Leitungsorgans wiederum nicht deren vollständige Befreiung von den ihnen jeweils obliegenden Überwachungspflichten zur Folge. Allerdings wäre den Leitungsmitgliedern damit ein weiterer Verantwortlicher zur Seite gestellt, in dessen pflichtgemäße Aufgabenerfüllung sie grundsätzlich vertrauen dürfen und dessen Einsetzung sie damit partiell entlastet.

---

892 Zu diesem Kriterium vgl. auch SK/StGB-*Rudolphi/Stein*, § 13 Rn. 21, die betonen, dass die Auferlegung einer strafrechtlich relevanten Handlungspflicht letztlich in gleicher Weise wie die Auferlegung zivilrechtlicher Pflichten qua Privatautonomie legitimierbar sei. Vgl. zudem *Stratenwerth/Kuhlen* 2011, § 13 Rn. 22; LK_{12}/StGB-*Weigend*, § 13 Rn. 24, 34.

893 Vgl. näher zu dem gesellschaftsrechtlichen Hintergrund unter 1. Teil, IV. 1.

Abzulehnen ist schließlich auch die Meinung von *Rotsch*, wonach eine strafrechtliche Garantenpflicht des Compliance-Beauftragten deshalb ausscheide, weil seiner arbeitsvertraglichen Regelung nicht die erforderliche strafrechtliche Relevanz entnommen werden könne. Im Ansatz zutreffend ist allerdings, dass allein zivilrechtliche Pflichten – und zwar gesetzliche und vertragliche gleichermaßen – nicht in der Lage sind, strafrechtlich relevante Einstandspflichten zu begründen, sondern diese auch stets materiell dergestalt ausgeformt sein müssen, dass daraus eine dem Begehen gleichgestellte Handlungspflicht zur Abwendung des tatbestandsmäßigen Erfolgs resultiert.

Im Hinblick auf dieses Erfordernis lassen einen die Ausführungen *Rotsch`s* jedoch im Dunkeln, da er das Fehlen des von ihm als „strafrechtliche Relevanz" betitelten Kriteriums ohne weitere Begründung lediglich behauptet. Mehr noch: seine Ausführungen gestalten sich in der Gesamtschau gar widersprüchlich. Soweit nämlich die Geschäftsleitung eine Überwachergarantenpflicht zur Verhinderung betriebsbezogener Straftaten innehaben soll, welche unabhängig von etwaigen Weisungsbefugnissen aus der „Kehrseite ihrer Freiheit als Unternehmer" folge[894], ist nicht einzusehen, warum die Übertragung der ihr obliegenden Überwachungsaufgaben auf einen Compliance-Beauftragten für ihn keine strafrechtlichen Garantenpflichten auslösen kann[895]. Denn zum einen hat vor dem Hintergrund effektiven Rechtsgüterschutzes die Erfüllung der übertragenen Überwachungsaufgabe für die Rechtsgüter Außenstehender weiterhin dieselbe Bedeutung[896] und zum anderen darf die Geschäftsleitung nach den anerkannten Grundsätzen der Aufgabendelegation[897] im Vertrauen auf die ordnungsgemäße Wahrnehmung der Überwachungsaufgaben durch den Compliance-Beauftragten eigene Sicherungs- und Überwachungstätigkeiten berechtigterweise einschränken, was gleichzeitig mit ihrem Enthaftungsinteresse korrespondiert. *Rönnau* und *F. Schneider* weisen insoweit zu Recht darauf hin, dass schwer akzeptable Schutzlücken entstünden, sofern man im Zuge der Pflichtenübertragung zwar die Geschäftsleitung als entlastet ansieht, ohne aber zugleich den Compliance-Beauftragten für die ordnungsgemäße Aufgabenerfüllung in die Verantwortung zu nehmen[898].

III. Fazit zur Auswertung der Literatur

Die vorstehende Analyse hat gezeigt, dass die Beantwortung der Frage nach einer Überwachergarantenpflicht des Compliance-Beauftragten zur Verhinderung von Straftaten von Unternehmensangehörigen nicht ohne eine grundsätzliche Auseinan-

894 *Rotsch* 2012b, S. 497; *ders.* 2015b, § 4 Rn. 24.

895 So käme wohl auch kaum jemand auf die Idee, einerseits dem Halter eines gefährlichen Kampfhundes eine Überwachergarantenpflicht im Hinblick auf das Verhalten des Hundes zuzusprechen, andererseits aber diese bei demjenigen zu verneinen, der das Tier vorübergehend vom Halter in Gewahrsam nimmt.

896 So auch *G. Dannecker/C. Dannecker* 2010, S. 990.

897 Vgl. näher unter 1. Teil, IV. 1.

898 *Rönnau/F. Schneider* 2010, S. 58; ähnlich *Beckemper* 2013, S. 94.

dersetzung mit den Begründungsansätzen und Problemen, die unter dem Stichwort der „strafrechtlichen Geschäftsherrenhaftung“ diskutiert werden, erfolgen kann. So ist es nicht nur prinzipiell denkbar, die Überwachergarantenpflicht des Compliance-Beauftragten von der Unternehmensleitung abzuleiten, auch verbergen sich hinter der seit ca. 50 Jahren anhaltenden Diskussion wertvolle Erkenntnisse, ob und wie Garantenpflichten i. S. von § 13 Abs. 1 StGB zur Überwachung von verantwortlich handelnden Personen begründet werden können:

Keine Rückschlüsse, inwieweit eine allgemeine von § 13 Abs. 1 StGB erfasste Geschäftsherrenhaftung gesetzgeberisch gewollt ist, lassen sich zunächst weder § 130 OWiG noch den spezialgesetzlichen Vorschriften entnehmen, die in Sonderbereichen eine strafrechtliche Überwachungspflicht von Vorgesetzten statuieren.

Vorherrschend wird – unabhängig diverser Binnendifferenzierungen – die Überwachergarantenstellung des Betriebsinhabers aus der über das arbeitsrechtliche Direktionsrecht vermittelten und faktisch vorhandenen Herrschaft des Vorgesetzten über Untergebene entnommen. Diesem Ansatz ist jedoch entgegenzuhalten, dass das Herrschaftskriterium, welches zur Bewältigung der Gleichstellungsproblematik herangezogen wird, kein Fundamentalprinzip zur Begründung aller Garantenstellungen darstellt, sondern vielmehr dem Kriterium der Tatherrschaft bei den Begehungsdelikten nahe kommt, welches wiederum (erst) im Rahmen der Abgrenzung der Tatbeteiligungsformen Bedeutung erlangt und hier als Indiz für die Annahme von Täterschaft gilt. Somit kann die *Befehlsgewalt des Betriebsinhabers*, möchte man die Möglichkeit einer Teilnahme durch Unterlassen nicht grundsätzlich ausschließen, *nicht als konstitutives Element jeder Aufsichtsgarantenstellung* angesehen werden. Dies ist schließlich auch darauf zurückzuführen, dass allein die (rechtlich) eingeräumte Möglichkeit zur Verhaltensbestimmung über Andere keine strafbewehrte Pflicht dazu begründen kann. Gleichwohl stellt die Weisungsbefugnis des Geschäftsherrn eine *relevante Möglichkeit der Erfolgsverhinderung* dar, die bei der Bestimmung des durch Unterlassen verwirklichten Unrechts Bedeutung gewinnt.

Eine rechtliche Einstandspflicht zur Verhinderung eines tatbestandlichen Erfolgs i. S. von § 13 Abs. 1 StGB kann daher unabhängig von einer etwaigen Befehlsgewalt begründet werden, wofür *außerstrafrechtliche Bezugsnormen* – bspw. zivilrechtliche Verkehrssicherungspflichten – herangezogen werden können. Hierbei reicht allerdings der alleinige Verweis auf gleichlautende Kontroll-, Überwachungs- oder Organisationspflichten nicht aus, da nicht jede außerstrafrechtliche Pflichtverletzung im Sinne der formellen Rechtspflichtlehre, auch wenn letztlich strafrechtlich geschützte Rechtsgüter verletzt wurden, einen Verstoß gegen ein strafbewehrtes Handlungsgebot darstellt. Vielmehr ist zur Annahme einer strafrechtlich relevanten Erfolgsabwendungspflicht ein materieller Legitimationsgrund dergestalt einzufordern, dass das *Unterlassen dem Begehen qualitativ gleichgestellt* ist.

Hierbei hat sich der *Ausgleichsgedanke* für die gesteigerten Betätigungsmöglichkeiten durch komplexe Unternehmensorganisation *als taugliches Kriterium* herausgestellt: Mit der Arbeitsteilung in hoch abstrakten Zweckverbänden sind zugleich spezifische Gefahren unternehmerischer Organisation und Koordination verbunden. Vor diesen Gefahren sind die beeinträchtigten Dritten, die die Organisationsstrukturen mangels Einwirkungsberechtigung zu akzeptieren haben, von demjenigen zu schützen, der sich derartiger Strukturen zum Zwecke der Gewinnmaximierung bedient, da die ihm eingeräumte Freiheit anderweitig sozial kaum erträglich wäre.

Als *untauglicher Ansatz* hat sich demgegenüber die *„Einheitshaftung"* für den „Gefahrenherd Betrieb" erwiesen, da sehr wohl zwischen sächlichen Gefahren und (rein) personellen Gefahren getrennt werden kann, sodass dieser Ansatz letztlich nicht zu klären vermag, warum eine Garantenverantwortlichkeit über verantwortliche Personen in Frage kommen kann. Dieses Grundproblem im Rahmen der Begründung einer Überwachergarantenstellung lässt sich jedoch lösen, wenn man die *Eigenverantwortlichkeit des unmittelbar Handelnden nicht als Ausschlusskriterium* jeglicher nicht explizit strafrechtlich zugewiesener Überwachungsverantwortung ansieht.

Geht es um die Beurteilung der Frage nach einer strafrechtlich relevanten Einstandspflicht des Compliance-Beauftragten, nimmt das Schrifttum in Reaktion auf die BSR-Entscheidung ganz überwiegend zu Recht an, dass hierfür der dem Compliance-Beauftragten *übertragene Aufgaben- und Pflichtenkreis entscheidend* ist, dieser sich jedoch nicht standardmäßig beschreiben lässt. Sofern der Compliance-Beauftragte, was regelmäßig der Fall sein wird, es gegenüber der Unternehmensleitung übernommen hat, für die Einhaltung der gesetzlichen Bestimmungen im Unternehmen zu sorgen, hat die Auseinandersetzung mit den hierzu vertretenen Ansichten gezeigt, dass er diese *Überwachungsaufgabe auch zum mittelbaren(!) Schutz der Rechtsgüter Außenstehender* wahrnimmt.

Diese Annahme beruht auf der der Unternehmensleitung gesellschaftsrechtlich obliegenden *Legalitätspflicht*, wonach diese stellvertretend für den selbst handlungsunfähigen Unternehmensträger den äußeren Handlungsrahmen und damit auch die Einhaltung der staatlich gesetzten Gebots- und Verbotsnormen zu beachten hat, die den Schutz unternehmensfremder Rechtsgüter bezwecken. Dabei haben die Mitglieder der Unternehmensleitung nicht nur die Pflicht, sich selbst gesetzestreu zu verhalten, sondern sie sind auch zur Wahrung und Durchsetzung des Legalitätsprinzips auf allen Ebenen des Unternehmens aufgefordert. Sofern die Unternehmensleitung nun die damit korrespondierenden Überwachungsaufgaben an den Compliance-Beauftragten delegiert, hat er diese Aufgaben aus von der Unternehmensleitung abgeleiteter Verantwortung wahrzunehmen, ohne dass sich an der Zielrichtung der damit verbundenen Pflicht etwas ändert. In diesem Zusammenhang ist es den Parteien des Arbeitsvertrags ebenfalls möglich, eine *Vereinbarung* zu treffen, wonach der Compliance-Beauftragte *auch zur Überwachung der von den Mitgliedern des Leitungsorgans ausgehenden Gefahren* verpflichtet ist.

Ferner kann als Ergebnis der in diesem Teil durchgeführten Betrachtung festgehalten werden, dass die *Stellung bzw. die Funktion des Compliance-Beauftragten* sowohl mit der eines Betriebsbeauftragten für Umweltschutz als auch mit der eines Wertpapier-Compliance-Beauftragten *vergleichbar* ist, welche jeweils die Überwachung der Einhaltung der entsprechenden sektorenspezifischen Vorgaben durch das Unternehmen (auch) zum mittelbaren Schutz für besonders gefährdete Rechtsgüter der Allgemeinheit zu gewährleisten haben. Denn auch sie nehmen ihre Aufgaben aus von der Geschäftsleitung abgeleiteter Verantwortung wahr. Der Unterschied zwischen ihnen und dem (allgemeinen) Compliance-Beauftragten besteht jedoch darin, dass nur die spezialgesetzlich vorgeschriebenen Beauftragten aufgrund einer Wertentscheidung des Gesetzgebers zwingend zu inthronisieren sind, im Übrigen aber die Entscheidung über die Schaffung (weiterer) Compliance-Strukturen – insbesondere die Implementierung eines Compliance Officers – ins pflichtbewusste Ermessen der Unternehmensleitung gestellt ist.

Entgegen anderslautender Stimmen ist es nach der hier vertretenen Ansicht für die Frage der Begründung einer Aufsichtsgarantenstellung des Compliance-Beauftragten irrelevant, ob ihm eine *Weisungsbefugnis* gegenüber Mitarbeitern außerhalb seiner Abteilung eingeräumt ist, da die Befehlsgewalt nicht als konstitutives Element jeder Aufsichtsgarantenstellung anzusehen ist.

4. Teil: Konzeption eines eigenen Ansatzes

In diesem Teil der Untersuchung gilt es nunmehr zu klären, ob und inwieweit einem Compliance-Beauftragten[899] eine Garantenpflicht i. S. des § 13 Abs. 1 StGB dergestalt obliegt, Straftaten der Mitarbeiter des Unternehmens zum Nachteil außenstehender Dritter zu verhindern. Sofern eine vorrangig zu begründende Garantenstellung des Compliance-Beauftragten anzunehmen ist, wird es anschließend darum gehen, Inhalt und Reichweite der aus dieser Garantenstellung entspringenden Garantenpflicht zu bestimmen sowie deren Missachtung strafrechtlich einzuordnen.

I. Ausgangspunkt der Überlegungen

Jede Beurteilung einer Strafbarkeit wegen unechten Unterlassens hat sich in ihrem Ansatz am Wortlaut der gesetzlich vorgegebenen Bestimmung des § 13 Abs. 1 StGB zu orientieren. Die Gleichstellung eines unechten Unterlassens mit einem Tun setzt danach zum einen voraus, dass der Täter einen Erfolg, der zum Tatbestand eines Strafgesetzes gehört, nicht abwendet, obwohl er rechtlich dafür einzustehen hat, dass der Erfolg nicht eintritt. Außerdem muss das Unterlassen der Verwirklichung des gesetzlichen Tatbestandes durch ein Tun entsprechen. Der Gesetzgeber beschränkte sich bewusst auf diese allgemein gehaltene Formulierung des § 13 Abs. 1 StGB, da es unmöglich sei, „die einzelnen Entstehungsgründe der Handlungspflicht in einer sachgemäßen und erschöpfenden Weise gesetzlich festzulegen“[900]. Vielmehr solle die Ausgestaltung dieser Anforderungen (weiterhin) Rechtsprechung und Rechtslehre überlassen bleiben.

Sowohl die Analyse der Rechtsprechung zur Unterlassungsdogmatik im Allgemeinen wie auch die Auswertung des Schrifttums zur Frage nach einer Garantenstellung des Compliance-Beauftragten im Besonderen haben für die Deutung der gesetzgeberischen Vorgabe im vorliegenden Problemkreis wertvolle Erkenntnisse geliefert.

Danach ist auch hier mit der Rechtsprechung und herrschenden Ansicht im Schrifttum zur Beantwortung der Frage nach einer Garantenstellung des Compliance-Beauftragten eine formell-materiellrechtliche Garantentheorie zu-

899 Soweit im Folgenden von dem Compliance-Beauftragten die Rede ist, umfasst dies alle Personen, die explizit mit Compliance-Aufgaben betraut sind. Darunter fallen nicht nur die unterhalb der Leitungsebene eingesetzten Compliance Officer, sondern auch ein etwaig im Unternehmen geschaffener „Compliance-Vorstand“. Zu dieser Differenzierung vgl. bereits unter 1. Teil, IV. 2.

900 BT-Drucks. V/4095, S. 8.

grunde zu legen. Entscheidend kommt es auf den Inhalt des zivilrechtlich zugewiesenen sowie tatsächlich übernommenen Aufgaben- und Pflichtenkreises des Compliance-Beauftragten an (II.). Demgegenüber ist es für die Frage der Begründung einer Garantenstellung des Compliance-Beauftragten nach hier vertretener Ansicht irrelevant, ob er mit einer Weisungskompetenz gegenüber dem die Straftat begehenden Unternehmensangehörigen ausgestattet ist. Dieses Kriterium erlangt (erst) Bedeutung, wenn es im nächsten Schritt um die Bestimmung sowie strafrechtliche Einordnung der aus der Garantenstellung in der tatbestandsmäßigen Situation entspringenden Erfolgsabwendungspflicht geht. Zudem hindert die Eigenverantwortlichkeit des Begehungstäters weder per se die Begründung einer Aufsichtsgarantenstellung noch die aus ihr in der tatbestandsmäßigen Situation erwachsende Erfolgsabwendungspflicht. Vielmehr stellt die Eigenverantwortlichkeit des aktiv Handelnden für den pflichtwidrig untätig bleibenden Garanten im Rahmen einer wertenden Betrachtung ein Kriterium bei der Abgrenzung von Täterschaft und Teilnahme dar (III.).

II. Strafrechtliche Konsequenzen der zivilrechtlich übernommenen Pflichtenstellung des Compliance-Beauftragten

Zur Beantwortung der Frage, ob ein Compliance-Beauftragter zur Verhinderung von Straftaten seitens anderer Unternehmensangehöriger zum Nachteil außenstehender Dritter verpflichtet ist, muss zunächst geklärt werden, ob er überhaupt vom Handlungsgebot des in Rede stehenden Straftatbestandes erreicht wird. Bei den unechten Unterlassungsdelikten wird der Kreis tauglicher Täter durch das Merkmal der Garantenstellung bestimmt. Als Garant i. S. von § 13 Abs. 1 StGB ist derjenige anzusehen, der rechtlich dafür einzustehen hat, dass der Erfolg des Straftatbestandes nicht eintritt. Aus dieser Formulierung ergibt sich bereits, dass rein sittliche bzw. moralische Pflichten als Anknüpfungspunkt für eine Garantenstellung ausscheiden[901].

Um dem Erfordernis dieser besonderen Rechtspflicht zur Erfolgsabwendung vor dem Hintergrund des verfassungsrechtlich verankerten Bestimmtheitsgrundsatzes von gesetzlichen Straftatbeschreibungen gerecht zu werden, ist (in einem ersten

901 Vgl. nur Baumann/Weber/*Mitsch* 2003, § 15 Rn. 41; *Gropp* 2005, § 11 Rn. 10; *Heinrich* 2014, Rn. 928; *Jescheck/Weigend* 1996, § 59 IV 2; *Maiwald* 1981, S. 480; *Rengier* 2014, § 50 Rn. 10; *H. Schneider/Gottschaldt* 2011, S. 575; *Stratenwerth/Kuhlen* 2011, § 13 Rn. 37; HK/GS-*Tag*, § 13 Rn. 14; *Wessels/Beulke/Satzger* 2014, Rn. 717; eingehend *Waßmer* 2006, S. 163 ff.; zur Abgrenzung der Rechtspflicht zur sittlichen Pflicht vgl. *Bergmann* 2012, S. 228 ff.

Schritt) auf außerstrafrechtliche Rechtspflichten abzustellen[902]. Diese auf *Binding*[903] zurückgehende Akzessorietät des Strafrechts gegenüber anderen Zweigen der Rechtsordnung[904] ist kein Spezifikum der unechten Unterlassungsdelikte, sondern sie ist insbesondere bei den „Blankettstrafgesetzen"[905], aber auch bei der Auslegung vor allem normativer Merkmale von Straftatbeständen anzutreffen[906].

Die Akzessorietät des Strafrechts beruht auf dem Grundsatz der „Einheit der Rechtsordnung"[907], wonach das Strafrecht nicht vollständig autonom von den Wertungen anderer Rechtsgebiete sein kann[908]. Gleichwohl bedeutet dies aufgrund der besonderen Aufgabe des Strafrechts[909] sowie der Funktion der Strafe als ultima

---

902 Auf die außerstrafrechtliche Verpflichtung stellen grundsätzlich – jeweils mit unterschiedlicher Akzentsetzung – u. a. *Arzt* 1980, S. 650; Baumann/Weber/*Mitsch* 2003, § 15 Rn. 39ff., 51; *Kahlo* 2001, S. 260; *Klesczewski* 2012, Rn. 251; *Köhler* 1997, S. 218; *Rotsch* 2015b, § 4 Rn. 18; *Sangenstedt* 1989, S. 439, Fn. 179; *Seebode* 1992, S. 339ff.; *Selbmann* 2014, S. 245f.; *Waßmer* 2006, S. 199ff. ab. Eingehend *Bergmann* 2012, S. 128ff., S. 263ff., S. 393ff. mit einer zutreffenden Bewertung der materiellen Erklärungsansätze (S. 395), wonach jene „genau das (leisten), was sie versprechen: Sie begründen die Unterlassungsstrafbarkeit, sie begründen die formellen Rechtspflichten, auf die die Rechtsquellenlehre in ihrem hier anerkannten Zuschnitt abstellt. Sie geben ihnen eine Begründung. Aber sie sind nicht ihr Grund".

903 Grundlegend *Binding* 1885, S. 9ff.: „Das Strafrecht darf nicht isoliert betrachtet, muss vielmehr in seinem lebendigen Zusammenhang mit allem übrigen Recht, es muss als Glied des ganzen positiven Rechtssystems geschaut werden".

904 Eingehend zum Verhältnis des Strafrechts zur außerstrafrechtlichen Rechtsordnung *Lüderssen* 2005, S. 163ff.; vgl. auch *Schilha* 2008, S. 37ff.; *Waßmer* 2006, S. 186ff.

905 Vgl. hierzu nur Baumann/*Weber*/Mitsch 2003, § 8 Rn. 100ff.; *Brettel* 2014, § 2 Rn. 7ff.; Sch/Sch$_{29}$-*Eser/Hecker*, Vorbem § 1 Rn. 3; MK/StGB-*Schmitz*, § 1 Rn. 19.

906 Guter Überblick bei *H. Schneider/Kaltenhäuser* 2015, S. 26ff. m. w. N.

907 Grundlegend hierzu *Felix* 1998.

908 Die (vermeintlich) konträre Auffassung zu diesem Verständnis wurde maßgeblich von *Bruns* 1938 in seiner grundlegenden Abhandlung zur „Befreiung des Strafrechts vom zivilistischen Denken" geprägt. Darin spricht er sich für eine „teleologisch gebotene Emanzipation des Strafrechts" aus, die mit einer „Loslösung aus zivilrechtlichen Denk- und Begriffsfesseln" einhergeht (S. 267f.). Im Bereich der unechten Unterlassungsdelikte führte dies letztlich zu einer Überwindung der formellen Rechtspflichttheorie hin zu einer formell-materiellrechtlichen Garantenlehre. Allgemein zur rechtshistorischen Entwicklung dieser Kontroverse vgl. *Lüderssen* 2005, S. 164ff. m. w. N.

909 Die Aufgabe des Strafrechts besteht darin, den Schutz fundamentaler Rechtsgüter durch die Bekämpfung sozialschädlicher Verhaltensweisen zu gewährleisten, um somit zur Wahrung des Rechtsfriedens beizutragen [vgl. nur BVerfGE 39, 1 (46f.); 51, 324 (343); 88, 203 (257) bzw. vertiefend aus der Literatur *Frisch* 1993, S. 69ff.; LK$_{12}$/StGB-*Weigend*, Einl, Rn. 1ff.; MK/StGB-*Joecks*, Einl., Rn. 26ff.; NK/StGB-*Hassemer/Neumann*, Vor § 1 Rn. 108ff.; *Roxin* 2004, S. 929].

ratio[910] nicht, dass jeder Verstoß gegen außerstrafrechtliche Vorschriften zugleich strafbar wäre. Vielmehr muss das Strafrecht die Frage, inwieweit es an die Wertungen anderer Rechtsgebiete anzuknüpfen hat, strafrechtsautonom beantworten. Zu Recht hat *Lüderssen* dieses Verhältnis als „asymmetrische Akzessorietät" (des Strafrechts) beschrieben: „Was im Zivilrecht erlaubt ist, darf nicht zu einem strafrechtlichen Verbot führen. Was im Zivilrecht verboten ist, kann gleichwohl ohne Strafe bleiben"[911].

1. Zivilrechtliche Pflichten und deren strafrechtliche Bedeutung zur Begründung einer Garantenstellung

An diesem Maßstab hat sich auch die Beurteilung der zur Anwendung von § 13 Abs. 1 StGB erforderlichen „rechtlichen" Einstandspflicht zu orientieren[912]. Eine strafrechtlich relevante Garantenstellung ist danach anzunehmen, wenn sich aus einer außerstrafrechtlichen Pflicht ergibt, dass jemand (funktional gesehen) entweder einem strafrechtlich geschützten Rechtsgut als Beschützergarant oder einer Gefahrquelle zum Schutz von strafrechtlich geschützten Rechtsgütern als Überwachergarant (ersichtlich) rechtlich zugeordnet ist[913]. Diese (ersichtliche) rechtliche Zuordnung als Beschützer- oder Überwachergarant, die *Kohler* einst mit dem

---

910 Aufgrund des rechtsgutverletzenden Charakters der Kriminalstrafe darf der Staat nicht gegen jeden Rechtsverstoß mit einer strafrechtlichen Sanktion vorgehen. Vielmehr muss der Einsatz des Strafrechts unumgänglich sein, weil weniger einschneidende Mittel zum Rechtsgüterschutz nicht ausreichen würden, die Strafe muss also als ultima ratio erforderlich sein [grundlegend BVerfGE 39, 1 (46 f.); vgl. auch *Binding* 1916, S. 132 ff., S. 188 f.; *Frisch* 1993, S. 96 f.; NK/StGB-*Hassemer/Neumann*, Vor § 1 Rn. 72, 194 f.]. Als Ausdruck dessen dürfen nur solche rechtswidrigen Verhaltensweisen vom Gesetz für strafbares Unrecht erklärt werden, die wegen ihrer besonderen Sozialschädlichkeit als strafwürdig und strafbedürftig erscheinen [vgl. *Ebert* 2001, S. 3 f.; Lackner/*Kühl*, Vor § 13 Rn. 3; *Klesczewski* 2012, Rn. 4; eingehend *Köhler* 1997, S. 22 ff.; NK/StGB-*Hassemer/Neumann*, Vor § 1 Rn. 49 ff.].

911 *Lüderssen* 2005, S. 170; in diese Richtung auch *H.-L. Günther* 2004, S. 313 („limitiert akzessorisch"); *Klesczewski* 2012, Rn. 4; *Schilha* 2008, S. 42; *H. Schneider/Kaltenhäuser* 2015, S. 27 f.; *Waßmer* 2006, S. 188 sowie Maurach/*Zipf* 1992, § 2 Rn. 17, der treffend formuliert, dass „das Strafrecht in seinen *Folgen* grundsätzlich unabhängig, in seinen *Voraussetzungen* dagegen bedingt abhängig" sei.

912 So auch *Arzt* 1980, S. 650; Baumann/Weber/*Mitsch* 2003, § 15 Rn. 39; *Bergmann* 2012, S. 263 ff.; *Köhler* 1997, S. 217 f.; *Waßmer* 2006, S. 188 ff.; a.A. *Grünewald* 2001, S. 124 ff., die meint, dass einer Übernahme von zivilrechtlich begründeten Pflichten „beachtliche Bedenken" entgegenstünden. Dabei verkennt sie allerdings, dass dies nur im Falle einer völlig „ungefilterten" Übernahme angenommen werden kann, nicht aber dann, soweit wie hier jede zivilrechtliche Pflicht auf ihre strafrechtliche Konsequenz hin überprüft wird.

913 Vgl. nur *Waßmer* 2006, S. 190.

Bild, den Täter zum Schutz des verletzten Rechtsguts „auf Posten stellen“[914], zum Ausdruck brachte, bestimmt sich dann wiederum selbst nach einer autonomen Bewertung des Strafrechts, worin nichts weniger als die Geltung des verfassungsrechtlichen ultima-ratio-Prinzips[915] zum Ausdruck kommt[916].

Vor diesem Hintergrund kommt mit Blick auf den Untersuchungsgegenstand für den Compliance-Beauftragten insbesondere eine Garantenstellung kraft vertraglicher Vereinbarung in Betracht[917]. Je nach Ausgestaltung seines Anstellungsvertrags – ggf. unter Heranziehung der dafür zugrunde liegenden Stellenbeschreibung – hat er sich gegenüber dem Unternehmensträger als Vertragspartner zur Erfüllung konkret geregelter Aufgaben verpflichtet, was ggf. durch Heranziehung einer ergänzenden Vertragsauslegung[918] zu ermitteln ist. Dieser Vertrag ist – wie jeder andere Vertrag auch – einzuhalten, weil Verträge von der Rechtsordnung als verpflichtend anerkannt werden[919].

Ob und inwieweit hierdurch für den Compliance-Beauftragten eine Garantenstellung erwächst, ist dann (in einem zweiten Schritt) durch Auslegung der vertraglich geschuldeten Pflicht zu ermitteln[920]. Dabei ist aufgrund des ultima-ratio-Prinzips zu beachten, dass nicht jede (beliebige) Vertragspflicht ausreicht, um eine Garantenstellung begründen zu können; vielmehr müsste dem Compliance-Beauftragten als Hauptzweck bzw. wesentlichen Zweck des Vertrages der Schutz von bestimmten Rechtsgütern als Beschützergarant übertragen und/oder die Überwachung einer Gefahrquelle zum Schutz von bestimmten Rechtsgütern zugewiesen sein[921]. *Waßmer*

914 *Kohler* 1890, S. 47.

915 Dazu äußert sich das BVerfGE 39, 1 (46 f.) wie folgt (Gegenstand des Verfahrens war die Frage, ob die Fristenregelung des Schwangerschaftsabbruchs mit dem Grundgesetz vereinbar sei): „Der Gesetzgeber kann die grundsätzlich gebotene rechtliche Missbilligung des Schwangerschaftsabbruchs auch auf andere Weise zum Ausdruck bringen als mit dem Mittel der Strafandrohung. Entscheidend ist, ob die Gesamtheit der dem Schutz des ungeborenen Lebens dienenden Maßnahmen, seien sie bürgerlich-rechtlicher, öffentlich-rechtlicher, insbesondere sozialrechtlicher oder strafrechtlicher Natur, einen der Bedeutung des zu sichernden Rechtsgutes entsprechenden tatsächlichen Schutz gewährleistet. Im äußersten Falle, wenn nämlich der von der Verfassung gebotene Schutz auf keine andere Weise zu erreichen ist, kann der Gesetzgeber verpflichtet sein, zum Schutz des sich entwickelnden Lebens das Mittel des Strafrechts einzusetzen. Die Strafnorm stellt gewissermaßen die ‚ultima ratio' im Instrumentarium des Gesetzgebers dar“.

916 Vgl. auch *Arzt* 1980, S. 650; *Waßmer* 2006, S. 190 f.

917 Vgl. näher zu den Einzelheiten bzw. Differenzierungen im Folgenden unter 4. Teil, II. 2.

918 Eingehend MK/BGB-*Busche*, § 157 Rn. 26 ff.; Palandt/BGB-*Ellenberger*, § 157 Rn. 2 ff.

919 Vgl. nur *Arzt* 1980, S. 652; *Seebode* 1992, S. 341 m. w. N.

920 Vgl. näher unter 4. Teil, II. 3.

921 Allgemeines Prinzip im Rahmen der Begründung einer auf Vertrag beruhenden Garantenstellung; vgl. dazu die Rechtsprechung unter 2. Teil, II. 1. a) 2) und 2.

weist zu Recht darauf hin, dass „es keine Rolle (spiele), ob der Vertrag *schriftlich* oder *formlos* geschlossen wurde, soweit er wirksam ist. Auch darauf, ob die strafrechtlich relevanten Schutzpflichten *ausdrücklich* oder *konkludent* übernommen werden, kommt es nicht an, soweit sie mit hinreichender Bestimmtheit ermittelbar sind“[922].

Allein die vertragliche Verpflichtung reicht allerdings noch nicht aus, um eine Garantenstellung begründen zu können. Vielmehr muss dafür der Verpflichtete den Aufgaben- und Pflichtenkreis auch tatsächlich übernehmen. Denn erst das tatsächliche Einrücken des Verpflichteten in die Pflichtenstellung, nicht dagegen die bloße Vertragsverletzung als solche, erweckt die objektiv berechtigte Erwartung bzw. das objektiv berechtigte Vertrauen des Vertragspartners auf seine gefahrenabwehrende Tätigkeit als Beschützer- oder Überwachergarant, infolgedessen andere Schutzvorkehrungen unterbleiben (dürfen) und sich so die Gefahr erhöht[923].

In der Regel wird der anzunehmenden Beschützer- oder Überwachergarantenstellung ein zivilrechtlich wirksamer Vertrag zugrunde liegen. Probleme treten allerdings dann auf, wenn der Vertrag zivilrechtlich unwirksam ist. Diesbezüglich geht eine weit verbreitete Meinung im Schrifttum davon aus, dass es nur auf die „faktische Übernahme“ ankomme, da das maßgebliche Vertrauen auch durch die Tätigkeitsaufnahme geweckt werden könne, die keinerlei rechtsgeschäftlichen Verpflichtungsgrund hat[924].

Dieser Anknüpfung an ein rein faktisches Tun für die Entstehung einer Garantenstellung, mit der eine Zurückdrängung des Vertrags einhergeht, ist jedoch zu widersprechen, da sie dem Erfordernis einer „rechtlich“ fundierten Erfolgsabwendungspflicht zuwiderläuft[925]. Denn die „tatsächliche Übernahme“ allein lässt keine Aussage darüber zu, welche Aufgaben der Garant konkret übernommen haben soll. Die Beantwortung dieser Frage ist vielmehr vom Inhalt des Vertrags abhängig, der insoweit nur über den Umfang der Garantenstellung Auskunft geben kann[926]. Denn

---

Teil, II. 1. b) 2) (b). Aus dem Schrifttum etwa *Stratenwerth/Kuhlen* 2011, § 13 Rn. 23; Sch/Sch$_{29}$-*Stree/Bosch*, § 13 Rn. 8.

922 *Waßmer* 2006, S. 195 m. w. N.

923 In dem Sinne auch *Arzt* 1980, S. 652; *Ebert* 2001, S. 178; *Jescheck/Weigend* 1996, § 59 IV 3c; *Klesczewski* 2012, Rn. 260; *Maiwald* 1981, S. 481; *H. Schneider/Gottschaldt* 2011, S. 575; *Stratenwerth/Kuhlen* 2011, § 13 Rn. 25.

924 *Alexander* 2005, S. 214; *Ebert* 2001, S. 178; *Frister* 2007, 22. Kap. Rn. 34, 40; *Heinrich* 2014, Rn. 940 ff.; *Jakobs* 1993, 29/48; *Jescheck/Weigend* 1996, § 59 IV 3c; *Mittelsdorf* 2007, S. 65; *Otto* 2004, § 9 Rn. 64; *Roxin* 2003, § 32 Rn. 13; *Schünemann* 1984, S. 308; *Stratenwerth/Kuhlen* 2011, § 13 Rn. 24; LK$_{12}$/StGB-*Weigend*, § 13 Rn. 34; einschränkend *Kühl* 2012, § 18 Rn. 69 ff.; Sch/Sch$_{29}$-*Stree/Bosch*, § 13 Rn. 28; *Zimmermann* 2014, S. 163.

925 So auch *Arzt* 1980, S. 652; Baumann/Weber/*Mitsch* 2003, § 15 Rn. 60 f.; *Kahlo* 2001, S. 260; *Klesczewski* 2012, Rn. 259 f.; *Köhler* 1997, S. 218; *Rotsch* 2012b, S. 492; *Sangenstedt* 1989, S. 439, Fn. 179; *Seebode* 1992, S. 341; *Waßmer* 2006, S. 196.

926 Vgl. auch *Köhler* 1997, S. 218: „Die rechtliche Pflichtenbegründung setzt [...] normative Geltungsbedingungen voraus“.

ohne irgendwie geartete Regelungen ist die Einstandspflicht nicht hinreichend bestimmbar und ein etwaiges Vertrauen in die Wahrnehmung der Aufgaben nicht berechtigt. Dies bestätigt sich im Übrigen auch durch einen Blick in das Zivilrecht: Die „Einschaltung in den Rechtskreis" eines anderen, die einseitig und ohne Zutun des Gegenüber etwa durch die faktische Gewährung von Schutz und Obhut erfolgt, stellt eine Geschäftsführung ohne Auftrag (§§ 677 ff. BGB) dar, aus der dem begünstigten Geschäftsherrn kein Anspruch auf Erfüllung dessen erwächst, was die begonnene Tätigkeit ihm verspricht. Dies zeigt, dass ein etwaiges Vertrauen des Geschäftsherrn auf derartige Leistungen zivilrechtlich nicht geschützt wird und daraus bereits nach den Wertungen des Zivilrechts keine Mehrbelastungen des auftragslosen Geschäftsführers entstehen[927].

Damit ist jedoch nicht gesagt, dass der Vertrag zwingend nach allen außerstrafrechtlichen Bestimmungen wirksam sein muss[928]. Denn auch außerstrafrechtliche Rechtsgebiete sind durchaus bereit, angesichts der Beziehungen zwischen den „Vertragsparteien" trotzdem gewisse Verpflichtungen bei Vollzug der Abrede zu bejahen. So wendet insbesondere im Arbeitsrecht das BAG[929] mit der herrschenden Meinung im Schrifttum[930] die sogenannte „Lehre vom fehlerhaften Arbeitsverhältnis" an, wenn der Arbeitnehmer ohne wirksame Vertragsgrundlage Arbeit geleistet hat. Voraussetzung hierfür ist ein geschlossener und in Vollzug gesetzter Arbeitsvertrag, der von Anfang an wegen Rechtsverstoß nichtig oder rückwirkend wegen Anfechtung vernichtet worden ist[931]. Sofern dies der Fall ist und keine höherrangigen Interessen entgegenstehen, wird dieses fehlerhafte Arbeitsverhältnis für die vergangene tatsächliche Beschäftigung wegen der Schwierigkeit der Rückabwicklung wie ein fehlerfrei zustande gekommenes Arbeitsverhältnis behandelt, sodass hier die gleichen Rechte und Pflichten wie im wirksam begründeten Arbeitsverhältnis bestehen[932]. In ähnlicher Weise bedient sich die Zivilrechtsprechung des BGH im Gesellschaftsrecht[933] und mit ihm die herrschende Literaturansicht[934] der sogenannten „Lehre vom fehlerhaften Bestellungsverhältnis". Danach wird eine aufgrund fehlerhaften Bestellungsakts unwirksame und in Vollzug gesetzte Bestellung eines Geschäftsführers oder Vorstandsmitglieds als vorläufig wirksam im Innen- und

927 So bereits Baumann/Weber/*Mitsch* 2003, § 15 Rn. 61.

928 So aber *Klesczewski* 2012, Rn. 259 f.; *Seebode* 1992, S. 341.

929 BAG NZA 1986, 561 (562); 1998, 199 (200); 2000, 385 (387).

930 MK/BGB-*Müller-Glöge*, § 611 Rn. 638 f.; ErfK-*Preis*, § 611 Rn. 145 ff.; eingehend *Joussen* 2006, S. 963 ff.; *Walker* 1985, S. 138 ff.

931 Vgl. nur *Walker* 1985, S. 148, der betont, dass der Vertrag nicht lediglich durch die Arbeitsleistung an sich zustande komme. Zustimmend ErfK-*Preis*, § 611 Rn. 145.

932 Für die Zukunft kann das Arbeitsverhältnis durch einseitige Erklärung beendet werden; vgl. MK/BGB-*Müller-Glöge*, § 611 Rn. 639; ErfK-*Preis*, § 611 Rn. 147.

933 BGH NJW 1964, 1367 f.; 2000, 2983 f.

934 *Bayer/Lieder* 2012, S. 1 ff.; Hüffer/*Koch*, § 84 Rn. 12 f.; MK/AktG-*Spindler*, § 84 Rn. 237 ff.

Außenverhältnis behandelt, sofern nicht grundlegende Wertentscheidungen der Rechtsordnung entgegenstehen[935].

Soweit daher mangelhafte Verträge aus Vertrauensschutzgesichtspunkten außerstrafrechtlich als wirksam behandelt werden, liegen normative Geltungsbedingungen vor, die durchaus als „Fundament“ einer rechtlichen Einstandspflicht i. S. des § 13 Abs. 1 StGB herhalten können[936]. Dieses Ergebnis stellt, um etwaiger Kritik bereits an dieser Stelle vorzubeugen, auch keinen Widerspruch zu den obigen Ausführungen dar, da es in normativer Hinsicht aus Vertrauensschutzgesichtspunkten unterschiedlich zu bewerten ist, ob ein unwirksamer bzw. nichtiger, aber doch vollzogener Vertrag vorliegt, der ein gewisses Maß an Übereinkunft zwischen den Parteien ausdrückt. In diesem Fall kann der Übertragende durchaus in objektiv berechtigter Weise in die Ausübung der gefahrenabwendenden Tätigkeit des Übernehmenden solange vertrauen, als der Übernehmende ihm nichts Gegenteiliges mitteilt oder sonst wie zu erkennen gibt. Anders verhält es sich jedoch, soweit eine Aufgabenwahrnehmung durch einseitiges Einschalten in den „Rechtskreis“ eines anderen vorliegt, bei dem es sich von vornherein um einen „Nichtvertrag“ handelt. Denn dies allein reicht noch nicht dafür aus, dass sich der ursprünglich Verpflichtete im berechtigten Vertrauen auf die Aufgabenwahrnehmung durch den Einspringenden eigener gefahrabwendender Maßnahmen enthalten darf.

2. Die Ausgestaltung der Compliance-Funktion im Unternehmen als Grundlage für die strafrechtsgestaltende Wirkung des Zivilrechts

Die vorstehend insbesondere im Ersten Teil der Arbeit erörterten Grundlagen zur Compliance-Verantwortung im Unternehmen haben aufgezeigt, dass es, um eine Aussage über das Bestehen einer Garantenstellung für die Person des Compliance-Beauftragten treffen zu können, zunächst entscheidend auf die Beantwortung der Frage ankommt, ob sich der Compliance-Beauftragte rechtlich gegenüber dem Unternehmen (auch) verpflichtet hat, für die Überwachung und Einhaltung der gesetzlichen Bestimmungen durch das Unternehmen und seine Mitarbeiter zu sorgen[937]. Diese Verpflichtung, die den Kernbereich an denkbaren Compliance-Aufgaben betrifft, wurzelt in der gesellschaftsrechtlichen Legalitätspflicht der Unternehmensleitung, welcher es stellvertretend für den selbst handlungsunfähigen Unternehmensträger obliegt, für ein gesetzeskonformes Verhalten der Gesellschaft

935 Gleiches ist im Falle eines fehlerhaften Anstellungsverhältnisses anzunehmen; vgl. nur *Bayer/Lieder* 2012, S. 5 ff. m. w. N., die die Lehre vom fehlerhaften Bestellungsverhältnis auch auf Aufsichtsratsmitglieder sowie besondere Vertreter i. S. von § 147 Abs. 2 AktG anwenden möchten.

936 Im Ergebnis wie hier *Arzt* 1980, S. 652; *Köhler* 1997, S. 218; *Waßmer* 2006, S. 199 ff.; wohl auch Baumann/Weber/*Mitsch* 2003, § 15 Rn. 60 f.

937 Vgl. näher unter 1. Teil, IV. 2. c) 1) (c).

im Außenverhältnis zu sorgen[938]. Neben der Obliegenheit, sich selbst gesetzestreu zu verhalten, haben die Mitglieder des Leitungsorgans auch die Pflicht zur Legalitätskontrolle im Hinblick auf das Verhalten aller für die Gesellschaft handelnden Akteure. Diese mit der Überwachungspflicht korrespondierende Pflicht zur Legalitätskontrolle konkretisiert die Notwendigkeit einer „rechtlichen Einstandspflicht" i. S. des § 13 Abs. 1 StGB. Sie stellt insofern den außerstrafrechtlichen „Aufhänger" der erforderlichen Garantenstellung des Compliance-Beauftragten dar.

a) Die zivilrechtliche Übernahme der Überwachungsaufgabe

Im Ersten Teil dieser Untersuchung wurde bereits ausführlich beleuchtet, dass (auch) die Pflicht zur Überwachung des Verhaltens der Mitarbeiter nach den Grundsätzen der Aufgabendelegation horizontal sowie vertikal delegiert werden kann[939]. Soweit dies horizontal durch die Satzung bzw. Geschäftsordnung des Leitungsorgans verbunden mit der Erschaffung eines „Compliance-Vorstands" erfolgt, konkretisieren diese Bestimmungen die dem Vorstandsmitglied gesetzlich zugewiesenen Aufgaben und Pflichten[940].

Sowohl alternativ wie auch kumulativ hierzu können die Mitglieder des Leitungsorgans in Ausübung ihrer Compliance-Verantwortung bestimmen, ob und inwieweit sie im Zuge der vertikalen Aufgabendelegation Compliance-Aufgaben an der Unternehmensleitung nachgeordnete Funktionsbereiche übertragen[941]. Entscheidet sich die Unternehmensleitung für diese Art der Delegation, etwa indem sie einen Compliance Officer einsetzt[942], so bestimmt sich dessen Aufgaben- und Pflichtenkreis, welcher (auch) für die Begründung einer Garantenstellung maßgeblich ist, anhand der inhaltlichen Ausgestaltung seines Anstellungsvertrags sowie der hierfür zugrundeliegenden Stellenbeschreibung. Hat er danach – was regelmäßig der Fall sein wird – die Sorge für die Einhaltung der gesetzlichen Bestimmungen übernommen, bezieht sich dieser Überwachungsauftrag auch darauf, rechtmäßiges Verhalten der Gesellschaft nach außen sicherzustellen. Denn die Übernahme dieser

938 Vgl. näher unter 1. Teil, III. 1. sowie unter 3. Teil, I. 2. a) 3) (c). Insbesondere konnte hier nachgewiesen werden, dass die Compliance-Strukturen, die zur Wahrung und Durchsetzung des Legalitätsprinzips beitragen sollen, auch dem Zweck dienen, rechtmäßiges Verhalten des Unternehmens und seiner Mitarbeiter (auch) im Außenverhältnis sicherzustellen.

939 Vgl. näher unter 1. Teil, IV. 1.

940 Vgl. näher unter 1. Teil, IV. 2. b).

941 Vgl. näher unter 1. Teil, IV. 2. c).

942 Darüber hinaus ist auch die Zuweisung an andere Funktionsbereiche möglich. Vor dem Hintergrund strafrechtlicher Garantenverantwortlichkeit kommt es auch hier darauf an, wem die Überwachungs- und Kontrollfunktion der Compliance zur Prävention von Straftaten im Rahmen der unternehmerischen Organisation vertraglich übertragen ist. Vgl. auch unter 1. Teil, IV. 2. c) 1) (c).

in der Legalitätspflicht wurzelnden Überwachungspflicht ändert nichts an ihrer ursprünglichen Zielrichtung[943].

b) *Pflicht zur Überwachung der Unternehmensleitung?*

Darüber hinaus kann im Anstellungsvertrag bzw. in der darauf Bezug nehmenden Stellenbeschreibung eine Regelung getroffenen werden, wonach sich der Compliance Officer gegenüber dem Unternehmensträger vertraglich verpflichtet, auch das Verhalten der Mitglieder des Leitungsorgans im Hinblick auf dessen Rechtmäßigkeit zu überwachen. Diese vertragliche Verpflichtung kann nach hier vertretener Ansicht eine weitergehende, das Verhalten der Geschäftsleitungsmitglieder umfassende Überwachergarantenpflicht begründen[944], da es zunächst nur auf die vertragliche Verpflichtung ankommt[945] und im Übrigen die Hierarchieverhältnisse für die Frage der Begründung einer Garantenstellung unbedeutend sind.

Allerdings ist davon auszugehen, dass, sofern die Überwachungspflicht der Mitglieder der Geschäftsleitung nicht explizit ausgewiesen ist, dem Compliance Officer nur die Überwachung der Geschäftsleitung nachgeordneter Mitarbeiter übertragen wurde. Dem entspricht nicht nur das klassische Verständnis der strafrechtlichen Geschäftsherrenhaftung, auch muss sich der Compliance Officer als Vertragspartner über die wesentliche Bedeutung und Reichweite der übernommenen Pflichten zweifelsfrei im Klaren sein können, um ihn als Garant i. S. von § 13 Abs. 1 StGB anzusehen.

3. Garantenstellung des Compliance-Beauftragten bei Straftaten von Unternehmensangehörigen gegenüber Dritten?

Soweit eine Person die Compliance-Funktion im Unternehmen übernommen und sich dabei im eben beschriebenen Sinne rechtlich gegenüber dem Unternehmen verpflichtet hat, die Einhaltung der gesetzlichen Vorgaben durch das Unternehmen sowie seiner Mitarbeiter zu gewährleisten (Compliance-Beauftragter), beinhaltet diese Überwachungspflicht der Gefahrquelle Unternehmen auch den (mittelbaren) Schutz näher zu bestimmender Rechtsgüter Außenstehender. Diese Zweckbestimmung geht im Grundsatz aus der der Geschäftsleitung primär zukommenden Legalitätspflicht hervor[946].

Die nunmehr entscheidende Frage ist allerdings, ob aus der dem Compliance-Beauftragten obliegenden Überwachungspflicht auch eine strafbewehrte Erfolgsabwendungspflicht i. S. des § 13 Abs. 1 StGB erwachsen kann. Mit anderen Worten

---

943 Vgl. näher unter 3. Teil, I. 2. a) 3) (c).
944 Vgl. ausführlich unter 3. Teil, II. 3.
945 Vgl. aber auch die sich anschließend im Zweiten Schritt zu prüfende strafrechtliche Konsequenz der zivilrechtlichen Verpflichtung.
946 Vgl. näher unter 1. Teil, III. 1. sowie unter 3. Teil, I. 2. a) 3) (c).

geht es um die Prüfung, ob dieser zivilrechtlichen Pflicht strafrechtliche Konsequenzen vor dem Hintergrund des ultima-ratio-Prinzips zukommen, weil insoweit aufgrund einer normativen Wertung die Verletzung der übernommenen Pflicht als strafwürdiges Unrecht erscheint[947].

a) Der Ausgleich für die gesteigerten Möglichkeiten unternehmerischer Tätigkeit

Dieses materiell zu bewertende Kriterium der hier in Rede stehenden Überwachergarantenstellung, welches die ersichtliche rechtliche Zuordnung des Betroffenen zu einer zu überwachenden Gefahrenquelle ausdrückt, beruht nach hier vertretener Auffassung auf den besonderen Organisations- und Delinquenzgefahren[948], die das unternehmerische Handeln infolge der arbeitsteiligen, oftmals unübersichtlichen Organisation mit sich bringt[949]. Vor diesen Gefahren sind Außenstehende, die die Organisationsstrukturen mangels Einwirkungsberechtigung zu akzeptieren haben, in Anwendung des „Ausgleichsgedankens“ von demjenigen zu schützen, der sich derartiger Strukturen zum Zwecke der Gewinnmaximierung bedient. Soweit nämlich die Außenstehenden auf die geschaffene drittlastige Gefahrquelle keinen Einfluss nehmen können, müssen und dürfen sie auch darauf vertrauen, dass derjenige, der sich derartiger Strukturen bedient, die entstehenden Gefahren auch abwendet. Anderweitig wäre die dem Inhaber eingeräumte Freiheit, einen nach außen abgeschirmten Tätigkeitsbereich ausüben zu können, sozial kaum erträglich. Mithin ist die zuallererst dem Unternehmensinhaber obliegende Kontrollverantwortung die Kehrseite seiner unternehmerischen Freiheit und es ist sachgerecht, ihn zur Abwendung derartiger strafrechtlich missbilligter Erfolge zu verpflichten, die Ausfluss seiner Organisationsgefahren sowie den damit einhergehenden gesteigerten Möglichkeiten unternehmerischer Tätigkeit sind.

Soweit man diese „unternehmensbezogene Betrachtungsweise“[950] akzeptiert, ist es weiterhin möglich, anhand der gesellschaftsrechtlich vorgegebenen und/oder unternehmensinternen Aufgaben- und Zuständigkeitsverteilung die (auch strafrechtlich) verantwortlichen Funktionsträger zu bestimmen. Dementsprechend partizipiert der Compliance-Beauftragte an der extern wirkenden Pflicht des originär zuständigen Unternehmensträgers zur Überwachung der Regeleinhaltung

---

947 Demgegenüber ist die Bewertung der Sozialschädlichkeit der Rechtsgutsbeeinträchtigung bereits durch die Existenz des Straftatbestandes gesetzgeberisch vorgenommen; vgl. *Waßmer* 2006, S. 190.

948 Eingehend *Waßmer* 2006, S. 265 f. m. w. N., der gar die Gefahr „rechtsfreier Räume“ sieht.

949 Vgl. ausführlich unter 3. Teil, I. 1. b) 2) (b) (2).

950 Diesen Ansatz verfolgt auch die Rechtsprechung, vgl. BGHSt 37, 106 (113 ff.); BGH NStZ 1997, 545 (546); zustimmend *Alexander* 2005, S. 214 ff.; *Böse* 2005, S. 43 ff.; *G. Dannecker/C. Dannecker* 2010, S. 984 f.; *Kuhlen* 2000b, S. 663 ff.; *ders.* 1990, S. 569; *Mittelsdorf* 2007, S. 62 ff.; *Schmidt-Salzer* 1990, S. 2968 ff. jeweils m. w. N.

sämtlicher Mitarbeiter des Unternehmens, soweit ihm (wie üblich) gerade diese Überwachungsaufgabe zivilrechtlich übertragen wurde.

b) Die Betriebsbezogenheit der Bezugstat

Da eine strafrechtlich relevante Garantenverantwortlichkeit für Gefahren allerdings nur dann besteht, wenn und soweit diese als Ausfluss der gesteigerten unternehmerischen Organisations- und Delinquenzgefahren erachtet werden können, muss sich der gegenüber dem Unternehmensträger verantwortliche Compliance-Beauftragte im Außenverhältnis nur Straftaten mit spezifischen Betriebs- bzw. Unternehmensbezug zurechnen lassen[951]. Diesem Erfordernis wird auch die Rechtsprechung durch die Begrenzung der strafrechtlich relevanten Einstandspflicht des Geschäftsherrn auf betriebs-[952] bzw. unternehmensbezogene[953] Straftaten der Mitarbeiter gerecht[954]. Dahinter steckt die berechtigte Erwartung der Gesellschaft auf Abwendung der Gefahren, die das Unternehmen und die in diesem Rahmen durchgeführten Arbeiten mit sich bringen. Nicht aber umfasst diese Erwartung die Abwendung von Delikten, die nur bei Gelegenheit einer betrieblichen Verrichtung begangen werden. Denn bei diesen sogenannten „Exzesstaten" steht deutlich das Verhalten der Person als „Privatperson", nicht aber die Gefahren unternehmerischer Organisation im Vordergrund[955].

Betriebsbezogen ist nach im Ansatz zutreffender Definition der Rechtsprechung eine Straftat dann, wenn sie einen inneren Zusammenhang mit der betrieblichen Tätigkeit des Begehungstäters oder mit der Art des Betriebs aufweist[956]. Dies ist insbesondere dann der Fall, wenn eine gefahrgeneigte Arbeit aufgrund der objektiven Anfälligkeit einer betrieblichen Verrichtung, etwa aus dem schadensanfälligen Gebrauch sächlicher Produktionsmittel, vorliegt. Darüber hinaus sollte man die genauere Bestimmung des inneren Zusammenhangs mit der betrieblichen Tätigkeit daran festmachen, ob die Tat des Begehungstäters unter Ausnutzung der tatsächlichen und rechtlichen Wirkungsmöglichkeiten, die ihm seine Beschäftigung im Betrieb bietet, begangen wurde[957]. Eine solche Zweckbezogenheit ist unter anderem

---

951 Zum Tatbestandsbezug der Garantenstellung vgl. bereits unter 2. Teil, II. 1. b) 3) (c) (3).

952 BGH NJW 2012, 1237 (1238); OLG Karlsruhe GA 1971, 281 (283).

953 BGHSt 54, 44 (50).

954 Kritisch *Nietsch* 2013, S. 195, der in dem Begriff der „Betriebsbezogenheit" wegen seiner Unschärfe eine unzulängliche Einschränkung sieht.

955 Vgl. nur *Waßmer* 2006, S. 308.

956 BGH NJW 2012, 1237 (1238).

957 So auch die Definition von *Schall* 2004, S. 282 zur betriebsbezogenen Straftat; unabhängig kleinerer Binnendifferenzierungen zustimmend *Beckemper* 2013, S. 93; *Groß* 2012, S. 190; *Konu* 2014, S. 177; *Petermann* 2014, S. 545; *Rönnau/F. Schneider* 2010, S. 56; *Schilha* 2008, S. 185; NK/StGB-*Wohlers/Gaede*, § 13 Rn. 53; eingehend *Bülte* 2012, S. 176 ff.; *Poguntke* 2013, S. 266 ff.; *Waßmer* 2006, S. 296 ff., der meint,

anzunehmen, wenn der Mitarbeiter ein Verhalten an den Tag legt, welches er offenkundig für das Unternehmen vornimmt. Insoweit sind auch Betrugs- und Bestechungshandlungen sowie Wettbewerbsverstöße als betriebsbezogene Straftaten anzusehen[958], da der jeweilige Mitarbeiter in Ausführung seiner ihm übertragenen Tätigkeit ja gerade im Interesse des Unternehmens Aufträge generieren, Sachen ver-/ankaufen, Abschlüsse tätigen bzw. Rechnungen ausstellen soll.

c) Invollzugsetzung der zivilrechtlich auferlegten Pflichten

Schließlich muss der Compliance-Beauftragte, um ihn als Garant i. S. des § 13 Abs. 1 StGB ansehen zu können, in die ihm zivilrechtlich zugewiesene Überwachungsaufgabe auch tatsächlich eingerückt sein[959]. Dies geschieht indem der Compliance-Beauftragte seinen Dienst antritt und er die geschuldete Überwachung der Regeleinhaltung durch das Unternehmen und seine Mitarbeiter (ggf. unter Einschluss der Geschäftsleitung[960]) auch konkret wahrnimmt. Denn erst dann erweckt er die objektiv berechtigte Erwartung des Unternehmensträgers als Vertragspartner, respektive der Unternehmensleitung als gesellschaftsrechtlich Verpflichtete, auf seine gefahrenabwehrende Tätigkeit als Überwachergarant, infolgedessen es dem Unternehmensträger, respektive der Unternehmensleitung, ermöglicht wird, auf andere Schutzvorkehrungen – unter Beachtung der Grund-

---

dass die Bestimmung der Betriebs- bzw. Unternehmensbezogenheit im Wirtschaftsstrafrecht im Grundsatz einheitlich erfolgen müsse und insoweit an Rechtsprechung und Schrifttum zur Ordnungswidrigkeit der Aufsichtspflichtverletzung in Betrieben und Unternehmen (§ 130 OWiG) auch aufgrund des Auffangcharakters der Vorschrift angeknüpft werden könne. Dem ist mit *Beulke* 2011, S. 30 zuzustimmen, da es im Hinblick auf den akzessorischen Charakter des Strafrechts widersprüchlich wäre, die strafrechtliche Garantenverantwortlichkeit des Geschäftsherrn weiter zu fassen als im Rahmen der Ordnungswidrigkeit nach § 130 OWiG.

958 Vgl. auch *Bauer/Wißmann* 2014, S. 19; *Beckemper* 2013, S. 93; *Bottke* 1994, S. 69; *Groß* 2012, S. 190; *Kühl* 2012, § 18 Rn. 118a; *Rengier* 2014, § 50 Rn. 68; *Rönnau/F. Schneider* 2010, S. 56; *T. Fischer* 2015, § 13 Rn. 70; *Wessels/Beulke/Satzger* 2014, Rn. 724; vgl. insbesondere *G. Dannecker/C. Dannecker* 2010, S. 985: Betrugsspezifik, die in dem Begrenzungskriterium der Betriebsbezogenheit der Straftat aufgehe, liege „immer schon dann vor, wenn im Namen eines Unternehmens unrichtige Angaben gemacht werden". A.A. *Kretschmer* 2009, S. 477 sowie *Rößler* 2011, S. 921, die die Gefahr, Opfer eines Betruges bei der Abrechnung zu werden, als ein dem gesamten Wirtschaftsverkehr innewohnendes typisches Risiko ansehen, welches sich nicht aus der Eigenart des Betriebes ergebe.

959 Zu diesem allgemeinen Prinzip im Rahmen der Begründung von Garantenstellungen vgl. bereits die Ausführungen zur Rechtsprechung unter 2. Teil, II. 1. b) 2) (b) sowie unter 4. Teil, II. 1. jeweils m. w. N.

960 Vgl. näher unter 4. Teil, II. 2. b).

sätze zur Aufgabendelegation[961] – zu verzichten. Erst im Enttäuschen eines durch tatsächliches Einrücken in die Pflichtenstellung geweckten Vertrauens, nicht aber im Vertragsbruch als solchem, liegt das Gefährdungsmoment[962] für die Rechtsgüter Außenstehender, welches es rechtfertigt, den untätig Bleibenden als Garant i. S. des § 13 Abs. 1 StGB anzusehen.

4. Exkurs: Garantenstellung des Compliance-Beauftragten bei Straftaten gegenüber der Gesellschaft

Die Mitglieder der Unternehmensleitung einer juristischen Person sind nach allgemeiner Meinung als Garanten strafrechtlich verpflichtet, die Rechtsgüter der juristischen Person (vor allem Eigentum und Vermögen) vor Schaden zu bewahren[963]. Diese Beschützergarantenstellung[964] beruht zum einen auf der Tatsache, dass die juristische Person selbst handlungsunfähig und insoweit außerstande ist, ihre Rechtsgüter selbst zu schützen. Zum anderen haben die Mitglieder des Leitungsorgans ja gerade durch die Übernahme ihrer gesellschaftsrechtlich geregelten Organstellung die Aufgabe zum Schutz der Rechtsgüter der juristischen Person übernommen[965].

In Reaktion auf die BSR-Entscheidung wird vielfach angenommen, dass der Compliance-Beauftragte die der Unternehmensleitung primär obliegende Schutzfunktion für die Rechtsgüter des Unternehmens aufgrund seiner dienstvertraglich geschuldeten Aufgaben übernehme und er insoweit (lediglich) als Beschützergarant für die Rechtsgüter des Unternehmens angesehen werden könne[966].

Diese pauschale Einordnung der Pflichtenstellung des Compliance-Beauftragten als Beschützergarant für die unternehmerischen Rechtsgüter ist meines Erachtens

961 Vgl. näher unter 1. Teil, IV. 1.

962 Zutreffend *Arzt* 1980, S. 652.

963 Vgl. nur *Beckemper* 2013, S. 91f.; *Heinrich* 2014, Rn. 951; *Joecks* 2014, § 13 Rn. 42; *Konu* 2014, S. 103; *Kühl* 2012, § 18 Rn. 78; *Poguntke* 2013, S. 177ff.; *Rengier* 2014, § 50 Rn. 38; *Roxin* 2003, § 32 Rn. 77; SK/StGB-*Rudolphi/Stein*, § 13 Rn. 54; *Wessels/Beulke/Satzger* 2014, Rn. 721; *Wilhelm* 2013, S. 135. Zur gesellschaftsrechtlichen Schadensabwendungspflicht der Vorstandsmitglieder als Teil ihrer allgemeinen Sorgfaltspflicht gem. § 93 Abs. 1 S. 1 AktG vgl. bereits unter 3. Teil, I. 2. a) 3) (c) m. w. N.

964 Zur Beschützergarantenstellung der Mitglieder des Aufsichtsrats vgl. OLG Braunschweig NJW 2012, 3798 (3800).

965 Dementsprechend können sich die Mitglieder des Leitungsorgans, die durch Untätigkeit und Versäumnisse die juristische Person zu Schaden kommen lassen, auch dem Vorwurf der Untreue durch Unterlassen ausgesetzt sehen, wobei nach der Ansicht der Rechtsprechung auch § 13 Abs. 2 StGB zur Anwendung kommt; vgl. nur BGHSt 36, 227ff.

966 Vgl. *Kindhäuser* 2013, § 36 Rn. 63; *Knauer* 2012, S. 471; *Konu* 2014, S. 103f.; *Kretschmer* 2009, S. 476; *Krüger* 2011, S. 1 in Fn. 5; *Petermann* 2013, S. 192f.; *Rotsch* 2012b, S. 493; *Schwarz* 2012, S. 17; *Warneke* 2010, S. 315; *Wilhelm* 2013, S. 138; grundlegend *Poguntke* 2013, S. 179ff.

unzutreffend, da die damit verbundene Beurteilung, dass Compliance ausschließlich bzw. jedenfalls auch dem Unternehmensinteresse diene[967], den Blick auf den Aufgaben- und Pflichtenkreis des Compliance-Beauftragten vernebelt, welcher wiederum für die Bestimmung der strafrechtlichen Einstandspflicht entscheidend ist. Beachtet werden muss nämlich, dass es der Compliance-Beauftragte gegenüber dem Unternehmen „lediglich" übernimmt, für die Überwachung und Einhaltung der gesetzlichen Bestimmungen durch das Unternehmen selbst und seiner Mitarbeiter zu sorgen. Die damit einhergehende Aufsichtspflicht über das Unternehmen und seine Mitarbeiter umfasst zwar auch die Verhinderung von Betriebskriminalität, d.h. von Straftaten, welche die Mitarbeiter des Unternehmens unter Ausnutzung ihrer beruflichen Position zum Schaden des eigenen Arbeitgebers begehen[968]. Hierin äußert sich im Übrigen auch die Ausrichtung von Compliance auf das Unternehmensinteresse.

Nicht dagegen erfasst diese Aufsichtspflicht des Compliance-Beauftragten die Abwendung von von außen auf das Unternehmen einwirkenden Gefahren, seien diese zufällig entstanden oder das Produkt einer Straftat eines außenstehenden Dritten[969]. Gerade diese „Rundumverteidigung" des zu schützenden Rechtsguts gegen alle Gefahren, gleich aus welcher Richtung sie kommen mögen, kennzeichnet aber die Annahme einer Beschützergarantenstellung[970].

Der Compliance-Beauftragte hat daher durch seinen arbeitsvertraglich zugewiesenen Aufgaben- und Pflichtenkreis keine mit der Organstellung des Leitungsorgans vergleichbare Verantwortung für die Rechtsgüter des Unternehmens inne, sodass er nicht als Beschützergarant für die Rechtsgüter des Unternehmens im eigentlichen Sinne anzusehen ist. Gleichwohl sei angemerkt, dass seine Überwachungsaufgabe auch die Verhinderung von Betriebskriminalität umfasst und insoweit die Rechtsgüter des Unternehmens allerdings nur in Bezug auf unternehmensinterne Angriffe(!) geschützt werden. Denn bezüglich dessen ist es der Unternehmensleitung infolge der Delegation ihrer Überwachungsaufgabe zulässigerweise möglich, in berechtigtem Vertrauen auf die Aufgabenwahrnehmung durch den Compliance-Beauftragten eigene Kontrollmaßnahmen zu unterlassen.

---

967 Zu dieser Kontroverse vgl. bereits unter 3. Teil, I. 2. a) 3) (c).

968 Zur gebräuchlichen Differenzierung in Betriebs- und Unternehmenskriminalität vgl. nur *H. Schneider* 2014a, § 1 Rn. 15 ff.

969 Diese Differenzierung nach dem Ursprung der Gefahr für die unternehmerischen Rechtsgüter erkennt auch *Poguntke* 2013, S. 195 ff. Allerdings ist er hinsichtlich der Beurteilung einer (umfassenden) Beschützergarantenstellung des Compliance Officers aufgrund der hier dargestellten Erwägungen zu Unrecht der Meinung, dass es „unschädlich (sei), dass die Abwehr externer Schädigungen nicht zu den Hauptaufgaben des Compliance Officers gehört" (S. 198).

970 Zur Unterteilung der Garantenstellung nach ihrer sozialen Funktion vgl. bereits unter 2. Teil, I. 3. a) 1) (a).

III. Die strafrechtliche Garantenpflicht des Compliance-Beauftragten im Hinblick auf die Überwachung anderer Personen

Steht nunmehr fest, dass der Compliance-Beauftragte eines Unternehmens eine Garantenstellung innehat, die darauf ausgerichtet ist, betriebsbezogene Straftaten von Unternehmensangehörigen zu Lasten außenstehender Dritter zu verhindern, so wird er in der konkreten Tatsituation vom Handlungsgebot des in Rede stehenden Tatbestandes erreicht, welches ihn zur Abwendung des tatbestandlichen Erfolges verpflichtet. Bereits die Ausführungen im Rahmen der Rechtsprechungsanalyse haben aufgezeigt, dass es zur Bestimmung dieses Verhaltensgebotes entscheidend auf die Handlungsmöglichkeiten des Garanten ankommt und hierbei vor allem die nach der Sachlage verfügbaren Mittel und individuellen Fähigkeiten des Garanten eine bedeutende Rolle spielen[971]. Insoweit wird es im Folgenden darum gehen, die dem Compliance-Beauftragten im Falle eines erkannten Rechtsverstoßes eines Mitarbeiters zustehenden Handlungsmöglichkeiten näher zu bestimmen und sich dabei der Frage zuzuwenden, inwieweit diese die jeweils zur Abwendung des tatbestandlichen Erfolges i. S. von § 13 Abs. 1 StGB erforderlichen Handlungen darstellen (können).

Da die vorstehende Analyse weiterhin aufgedeckt hat, dass auch im Bereich der Unterlassungsdelikte eine Abgrenzung zwischen den Beteiligungsformen zu erfolgen hat[972] und je nach Bewertung der vom Garanten gem. § 13 Abs. 1 StGB geforderten Erfolgsabwendungshandlung als Täterschaft einerseits oder Teilnahme andererseits ein unterschiedlicher Zurechnungsmaßstab zwischen unterlassener Handlung und zu vermeidendem Erfolg anzulegen ist[973], muss zunächst geklärt werden, ob die dem Compliance-Beauftragten obliegende Handlungsverpflichtung als Unterlassungstäterschaft oder (lediglich) als Beihilfe durch Unterlassen zur Haupttat des Mitarbeiters anzusehen ist, um schließlich die Zurechnung des Erfolges zum Unterlassen beurteilen zu können.

1. Inhalt der Aufsichtsgarantenpflicht

a) Ausgangspunkt: Asymmetrische Akzessorietät des Strafrechts

Als Ausgangspunkt der folgenden Überlegungen ist die in der Rechtsprechung[974] und weitestgehend auch in der Literatur[975] anerkannte Ansicht zugrunde zu legen,

971 Vgl. bereits unter 2. Teil, II. 2. a).
972 Vgl. bereits unter 2. Teil, II. 3. b).
973 Vgl. bereits unter 2. Teil, II. 2. b).
974 Vgl. näher unter 2. Teil, II. 2. a).
975 Baumann/Weber/*Mitsch* 2003, § 15 Rn. 18; *Böse* 2005, S. 44; *Bürkle* 2010a, S. 7; *Cramer* 1993, S. 570; *Joerden* 1990, S. 2 ff.; *Gropp* 2005, § 11 Rn. 48 f.; *Kamp/Körffer* 2010, S. 75; *Kindhäuser* 2013, § 36 Rn. 63; *Konu* 2014, S. 198; *Poguntke* 2013, S. 122 ff.; *Prittwitz* 2013, S. 132 f.; *Ransiek* 1999, S. 625 f.; *Rönnau* 2008, S. 727; *ders./F. Schneider*

dass sich die in der konkreten Tatsituation aus der Garantenstellung des Täters entspringende Handlungsverpflichtung zur Abwendung des drohenden Erfolges nicht nur auf das dem Täter faktisch, sondern auch rechtlich Mögliche beschränkt. Der Grund hierfür ist darin zu sehen, dass das Recht nicht mehr von einem Garanten verlangen kann, als ihm in der konkreten Situation gemessen an seinen individuellen Fähigkeiten und Fertigkeiten möglich ist[976]. Dass hierbei die Möglichkeit der geforderten Handlung nicht nur faktisch, sondern auch rechtlich zu bestimmen ist, liegt auf der Hand, denn die „auf bestimmten normativen Handlungserwartungen“[977] aufbauende Rechtsordnung geriete „mit sich selbst in Widerspruch, wenn sie jemanden zu einer Handlung verpflichten würde, die an anderer Stelle dieser Rechtsordnung unter Verbot – möglicherweise sogar unter Strafdrohung – steht“[978].

Unter Zugrundelegung dieser Vorgabe konkretisiert die Rechtsprechung zutreffend das strafrechtliche Handlungsgebot des einzelnen Garanten mit Hilfe gesellschaftsrechtlicher[979] bzw. anderer außerstrafrechtlicher[980] Kompetenzvorschriften. Sehen diese Normierungen nur bestimmte Handlungen vor, zu denen die erforderliche Handlung nicht gehört, darf der Garant, ohne dass ihm dies strafrechtlich angelastet werden kann[981], die ihm faktisch mögliche und zum Schutz des Rechtsguts erforderliche Erfolgsabwendungshandlung unterlassen. Die Erfolgsabwendungspflicht des Normadressaten kann also entsprechend seiner ihm auch rechtlich zustehenden Instrumente individuell eingeschränkt sein.

Insoweit kommt den außerstrafrechtlichen Regelungen eine die strafrechtliche Verantwortlichkeit begrenzende Funktion zu, in der sich ebenso wie bei der Frage

---

2010, S. 58; *Rotsch* 2012b, S. 495; *Roxin* 2003, § 31 Rn. 14; *Schilha* 2008, S. 186; *H. Schneider/Gottschaldt* 2011, S. 576; LK_{12}/StGB-*Weigend*, § 13 Rn. 65; a.A. *Heinrich* 2014, Rn. 898, der die rechtliche Unmöglichkeit erst auf Rechtsfertigungsebene berücksichtigen möchte; vgl. ferner *Frister* 2007, 22. Kap. Rn. 16; *Rengier* 2014, § 49 Rn. 9; *Wessels/Beulke/Satzger* 2014, Rn. 708, die in ihren allgemeinen Abhandlungen zur Dogmatik der Unterlassungsdelikte lediglich auf die physisch-reale Handlungsmöglichkeit abstellen.

976 Vgl. bereits unter 2. Teil, II. 2. a).

977 Vgl. bereits *H. Schneider/Gottschaldt* 2011, S. 576.

978 So zu Recht Baumann/Weber/*Mitsch* 2003, § 15 Rn. 18.

979 BGHSt 37, 106 (126); BGH NStZ 1997, 545 (546); OLG Braunschweig NJW 2012, 3798 (3800).

980 BGHSt 6, 46 (57); BGH LMRP 1988, 29; OLG Bremen NJW 1957, 72 (73); OLG Frankfurt NJW 1987, 2753 (2757).

981 Vgl. bereits *H. Schneider/Gottschaldt* 2011, S. 576; zustimmend *Konu* 2014, S. 198; *Prittwitz* 2013, S. 132f. Strittig ist jedoch, ob die rechtliche Unmöglichkeit der Erfolgsabwendung beim Unterlassungsdelikt zu einer „Nichthandlung“ (so *Gropp* 2005, § 11 Rn. 49), zum Entfall der Tatbestandsmäßigkeit des Unterlassens (so *Poguntke* 2013, S. 123f.; *Roxin* 2003, § 31 Rn. 14; *Stratenwerth/Kuhlen* 2011, § 13 Rn. 60ff.) oder zur Verneinung der Rechtswidrigkeit (so Baumann/Weber/*Mitsch* 2003, § 15 Rn. 18) führt.

nach der Begründung einer Garantenstellung[982] die „asymmetrische Akzessorietät" des Strafrechts wiederspiegelt[983]. In Anlehnung an die bereits oben angesprochene Formulierung von *Lüderssen*[984] lässt sich dieses Abhängigkeitsverhältnis, wenn es um die Beurteilung geht, ob Unterlassungsunrecht vorliegt, wie folgt beschreiben: *Die einer Person durch außerstrafrechtliche Regelungen auferlegte Verpflichtung hat nicht gleich ein strafbewehrtes Gebot zur Folge.* Vielmehr erfordert die Begründung einer strafrechtlichen Garantenpflicht weiterhin die Erfüllung materieller, strafrechtseigener Prinzipien[985]. Wenn es im Anschluss daran darum geht, das strafrechtliche Handlungsgebot inhaltlich zu konkretisieren, spielen außerstrafrechtliche Regelungen ebenso eine prägende Rolle: *Was in einem anderen Rechtsgebiet verboten ist, darf nicht zu einem strafbewehrten Handlungsgebot führen.* Das bedeutet nichts weniger als dass das Strafrecht mit Blick auf das Postulat der „Einheit der Rechtsordnung" in seiner Pflichtenintensität jedenfalls nicht weitergehen darf als die außerstrafrechtliche Verantwortlichkeit[986].

b) Die Handlungsmöglichkeiten des Compliance-Beauftragten

Da nunmehr feststeht, dass der übernommene Aufgaben- und Pflichtenkreis nicht nur für Frage der Begründung der Garantenpflicht des Compliance-Beauftragten entscheidend ist, sondern dieser zugleich auch die Grenzen dieser Pflicht bestimmt, gilt es im Folgenden den einem Compliance-Beauftragten typischerweise zustehenden bzw. zugewiesenen Handlungs- und Entscheidungsspielraum zu erörten.

Die Ausgangssituation ist dabei immer die Gleiche: Stellt der Compliance-Beauftragte im Rahmen der Wahrnehmung seiner Überwachungsaufgabe Unregelmäßigkeiten fest, die auf die Verwirklichung bevorstehender Straftaten durch einen Mitarbeiter des Unternehmens hindeuten, hat er diesem Verdacht zunächst nachzugehen. Konkretisiert sich dieser Verdacht im Laufe der Nachforschungen, ist anhand der dem Compliance-Beauftragten übertragenen Befugnisse zu bestimmen, welche Aktivitäten seinerseits anschließend zu erfolgen haben:

1) Eingeräumte Weisungskompetenz?

Sofern es sich bei dem Compliance-Beauftragten um ein Vorstandsmitglied handelt, dem gesellschaftsrechtlich die Kompetenz zugewiesen ist, gegenüber dem die Straftat begehenden Mitarbeiter das Weisungsrecht des Arbeitgebers auszuüben[987], stellt die Geltendmachung dieser rechtsverbindlichen Weisungs- bzw. Anordnungskompetenz die dem Garanten gem. § 13 Abs. 1 StGB gebotene Möglichkeit zur

982 Vgl. näher unter 4. Teil, II. 1.
983 *Lüderssen* 2005, S. 170 ff. m. w. N.; *Schilha* 2008, S. 42.
984 *Lüderssen* 2005, S. 170.
985 Vgl. näher unter 4. Teil, II. 1.
986 So auch *Schilha* 2008, S. 195.
987 Zur horizontalen Delegation von Compliance-Aufgaben vgl. unter 1. Teil, IV. 2. b).

Abwendung des tatbestandsmäßigen Erfolges dar. Ob allerdings diese Möglichkeit unmittelbarer Einflussnahme auf den Mitarbeiter auch im Einzelfall in der Lage gewesen wäre, diesen in seiner Verhaltensbestimmung zu beeinflussen, bedarf im Rahmen der objektiven Zurechnung des Erfolges besonderer Betrachtung[988].

Demgegenüber ist es dem unterhalb der Leitungsebene eingesetzten Compliance Officer regelmäßig nicht gestattet, Mitarbeitern, die außerhalb seiner Abteilung eingesetzt sind, Weisungen zu erteilen. Vielmehr ist er arbeitsvertraglich verpflichtet, erkannte Compliance-Verstöße der mit disziplinarischen Mitteln ausgestatteten Leitungsebene zu berichten. Ist es aber dem Compliance Officer – wie im Regelfall – aufgrund der gesellschaftsrechtlichen Kompetenzordnung nicht möglich, auf das Verhalten des die Straftat begehenden Unternehmensangehörigen steuernden Einfluss zu nehmen, kann diese Handlungsalternative nicht von ihm gem. § 13 Abs. 1 StGB eingefordert werden[989].

Selbstverständlich kann auch in diesen Fällen in der Praxis bereits der bloße Hinweis des Compliance Officers gegenüber dem Mitarbeiter in Form einer Beanstandung genügen[990], um eine (weitere) Rechtsgutsbeeinträchtigung abzuwenden[991]. Wird der Erfolg durch die Intervention des Compliance Officers auch tatsächlich verhindert, erfüllt er sein strafrechtliches Handlungsgebot[992]. Allerdings lässt sich

---

988 Vgl. später unter 4. Teil, III. 3. a).

989 Anders verhält es sich dann, wenn dem Compliance Officer arbeitsrechtlich die Befugnis übertragen ist, im Falle erkannter Straftaten selbst von der Direktionsbefugnis der Arbeitgebers Gebrauch machen zu dürfen. Denn dann ist er selbst in der Lage, unmittelbar gegen das deliktische Verhalten des Mitarbeiters einzuschreiten, um so die Tatbestandsverwirklichung zu verhindern. Zu den Befugnissen des Compliance Officers vgl. bereits unter 1. Teil, IV. 2. c) 2) (c).

990 Zu denken ist diesbezüglich vor allem an Straftaten, die der Mitarbeiter des Unternehmens aus Unkenntnis der Grenzen zwischen erlaubtem und verbotenem Tun begeht; vgl. näher unter 4. Teil, III. 3. a).

991 Vgl. bereits *Schilha* 2008, S. 189 im Zusammenhang mit der Bestimmung der Einwirkungsmöglichkeiten des Aufsichtsrats gegenüber dem Vorstand.

992 Eine davon zu trennende, die Garantenverantwortlichkeit des Compliance Officers nicht betreffende Frage ist, ob es ihm nicht gleichwohl aufgrund seiner vertraglichen Verpflichtung gegenüber der Gesellschaft obliegt, der Unternehmensleitung über die Vorkommnisse unverzüglich Bericht zu erstatten. Die Beantwortung dieser Frage hängt in erster Linie von der zwischen den Parteien geregelten Eskalationsroutine ab. Darüber hinaus ist zu befinden, dass insbesondere dann, wenn der Mitarbeiter durch sein Verhalten bereits die Schwelle zur Versuchsstrafbarkeit überschritten hat, eine unverzügliche Meldung angezeigt ist, damit die Unternehmensleitung über die Sanktionierung des Verstoßes sowie eine etwaige Weiterentwicklung des Compliance-Systems entscheiden kann. Gerade die stetige Anpassung des Compliance-Systems nach erkannten Rechtsverstößen ist angesichts der „Siemens/Neubürger-Entscheidung" des LG München I NZWiSt 2014, 183 ff. relevanter denn je, um vor allem auch zukünftige Haftungsrisiken der Vorstandsmitglieder gegenüber der Gesellschaft zu reduzieren.

im umgekehrten Fall seiner Untätigkeit der Unterlassungsvorwurf nicht auf die Nichtvornahme dieser Handlung stützen, da er nach der unternehmensinternen Kompetenzverteilung hierzu rechtlich nicht in der Lage ist (seine Pflicht beschränkt sich auf die interne Eskalation) und im Übrigen jedenfalls nicht mit der notwendigen Wahrscheinlichkeit[993] anzunehmen ist, dass sich der Mitarbeiter angesichts der fehlenden Verbindlichkeit dieser Maßnahme in seinem Verhalten hätte beeinflussen lassen. Daher fehlt es bereits an der Geeignetheit dieser Beanstandungshandlung zur Abwendung des tatbestandsmäßigen Erfolges, jedenfalls aber an der Erfolgszurechnung.

2) Grundsätzliche Berichtspflicht gegenüber der Unternehmensleitung

Sofern dem Compliance-Beauftragten – wie es bei der Implementierung eines Compliance Officers regelmäßig der Fall ist – keine Weisungskompetenz gegenüber dem deliktisch handelnden Mitarbeiter zusteht, besteht „seine *Kernpflicht* in der *Informationsweitergabe*“[994]. Detaillierte Regelungen, wann und in welchem Umfang wer zu informieren ist, sollte der Anstellungsvertrag bzw. die hierfür zugrunde liegende Stellenbeschreibung oder auch das Compliance-Programm des Unternehmens enthalten[995]. An den so vorgeschriebenen Berichtswegen, die regelmäßig eine (vorrangige) Unterrichtung der Geschäftsleitung bzw. eines einzelnen Mitglieds vorsehen, hat sich der Compliance-Beauftragte im Rahmen der Wahrnehmung seiner Eskalationspflicht zu orientieren.

Doch auch falls der Arbeitsvertrag bzw. die unternehmensinternen Kompetenzvorschriften keine detaillierten Regelungen zur Informationspflicht des Compliance-Beauftragten enthalten, ist im Falle des nicht unbegründeten Verdachts einer (unternehmensbezogenen) Straftatbegehung durch einen Mitarbeiter davon auszugehen, dass der Compliance-Beauftragte die Leitungsebene über die erkannten Vorfälle angesichts der Schwere des Compliance-Verstoßes unverzüglich zu unterrichten hat, damit jene in die Lage versetzt wird, Abhilfemaßnahmen zu ergreifen und insoweit von der ihr gesellschaftsrechtlich obliegenden Compliance-Verantwortung Gebrauch machen zu können[996]. Man spricht dahingehend zutreffend davon, dass mit der pflichtgemäßen Unterrichtung der Geschäftsleitung durch den Compliance-Beauftragten die Compliance-Verantwortlichkeit punktuell an diese wieder zurückübertragen wird[997].

Sollte die Leitungsebene des Unternehmens nach ordnungsgemäßer Benachrichtigung durch den Compliance-Beauftragten untätig bleiben und besteht die

993 Zum Zurechnungsmaßstab des Unterlassens vgl. später unter 4. Teil, III. 3.
994 Statt aller *Rönnau/F. Schneider* 2010, S. 59.
995 Vgl. bereits unter 1. Teil, IV. 2. c) 2) (b).
996 Vgl. näher unter 1. Teil, IV. 2. c) 2) (b).
997 Vgl. nur *Bürkle* 2010a, S. 10; *Lösler* 2007, S. 1104; *Raus/Lützeler* 2012, S. 100; *Rönnau/F. Schneider* 2010, S. 59 in Fn. 69; *Rotsch* 2012a, 1. Teil, 4. Kap. Rn. 39.

Gefahr der Rechtsgutsbeeinträchtigung fort, stellt sich die Frage, zu welchen (weitergehenden) Handlungen der Compliance-Beauftragte aufgefordert ist:

3) Berichtspflicht auch gegenüber dem Aufsichtsorgan?

In derartigen Fällen ist zunächst an eine (sekundäre) Berichtspflicht gegenüber dem Aufsichtsorgan zu denken. Soweit die unternehmensinternen Regelungen bzw. der Anstellungsvertrag des Compliance-Beauftragten dezidierte Vorgaben zur Eskalationsroutine enthalten, kommen diese unproblematisch zur Anwendung. Doch auch für den Fall, dass keine (weiteren) unternehmensinternen Vorgaben zur Eskalationspflicht des Compliance-Beauftragten existieren, nimmt die ganz herrschende Meinung[998] – soweit es um den Verdacht erheblicher Compliance-Verstöße wie Straftaten geht – eine Pflicht des Compliance-Beauftragten[999] zur unmittelbaren[1000] Benachrichtigung des Aufsichtsorgans an.

Dieser gesellschaftsrechtlich nicht ganz unproblematischen Ansicht ist zuzustimmen. Zwar leitet der Compliance-Beauftragte seine Compliance-Verantwortung von der ebenso einstandspflichtigen Unternehmensleitung ab, sodass man erwägen

---

998 *Barton* 2009, Anm. 1; *Bürkle* 2010a, S. 9; *ders.* 2010b, § 8 Rn. 30; *Dann/Mengel* 2010, S. 3267; *C. Dannecker* 2012, S. 447; *Favoccia/Richter* 2010, S. 140; *Fecker/Kinzl* 2010, S. 17; *Illing/Umnuß* 2009, S. 5; *Knauer* 2012, S. 480; *S. Krieger/J. Günther* 2010, S. 372; *Lackhoff/Schulz* 2010, S. 87; *Poguntke* 2013, S. 301 f.; *Raus/Lützeler* 2012, S. 99; *Rodewald/Unger* 2007, S. 1632; *Rönnau/F. Schneider* 2010, S. 59 f.; eingehend *Groß* 2012, S. 118 ff.; a.A. *Rübenstahl* 2009, S. 1343, der eine Pflicht zur Benachrichtigung des Aufsichtsorgans nur annimmt, sofern diesbezüglich explizite unternehmensinterne Vorgaben bestehen.

999 Zur vergleichbaren Verpflichtung eines Mitglieds der Geschäftsleitung im Falle rechtswidriger Beschlussfassung durch das Organ vgl. *Fleischer* 2004b, S. 2649; *ders.* 2014, S. 325; Hölters/AktG-*Hölters*, § 93 Rn. 241; *Ransiek* 1999, S. 647 ff.; MK/AktG-*Spindler*, § 93 Rn. 166 f.

1000 Eine derartige Pflicht zur „ad-hoc"-Berichterstattung wird auch für den Compliance-Beauftragten im Wertpapierdienstleistungsunternehmen angenommen; vgl. *Casper* 2009, S. 207; *Kort* 2011, S. 419; *Raus/Lützeler* 2012, S. 99. Soweit das Gesetz in § 33 Abs. 1 S. 2 Nr. 5 WpHG für diesen eine regelmäßige Berichterstattungspflicht über Compliance-relevante Vorgänge auch gegenüber dem Aufsichtsrat vorsieht, ist diese Anforderung nicht auf den (normalen) Compliance-Beauftragten übertragbar; so auch *Illing/Umnuß* 2009, S. 5; *Raus/Lützeler* 2012, S. 97; *Spindler* 2008, S. 913; *Sünner* 2014, S. 92. Bereits im Aufsichtsrecht wird diese gesetzliche Vorgabe als „redaktionelle Unklarheit" kritisiert, da sie der gesellschaftsrechtlichen Informationsordnung des § 90 Abs. 1 AktG, wonach die Information des Aufsichtsrats in der (alleinigen) Verantwortung des Vorstands liegt, zuwider laufe; vgl. eingehend *Hense/Renz* 2008, S. 183 f.; *Spindler* 2008, S. 914. Umso mehr steht der grundsätzlich anzunehmende Ausnahmecharakter der aufsichtsrechtlichen Vorschriften einem punktuellen Rückgriff auf diese entgegen; vgl. generell zur Ausstrahlungswirkung aufsichtsrechtlicher Compliance-Vorgaben *Fleischer* 2014, S. 325.

könnte, dass mit der Information der Unternehmensleitung eine vollständige Rückübertragung dieser Verantwortung erfolgt sei[1001]. Dafür spricht, dass es Sache der Geschäftsleitung ist, wie mit der Information umzugehen ist. Insoweit liegt es auch grundsätzlich in ihrem Ermessen, zu entscheiden, ob und in welchem Umfang Abhilfemaßnahmen zu treffen sind. Diese Entscheidung ist in aller Regel – wollte man das gesellschaftsrechtliche Kompetenzgefüge nicht auf den Kopf stellen – durch den Compliance-Beauftragten zu respektieren[1002].

Allerdings berücksichtigt diese Argumentation nicht ausreichend, dass auch die Pflichten der Unternehmensleitung nicht isoliert, sondern gegenüber der Gesellschaft selbst bestehen und zudem auch der Compliance-Beauftragte nicht gegenüber dem Organ, sondern gegenüber der juristischen Person als seinem Vertragspartner verpflichtet ist[1003]. Die Beantwortung der Frage, ob ein Direktkontakt des Compliance-Beauftragten zum Aufsichtsorgan zulässig ist, hängt damit von der gesellschaftsrechtlichen Kompetenzordnung ab. Diese sieht vor, dass die Leitungsverantwortung gem. § 76 Abs. 1 AktG zur alleinigen Erledigung dem Vorstand vorbehalten ist und der Aufsichtsrat gem. § 111 Abs. 4 S. 1 AktG von der Geschäftsführung ausgeschlossen ist. Dessen Aufgabe besteht vielmehr gem. § 111 Abs. 1 AktG darin, die Geschäftsführung durch den Vorstand zu überwachen[1004]. In dieses Rollenverständnis fügt sich die in § 90 AktG geregelte Informationsordnung der Aktiengesellschaft ein. Diese Norm verpflichtet einerseits (Abs. 1) den Vorstand, den Aufsichtsrat beständig über das Unternehmensgeschehen zu unterrichten; andererseits (Abs. 3) berechtigt sie den Aufsichtsrat gegenüber dem Vorstand, jederzeit Berichte über Angelegenheiten der Gesellschaft anzufordern.

Um die dem Vorstand zukommende (operative) Leitungsverantwortung nicht zu untergraben, sieht das Gesellschaftsrecht grundsätzlich keine Direktkontakte zwischen Aufsichtsrat und Angestellten vor[1005]. Allerdings obliegt dem Aufsichtsrat gem. § 111 Abs. 1 AktG im Rahmen seiner allgemeinen Überwachungsaufgabe die Kontrolle der Compliance innerhalb des Vorstands. Diese Überwachungsauf-

---

1001 In diese Richtung *Kamp/Körffer* 2010, S. 75; *Poguntke* 2013, S. 291; *Rotsch* 2012a, 1. Teil, 4. Kap. Rn. 39.

1002 Vgl. auch *Casper* 2009, S. 207; *Rodewald/Unger* 2007, S. 1632; *Rönnau/F. Schneider* 2010, S. 59. In ähnlicher Weise darf das überstimmte Geschäftsleitungsmitglied grundsätzlich nicht die Durchführung eines Mehrheitsbeschlusses konterkarieren; vgl. nur *Fleischer* 2014, S. 325; Großkommentar/AktG-*Kort*, § 77 Rn. 22; *Ransiek* 1999, S. 647; zuletzt LG München I NZWiSt 2014, 183 (190).

1003 *Bürkle* 2010a, S. 10; *C. Dannecker* 2012, S. 447; *Knauer* 2012, S. 480; *Rönnau/F. Schneider* 2010, S. 60; *H. Schneider* 2011, S. 358.

1004 Die weiter gefasste Überwachung der Geschäftsführung durch den Aufsichtsrat schließt die in § 76 Abs. 1 AktG normierte Geschäftsleitung des Vorstands als einen besonderen Teilbereich mit ein; vgl. nur *Schilha* 2008, S. 48.

1005 Vgl. nur Spindler/Stilz-*Fleischer*, § 90 Rn. 43f.; *Groß* 2012, S. 120f.; MK/AktG-*Spindler*, § 90 Rn. 39 sowie eingehend *Haouache* 2003, S. 108ff.; *Lutter* 2006, Rn. 309ff. insbesondere Rn. 319.

gabe im Interesse der Gesellschaft kann der Aufsichtsrat nur dann effektiv wahrnehmen, wenn er in ordnungsgemäßem Umfang informiert ist. Soweit aber die Informationsversorgung gem. § 90 AktG (maßgeblich) über den Vorstand erfolgt, ist dies nicht unproblematisch, da auf Seiten des Vorstands – wie in allen Fällen, in denen ein Informationsgeber mit Hilfe der von ihm vermittelten Informationen überwacht werden soll – die Gefahr von Interessenkonflikten besteht[1006]. Daher nimmt die herrschende Meinung zu Recht an, dass in Ausnahmefällen der Aufsichtsrat nicht nur berechtigt, sondern im Interesse der Gesellschaft gar zum unmittelbaren Informationsdurchgriff auf Unternehmensangehörige verpflichtet ist: Ein derartiger Ausnahmefall besteht – korrespondierend mit der Überwachungsaufgabe des Aufsichtsrats – insbesondere dann, wenn ein dringender Verdacht auf gröbliche Pflichtverletzungen des Vorstands besteht und auf anderem Wege keine Abhilfe zu erlangen ist[1007].

Um dieser gesellschaftsrechtlichen Sonderstellung des Aufsichtsrats als Überwachungsorgan[1008] einerseits, aber auch seiner Compliance-Verantwortung gegenüber der Gesellschaft andererseits gerecht zu werden, muss der Compliance-Beauftragte den Aufsichtsrat in den Fällen informieren, in denen gravierende Compliance-Verstöße wie Straftaten im Raum stehen und die Untätigkeit der Geschäftsleitung auf einem ersichtlichen Ermessensfehlgebrauch beruht bzw. sie im Ganzen oder ein einzelnes Mitglied selbst betroffen ist[1009], damit der Aufsichtsrat geeignete Abhilfemaßnahmen bis hin zur Abberufung des Vorstands treffen kann[1010]. Dieses Ergebnis

---

1006 Grundlegend *S. Schneider* 2006, S. 95f. mit einer Auflistung richterlicher Entscheidungen zu den informationellen Rechten und Pflichten des Aufsichtsrats. Vgl. auch *Lutter* 2010, S. 619f., der betont, dass der „direkte Eindruck vom Hauptverantwortlichen […] durch nichts zu ersetzen" sei.

1007 Schmidt/Lutter-*Drygala*, § 111 Rn. 43; *Favoccia/Richter* 2010, S. 140; Spindler/Stilz-*Fleischer*, § 90 Rn. 43; *Haouache* 2003, S. 111f.; *Lutter* 2006, Rn. 319; MK/AktG-*Spindler*, § 90 Rn. 39 jeweils m. w. N.; vgl. auch *S. Schneider* 2006, S. 107, der die Möglichkeit einer Befragung der Angestellten durch den Aufsichtsrat im Rahmen der Grundsätze ordnungsgemäßer Ermessensausübung generell bejaht.

1008 *S. Schneider* 2006, S. 95 betont treffend, dass sich „der Informationsbedarf jedes Informationsempfängers nach dem jeweiligen Informationszweck" bestimme, der „sich seinerseits aus den Aufgaben der jeweiligen Wirkungseinheit" ergebe.

1009 So auch *Bürkle* 2010a, S. 9; *Casper* 2009, S. 206; *Favoccia/Richter* 2010, S. 140; *Fecker/Kinzl* 2010, S. 17; *Groß* 2012, S. 132ff.; *Illing/Umnuß* 2009, S. 5; *S. Krieger/J. Günther* 2010, S. 372; *Rodewald/Unger* 2007, S. 1632f.; ähnlich *Ransiek* 1999, S. 647f.; zur Überwachungspflicht des Aufsichtsrats vgl. insbesondere OLG Karlsruhe WM 2009, 1147 (1149f.) m. w. N.

1010 Zu den Einwirkungsmöglichkeiten des Aufsichtsrats vgl. insbesondere *Schilha* 2008, S. 73ff.; ferner *Cramer* 1993, S. 567ff., der zutreffend aufzeigt, dass dem Aufsichtsrat zur Wahrnehmung seiner Überwachungsverantwortung gem. § 111 Abs. 2 AktG ein gegenüber dem Aufklärungsrecht des Vorstands subsidiäres, eigenes Prüfungsrecht hinsichtlich strafbarer und ordnungsrechtlich belangvoller Handlungen zustehe (S. 579f. m. w. N.).

beachtet die Leitungsverantwortung der Unternehmensleitung in ausreichendem Maße[1011], da das Aufsichtsorgan gerade zur Verhinderung der Compliance-Verstöße einbezogen wird, für welche es inthronisiert ist.

Gestützt wird dieses Ergebnis ferner durch die Loyalitäts- bzw. Schadenabwendungspflicht als Teile der Rücksichtnahmepflicht des Angestellten, die der Compliance-Beauftragte funktionsbedingt konsequenter als jeder andere Mitarbeiter erfüllen muss, da er gerade zum Zweck der Sicherstellung rechtskonformen Verhaltens im Unternehmen installiert wurde[1012].

4) Weitergehende Anzeigepflichten?

Soweit die Maßnahmen der internen Eskalation ausgereizt sind[1013], die Gefahr der Rechtsgutsbeeinträchtigung aber fortbesteht, stellt sich schließlich die Frage, ob der Compliance-Beauftragte zu gesellschaftsexternen Maßnahmen angesichts seiner Garantenstellung verpflichtet sein kann. Eine Pflicht des Compliance-Beauftragten zur Anzeige bei den (Ermittlungs-)Behörden wird in Ausnahmefällen, in denen die Gefahr schwerer Rechtsnachteile droht, teilweise dann bejaht, wenn die Möglichkeiten der internen Eskalation erfolgslos geblieben sind[1014]. Demgegenüber halten andere Stimmen den Compliance-Beauftragten zur externen Anzeige (auch im Falle

1011 Eingehend zur vergleichbaren Eskalationsroutine des Unternehmensbeauftragten *Haouache* 2003, S. 129f.

1012 So zu Recht *Bürkle* 2010a, S. 9f.; *Dann/Mengel* 2010, S. 3267; *Groß* 2012, S. 133f.; *Illing/Umnuß* 2009, S. 5. Zwar besteht die Loyalitätspflicht des Compliance-Beauftragten in erster Linie gegenüber der Geschäftsleitung, von der er die durch ihn wahrzunehmenden Compliance-Aufgaben ableitet. Die damit grundsätzlich begründete Vertrauensbeziehung ist auch ein Grund dafür, warum eine regelmäßige Inanspruchnahme seiner Person durch den Aufsichtsrat „über den Kopf" der Geschäftsleitung hinweg mit dem Kompetenzgefüge der Gesellschaft nicht vereinbar ist; vgl. auch *Haouache* 2003, S. 127ff. zur ähnlichen Problematik beim Unternehmensbeauftragten. Allerdings muss beachtet werden, dass in den bezeichneten Ausnahmefällen gerade das (Fehl-)Verhalten der Geschäftsleitung zu einer Beeinträchtigung dieser gegenseitigen Vertrauensbeziehung führt, sodass die Loyalitätspflicht gegenüber der Geschäftsleitung nicht gegen die Pflicht zur Unterrichtung des Aufsichtsorgans vorgebracht werden kann.

1013 Die in derartigen Situationen vereinzelt empfohlene Amtsniederlegung des Garanten (vgl. *Bürkle* 2010b, § 8 Rn. 30; *Groß* 2012, S. 142; *Wilhelm* 2013, S. 131f.) stellt kein geeignetes Mittel zur Verhinderung des deliktischen Erfolges dar und kann daher von einem Compliance-Beauftragten nicht verlangt werden; zutreffend *Beckemper* 2013, S. 97; vgl. in ähnlichem Zusammenhang auch *Fleischer* 2004b, S. 2649; Großkommentar/AktG-*Hopt*, § 93 Rn. 54; MK/AktG-*Spindler*, § 93 Rn. 167 jeweils m. w. N.; a.A. Lutter/Hommelhoff-*Kleindiek*, § 37 Rn. 10.

1014 *Barton* 2009, Anm. 1; *C. Dannecker* 2012, S. 447; wohl auch Sch/Sch_{29}-*Stree/Bosch*, § 13 Rn. 53a.

schwerer Straftaten) weder für verpflichtet, noch dazu berechtigt[1015], da eine generelle Anzeigepflicht außerhalb der in § 138 StGB genannten Straftaten nach unserer Rechtsordnung nicht existiere, was gleichzeitig auch aus dem Umkehrschluss zu den vereinzelten spezialgesetzlichen Anzeigepflichten – wie sie bspw. in den §§ 10 WpHG, 11 GWG normiert sind – hervorgehe[1016]. Auch habe er angesichts seiner ihm gegenüber dem Unternehmen treffenden Loyalitäts- und Geheimhaltungspflichten kein Recht zur externen Anzeige, da sich seine Funktion auf das Bestreiten der internen Eskalationsleiter beschränke[1017] und er stets den Entscheidungsvorrang der unternehmensinternen Organe zu beachten habe[1018].

Die wohl überwiegende Ansicht geht dagegen davon aus, dass der unterhalb der Leitungsebene implementierte Compliance Officer zur externen Anzeige bei den (Ermittlungs-)Behörden zwar nicht verpflichtet sei, dies aber nicht ein externes Anzeigerecht ausschließe[1019]. Begründet wird diese Auffassung anhand der arbeitsrechtlichen Vorgaben zur Verschwiegenheits- und Loyalitätspflicht des Arbeitnehmers:

Aufbauend auf den Grundsätzen, die das BAG im Zusammenhang mit der Kündigung eines Arbeitnehmers wegen dessen Strafanzeige gegen den Arbeitgeber herausgearbeitet hat[1020], betonen die Vertreter eines Anzeigerechts, dass der Compliance Officer als Ausdruck seiner ihm gem. § 241 Abs. 2 BGB vertraglich obliegenden Nebenpflichten zur Verschwiegenheit und Loyalität verpflichtet sei, was einer Berechtigung zur Strafanzeige gegen den Arbeitgeber grundsätzlich entgehenstehe[1021]. Allerdings wird man ein von der Rechtsordnung eingeräumtes Grundrecht zur Anzeigeerstattung gegenüber der gem. Art. 12 Abs. 1 GG ebenfalls grundrechtlich geschützten Unternehmerfreiheit des Arbeitgebers dann annehmen dürfen, wenn das Bemühen des Compliance Officers um innerbetriebliche Abhilfe erfolglos geblieben ist. Darüber hinaus sei gar in Anwendung der Grundsätze des BAG[1022] eine innerbetriebliche Meldung dem Compliance Officer dann nicht zumutbar, wenn er

1015 *Casper* 2009, S. 211 f.; *Illing/Umnuß* 2009, S. 5; *Knauer* 2012, S. 480 f.; *Lösler* 2008, S. 682 f.; *Rodewald/Unger* 2007, S. 1634; in diese Richtung auch *Beckemper* 2013, S. 97 f.; *Fecker/Kinzl* 2010, S. 17 f.; *Poguntke* 2013, S. 319 f.

1016 *Beckemper* 2013, S. 97 f.; *Casper* 2009, S. 211 f.; *Fecker/Kinzl* 2010, S. 18; *Lösler* 2008, S. 679 f.

1017 *Beckemper* 2013, S. 97; *Illing/Umnuß* 2009, S. 5; *Lösler* 2008, S. 682 f.; *Rodewald/Unger* 2007, S. 1634.

1018 *Casper* 2009, S. 211; *Knauer* 2012, S. 481; *Lösler* 2008, S. 682 f.

1019 *Bürkle* 2010a, S. 10 f.; *Dann* 2015, S. 24 f.; *Favoccia/Richter* 2010, S. 141 ff.; *Grützner/Behr* 2013, S. 562; *Konu* 2014, S. 85 f.; *S. Krieger/J. Günther* 2010, S. 372; *Lackhoff/Schulz* 2010, S. 87; *Rönnau/F. Schneider* 2010, S. 60; einschränkend *Groß* 2012, S. 141 f.; *Klopp* 2012, S. 249 ff.; *Raus/Lützeler* 2012, S. 100 f.

1020 Vgl. das grundlegende Urteil des BAG NZA 2004, 427 ff.; ferner BAG NZA 2007, 502 ff.; LAG Hamm RDG 2012, 72 f.; eingehend *Bürkle* 2004, S. 2158 ff.; *Groß* 2012, S. 135 ff.; *Herbert/Oberrath* 2005, S. 193 ff.

1021 Vgl. nur *Favoccia/Richter* 2010, S. 142 f.; *Lackhoff/Schulz* 2010, S. 87.

1022 BAG NZA 2004, 427 (430).

Kenntnis von Straftaten erhält, durch deren Nichtanzeige er sich selbst der Gefahr der Strafverfolgung aussetzen würde. Entsprechendes gelte bei schwerwiegenden oder von der Geschäftsleitung selbst begangenen Straftaten[1023].

Dieser Ansicht ist entschieden zu widersprechen[1024], da sie das gesellschaftsrechtliche Kompetenzgefüge „aus den Angeln" heben würde und mit dem Rollenverständnis des Compliance Officers unvereinbar ist. Zwar ist der unterhalb der Leitungsebene implementierte Compliance Officer als Arbeitnehmer anzusehen. Allerdings können die Treue- und Verschwiegenheitspflichten gewöhnlicher Unternehmensangehöriger nicht auf ihn übertragen werden[1025], da er eine besondere Rechtsstellung im Unternehmen innehat, aufgrund der er gar als gefahrenabwehrpflichtiger Überwachergarant anzusehen ist. Der Compliance Officer leitet seine Überwachungsaufgaben und die damit einhergehende Verantwortung von der ebenfalls einstandspflichtigen Unternehmensleitung ab. Daher muss sich seine Pflichtenbindung im Umgang mit den erkannten Rechtsverstößen – was die Möglichkeit zur Information Dritter anbelangt – an der Pflichtenbindung eines Mitglieds der Geschäftsleitung messen lassen, welche ein erhöhtes Maß an Verschwiegenheit und Treue gegenüber der Gesellschaft voraussetzt[1026]. Dafür spricht im Übrigen nicht nur das Rollenverständnis der Compliance-Funktion im Unternehmen[1027], sondern auch der Vergleich mit einem Compliance-Beauftragten, welcher auf der Ebene der Geschäftsleitung tätig ist.

Würde man dagegen den Maßstab des BAG zum Anzeigerecht des Arbeitnehmers auf den Compliance Officer übertragen, hätte dies die kaum hinnehmbare Konsequenz, dass sich der Compliance Officer angesichts seiner Garantenstellung im Falle erkannter Strafrechtsverstöße der Mitarbeiter stets der Gefahr der Strafverfolgung ausgesetzt sähe und das dadurch (ohne die Notwendigkeit vorheriger

1023 So *Bürkle* 2010a, S. 11; *Dann* 2015, S. 24 f.; *Favoccia/Richter* 2010, S. 143; *Lackhoff/Schulz* 2010, S. 87.

1024 Hingewiesen sei ferner darauf, dass die Pflicht bzw. Berechtigung zur Einschaltung der Ermittlung-/Strafverfolgungsbehörden in diesem Zusammenhang irreführend ist, da es hier nicht um repressiv ausgerichtete Strafverfolgung, sondern vielmehr um Gefahrenabwehr geht.

1025 Im Ergebnis auch *Illing/Umnuß* 2009, S. 5; *Raus/Lützeler* 2012, S. 101; *Klopp* 2012, S. 250 ff., der sich für eine Ausweitung der aus § 241 Abs. 2 BGB folgenden Rücksichtnahmepflicht sowie für eine stärkere Bindung an das gestufte Vorgehen ausspricht. A.A. offenbar *Favoccia/Richter* 2010, S. 143, die explizit betonen, dass „für gesellschaftsrechtlich begründete Begrenzungen dieses Rechts [...] angesichts der eindeutigen Rechtsprechung des Bundesverfassungsgerichts und des Bundesarbeitsgerichts kein Raum" bestehe.

1026 Auch *Haouache* 2003, S. 120 ff. nimmt für einen Unternehmensbeauftragten eine Verschwiegenheits- und Treuepflicht an, die mit der der Geschäftsleitung korrespondiert, da anderenfalls auch die Haftungsordnung im Unternehmen gestört wäre (S. 119).

1027 Eingehend zu den Aufgaben des Compliance Officers sowie dessen Pflicht zur internen Eskalation unter 1. Teil, IV. 2. c) 2) (b).

interner Eskalation) begründete Recht zur Strafanzeige angesichts seiner Garantenpflicht in eine Pflicht zur externen Anzeige umschlagen würde.

Nach alledem ist zunächst klarzustellen, dass mangels ausdrücklicher Regelung keine über § 138 StGB hinausgehende allgemeine Verpflichtung zur Anzeige von Straftaten besteht[1028], sodass der Compliance Officer in aller Regel auch angesichts seiner Garantenstellung weder verpflichtet noch dazu berechtigt ist, erkannte Compliance-Verstöße gegenüber den Behörden anzuzeigen. Aufgrund der ihm von der Unternehmensleitung übertragenen Aufgaben unterliegt er einer gesteigerten Treue- und Rücksichtsnahmepflicht gegenüber der Gesellschaft. Man darf nämlich auch nicht übersehen, dass der Compliance Officer aufgrund seiner Tätigkeit, gerade auch in Bezug auf die Informationsgewinnung, eine herausgehobene Position im Unternehmen innehat[1029]. Der aus seiner Aufgabenübertragung resultierenden Verpflichtung hat er dadurch nachzukommen, dass er im Falle erkannter Rechtsverstöße zunächst die Geschäftsleitung sowie darüber hinaus ggf. das Aufsichtsorgan[1030] informiert. Soweit er dieser Verpflichtung genügt, fällt die delegierte Verantwortlichkeit auf denjenigen zurück, von dem sie sich ableitet[1031].

Damit ist jedoch nicht zwingend gesagt, dass sich für den Compliance Officer niemals eine Pflicht zur Benachrichtigung der Behörden ergeben kann. Gerade in Fällen, in denen die Verletzung hochrangiger Rechtsgüter Dritter wie Leib und Leben droht, weckt der Rang der betroffenen Rechtsgüter in der Tat „juristische Schutzinstinkte"[1032], die eine Anzeige gegenüber den Behörden als nicht stets unzulässig erscheinen lassen. Die rechtliche Möglichkeit zur Erstattung einer Anzeige müsste jedoch – angesichts der besonderen Rechtsstellung des Compliance Officers – unter Zugrundelegung der Pflichtenstellung eines Mitglieds der Geschäftsleitung der Gesellschaft begründbar sein:

Die Mitglieder des Vorstands einer Aktiengesellschaft trifft zunächst gem. § 93 Abs. 1 S. 1, 2 AktG die allgemeine Pflicht, sich – über die strikte Einhaltung anstellungsvertraglicher Treuepflichten hinaus (§ 242 BGB) – besonders loyal für die Belange der Gesellschaft einzusetzen sowie diese zu schützen und zu fördern[1033].

1028 Diese Schlussfolgerung ergibt sich aus dem anzunehmenden Ausnahmecharakter spezialgesetzlich geregelter Anzeigepflichten.

1029 In diese Richtung auch *Haouache* 2003, S. 122 für den Unternehmensbeauftragten.

1030 Soweit sich der Schutz des jeweiligen Belanges grundsätzlich unternehmensintern vollzieht, ist die (sekundäre) Verpflichtung zur Inanspruchnahme des Aufsichtsorgans auch als notwendige Kompensation für das Verbot der Einschaltung von Behörden anzusehen; in diese Richtung bereits *Haouache* 2003, S. 129.

1031 Vgl. bereits unter 1. Teil, IV. 2. c) 2) (b).

1032 Grundlegend *Fleischer* 2004b, S. 2650.

1033 In diesem Sinne auch *Frodermann/Ph. Schäfer* 2009, 7. Kap. Rn. 176; *Heinz* 2010, § 22 Rn. 52; Hölters/AktG-*Hölters*, § 93 Rn. 114ff.; Großkommentar/AktG-*Hopt*, § 93 Rn. 145; Hüffer/*Koch*, § 84 Rn. 10f.; KK/AktG-*Mertens/Cahn*, § 93 Rn. 95; Schmidt/Lutter-*Seibt*, § 76 Rn. 7; MK/AktG-*Spindler*, § 93 Rn. 108; *Wiesner* 2007b, § 25 Rn. 11; eingehend *Fleischer* 2006c, § 9 Rn. 1ff.; zur inhaltsgleichen Pflicht

Darüber hinaus sind sie gem. § 93 Abs. 1 S. 3 AktG umfassend zur Verschwiegenheit verpflichtet, wobei die Verletzung dieser Pflicht gem. § 404 AktG sogar strafbewehrt ist[1034]. Aus diesem Pflichtenkanon ergibt sich nach ganz herrschender Meinung, dass ein Vorstandsmitglied grundsätzlich weder zur Anzeige gegenüber den Behörden berechtigt, geschweige denn hierzu verpflichtet ist[1035]. Ausnahmen hiervon bedürfen besonderer Rechtfertigung:

Angesichts der besonderen Loyalitäts- und Verschwiegenheitspflicht scheidet eine externe Anzeige eines Vorstandsmitglieds jedenfalls dann aus, wenn es lediglich um die Verletzung eines Bagatelldelikts geht oder die Vorwürfe auf einem äußerst vagen Verdacht beruhen. Für diese Fälle „besteht in Ermangelung einer rechtlichen Handlungsmöglichkeit [...] auch keine Anzeigepflicht zur Vermeidung von Haftungsfolgen“[1036]. Darüber hinaus fordert die Rechtsprechung[1037] und mit ihr die herrschende Meinung im Schrifttum[1038], dass zur Wahrung des gesellschaftsrechtlichen Verhältnismäßigkeitsgrundsatzes vor einer Einschaltung außenstehender Dritter zunächst alle gesellschaftsinternen Einflussmöglichkeiten ausgeschöpft werden. Damit ist die Anzeige gegenüber den Behörden mit Ausnahme der in § 138 StGB geregelten Katalogstraftaten allenfalls in den Fällen als ultima ratio zulässig, in denen Außenstehenden schwere Gesundheitsschädigungen drohen[1039]. Stehen dagegen reine Wirtschaftsstraftaten im Raum, lässt sich meines Erachtens keine Ausnahme von der besonderen Loyalitäts- und Verschwiegenheitspflicht begründen[1040].

---

des GmbH-Geschäftsführers vgl. nur Michalski/GmbHG-*U. Haas/Ziemons*, § 43 Rn. 86f.; Großkommentar/GmbHG-*Paefgen*, § 43 Rn. 70f.; Baumbach/Hueck-*Zöllner/Noack*, § 35 Rn. 38f.

1034 Auch für den GmbH-Geschäftsführer sieht das Gesellschaftsrecht eine gem. § 85 GmbHG strafbewehrte Verschwiegenheitspflicht vor, deren Reichweite mit § 404 AktG weitgehend übereinstimmt; vgl. nur Michalski/GmbHG-*G. Dannecker*, § 85 Rn. 1f.; Baumbach/Hueck-*U. Haas*, § 85 Rn. 1.

1035 *Fleischer* 2004b, S. 2650; Hölters/AktG-*Hölters*, § 93 Rn. 242; Großkommentar/AktG-*Hopt*, § 93 Rn. 54; *Ransiek* 1999, S. 648; MK/AktG-*Spindler*, § 93 Rn. 168f.; zur vergleichbaren Pflichtenstellung eines Aufsichtsratsmitglieds vgl. *D. Krause* 2011, S. 63f.; *Peltzer* 1981, S. 352; *Schilha* 2008, S. 189.

1036 So zu Recht *Fleischer* 2004b, S. 2650.

1037 BGH WM 1966, 968 (969).

1038 *Fleischer* 2004b, S. 2650; Hölters/AktG-*Hölters*, § 93 Rn. 242; KK/AktG-*Mertens/Cahn*, § 77 Rn. 50; *Ransiek* 1999, S. 648; MK/AktG-*Spindler*, § 93 Rn. 168.

1039 So auch *Fleischer* 2004b, S. 2650; KK/AktG-*Mertens/Cahn*, § 77 Rn. 50; *Ransiek* 1999, S. 648; MK/AktG-*Spindler*, § 93 Rn. 168; ebenso *Schilha* 2008, S. 189 für Aufsichtsratsmitglieder; eine weitergehende Verpflichtung auch für andere Straftaten nimmt wohl Hölters/AktG-*Hölters*, § 93 Rn. 242 an.

1040 Ebenso zurückhaltend *Fleischer* 2004b, S. 2650 m. w. N.; a.A. wohl *Schilha* 2008, S. 189. Unabhängig davon, dass der Compliance Officer nicht als Beschützergarant gegenüber der Gesellschaft anzusehen ist [vgl. näher unter 4. Teil, II. 4.], scheidet meines Erachtens auch eine Pflicht zur Benachrichtigung Dritter aus, um das Gesellschaftsvermögen zu schützen, da die Gläubiger der Gesellschaft ebenso wie

Nach alledem ist also festzuhalten, dass sich die Handlungsmöglichkeiten des Compliance Officers nahezu immer auf gesellschaftsinterne Maßnahmen beschränken, da eine Berechtigung zur externen Eskalation – abgesehen von den in § 138 StGB geregelten Fällen – nicht besteht. Als ultima ratio kommt eine Berechtigung zur Anzeige gegenüber den Behörden allenfalls dann – als sozusagen „tertiäre Maßnahme" – in Betracht, wenn es sich zum einen um den begründeten Verdacht schwerwiegender Gefahren für hochrangige Rechtsgüter Dritter (insbesondere bei Produkthaftungsfällen) handelt und zum anderen zuvor die interne Eskalationsleiter erfolglos bestritten wurde[1041]. Wollte man den Compliance Officer weitergehenden Pflichten unterwerfen, wäre die gesellschaftsrechtliche Entscheidungskompetenz durch das Strafrecht nachhaltig gestört, da sonst bereits bei bloßer Möglichkeit der Verletzung strafrechtlich geschützter Güter das eigentlich zur Entscheidung berufene Gremium nicht mehr handlungsfähig wäre[1042].

2. Möglichkeit und Methode zur Abgrenzung von Täterschaft und Teilnahme bei garantenpflichtwidrigem Unterlassen

Der Gesetzgeber hat sich in Umsetzung eines dualistischen Beteiligungssystems bewusst dazu entschieden, „neben dem eigentlichen Täter, der im Wortlaut der einzelnen Straftatbestände angesprochen ist, die anderen Formen der Tatbeteiligung tatbestandlich im Gesetz zu bestimmen und jeweils anzugeben, in welchem Umfange die Strafdrohungen auf solche Tatbeteiligten anzuwenden sind"[1043]. Die insoweit vorzunehmende Unterscheidung in Täterschaft und Teilnahme beruht auf der Differenzierung je nach Art und Gewicht der Beteiligung. Sie ist nach der Vorgabe des Gesetzgebers nicht nur im Falle der Verwirklichung von Begehungsunrecht, sondern auch im Falle garantenpflichtwidrigen Unterlassens zu beachten[1044].

Allerdings beansprucht diese im Einzelnen umstrittene Abgrenzung nur dann Relevanz, wenn der aufsichtspflichtige Garant – quasi als Vorbedingung einer möglichen Bestrafung als Teilnehmer einerseits – vorsätzlich eine vorsätzliche

---

die Aktionäre ausreichend über die entsprechenden Insolvenzantragspflichten geschützt werden; ebenso Hölters/AktG-*Hölters*, § 93 Rn. 242; MK/AktG-*Spindler*, § 93 Rn. 169; a.A. *Fleischer* 2004b, S. 2650 bei Gefahren mit existenzvernichtender Größenordnung.

1041 In derartigen Fällen lassen sich dann auch dem Regulativ der Unzumutbarkeit normgemäßen Verhaltens angesichts der gravierenden Schäden keine denkbaren Einschränkungen entnehmen; in diese Richtung auch *Schilha* 2008, S. 190; eingehend *Poguntke* 2013, S. 426 ff.

1042 So zu Recht *Ransiek* 1999, S. 648 im Rahmen der Beurteilung der Pflichten eines Mitglieds der Geschäftsleitung.

1043 BT-Drucks. IV/650, S. 147.

1044 Vgl. eingehend unter 2. Teil, II. 3. b) mit weiteren Argumenten für die Notwendigkeit dieser Differenzierung auch im Bereich der Unterlassungsdelikte sowie weiterer Nachweise hierzu aus der Literatur.

und rechtswidrige Straftat eines Anderen nicht hindert[1045] und, um überhaupt als Unterlassungstäter andererseits bestraft werden zu können, auch die weiteren Voraussetzungen für eine Unterlassungstäterschaft vorliegen[1046].

Die bereits dargestellte Ansicht der Rechtsprechung[1047] zu diesem Problemkreis ist vom Grundgedanken her zutreffend, da die Rechtsprechung im Falle eines garantenpflichtwidrigen Unterlassens von einer stets erforderlichen Abgrenzung der Beteiligungsformen ausgeht. Soweit sie allerdings dabei vordergründig auf den Willen des untätig bleibenden Garanten am Deliktserfolg abstellt, konnte auch anhand der Analyse der hierzu ergangenen, teilweise gar widersprüchlichen Entscheidungen aufgezeigt werden, dass dieses Kriterium einer trennscharfen Abgrenzung der Beteiligungsformen vor allem im Bereich der Unterlassungen nicht zugänglich ist[1048].

Bevor im Folgenden der Versuch unternommen werden soll, eine konturenschärfere Abgrenzung zu präsentieren, gilt es zunächst, das hierzu in der Literatur vertretene Meinungsspektrum überblicksartig darzustellen[1049], um es anschließend einer kritischen Würdigung zu unterziehen.

a) Die Auffassungen im Schrifttum

Unabhängig kleinerer Differenzierungen haben sich im Schrifttum nach meiner Einschätzung fünf Hauptströmungen zur Frage der Abgrenzung zwischen Täterschaft und Teilnahme bei Unterlassungsdelikten herausgebildet:

So möchten einige Vertreter das für die Abgrenzung der Streitfrage im Bereich der Begehungsdelikte maßgebende Täterkriterium der Tatherrschaft auch im Bereich der Unterlassungen fruchtbar machen[1050]. Danach sei als Täter einer vorsätzlichen Tat derjenige anzusehen, welcher die Begehung der Tat samt ihrem Ablauf

---

1045 Demgegenüber folgt das Strafrecht bei den Fahrlässigkeitsdelikten genauso wie das gesamte Ordnungswidrigkeitenrecht gem. § 14 OWiG dem Einheitstäterprinzip; vgl. nur *Waßmer* 2006, S. 336 m. w. N.

1046 Zutreffend betont von *Rengier* 2014, § 51 Rn. 12: „Der Unterlassene muss (1) bei Sonderdelikten und eigenhändigen Delikten die besondere Täterqualität besitzen, (2) die Möglichkeit gehabt haben, den Erfolgseintritt mit an Sicherheit grenzender Wahrscheinlichkeit zu verhindern, und (3) etwaige besondere subjektive Tatbestandsmerkmale […] in seiner Person erfüllen".

1047 Vgl. bereits unter 2. Teil, II. 3. a).

1048 Vgl. bereits unter 2. Teil, II. 3. b) und c).

1049 Weiterführende Darstellungen zum Meinungsstand finden sich dagegen in den speziell zu diesem Problemkreis erschienen Monographien von *Mosenheuer* 2009; *Schwab* 1996; *Sering* 2000.

1050 *Bottke* 1994, S. 41 ff.; *Heinrich* 2014, Rn. 1214; *Joecks* 2014, § 13 Rn. 83 f.; Maurach/*Gössel*/Zipf 1989, § 47 Rn. 111; *Mosenheuer* 2009, S. 192 ff.; *Poguntke* 2013, S. 117 ff.; *Rengier* 2014, § 51 Rn. 18 ff.; SK/StGB-*Rudolphi/Stein*, Vor § 13 Rn. 54; *Wessels/Beulke/Satzger* 2014, Rn. 734; *Spring* 2009, S. 263 f.; *Waßmer* 2006, S. 342 ff.; LK_{12}/StGB-*Weigend*, § 13 Rn. 94 f.; *Wengenroth* 2014, S. 429; in diese Richtung auch *Arzt* 1980, S. 559; Baumann/*Weber*/Mitsch 2003, § 29 Rn. 59 ff.; *Sering* 2000, S. 95 ff.,

nach seinem Willen hemmen oder ablaufen lassen könne und insoweit als Zentralgestalt des Geschehens erscheine. Demgegenüber stelle der Teilnehmer einer Tat lediglich eine bloße Randfigur des Tatgeschehens dar, welcher zwar ebenfalls auf das Geschehen Einfluss nehmen, dieses aber nicht maßgeblich gestalten könne. Unter Zugrundelegung dieses normativen Maßstabs müsse also stets geprüft werden, ob der unterlassende Garant als Zentralgestalt des tatbestandsmäßigen Geschehens oder lediglich als Randfigur in Erscheinung trete[1051].

Diesen Gedankengang greifen die Anhänger einer als Gehilfentheorie zu bezeichnenden Ansicht auf, der zufolge der untätig bleibende Garant gegenüber dem handelnden Begehungstäter stets nur als Randfigur des Geschehens angesehen und daher nur Gehilfe sein könne[1052]. Denn der die Tat ausführende Begehungstäter besitze die tatsächliche Tatherrschaft über das Geschehen und „verstelle" dadurch dem Unterlassenden „den unmittelbaren Zugang zum Erfolg" solange, wie er diese Handlungsherrschaft ausübt[1053]. Zudem präge die Verwirklichung der fremden Begehungstat das Unterlassungsunrecht des Garanten derart maßgeblich, dass auch aus Akzessorietätsgründen lediglich eine Teilnahme durch Unterlassen in Betracht komme[1054].

Genau umgekehrt wird im Schrifttum auch vielfach angenommen, dass der die Erfolgsabwendung unterlassende Garant stets als Täter anzusehen sei[1055]. Nach dieser Auffassung sind die Unterlassungsdelikte als Pflichtdelikte anzusehen, wonach bereits die Verletzung der tatbestandsbegründenden Erfolgsabwendungspflicht (Garantenpflicht) unter gleichzeitiger Erfüllung der sonstigen Tatbestandsvoraussetzungen das entscheidende Täterschaftskriterium darstelle[1056]. Denn wenn der Unterlassende trotz seiner Garantenstellung einen bestimmten tatbestandlichen Erfolg nicht abwendet, obwohl ihm dies möglich und zumutbar gewesen wäre, verwirkliche er den Tatbestand des unechten Unterlassungsdelikts bereits vollständig in eigener Person, was ihn insofern zum Täter i. S. des § 25 Abs. 1 Alt. 1 StGB mache[1057]. Von daher bestünde kein Raum für weitere Differenzierungen etwa unter

---

wenngleich diese Vertreter mehr dem subjektiven Element zur Bestimmung der Tatherrschaft Bedeutung beigemessen.

1051 Zur Problematik, wie diese Rollenzuschreibungen im Kontext der Unterlassungsdelikte zu deuten sind vgl. im Folgenden unter 4. Teil, III. 2. c) 1).

1052 *Gallas* 1952, S. 372; *ders.* 1960, S. 687; LK_{11}/StGB-*Jescheck*, § 13 Rn. 57; Lackner/*Kühl*, § 27 Rn. 5; *Kühl* 2012, § 20 Rn. 230; SSW/StGB-*Kudlich*, § 13 Rn. 43; BeckOK/StGB-*ders.*, § 25 Rn. 17.2; *Ranft* 1982, S. 828 ff.

1053 Vgl. etwa *Gallas* 1960, S. 687; *Kühl* 2012, § 20 Rn. 230.

1054 Eingehend *Ranft* 1982, S. 839 ff.

1055 *M. Bachmann/Eichinger* 2011, S. 107 f.; *Bloy* 1987, S. 491 f.; *Rudolphi* 1966, S. 57 ff., 143 ff.; *Roxin* 2003, § 31 Rn. 140 ff.; *ders.* 2006, S. 459 ff.; *Schilha* 2008, S. 205; *Stratenwerth/Kuhlen* 2011, § 14 Rn. 13; NK/StGB-*Wohlers/Gaede*, § 13 Rn. 26; in diese Richtung auch *V. Haas* 2011, S. 396 f.

1056 Vgl. nur *Roxin* 2003, § 31 Rn. 140.

1057 Vgl. nur *M. Bachmann/Eichinger* 2011, S. 107.

dem Gesichtspunkt der Tatherrschaft, da die Garantenpflicht entweder bestehe oder nicht und dabei nicht abstufbar sei. Allerdings komme eine Bestrafung als Gehilfe – „sozusagen aushilfsweise" – vor allem[1058] dann in Betracht, wenn eine „Bestrafung als Täter daran scheitert, dass es sich bei dem in Frage stehenden Delikt um ein eigenhändiges Delikt handelt oder beim Unterlassenden bestimmte, vom Delikt vorgesehene Absichten oder Täterqualitäten nicht vorhanden sind"[1059].

Weitere Theorien differenzieren nach der Art der Garantenstellung (sog. Pflichtinhaltstheorien)[1060]. Danach sollen Beschützergaranten, die ein bestimmtes Rechtsguts „rundum" vor Gefahren aus allen Richtungen zu verteidigen haben, stets Unterlassungstäter sein[1061]. Hingegen seien Überwachergaranten, die nur eine bestimmte Gefahrquelle zu beaufsichtigen haben, grundsätzlich nur als Gehilfen anzusehen, sofern diese die vorsätzliche Begehungstat eines anderen nicht hindern[1062]. Begründet wird dies vor allem mit der unterschiedlichen Nähe des Unterlassenden zum Rechtsgut: So habe der Beschützergarant das ihm anvertraute Rechtsgut vor Gefahren aller Art zu verteidigen. Diese unmittelbare Beziehung zwischen Garant und Rechtsgut rechtfertige es, eine unmittelbare und damit täterschaftliche Zurechnungsstruktur anzunehmen[1063]. Demgegenüber sei die Beziehung zwischen Über-

---

1058 Weiterhin soll eine Beihilfe durch Unterlassen dann vorliegen, wenn sich die Garantenpflicht des Unterlassenden darauf erstreckt, die Beihilfehandlung eines anderen zu verhindern; vgl. *Roxin* 2003, § 31 Rn. 144.

1059 So NK/StGB-*Wohlers/Gaede*, § 13 Rn. 26 unter Verweis auf *Rudolphi* 1966, S. 63; vgl. auch *Roxin* 2003, § 31 Rn. 142, der der Beihilfe als „sekundärem" Begriff eine „Auffangfunktion" beimessen will; zustimmend *Schilha* 2008, S. 205; *Stratenwerth/Kuhlen* 2011, § 14 Rn. 23 f.

1060 Sch/Sch$_{27}$-*Cramer/Heine*, Vorbem §§ 25 ff. Rn. 104 ff.; *Ebert* 2001, S. 192; *Gropp* 2005, § 10 Rn. 151 f.; *Herzberg* 1972, S. 259 ff.; prinzipiell auch *Hoffmann-Holland* 2006, S. 633 ff.; *Jakobs* 1993, 29/101 ff.; *Krüger* 2011, S. 7 f.; LK$_{12}$/StGB-*Schünemann*, § 25 Rn. 211 f.; *J. Vogel* 1993, S. 282 f.

1061 Vgl. nur Sch/Sch$_{27}$-*Cramer/Heine*, Vorbem §§ 25 ff. Rn. 104, wonach allerdings dann – analog der Argumentation der Anhänger der Pflichtdeliktstheorie – Beihilfe in Betracht komme, sofern die Bestrafung als Täter aus deliktsspezifischen Gründen scheitert.

1062 Ausführlich *Herzberg* 1972, S. 259 ff.; sich anschließend Sch/Sch$_{27}$-*Cramer/Heine*, Vorbem §§ 25 ff. Rn. 106; *Ebert* 2001, S. 192; *Gropp* 2005, § 10 Rn. 151 f.; a.A. *Krüger* 2011, S. 7 f., der genau umgekehrt den Beschützergarant stets als Gehilfe, den Überwachergarant dagegen stets als Täter einordnen möchte, weil die Pflicht des Überwachergaranten, der sich nur auf eine Gefahrenquelle zu konzentrieren habe, im Verhältnis zu der des Beschützergaranten, der zur Rundumverteidigung aufgerufen ist, leichter zu erfüllen sei und leichter zu erfüllende Pflichten schärfere Sanktionen nach sich zögen.

1063 Vgl. nur *Herzberg* 1972, S. 261, der ferner betont, dass es für den Beschützergaranten keinen Unterschied machen könne, ob die Gefahr von einer Naturgewalt oder von Menschenhand stamme, da er das Rechtsgut vor allen Gefahren gleich beschützen müsse; zustimmend Sch/Sch$_{27}$-*Cramer/Heine*, Vorbem §§ 25 ff. Rn. 104.

wachergarant und Rechtsgut eine mittelbare, da sie über die deliktisch handelnde Person vermittelt werde. Diese Konstellation entspreche in ihrer Unrechtsstruktur daher der Beihilfe, da auch dort die Beziehung des Gehilfen zum Rechtsgut über die Handlung des Haupttäters vermittelt werde.

Letztlich sind in der Strafrechtswissenschaft noch Strömungen zu beobachten, die die Abgrenzung von Täterschaft und Teilnahme durch Unterlassen von einer wertenden Gesamtbetrachtung abhängig machen wollen[1064]. So möchte *Schwab* zur Lösung des Problems die in § 13 Abs. 1 HS 2 StGB verankerte Entsprechungsklausel heranziehen und insofern der Frage nachgehen, ob das Unterlassen der Erfolgsabwendung eher einer Begehungstäterschaft oder – was regelmäßig der Fall sei – eher einer Begehungsbeihilfe entspreche[1065]. Auch *Otto* sowie *Seelmann* möchten eine Gesamtbewertung des Geschehens vornehmen und die Abgrenzungsfrage von objektiven Kriterien wie den „unterschiedlichen Gewichtungen bei den Garantenpflichten"[1066] bzw. der „persönlichen Nähe des Unterlassenden zum Tatopfer"[1067], aber auch von der inneren Tatseite des Garanten abhängig machen.

b) Stellungnahme

Um in dieser „klassischen" Streitfrage, die ein „recht dunkles dogmatisches Kapitel"[1068] betrifft, überhaupt Stellung beziehen zu können, muss man sich zunächst vor Augen führen, dass zum einen im Gesetzeswortlaut der §§ 8 S. 1, 9 Abs. 2 S. 1 StGB ausdrücklich die Teilnahme durch Unterlassen genannt wird und zum anderen auch der Gesetzgeber im Rahmen seiner Begründung zur Beibehaltung des dualistischen Beteiligungssystems ganz grundsätzlich von der Möglichkeit einer Beihilfe durch Unterlassen spricht, sofern das Verhalten des erfolgsabwendungspflichtigen Garanten „den Umständen nach der Verwirklichung des Beihilfetatbestandes durch ein Tun gleichwertig ist (§ 13)"[1069].

Um die normative Frage nach der Gleichwertigkeit des Unterlassens beurteilen zu können, ist der Blick zunächst auf den Sinn und Zweck des dualistischen Beteiligungssystems zu richten: Die gesetzgeberisch gewollte Differenzierung in die verschiedenen Beteiligungsformen macht es möglich, bereits auf Tatbestandsebene (und damit nicht erst im Rahmen der Strafzumessung durch den Richter) „jeden Tatbeitrag so zu erfassen, wie es seinem sachlichen Gewicht und seinem besonderen Verhaltensunwert entspricht"[1070]. In diesem Kontext stellt die Beihilfe gem. § 27 Abs. 1 StGB lediglich einen mittelbaren Rechtsgutsangriff dar, welcher vom Unrechtsgehalt her –

1064 In diese Richtung *Fernàndez* 2012, S. 369; *Otto* 2004, § 21 Rn. 50; *Schwab* 1996, S. 189 ff.; *Seelmann* 1992, S. 416.
1065 *Schwab* 1996, S. 227.
1066 *Seelmann* 1992, S. 416; ähnlich *Fernàndez* 2012, S. 369.
1067 *Otto* 2004, § 21 Rn. 50.
1068 So u. a. MK/StGB-*Freund*, § 13 Rn. 266; zustimmend *Waßmer* 2006, S. 337.
1069 Vgl. BT-Drucks. IV/650, S. 146 ff., insbesondere S. 151.
1070 So zutreffend *Wessels/Beulke/Satzger* 2014, Rn. 505.

unabhängig vom Strafgrund der Teilnahme[1071] – weniger gewichtet ist als die Täterschaft, sodass sich der Handelnde für weniger zu verantworten hat[1072]. Dem wird nicht zuletzt durch die Strafrahmenreduzierung in Abs. 2 Rechnung getragen. Der Verstoß gegen das Verbot einer Beihilfehandlung wiegt also geringer als das Verbot einen Tatbestand als Täter zu verwirklichen. Diese Differenzierung der Beteiligungsformen nach ihrem Unwertgehalt her muss nach der Wertentscheidung des Gesetzgebers auch im Unterlassungsbereich berücksichtigt werden.

1) Der Tatherrschaftsgedanke als normatives Leitprinzip

Soweit hierbei – wie bei den Begehungsdelikten – auf den Gedanken der Tatherrschaft zurückgegriffen wird, ist dies zu begrüßen. Problematisch gestaltet sich nur, nach welchen Kriterien sich die insoweit zur Annahme von Täterschaft erforderliche Tatherrschaft im Falle garantenpflichtwidrigen Unterlassens bestimmen lässt. Ausgehend von der gebräuchlichen Definition bedeutet Tatherrschaft (bei den Begehungsdelikten) „das vom Vorsatz umfasste In-den-Händen-Halten des tatbestandsmäßigen Geschehensablaufs", die den Betreffenden in die Lage versetzt, die Tatbestandsverwirklichung „nach seinem Willen hemmen oder ablaufen zu lassen"[1073].

Nach Ansicht einiger Kritiker sei die Übertragung des Tatherrschaftsgedankens auf die unechten Unterlassungsdelikte nicht möglich, da Tatherrschaft „notwendig ein aktiv beherrschendes Steuern des Kausalverlaufs" voraussetze und nicht „durch bloßes Nichtstun" erlangt werden könne[1074]. Denn „das Unterlassen als solches [...] vermittelt keine Herrschaft über den Geschehensablauf", sondern „es setzt nur die Möglichkeit voraus, auf ihn einzuwirken"[1075]. Die Erfolgsabwendungsmöglichkeit sei jedoch „ein Begriffsmerkmal jeglichen Unterlassens [...] und deshalb logischerweise keiner besonderen Erscheinungsform des Unterlassens vorbehalten"[1076].

Dieser Kritik ist zunächst entgegenzuhalten, dass es keinesfalls eine Besonderheit darstellt, für das Begehungsdelikt anerkannte Grundsätze – wie etwa den Begriff der Kausalität – an die besonderen Strukturen des unechten Unterlassungsdelikts anzupassen. Insoweit ist die Annahme, dass Tatherrschaft notwendig ein „aktiv beherrschendes Steuern" voraussetze, eine bloße Behauptung[1077]. Doch auch im

---

1071 Vgl. zum Streitstand Sch/Sch$_{29}$-*Heine/Weißer*, Vorbem §§ 25 ff. Rn. 15 ff. m. w. N.

1072 Vgl. eingehend zum Ganzen unter 2. Teil, II. 3. b) m. w. N.

1073 Vgl. nur *Kühl* 2012, § 20 Rn. 26; Maurach/*Gössel*/Zipf 1989, § 47 Rn. 85 f.; *Wessels/Beulke/Satzger* 2014, Rn. 512 f.

1074 *Roxin* 2003, § 31 Rn. 133; *ders.* 2006, S. 463; so auch Sch/Sch$_{27}$-*Cramer/Heine*, Vorbem §§ 25 ff. Rn. 102; *Grünwald* 1959, S. 114; *Rudolphi* 1966, S. 145 f.; *Schilha* 2008, S. 203 f.

1075 *Stratenwerth/Kuhlen* 2011, § 14 Rn. 8.

1076 *Roxin* 2003, § 31 Rn. 133; so auch *Bloy* 1987, S. 491; *Gallas* 1952, S. 372; *Hoffmann-Holland* 2006, S. 624; *Schilha* 2008, S. 203 f.; LK$_{12}$/StGB-*Schünemann*, § 25 Rn. 209; *Schwab* 1996, S. 72 ff.; *Seelmann* 1992, S. 416.

1077 Kritisch bereits *Arzt* 1980, S. 559; *Krüger* 2011, S. 4; SK/StGB-*Rudolphi/Stein*, Vor § 13 Rn. 54; *Waßmer* 2006, S. 342 f.

Übrigen vermag die Kritik an der Übernahme des Tatherrschaftsgedankens nicht zu überzeugen, da sich (auch) der „Aspekt der negativen Geschehenssteuerung“[1078] unterschiedlich gewichten lässt:

Eingeräumt sei jedoch, dass sich die Bestimmung der Tatherrschaft durchaus leichter darstellt, wenn mehrere Personen an einer Straftat aktiv beteiligt sind, da hier real in Erscheinung tretende Tatbeiträge existieren. Auf dem Boden der Tatherrschaftslehre ist es sodann Aufgabe der Tatherrschaft, jeden Tatbeitrag bewertend „im Geflecht anderer, den Erfolg mitverursachender Beiträge“ zu beurteilen[1079]. Insoweit ist auffallend, dass auch im Falle vorsätzlicher Tatbegehung der Begriff der Tatherrschaft „nicht als eine Beherrschung des Geschehens im naturwissenschaftlichen Sinne“ zu verstehen ist[1080]. Vielmehr unterliegt der Begriff einer normativen Wertung[1081], was sich bereits auch in den unterschiedlichen Ausprägungen der Tatherrschaft bei den einzelnen Täterschaftsformen widerspiegelt[1082].

Diese normative Bewertung kann auch im Hinblick auf die Beurteilung eines garantenpflichtwidrigen Unterlassens gewährleistet werden, sofern man die Tatherrschaft zur Eingriffsmöglichkeit modifiziert und nach den bekannten Kriterien für die Annahme von Tatherrschaft danach fragt[1083], ob der Unterlassende durch seine Untätigkeit das Geschehen als Zentralfigur (mit-)beherrscht oder eher als Randfigur ablaufen lässt[1084]. Eine Abgrenzung von Täterschaft und Teilnahme nach dem Grad der Beherrschung des auf die Abwendung des Erfolges gerichteten Kausalverlaufs beachtet auch die gesetzgeberisch anerkannte Differenzierung je

---

1078 Zur gegenteiligen Ansicht vgl. nur *Bloy* 1987, S. 491.

1079 *Arzt* 1980, S. 559; vgl. auch *Waßmer* 2006, S. 343.

1080 Zutreffend *Arzt* 1980, S. 559 mit dem Hinweis, dass auch die Kausalitätsformel mangels fassbaren Tatbeitrages im Bereich der Unterlassungen nicht naturwissenschaftlich aufzufassen sei; zustimmend *Waßmer* 2006, S. 342 f.

1081 So auch *Arzt* 1980, S. 559; *Bottke* 2004, S. 31 f.; *Waßmer* 2006, S. 342 f.

1082 Während die Tatherrschaft bei der unmittelbaren Täterschaft voll vorhanden ist, weil der Betreffende den Geschehensablauf durch seinen unmittelbaren Zugriff selbst in der Hand hat, bedarf es bei den beiden anderen Täterschaftsformen einer Anpassung der Elemente der Tatherrschaft nach normativen Aspekten: so steht bei der Mittäterschaft, also beim Zusammenwirken mit einem anderen, das Element der Tatgestaltungsherrschaft im Vordergrund, wohingegen bei der mittelbaren Täterschaft das Element der Entscheidungsherrschaft dominiert, da hier Durchführung und Ausgang der Tat maßgeblich vom Willen des Hintermanns abhängen müssen. Eingehend zum Ganzen *Mosenheuer* 2009, S. 99 ff., S. 125 ff.

1083 Vgl. näher unter 4. Teil, III. 2. c) 1).

1084 In diese Richtung bereits *Arzt* 1980, S. 559; *Bottke* 2004, S. 31 ff.; *Fernàndez* 2012, S. 369; MK/StGB-*Joecks*, § 25 Rn. 270; *ders.* 2014, § 13 Rn. 83 f.; *Mosenheuer* 2009, S. 192 ff.; *Rengier* 2014, § 51 Rn. 18 ff.; SK/StGB-*Rudolphi/Stein*, Vor § 13 Rn. 54; *Spring* 2009, S. 263 f.; *Waßmer* 2006, S. 342 f.; LK_{12}/StGB-*Weigend*, § 13 Rn. 94 f.; *Wengenroth* 2014, S. 429; *Wessels/Beulke/Satzger* 2014, Rn. 734.

nach Art und Gewicht der Beteiligungsform[1085], welche im Bereich der Unterlassungen maßgeblich durch die unterschiedliche Qualität der Eingriffsmöglichkeit geprägt wird[1086].

Nicht zuletzt ist dieser Weg hin zu einer wertenden Betrachtung der Beteiligungsform des Unterlassens durch die Entsprechungsklausel des § 13 Abs. 1 HS 2 StGB vorgegeben, wonach eine Strafbarkeit durch begehungsgleiches Unterlassen nur dann bestehen kann, wenn neben der besonderen Rechtspflicht zum Handeln „das Unterlassen der Verwirklichung des gesetzlichen Tatbestandes durch ein Tun entspricht". Überwiegend wird diesem „zweiten Gleichstellungsmerkmal"[1087] unechten Unterlassens nur Bedeutung bei den sogenannten verhaltensgebundenen Delikten[1088] beigemessen; bei reinen Erfolgsdelikten komme dagegen der Entsprechungsklausel keine Bedeutung zu, weil bereits die pflichtwidrige Nichtabwendung des Erfolges durch den Garanten der aktiven Erfolgsherbeiführung entspreche[1089].

Dieser stiefmütterlichen Anwendung der Entsprechungsklausel[1090] ist entschieden entgegenzutreten, da der Gesetzeswortlaut ausdrücklich vorgibt, dass neben der „Handlungs- bzw. Bewirkensäquivalenz", die durch das Vorliegen einer Garantenstellung verbürgt ist, kumulativ die mit der Entsprechungsklausel umschriebene „Modalitätenäquivalenz"[1091] vorliegen muss, um eine Strafbarkeit durch begehungs-

---

1085 Zur ausführlichen Herleitung oben unter 2. Teil, II. 3. b).

1086 MK/StGB-*Joecks*, § 25 Rn. 270; *ders.* 2014, § 13 Rn. 83f. weist in diesem Zusammenhang zutreffend darauf hin, dass die Wege zur Abwendung des Erfolges unterschiedlich sein können und dies den Grad der Beherrschung des tatbestandlichen Geschehens beeinflussen könne: So könne etwa der Unterlassende selbst die Möglichkeit haben, den Erfolg allein abzuwenden; anderseits gäbe es aber auch Fälle, in denen ein Einschreiten selbst nicht möglich sei und man sich der Hilfe Dritter bedienen müsse. In diese Richtung auch *Poguntke* 2013, S. 119f.; *Sering* 2000, S. 95ff.; *Spring* 2009, S. 263f.; *Waßmer* 2006, S. 343; LK_{12}/StGB-*Weigend*, § 13 Rn. 94f.

1087 Vgl. nur *Rengier* 2014, § 49 Rn. 30.

1088 Verhaltensgebundene Delikte zeichnen sich durch einen Tatbestand aus, der spezielle Anforderungen an die Art und Weise der Erfolgsherbeiführung stellt. Eingehend zur Bedeutung der Entsprechungsklausel *Roxin* 2003, § 32 Rn. 218ff. m. w. N.

1089 Baumann/Weber/*Mitsch* 2003, § 15 Rn. 77ff.; *Ebert* 2001, S. 181; *Heinrich* 2014, Rn. 907; *Jakobs* 1993, 29/78ff.; *Jescheck/Weigend* 1996, § 59 V 1; *Joecks* 2014, § 13 Rn. 65ff.; SSW/StGB-*Kudlich*, § 13 Rn. 32f.; *Kühl* 2012, § 18 Rn. 124; *Mosenheuer* 2009, S. 185f.; *Otto* 2004, § 9 Rn. 38ff.; *Rengier* 2014, § 49 Rn. 30ff.; *Stratenwerth/Kuhlen* 2011, § 13 Rn. 63; HK/GS-*Tag*, § 13 Rn. 23f.; LK_{12}/StGB-*Weigend*, § 13 Rn. 77; *Wessels/Beulke/Satzger* 2014, Rn. 730.

1090 Vgl. aber auch *Nitze* 1989, S. 188f., der der Entsprechensklausel keinerlei Bedeutung abgewinnen möchte.

1091 Zur Gebräuchlichkeit dieser Begrifflichkeiten vgl. nur MK/StGB-*Freund*, § 13 Rn. 202; SK/StGB-*Rudolphi/Stein*, § 13 Rn. 10.

gleiches Unterlassen begründen zu können[1092]. Es widerspräche geradezu dem Gesetzeswortlaut, würde man das strafbegrenzende Merkmal der Entsprechungsklausel bei einem Großteil der unechten Unterlassungsdelikte für bedeutungslos erklären, da das Gesetz – mangels ausdrücklicher Einschränkung – die Voraussetzungen für alle auf Begehungsdelikten beruhende (unechte) Unterlassungsdelikte einheitlich regelt[1093].

Das Gleichstellungserfordernis des § 13 Abs. 1 HS 2 StGB ist insoweit so zu verstehen, dass das Unterlassen, um als begehungsgleiches Unterlassen strafbar zu sein, nach Qualität, Quantität und Modalität der Verwirklichung des Tatbestandes – also des Täterschafts- oder des Beihilfetatbestandes – durch ein Tun entsprechen muss und dann konsequenterweise entweder als Täterschaft oder als Beihilfe durch Unterlassen einzuordnen ist[1094]. Nach hier vertretener Ansicht ist die Entsprechungsklausel zwar nicht als entscheidendes Abgrenzungskriterium konzipiert[1095], wohl aber gibt sie eine wertende Betrachtung vor, deren Kriterien auf dem Grundgedanken der Tatherrschaft beruhen.

In diesem Sinne erweist sich die reine Gehilfentheorie, die den unterlassenden Garanten neben dem Aktivtäter immer nur als „Randfigur des Geschehens" und damit als Gehilfen einordnen möchte, als zu starr[1096], da sie nicht zwingend geeignet ist, dem jeweiligen Unwertgehalt der am Tatgeschehen Beteiligten Rechnung zu tragen. Zum einen ist eine solche, wenn auch bloß faktische Reduzierung auf eine reine Teilnehmerstrafbarkeit nur schwerlich mit den bereits erwähnten §§ 8 S. 1, 9 Abs. 2 S. 1, 13 Abs. 1 HS 2 StGB vereinbar[1097]. Zum anderen ist nicht einzusehen, warum der untätig bleibende Garant stets als „Randfigur des Geschehens" anzusehen sein

1092 So auch *Bottke* 1994, S. 49 f.; *ders.* 2004, S. 24 in Fn. 18; *Kahlo* 1990, S. 322; *Klesczewski* 2012, Rn. 265; *Schünemann* 1979, S. 84 f.; *J. Vogel* 1993, S. 141 ff.; eingehend MK/StGB-*Freund*, § 13 Rn. 202 ff.; *Schwab* 1996, S. 191 ff. Im Übrigen prüft auch BGHSt 48, 77 (96) die Entsprechungsklausel bei § 212 Abs. 1 StGB.

1093 Eingehend *Schwab* 1996, S. 191 f. mit dem zutreffenden Hinweis, dass jede Nichtanwendung der Entsprechungsklausel gegen den in Art. 103 Abs. 2 GG verbürgten nulla-poena-sine-lege-Grundsatz verstoßen würde. In diese Richtung auch *Bottke* 1994, S. 49 f.

1094 Vgl. bereits SK/StGB-*Rudolphi/Stein*, Vor § 13 Rn. 54; *Stein* 1988, S. 308; in diese Richtung auch *Schwab* 1996, S. 197 f.

1095 Dies verkennt *Schwab* 1996, S. 197 ff., soweit er eine wertende Gesamtbetrachtung lediglich mit Hilfe der Entsprechungsklausel vornehmen möchte. Die Entsprechungsklausel kann jedoch dann als Korrektiv herhalten, wenn ein vergleichbarer Fall einer Aktivbeteiligung offensichtlich Beihilfe begründet hätte; vgl. *Schwab* 1996, S. 190 f. mit dem Beispiel des eigenmächtigen Zugriffs eines Täters auf eine gefährliche Sache zum Zwecke der späteren, gefährlichen Verwendung gegenüber einem Dritten.

1096 Sch/Sch$_{27}$-*Cramer/Heine*, Vorbem §§ 25 ff. Rn. 102; *Hoffmann-Holland* 2006, S. 625 f.; *Krüger* 2011, S. 4; *Mosenheuer* 2009, S. 188 ff.; *Roxin* 2003, § 31 Rn. 152 ff.; *Schwab* 1996, S. 143 ff.; *Spring* 2009, S. 263; *Waßmer* 2006, S. 345; *Wengenroth* 2014, S. 428.

1097 *Krüger* 2011, S. 4; *Wengenroth* 2014, S. 429.

soll, insbesondere wenn es ihm leicht möglich gewesen wäre, durch Einwirkung auf den Aktivtäter den Erfolg zu verhindern, und/oder der Aktivtäter das Unrecht seiner Tat nicht vollständig überblickt. Im Übrigen sei darauf hingewiesen, dass auch beim Begehungsdelikt die Möglichkeit der Täterschaft nicht dadurch „versperrt" werde, dass ein anderer das Tatgeschehen mitbeherrscht[1098].

2) Keine Abgrenzung nach der Garantenpflicht als solcher

Nach hier vertretener Auffassung können die Ansichten, die sich zur „Abgrenzung" von Täterschaft und Teilnahme an der Garantenpflicht als solcher orientieren, nicht überzeugen:

Dies gilt vor allem für die Pflichtdeliktstheorie, deren Anhänger in der Verletzung der Rechtsverpflichtung zur Erfolgsabwendung das entscheidende Täterkriterium sehen. Zwar ist es richtig, dass die Garantenstellung an ähnliche materielle Aspekte wie manche besondere Tätermerkmale anknüpft[1099], indem sie aus dem uferlosen Kreis der Unterlassenden denjenigen herausfiltert, der überhaupt vom Handlungsgebot des eigentlich als Verbotsnorm konzipierten Begehungsdelikts erreicht wird[1100]. Als Voraussetzung jeder Beteiligung durch Unterlassen sagt sie aber noch nichts über die Rollenverteilung in einem Tatgeschehen aus. Insbesondere kommt der Garantenstellung nicht die Funktion zu, die nach der Wertentscheidung des Gesetzgebers gem. der §§ 25–27, 13 Abs. 1 HS 2 StGB auch beim Unterlassen stets erforderlichen Abgrenzung zwischen Täterschaft und Teilnahme zugunsten der Täterschaft bei den reinen Erfolgsdelikten vorwegzunehmen[1101]. Ansonsten sähe man sich dem sachlichen Widerspruch ausgesetzt, eine Abgrenzung im Bereich der mit größerem Handlungsunrecht versehenen Verbotstatbeständen zuzulassen, nicht aber bei den meisten mit geringerem Unrecht behafteten Gebotsnormen[1102].

1098 So zutreffend *Waßmer* 2006, S. 345. Hingewiesen sei diesbezüglich nur auf die Mittäterschaft sowie die Annahme mittelbarer Täterschaft trotz Verantwortlichkeit des Vordermanns.

1099 So auch SK/StGB-*Rudolphi/Stein*, Vor § 13 Rn. 55.

1100 Zur „Siebfunktion" der Garantenstellung vgl. bereits unter 3. Teil, I. 1. b) 2) (b) (1).

1101 Vgl. zur Kritik *Arzt* 1980, S. 558, wonach „die Garantenstellung nicht die Funktion hat, die §§ 25–27 StGB zu überspielen". Ferner *Hoffman-Holland* 2006, S. 626; *Krüger* 2011, S. 2 f.; *Poguntke* 2013, S. 118; SK/StGB-*Rudolphi/Stein*, Vor § 13 Rn. 54; *Waßmer* 2006, S. 345; eingehend *Bottke* 2004, S. 26 ff.; *Mosenheuer* 2009, S. 172 ff.; *Schwab* 1996, S. 189 ff.

1102 In diesem Sinne auch Sch/Sch$_{27}$-*Cramer/Heine*, Vorbem §§ 25 ff. Rn. 102; SK/StGB-*Rudolphi/Stein*, Vor § 13 Rn. 54; *Schünemann* 1979, S. 85; *Schwab* 1996, S. 129; *J. Vogel* 1993, S. 278 f.; *Waßmer* 2006, S. 344 f. Eine generelle Bestrafung des Garanten als Täter bedeutet zum einen, ihm die obligatorische Strafmilderung des § 27 Abs. 2 StGB zu verweigern. Zum anderen kann sich dies gar strafbegründend auswirken; wenn nämlich eine vergleichbare Aktivbeteiligung lediglich versuchte Beihilfe darstellen würde, die der Gesetzgeber bewusst straflos gelassen hat.

Klarzustellen ist demnach, dass sich die Funktion der Garantenstellung „lediglich“ darauf beschränkt, „das grundsätzlich erlaubte gefährliche Unterlassen dem grundsätzlich verbotenen gefährlichen Handeln im Hinblick auf das Ver- bzw. Gebot gleichzustellen und damit zu bewirken, dass dieses Unterlassen den gleichen Regeln – d.h. insbesondere auch im Hinblick auf die Beteiligungsformen – unterliegt wie das Handeln“[1103].

Auch die nach Art und Inhalt der Garantenpflicht differenzierenden Theorien helfen letztlich nicht weiter, da sich damit keine trennscharfe, am Einzelfall orientierte Abgrenzung zwischen Täterschaft und Teilnahme durch Unterlassen bewerkstelligen lässt[1104]. Positiv anzumerken ist zunächst, dass jede Pflichtinhaltstheorie im Gegensatz zur Pflichtdeliktstheorie eine normative Wertung vornimmt, deren Ergebnis zumeist[1105] mit dem nach Tatherrschaftskriterien bestimmten Ergebnis übereinstimmt. Dennoch vermögen die Pflichtinhaltstheorien nicht vollständig zu überzeugen. Denn die funktionale Differenzierung der Garantenpflicht, welche ganz grundsätzlich allein die Beteiligungsform klären soll, ist mit Blick auf das konkrete Tatgeschehen und die damit verbundene Rolle des Garanten unergiebig[1106]: In der konkreten Tatsituation kommt es nämlich nicht auf eine grundsätzliche Pflicht des Garanten an; vielmehr geht es gem. § 13 Abs. 1 StGB darum, die konkrete Pflicht des Garanten zur Abwendung des tatbestandsmäßigen Erfolges zu bestimmen.

Insoweit erscheint eine Behandlung aller Beschützergaranten als Täter sowie sämtlicher Überwachergaranten als Gehilfe als zu starr. Exemplarisch sei dies an einem Beispiel nach *Wengenroth* dargestellt[1107]: dieser führt zutreffend aus, dass es der Sache nach nicht überzeugt, soweit einerseits bloß eine Beihilfe eines Überwachergaranten vorliegen soll, falls etwa ein Psychopath einen Dritten tötet und der aufsichtspflichtige Wärter untätig daneben steht, andererseits jedoch ohne Zweifel Täterschaft vorliegen würde, wenn ein zu überwachender Kampfhund

---

1103 So zutreffend SK/StGB-*Rudolphi/Stein*, Vor § 13 Rn. 55.

1104 Diese Einschätzung teilen u. a. *Arzt* 1980, S. 559; *V. Haas* 2011, S. 395 f.; *Hoffmann-Holland* 2006, S. 627 f.; *Kühl* 2012, § 20 Rn. 231; *Mosenheuer* 2009, S. 177 ff.; *Poguntke* 2013, S. 118; *Roxin* 2003, § 31 Rn. 160 ff.; *Schilha* 2008, S. 204; *Schwab* 1996, S. 106 ff.; *Sowada* 1986, S. 406 f.; *Waßmer* 2006, S. 343 f.; *Wengenroth* 2014, S. 429. Soweit teilweise allerdings eingewandt wird, dass eine klare Unterscheidung nach dem Inhalt nicht in allen Fällen möglich sei, wurde dieser Kritikpunkt von *V. Haas* (aaO) überzeugend widerlegt.

1105 Von vornherein abweichende Ergebnisse ergeben sich dagegen, soweit man mit *Krüger* 2011, S. 7 f. die Überwachergaranten als Täter und die Beschützergaranten als Gehilfen ansieht. Vgl. dahingehend die kritische Auseinandersetzung von *Wengenroth* 2014, S. 429.

1106 So auch *Kühl* 2012, § 20 Rn. 231; *Mosenheuer* 2009, S. 178 ff.; *Waßmer* 2006, S. 343 f.; *Wengenroth* 2014, S. 429.

1107 *Wengenroth* 2014, S. 429; ähnliche Kritik bei *Ranft* 1982, S. 860 f., der zudem auf S. 858 f. den Widerspruch moniert, der entsteht, soweit „der aktive Gehilfe, der zugleich Garant für das Schutzgut ist, wegen seiner Garantiepflichtverletzung als Täter bestraft werden muss“.

einen Menschen tötet. Insbesondere dieses Beispiel zeigt, dass zur Bewertung des konkret verwirklichten Unrechts auf den Grad der Beherrschung des konkreten Tatgeschehens abzustellen ist[1108].

c) Eigene Auffassung zur Abgrenzung von Täterschaft und Teilnahme anhand einer wertenden Betrachtung

Nachdem geklärt werden konnte, dass die Unterscheidung in Täterschaft und Teilnahme (auch) bei den Unterlassungsdelikten die Funktion hat, unterschiedliche Grade der Verantwortlichkeit zu gewichten, und sich für diese Abgrenzung der Tatherrschaftgedanke als entscheidender Maßstab herauskristallisiert hat, sollen nunmehr die Kriterien auf den Prüfstand kommen, mithilfe denen die Tatherrschaft des unterlassenden Garanten zu bestimmen ist.

Dabei ist von der typischen Konstellation einer betrieblichen Aufsichtsgarantenstellung – wie sie auch der BSR-Entscheidung zugrunde lag – auszugehen: Der aufsichtspflichtige Compliance-Beauftragte eines Unternehmens registriert eine bevorstehende (betriebsbezogene) Straftat eines Mitarbeiters zum Nachteil eines außenstehenden Dritten und bleibt vorsätzlich untätig. Anschließend verwirklicht der Mitarbeiter die Straftat.

1) Die Bestimmung der Tatherrschaft im Falle garantenpflichtwidrigen Unterlassens

Unter Zugrundelegung des Tatherrschaftsgedankens ist der unterlassende Garant dann als Unterlassungstäter anzusehen, wenn er das tatbestandsmäßige Geschehen durch seine Untätigkeit als Zentralfigur (mit-)beherrscht. Lässt er es dagegen bei wertender Betrachtung als Randfigur (vorsätzlich) ablaufen, entspricht seine Rolle der eines Gehilfen an einer fremden Straftat[1109]. Um dies beurteilen zu können, ist der Blick auf das rechtsgutschädigende Gesamtgeschehen zu richten und danach zu fragen, wer von den beteiligten Akteuren die tatbestandsmäßige Situation (wesentlich) beherrscht. Nur so lässt sich eine Beurteilung erzielen, die den mutmaßlich unterschiedlichen Verantwortungsgraden der beteiligten Akteure gerecht wird.

Nicht dagegen ist es ausreichend, isoliert die pflichtwidrig unterlassene Handlung des Garanten, durch die der Eintritt des tatbestandsmäßigen Erfolges (mit an Sicherheit grenzender Wahrscheinlichkeit) verhindert worden wäre, und eben diesem Erfolg zu betrachten, da diese unmittelbare Zurechnungsstruktur immer auch auf die unmittelbare

1108 Schließlich möchten auch einige Vertreter, die prinzipiell der Pflichtinhaltstheorie folgen, den Überwachergaranten (ausnahmsweise) dann als Unterlassungstäter ansehen, wenn die zu beaufsichtigende Person nicht schuldhaft handele oder sonst die Voraussetzungen der mittelbaren Täterschaft gegeben wären; vgl. Sch/Sch$_{27}$-*Cramer/Heine*, Vorbem §§ 25 ff. Rn. 106; *Herzberg* 1972, S. 260 f. Dies kommt letztlich nichts anderem als einer Anerkennung des Tatherrschaftsgedankens gleich.

1109 Vgl. näher unter 4. Teil, III. 2. b) 1).

(potentielle) Beherrschung des Geschehensablaufs durch den Garanten schließen lässt und damit zwangsläufig zu der Annahme regelmäßiger Täterschaft[1110] führen würde[1111]. Eine derartige Betrachtung, die über die Rollenverteilung in einem Tatgeschehen nichts aussagt, wird den vorliegenden Konstellationen nicht gerecht[1112]. Denn für den aufsichtspflichtigen Überwachergaranten wird die ihm obliegende Erfolgsabwendungspflicht gerade erst durch die bevorstehende Straftat der zu kontrollierenden Person aktiviert. Diese Straftat vermittelt für ihn damit erst die Beziehung zu einem dann konkret bedrohten Rechtsgut. Damit ist aufgezeigt, dass sein rechtsgutschädigendes Unterlassen eng mit dem deliktischen Verhalten des Aktivtäters verbunden ist.

In einem solchen Zusammenhang geht es beim Begehen wie Unterlassen gleichermaßen darum, wie der jeweilige Tatbeitrag „im Geflecht anderer, den Erfolg mitverursachender Beiträge" zu bewerten ist[1113]. Hierfür kommt es für den Garanten entscheidend auf den Grad der Beherrschung des auf die Abwendung des Erfolges gerichteten Kausalverlaufs an, was sich vor allem[1114] danach beurteilt, wie leicht oder wie schwer es dem Garanten möglich gewesen wäre, die Deliktsverwirklichung durch den Aktivtäter zu verhindern[1115]. Für diese wertende Betrachtung, bei der letztlich die Verantwortlichkeit des Begehungstäters am rechtsgutschädigenden Geschehen mit der eines diesen nicht hindernden Garanten verglichen wird, erlangen in den vorliegenden Aufsichtsgaranten-Konstellationen zwei Faktoren besondere Relevanz:

Der Garant beherrscht trotz seiner äußeren Untätigkeit das tatbestandsmäßige Geschehen als Täter, soweit es ihm zum einen in seiner Rolle möglich ist, steuernden Einfluss auf das Tatgeschehen i. S. einer Gestaltungsherrschaft auszuüben, und zum anderen diese tatbewerkende Herrschaft derjenigen des Aktivtäters relevant überlegen ist[1116]. Dieser bewertende Maßstab[1117], der auch auf die konkrete Erfolgs-

---

1110 Eine derartige unmittelbare Zurechnungsstruktur entspricht aber der oben bereits kritisierten Pflichtdeliktstheorie, vgl. unter 4. Teil, III. 2. b) 2).

1111 So bereits *Mosenheuer* 2009, S. 192 f.; vgl. zudem die didaktische Analyse bei *Sowada* 1986, S. 403.

1112 Anders stellt sich dies aber dar, soweit die Gefahr für ein Rechtsgut nicht von Menschenhand droht. Hier ist der unterlassene Garant zwangsläufig Alleintäter, da er durch seine Pflichtverletzung ins Zentrum des deliktischen Geschehens rückt.

1113 *Arzt* 1980, S. 559; vgl. auch *Waßmer* 2006, S. 343.

1114 Als weitere tatherrschaftsvermittelnde Relevanzkriterien werden die Nähe des Garanten zum Tatort, zum Schutzobjekt sowie zur Gefahrquelle, aber auch die Mitwirkung bei der Tatplanung genannt; vgl. *Rengier* 2014, § 51 Rn. 21.

1115 In diese Richtung auch *Arzt* 1980, S. 559; *Fernàndez* 2012, S. 368 f.; MK/StGB-*Joecks*, § 25 Rn. 270; *ders.* 2014, § 13 Rn. 83 f.; *Rengier* 2014, § 51 Rn. 18 ff.; SK/StGB-*Rudolphi/Stein*, Vor § 13 Rn. 54; *Spring* 2009, S. 263 f.; *Waßmer* 2006, S. 342 ff.; LK_{12}/StGB-*Weigend*, § 13 Rn. 94 f.; *Wessels/Beulke/Satzger* 2014, Rn. 734; eingehend *Bottke* 2004, S. 41 ff.; *Mosenheuer* 2009, S. 194 ff.

1116 Wie hier *Bottke* 1994, S. 31 ff.

1117 Vgl. auch *Arzt* 1980, S. 559; *Fernàndez* 2012, S. 368 f.; *Waßmer* 2006, S. 345 ff., der die Abgrenzung zwischen Täterschaft und Teilnahme durch Unterlassen von der

abwendungsmöglichkeit abstellt[1118], beachtet nicht nur, dass durchaus zwischen Eingriffsmöglichkeiten unterschiedlicher Gewichtung zu differenzieren und bereits diese Unterscheidung für die Abgrenzung von Täterschaft und Teilnahme bedeutsam ist[1119]. Auch wird durch den Einbezug des Tatbeitrags des Aktivtäters gewährleistet, dessen Verantwortlichkeit für den Eintritt des deliktischen Erfolges gegenüber derer des Garanten adäquat zu gewichten.

Soweit demnach der Garant selbst die Möglichkeit hatte, die Tatbestandsverwirklichung durch den Begehungstäter abzuwenden, ist er nach hier vertretener Auffassung dann als Unterlassungstäter anzusehen, wenn diese Herrschaft der Machtausübung des unmittelbar Handelnden relevant überlegen ist[1120]. Dies ist jedenfalls dann nicht der Fall, wenn der Aktivtäter die volle Verantwortung für den Eintritt der Rechtsgutsverletzung trägt. In diesem Fall entspricht die Rolle des Garanten derjenigen eines Gehilfen, weil er gegenüber dem im Zentrum des Geschehens stehenden Aktivtäter bei wertender Betrachtung nur die Rolle einer Randfigur einnimmt. Hier ist nämlich zu beachten, dass ein eigenverantwortlich handelnder Begehungstäter durch sein Verhalten den Erfolg herbeiführt und dabei den Geschehensablauf als (alleinige) Zentralgestalt nach seinem Willen hemmen oder ablaufen lassen kann. Auch wenn dem Garanten die Verhaltenssteuerung potentiell möglich ist, so erscheint es bei wertender Betrachtung unbillig, ihm allein aufgrund dessen potentielle Tatherrschaft zusprechen zu wollen[1121].

Kausalität des Unterlassens und damit von Frage abhängig machen möchte, ob der Garant die Möglichkeit zur „sicheren" Erfolgsabwendung hatte (dann Täterschaft) oder für ihn lediglich eine „echte Chance" dahingehend bestand (dann Beihilfe). Diese Abgrenzung sehe ich jedoch als problematisch an, da beim Unterlassen die Kausalitätsfrage stets nur hypothetisch beantwortet werden kann [vgl. näher unter 2. Teil, II. 2. b)]. Dies drängt nunmehr die von LK_{12}/StGB-*Weigend*, § 13 Rn. 96 geäußerte Einschätzung in den Vordergrund, dass eine Untätigkeit des Garanten für den Erfolgseintritt entweder hypothetisch kausal ist oder eben nicht und dass insoweit ein bloßes nicht-kausales „Fördern" der Haupttat kaum vorstellbar sei. Daher ist zu befürchten, dass sich mit dem von *Waßmer* bemühten Kriterium der Kausalität des Unterlassens keine trennscharfe Abgrenzung gewährleisten lässt.

1118 A.A. *Mosenheuer* 2009, S. 194f., der meint, das der Garant keine Gestaltungsherrschaft besitze und es im Übrigen auch darauf gar nicht ankäme, da sich der Unterlassungsvorwurf allein darauf beziehen würde, dass es zu einer Rechtsgutsverletzung gekommen ist, nicht aber darauf, wie dies geschehen ist.

1119 Vgl. bereits unter 2. Teil, II. 3. b).

1120 Zu den Einzelausprägungen vgl. im Folgenden unter 4. Teil, III. 2. c) 2).

1121 So auch *Bottke* 1994, S. 51ff.; SK/StGB-*Rudolphi/Stein*, Vor § 13 Rn. 54f.; *Poguntke* 2013, S. 401f. Teilweise wird angenommen, dass einer Tatherrschaft des Garanten hier „die Barriere des aktiven Täterwillens des Dritten im Weg" stehe, die zu überwinden ungleich schwerer sei als von eigener Tatmacht aktiv Gebrauch zu machen; so u. a. LK_{12}/StGB-*Weigend*, § 13 Rn. 95. Ich halte es für überzeugender mit *Mosenheuer* 2009, S. 194f. von einer gegenüber dem Begehungstäter im Regelfall „reduzierten Entscheidungsherrschaft" des Unterlassenden auszugehen: Danach

Ebenso ist der Aufsichtsgarant bereits dann (lediglich) als Gehilfe anzusehen, wenn er nur unter Hinzuziehung Dritter erfolgsabwendend tätig werden kann[1122], weil sich seine übernommene Verpflichtung bezüglich der Risikoeindämmung darauf beschränkt. Denn in diesem Fall kann man nicht von einem täterschaftskonstituierenden Grad der Beherrschung des tatbestandsmäßigen Geschehens sprechen. Vielmehr erscheint der Garant als bloße Randfigur der Tat, da er durch die Einschaltung des Dritten zwar auf das Geschehen Einfluss nehmen, dieses aber nicht maßgeblich (mit-)gestalten kann. Die gegenüber der direkten Befähigung zum Einschreiten „geringere" Qualität der Eingriffsmöglichkeit verdeutlicht, dass sich auch der Aspekt der negativen Steuerung des Geschehensablaufs unterschiedlich gewichten lässt und dieses Resultat nicht ohne Auswirkung auf die Beurteilung der (potentiellen) Tatherrschaft des Garanten sein kann.

2) Strafbarkeit des Compliance-Beauftragten wegen Beihilfe durch Unterlassen

Legt man im Rahmen der Abgrenzung von Täterschaft und Teilnahme den Tatherrschaftsgedanken sowie dabei die zur Annahme von Tatherrschaft gerade genannten Kriterien zugrunde, wird der pflichtwidrig unterlassende Compliance-Beauftragte eines Unternehmens regelmäßig (nur) als Gehilfe anzusehen sein. Eine Verantwortlichkeit als Unterlassungstäter wird dagegen nur in Ausnahmefällen in Betracht kommen. Diese Erkenntnis lässt sich anhand der Bewertung der typischen Tatsituation gewinnen:

Als zentral für die Begründung der Tatherrschaft hat sich erstens die Möglichkeit der Ausübung steuernden Einflusses auf das Tatgeschehen erwiesen. Soweit es nun einem Compliance-Beauftragten – wie es insbesondere bei dem unterhalb der Leitungsebene eingesetzten Compliance Officer regelmäßig der Fall ist[1123] – nicht möglich ist, auf das Verhalten des die Straftat begehenden Unternehmensangehörigen steuernden Einfluss mittels einer übertragenen Weisungsbefugnis auszuüben[1124], verfügt er nicht über die Macht, das tatbestandsmäßige Geschehen als (mit-)beherrschende Zentralgestalt zu lenken, weil ihm eben das Element der Gestaltungsherrschaft fehlt. Auch sind die ihm in der tatbestandsmäßigen Situation gegenüber dem Vorstand und/oder dem Aufsichtsrat obliegenden Informationspflichten – gerade in

---

hat der Unterlassende eine dem Begehungstäter gleichgeordnete negative Entscheidungsherrschaft, da er entscheiden könne, den Erfolgseintritt zu verhindern. Allerdings fehlt dem Garant die positive Komponete, da er nicht darüber entscheiden könne, ob der Erfolg eintritt, sondern dahingehend von dem Begehenden abhängig sei.

1122 In diese Richtung auch MK/StGB-*Joecks*, § 25 Rn. 270; *ders.* 2014, § 13 Rn. 83 f.; *Poguntke* 2013, S. 399 ff.; *Ransiek* 2010, S. 152; *Spring* 2009, S. 263 f.; *Waßmer* 2006, S. 343; LK_{12}/StGB-*Weigend*, § 13 Rn. 94 f.

1123 Zu den Befugnissen des Compliance Officers vgl. bereits unter 1. Teil, IV. 2. c) 2) (c).

1124 Zur Begrenzung des Handlungsgebotes des Garanten vgl. unter 2. Teil, II. 2. a) sowie unter 4. Teil, III. 1. a).

Anbetracht der tatbewerkenden Rolle des Begehungstäters – nicht in der Lage, als adäquate Tatbeherrschung angesehen zu werden. Denn eine Informationspflicht des Garanten gegenüber einem Dritten reicht nicht allein zur Erfolgsabwendung aus. Vielmehr kann sie lediglich einen Beitrag dazu leisten, soweit nämlich der Dritte seinerseits zur Erfolgsabwendung tätig wird. Genau aber dies entspricht der Rolle eines Gehilfen in einem Tatgeschehen, sodass den Informationspflichten (lediglich) Beihilfequalität zukommt.

Soweit aber ein Compliance-Beauftragter – etwa ein Compliance-Vorstand[1125] – über eine direkte Weisungsbefugnis gegenüber dem betreffenden Mitarbeiter verfügt, ist es im Falle seiner pflichtwidrigen Untätigkeit grundsätzlich denkbar, aufgrund der Einräumung tatbewerkender Macht von einer täterschaftlichen Verantwortung auszugehen.

Gleichwohl wird auch der mit Anordnungskompetenz ausgestattete Compliance-Beauftragte in den allermeisten Fällen nicht als Unterlassungstäter anzusehen sein. Denn die Möglichkeit zur Machtausübung auf das Tatgeschehen muss zweitens der Geschehenssteuerung durch den aktiv handelnden Mitarbeiter relevant überlegen sein, was jedenfalls dann nicht der Fall ist, wenn der Mitarbeiter die volle Verantwortung für den Eintritt der Rechtsgutsverletzung trägt[1126]. In diesen Fällen erscheint der unterlassende Compliance-Beauftragte nämlich als bloße Randfigur im Rahmen der tatbestandsmäßigen Situation[1127]. Eine der Tatgestaltung durch den Mitarbeiter relevant überlegene Machtausübung des Compliance-Beauftragten und damit Täterschaft ist jedoch dann anzunehmen, wenn die Eigenverantwortlichkeit des handelnden Mitarbeiters beschränkt ist. In diesen Fällen wird das Spannungsverhältnis zwischen der Selbstverantwortung des unmittelbar Handelnden und der (potentiellen) Tatherrschaft des unterlassenden Garanten, der zum Schutze des bedrohten Rechtsguts „auf Posten gestellt" ist, bei normativer Betrachtung zugunsten der Annahme von Tatherrschaft des Garanten aufzulösen sein[1128].

Als denkbare Fallkonstellationen erscheinen hier zum einen individuumsbedingte Irrtümer oder sonstige Defekte des Mitarbeiters. Zum anderen kann die Eigenverantwortlichkeit des Mitarbeiters unternehmensbedingt eingeschränkt sein, ohne dass dies dessen Strafbarkeit als Täter eines Vorsatzdelikts ausschließt. Man

1125 Vgl. näher unter 1. Teil, IV. 2. b).

1126 Wie hier *Bottke* 1994, S. 51 ff., der zutreffend betont, dass der betriebsintern Untergebene „weder stets nach strafrechtlichen Regeln strafbegründungsqualitativ entlastet oder relevant weniger gefahrwissend als der Vorgesetzte" sei, noch „die Unternehmen oder Betriebe, deren betriebsbezogene Straftaten durch eine kriminogene Verbandsattitüde miterklärt werden kann, wegen dieser Verbandsattitüde acivile Machtapparate" seien. Im Ergebnis auch *Mosenheuer* 2009, S. 196 ff.; a.A. *Ransiek* 1996, S. 52; *Schünemann* 1979, S. 101 ff.

1127 Vgl. bereits unter 4. Teil, III. 2. c) 1).

1128 Zum Stellenwert des Verantwortungsprinzips im Rahmen der mittelbaren (Begehungs-)Täterschaft vgl. bereits unter 3. Teil, I. 1. c) 2) (c) (2); zur Frage nach einer mittelbaren Täterschaft durch Unterlassen vgl. sogleich unter 4. Teil, III. 2. c) 3).

denke diesbezüglich vor allem an von der Unternehmensspitze auferlegten „Zwang" zur Erzielung von Abschlüssen bzw. Gewinn um jeden Preis, der die Mitarbeiter einem potentiellen „Nötigungsdruck" unterwirft. Letztlich sind auch Situationen vorstellbar, in denen der Compliance-Beauftragte aufgrund seines betrieblichen Informationsfundus oder auf andere Weise qualitativ mehr über die Gefährlichkeit des betriebsbezogenen Handelns des Mitarbeiters weiß als dieser und er wissentlich seiner Pflicht zum Einschreiten nicht nachkommt[1129].

In derartigen Fällen deutet der Vergleich mit dem anderen Beteiligten im Rahmen der tatbestandsmäßigen Situation auf eine relevant überlegene Herrschaft des Compliance-Beauftragten hin, die es rechtfertigt, ihn als (mit-)beherrschende Zentralgestalt des Geschehens anzusehen und ihn damit täterschaftlich zur Verantwortung zu ziehen. Insoweit erweist sich die Selbstverantwortung des unmittelbar Handelnden als normatives Leitkriterium zur Bestimmung der Tatherrschaft des unterlassenden Garanten[1130].

3) Der Compliance-Beauftragte als (mittelbarer) Unterlassungstäter?

Eine täterschaftliche Verantwortlichkeit vermittelt durch die Tatherrschaft des Compliance-Beauftragten kann allenfalls dann angenommen werden, wenn es ihm zum einen prinzipiell möglich ist, auf das Verhalten der zu überwachenden Person steuernden Einfluss auszuüben (Weisungsbefugnis) und zum anderen diese geschehensbewerkende Ausübung der Herrschaft des Handelnden relevant überlegen ist, was insbesondere dann der Fall ist, wenn die Verantwortlichkeit des Handelnden für den deliktischen Erfolg im Vergleich zu der des Compliance-Beauftragten beschränkt ist. Dieser Bewertungsmaßstab zur Beurteilung der Tatherrschaft des Garanten knüpft eng an die seit jeher genannten Kriterien zur Begründung der Tatherrschaft des Hintermanns in Form einer mittelbaren (Begehungs-)Täterschaft an[1131], sodass nunmehr noch der Frage nachzugehen ist, ob der pflichtwidrig untätig bleibende Compliance-Beauftragte, soweit nicht sowieso Beihilfe durch Unterlassen vorliegt, als unmittelbarer (Neben-)Täter[1132] oder mittelbarer Täter anzusehen ist.

1129 Zutreffend *Bottke* 1994, S. 52; vgl. auch *Dous* 2009, S. 237, der in derartigen Fällen treffend von einer „teilweisen Unkenntnis des Vordermanns" spricht.

1130 Es ist durchaus einzuräumen, dass die anhand der Bewertung der Tatsituation zu bestimmende (potentielle) Tatherrschaft nicht immer eindeutige Lösungen vorgibt. Allerdings tragen die hier genannten Kriterien meines Erachtens zu einer konturenschärferen Abgrenzung bei als es zumindest in der bisherigen Diskussion um die Unterlassungsstrafbarkeit des Compliance-Beauftragten der Fall ist. Im Übrigen sei mit LK_{12}/StGB-*Weigend*, § 13 Rn. 95 darauf hingewiesen, dass sich das Problem der Abgrenzung zwischen Täterschaft und Teilnahme auch in vielen Fällen vorsätzlicher Tatbegehung stellt.

1131 Eingehend *Roxin* 2003, § 25 Rn. 45ff. m. w. N.; *Mosenheuer* 2009, S. 99ff.

1132 Die sog. Nebentäterschaft ist keine von Gesetzes wegen vorgeschriebene Form der Täterschaft, sondern sie umschreibt vielmehr eine Alleintäterschaft in bestimmten Fallkonstellationen. Diese sind dadurch gekennzeichnet, dass mehrere Beteiligte,

(a) Zum Streitstand in der Literatur

Die Möglichkeit einer mittelbaren Täterschaft durch Unterlassen wird in der Literatur höchst unterschiedlich beurteilt[1133]. So scheide nach der wohl überwiegenden Meinung – soweit sie nicht generell für entbehrlich gehalten wird[1134] – eine mittelbare Täterschaft durch Unterlassen bereits konstruktiv aus, weil die Tatbegehung „durch einen anderen" i. S. von § 25 Abs. 1 Alt. 2 StGB mangels Anstoßes und steuernder Beherrschung eines Tatmittlers durch einen Unterlassenden nicht möglich sei[1135]. Denn der Garant mache den Begehungstäter nicht zum Werkzeug seines Willens, sondern ließe den vollkommen ungenötigt handelnden unmittelbaren Täter lediglich gewähren[1136].

Demgegenüber halten die Vertreter der Gegenmeinung eine aktive Einwirkung des Hintermanns auf den Tatmittler angesichts der Normativierung des Tatherrschaftsbegriffs für nicht zwingend erforderlich. Mittelbare Täterschaft setze vielmehr (lediglich) voraus, dass der Tatmittler einen Defekt aufweise und der Hintermann das Geschehen kraft seines planvoll lenkenden Willens „in der Hand" halte, was

---

ohne in bewusstem und gewolltem Zusammenhang – also mittäterschaftlich – zu handeln, durch die Gesamtheit ihrer Handlungen einen Erfolg herbeiführen. Dabei müssen für jeden Beteiligten die Voraussetzungen unmittelbarer Täterschaft vorliegen; vgl. nur *T. Fischer* 2015, § 25 Rn. 53; LK_{12}/StGB-*Schünemann*, § 25 Rn. 221 f. jeweils m. w. N.

1133 Nach Ansicht der Rechtsprechung ist mittelbare Täterschaft durch Unterlassen möglich; vgl. BGH NJW 1995, 204 (206); NJW 2003, 522 (525). Allerdings lässt sich beiden Urteilen wohl nicht zwingend eine allgemeingültige Aussage entnehmen: So ging es im erstgenannten Urteil um ein offensichtlich aktives Tun (nämlich die Anordnung des Arztes bzw. des Pflegers an das Behandlungspersonal, die todkranke Patientin nicht mehr mit Nahrung zu versorgen), welches der BGH „aus unerfindlichen Gründen in nicht nachvollziehbarer Weise einfach in ein Unterlassungsverhalten" umdeutete [so *Brammsen* 2000a, S. 135 in Fn. 174; eingehend *ders.* 2000b, S. 341 ff.]. Das zweitgenannte Urteil hatte demgegenüber den Totschlag durch Unterlassen durch Mitglieder des Politbüros des Zentralkomitees der SED im Rahmen der Mauerschützenfälle zum Gegenstand. Da der BGH letztlich seine Entscheidung für die Annahme einer mittelbaren Täterschaft durch Unterlassen auf die Umkehrung der im Begehungsbereich weitgehend anerkannten Tatherrschaft kraft organisatorischer Machtapparate stützte, sich diese Figur jedoch nicht auf Wirtschaftsunternehmen übertragen lässt [vgl. nur *Roxin* 2003, § 25 Rn. 129 ff. m. w. N.], dürfte es sich hierbei um einen Sonderfall handeln.

1134 *M. Bachmann/Eichinger* 2011, S. 106; *Gropp* 2005, § 10 Rn. 67 ff.; Sch/Sch_{29}-*Heine/Weißer*, § 25 Rn. 57 ff.; SK/StGB-*Hoyer*, § 25 Rn. 149; LK_{11}/StGB-*Jescheck*, § 13 Rn. 59; *ders./Weigend* 1996, § 62 IV 2; LK_{11}/StGB-*Roxin*, § 25 Rn. 216; *Stratenwerth/Kuhlen* 2011, § 14 Rn. 14 f.; eingehend *Mosenheuer* 2009, S. 116 ff.

1135 *Grünwald* 1956, S. 122 f.; *ders.* 1959, S. 122; *Heinrich* 2014, Rn. 1210; Lackner/*Kühl*, § 25 Rn. 6a; *Knauer* 2003, S. 3102; *Roxin* 2003, § 31 Rn. 175; *ders.* 2006, S. 471 f.; *Rengier* 2014, § 51 Rn. 5; *Schwab* 1996, S. 215; *Waßmer* 2006, S. 350 f.; NK/StGB-*Wohlers/Gaede*, § 13 Rn. 27.

1136 So insbesondere *Roxin* 2003, § 31 Rn. 175.

durchaus auch in Form des Unterlassens möglich sei[1137]. Dies geschehe hier nämlich dadurch, dass der Garant die Straftatverwirklichung durch den Begehungstäter nicht hindere, obwohl er gerade die Pflicht dazu habe, steuernd bzw. lenkend in solche gefährlichen Handlungen einzugreifen.

(b) Stellungnahme

Kennzeichnend für die mittelbare Täterschaft i. S. des § 25 Abs. 1 Alt. 2 StGB ist, dass sich der Hintermann zur Tatbegehung eines menschlichen Werkzeugs bedient, dessen(!) Verhalten ihm zugerechnet wird. Seine täterschaftliche Verantwortlichkeit ergibt sich dabei aus einer pflichtwidrigen Ausnutzung seiner gegenüber dem Vordermann überlegenen Stellung, welche regelmäßig aus einem die Freiheit einschränkenden Mangel beim Vordermann resultiert[1138]. Unter Zugrundelegung dieses Maßstabs kann in den Konstellationen, in denen dem Compliance-Beauftragten Weisungsbefugnis eingeräumt und die Verantwortlichkeit des Mitarbeiters im aufgezeigten Sinne eingeschränkt ist, durchaus von einer mittelbaren Täterschaft durch Unterlassen gesprochen werden[1139]. Dies ist darauf zurückzuführen, dass der Begriff der Tatherrschaft – auch angesichts der Vielgestaltigkeit der Formen mittelbarer Täterschaft – normativ zu deuten ist und die obigen Ausführungen gezeigt haben[1140], dass eine drittvermittelte Geschehensgestaltung durch Unterlassen möglich ist[1141].

Diese Konstruktion ist allerdings nur dann unmittelbar einleuchtend, soweit einem Überwachergaranten gerade die Aufsicht über eine personelle „Gefahrquelle"

1137 *Baumann* 1963, S. 91 f.; Baumann/ *Weber*/Mitsch 2003, § 29 Rn. 118 f.; *Frister* 2007, 27. Kap. Rn. 47; *Jakobs* 1993, 29/103; Maurach/*Gössel*/Zipf 1989, § 48 Rn. 95; *Ranft* 2003, S. 583; SK/StGB-*Rudolphi/Stein*, Vor § 13 Rn. 57 f.; LK_{12}/StGB-*Schünemann*, § 25 Rn. 214; HK/GS-*Tag*, § 13 Rn. 29; *Vogel* 1993, S. 288; *Wessels/Beulke/Satzger* 2014, Rn. 734.; eingehend *Bottke* 1994, S. 43 ff.; *ders.* 2004, S. 42 ff.; *Brammsen* 2000a, S. 135 ff.; *ders.* 2000b, S. 339 ff.

1138 Vgl. nur SSW/StGB-*Murmann*, § 25 Rn. 4.

1139 Soweit demgegenüber die unechten Unterlassungsdelikte von den Vertretern der Einheitstäterlehre als Pflichtdelikte eingeordnet werden und in der Verletzung der Garantenpflicht das entscheidende Täterkriterium gesehen wird, ist es von deren Standpunkt aus konsequent, die Konstruktion einer mittelbaren Täterschaft durch Unterlassen für entbehrlich zu halten, da der untätige Garant bereits Täter i. S. des § 25 Abs. 1 Alt. 1 StGB ist. Zur Ablehnung dieser Lehre vgl. bereits unter 4. Teil, III. 2. b) 2).

1140 Vgl. bereits unter 4. Teil, III. 2. b) 1) und c) 1).

1141 Eine aktive Einwirkung auf den Tatmittler ist entgegen anderslautender Stimmen nicht als konstitutives Merkmal jeglicher Tatbestandsverwirklichung als mittelbarer Täter zu eigen. Dieses Merkmal ist vielmehr für den Bereich der aktiven Tatbegehung charakteristisch, soweit es nämlich dort stets um die Bestimmung des positiven Tuns mit der Ingang gesetzten Kausalkette geht. Vgl. bereits *M. Bachmann/Eichinger* 2011, S. 106; *Brammsen* 2000a, S. 137; *Mosenheuer* 2009, S. 116 f.; *Ranft* 2003, S. 583.

übertragen ist und ihm dabei auch die Mittel zur Verhaltensbestimmung gewährt sind. In diesen Fällen trägt die Figur der mittelbaren Täterschaft durchaus, da hier der Garant gerade für den Nichteintritt des über die Straftat vermittelten Erfolges einzustehen hat. Verhindert er nunmehr die Deliktsverwirklichung durch das von ihm zu überwachende „menschliche Werkzeug" nicht, liegt eine für die mittelbare Täterschaft charakteristische pflichtwidrige Ausnutzung seiner gegenüber dem Vordermann überlegenen Stellung vor.

Demgegenüber stellt sich die tatbestandsmäßige Situation für einen Beschützergaranten anders dar. Er ist grundsätzlich nicht dazu aufgerufen, einen von einer bestimmten Stelle – nämlich der „Gefahrquelle Mensch" – ausgehenden Kausalverlauf im Ansatz zu ersticken[1142], sondern er hat das ihm anvertraute Rechtsgut vor Gefahren aller Art zu bewahren[1143]. Seine Beziehung zu dem zu schützenden Rechtsgut ist stets eine unmittelbare. Da der Beschützergarant nicht primär zur Abwendung eines deliktischen, durch eine andere Person vermittelten Erfolges verpflichtet ist und er diese nicht im typischen Sinne für seine Zwecke instrumentalisiert, passen die Voraussetzungen zur Annahme einer mittelbaren Täterschaft hier nicht. Vielmehr ist der Beschützergarant dann als unmittelbarer Täter durch Unterlassen anzusehen, soweit er mit seinem Tatbeitrag bei Bewertung des Gesamtgeschehens eine gegenüber dem Begehungstäter (mit-)beherrschende Rolle einnimmt.

Beachtet man zudem, dass auch der Überwachergarant ein zur Abwendung des rechtsgutsschädigenden Erfolges besonders Verpflichteter ist und ihm damit einhergehend im Rahmen der tatbestandsmäßigen Situation seine(!) pflichtwidrig unterlassene Handlung zum Vorwurf gemacht wird[1144], empfiehlt es sich, alle Garanten, soweit ihnen unter Heranziehung der genannten Kriterien (mit-)gestaltende Tatherrschaft zukommt, einheitlich als unmittelbare Unterlassungstäter zu behandeln. Da für die Bewertung der Tatherrschaft im Unterlassungsbereich jedoch die

---

1142 *Herzberg* 1972, S. 260 f. erkennt insofern die Möglichkeit einer mittelbaren Unterlassungstäterschaft bei den Überwachergaranten, nicht aber bei den Beschützergaranten an; wohl auch *Nitze* 1989, S. 156 f.

1143 Vgl. näher unter 2. Teil, I. 3. a) 1) (a).

1144 Demgegenüber stellt sich die Zurechnungsstruktur für einen Begehungstäter anders dar: Neben der hier nicht relevanten Konstellation mittäterschaftlicher Tatbegehung muss ein Begehungstäter entweder selbst durch sein Tun die rechtsgutsverletzende Handlung vornehmen (unmittelbare Täterschaft) oder es müsste über § 25 Abs. 1 Alt. 2 StGB möglich sein, ihm die tatbestandsmäßige Handlung des Tatmittlers(!) zuzurechnen, welche den Erfolgseintritt bewirkt hat. Im Gegensatz zur Tatbegehung in mittelbarer Täterschaft stellt sich beim unechten Unterlassen die Frage nach der Zurechnung des Verhaltens des Tatmittlers gem. § 25 Abs. 1 Alt. 2 StGB nicht gleichermaßen, da es hier primär auf die pflichtwidrig unterlassene Handlung des Garanten(!) und deren hypothetischer Beziehung zum tatbestandsmäßigen Erfolg ankommt. Vgl. auch *Mosenheuer* 2009, S. 119 ff. mit der abschließenden Feststellung, dass „bei einem Unterlassen [...] der Umweg über eine fremde Handlung für die Unrechtsbegründung nicht notwendig" sei.

gleichen Relevanzkriterien von Bedeutung sind wie im Bereich der Abgrenzung von mittelbarer Begehungstäterschaft und Teilnahme, handelt es sich letztlich um ein vorwiegend terminologisches Problem[1145].

3. Maßstäbe der Erfolgszurechnung

Zu klären bleibt schließlich, ob dem Compliance-Beauftragten im Hinblick auf die jeweilige Tatsituation der tatbestandsmäßige Erfolg der vorsätzlichen Straftat des Mitarbeiters zugerechnet werden kann. Der hierfür anzulegende Maßstab bestimmt sich danach, ob der Compliance-Beauftragte im Rahmen der tatbestandsmäßigen Situation als Unterlassungstäter oder als unterlassender Gehilfe in Erscheinung tritt. Soweit danach Unterlassungstäterschaft vorliegt, gilt es anschließend zu beurteilen, ob die dem Compliance-Beauftragten gebotene Handlung in der Lage gewesen wäre, den Erfolgseintritt mit an Sicherheit grenzender Wahrscheinlichkeit abzuwenden. Demgegenüber ist der Zurechnungsmaßstab einer Beihilfe durch Unterlassen – analog dem der Begehungsbeihilfe – nicht so eng gefasst wie der Ursachenzusammenhang bei einer täterschaftlichen Unrechtsverwirklichung, da es eben für die Annahme einer Beihilfe durch Unterlassen nicht erforderlich ist, dass die ausgebliebene Handlung den Taterfolg verhindert hätte[1146].

a) Täterschaftliche Zurechnung

Die vorstehenden Ausführungen haben aufgezeigt, dass eine Unterlassungstäterschaft des Compliance-Beauftragten nur in Ausnahmefällen denkbar ist[1147]. Denn Voraussetzung dafür wäre zum einen, dass der Compliance-Beauftragte über eine direkte Weisungsbefugnis gegenüber dem die Straftat begehenden Mitarbeiter verfügt. Zum anderen müsste die Machtausübung des Compliance-Beauftragten der Tatgestaltung durch den Mitarbeiter relevant überlegen sein, was insbesondere dann der Fall ist, wenn dessen Eigenverantwortlichkeit im oben beschriebenen Sinne beschränkt ist.

Soweit eine derartige Konstellation vorliegt, muss der Frage nachgegangen werden, ob die Weisung an den abhängigen Mitarbeiter, von der Deliktsbegehung Abstand zu nehmen, den tatbestandsmäßigen Erfolg „mit an Sicherheit grenzender Wahrscheinlichkeit" vermieden hätte. Für diese hypothetische Erwägung gibt es allerdings kein allgemeines Gesetz oder eine allgemeine Erfahrungsregel[1148]. Auch allein aus der Rechtsverbindlichkeit des Weisungsrechts lässt sich nicht zwangs-

1145 Diese Einschätzung teilen u.a. *Herzberg* 1972, S. 260f.; SSW/StGB-*Murmann*, § 25 Rn. 6; LK_{11}/StGB-*Roxin*, § 25 Rn. 216; LK_{12}/StGB-*Schünemann*, § 25 Rn. 214; auch *Schwab* 1996, S. 223ff. möchte letztlich bei Zugrundelegung seines wertenden Vergleichs eine unmittelbare Unterlassungstäterschaft dann annehmen, wenn die Tatsituation der mittelbaren (Aktiv-)Täterschaft vergleichbar ist.

1146 Vgl. bereits unter 2. Teil, II. 2. b).

1147 Vgl. bereits unter 4. Teil, III. 2. c) 2).

1148 Vgl. nur *Puppe* 1992, S. 30ff.; eingehend *dies.* 1983, S. 293ff.

läufig auf die Folgsamkeit des Mitarbeiters schließen[1149]; besonders in Fällen einer schweren Vorsatztat, durch die er gerade zum Ausdruck bringt, sich dem Strafrecht nicht beugen zu wollen.

Stets ist es hier der richterlichen Überzeugung vorbehalten[1150], anhand der Würdigung der Umstände des Einzelfalls zu beurteilen, ob dem Compliance-Beauftragten der Erfolg zugerechnet werden kann. Hat das Gericht aufgrund der Beweislage vernünftige Zweifel daran, dass die gebotene Handlung den Erfolg „tatsächlich" abgewendet hätte, weil sich der Mitarbeiter als nicht beeinflussbar herausstellte, so schließt dies die Zurechnung des Erfolges aus[1151]. In dem Fall müsste der Compliance-Beauftragte – Versuchsstrafbarkeit sowie entsprechender Vorsatz vorausgesetzt – wegen versuchtem Delikt verurteilt werden.

Unabhängig von diesem Vorbehalt lassen sich allerdings auch ein paar allgemeingültige Aussagen formulieren. Sofern es sich nämlich bei dem in Rede stehenden Delikt um eine Straftat handelt, die der Unternehmensangehörige im wirtschaftlichen Interesse seines Arbeitgebers – vor allem aufgrund eines von der Unternehmensspitze auferlegten „Zwangs" zur Gewinnerzielung – begeht, ist die Annahme sehr wahrscheinlich, dass der Mitarbeiter der Weisung des Compliance-Beauftragten, von der Deliktsbegehung Abstand zu nehmen, Folge geleistet hätte. Denn diese Anordnung nimmt den etwaig wirkenden „Nötigungsdruck" und macht gleichzeitig deutlich, dass die Deliktsbegehung seitens des Arbeitgebers nicht erwünscht ist, selbst wenn sie objektiv im wirtschaftlichen Interesse des Unternehmens liegen sollte[1152]. Gleiches kann im Hinblick auf Straftaten angenommen werden, welche der Unternehmensangehörige aus Unkenntnis der Grenzen zwischen erlaubtem und verbotenem Verhalten oder aufgrund einer Verkennung des einer ökonomischen Transaktion zugrunde liegenden Sachverhalts[1153] begeht. Auch hier ist davon auszugehen, dass der Mitarbeiter nach Aufklärung über die tatsächlichen bzw. rechtlichen Umstände seines Verhaltens dieses eingestellt hätte.

Demgegenüber lässt sich allein aus einer angespannten Arbeitsmarktsituation und der damit verbundenen Angst des Arbeitnehmers vor einem Verlust seines Arbeitsplatzes noch nicht zwingend der Schluss ziehen, dass die Weisung des Compliance-Beauftragten in der Lage gewesen wäre, den Erfolg mit an Sicherheit grenzender Wahrscheinlichkeit abzuwenden. Dies dürfte vor allem bei Wirtschaftsstraftätern, die unter einer ausgeprägten Risikofreudigkeit leiden, der Fall sein. Zu denken ist aber auch an den sogenannten „Krisentäter", welcher durch eine per-

---

1149 Zutreffend *Schilha* 2008, S. 188 f.

1150 Zu den Anforderungen an die richterliche Überzeugung vgl. nur *Meyer-Goßner*/ Schmitt, § 261 StPO Rn. 2 f. m. w. N.

1151 Vgl. auch *Rogall* 1986, S. 619; *Schilha* 2008, S. 188 f.; *Waßmer* 2006, S. 349 f.; LK_{12}/ StGB-*Weigend*, § 13 Rn. 72.

1152 So auch *Waßmer* 2006, S. 349.

1153 Vgl. hierzu nur *H. Schneider* 2014a, § 1 Rn. 105 f. mit einer überblicksmäßigen Auflistung einschlägiger Strafbarkeitsrisiken sowie *Bock* 2011, S. 155 ff.

sönliche Lebenskrise in eine ökonomische Drucksituation gekommen ist und die (selbstbegünstigende) Straftat als Ausweg aus seiner Finanzknappheit ansieht[1154].

b) Taterschwerung

In den meisten Fällen wird dagegen allenfalls eine Beihilfe durch Unterlassen des Compliance-Beauftragten an der Straftat des Unternehmensangehörigen in Betracht kommen[1155].

Dies ist erstens dann der Fall, wenn der Compliance-Beauftragte zwar weisungsbefugt gegenüber dem betreffenden Mitarbeiter ist, die dadurch vermittelte Tatmacht aber nicht der Machtausübung durch den Mitarbeiter im oben beschriebenen Sinne relevant überlegen ist. In dieser Konstellation stellt sich prinzipiell die gleiche Frage wie im Rahmen der täterschaftlichen Erfolgszurechnung, für deren Beantwortung allerdings kein strenger Kausalitätsmaßstab gilt. Übertragen auf den Einzelfall ist hier nämlich zu prüfen, ob das gebotene Einschreiten – die Weisung gegenüber dem Mitarbeiter, von der Tat Abstand zu nehmen – eine reelle Chance zur Verhinderung der Tat gehabt hätte. Diese Beurteilung ist selbstverständlich auch hier der tatrichterlichen Würdigung im Einzelfall überlassen, wobei betont wird, dass im Hinblick auf diese, schwierig festzustellende Annahme keine überhöhten Anforderungen zu stellen sind[1156]. Gelangt das Gericht aber zu der Überzeugung, dass der Compliance-Beauftragte keine echte Chance hatte, die Haupttat zu verhindern, kann der damit einhergehende Erfolg dem Compliance-Beauftragten nicht zugerechnet werden und er ginge – mangels Versuchsstrafbarkeit einer Beihilfe – straffrei aus.

Zweitens ist eine Beihilfe durch Unterlassen des Compliance-Beauftragten vor allem dann anzunehmen, wenn er über keine direkte Weisungsbefugnis gegenüber dem die Straftat begehenden Mitarbeiter verfügt. In diesem Fall beschränkt sich die zur Abwendung des Erfolges gebotene Handlung des Compliance-Beauftragten regelmäßig auf seine Berichterstattungs- bzw. Informationspflicht gegenüber der Unternehmensleitung[1157], damit diese in die Lage versetzt wird, die erforderlichen Abhilfemaßnahmen zu ergreifen[1158]. Das Problem dieses sogenannten „drittvermittelten Rettungsgeschehens“[1159], bei dem die gebotene Erfolgsabwendungshandlung die Mitwirkung eines Dritten voraussetzt, liegt darin begründet, dass dessen

1154 Eingehend zu den personalen Risikofaktoren *H. Schneider* 2014a, § 1 Rn. 107 ff.; *ders./John* 2010, S. 164 ff. jeweils m. w. N.

1155 Zur Bestimmung der Tatverwirklichungsform des Unterlassens vgl. näher unter 4. Teil, III. 2. c) 2).

1156 LK_{12}/StGB-*Weigend*, § 13 Rn. 96; wohl auch *Waßmer* 2006, S. 350; eingehend *Poguntke* 2013, S. 356 ff.

1157 Vgl. zur Begrenzung der Handlungspflicht auf das rechtlich Mögliche unter 4. Teil, III. 1. b).

1158 Zu den außerstrafrechlichen Bezügen dieser Eskalationsroutine vgl. bereits unter 1. Teil, IV. 2. c) 2) (c).

1159 Zuerst *Kahlo* 1987, S. 66; eingehend *Schrott* 2014, S. 132 ff.

Handeln einem souveränen Entschluss zum eigenen Tätigwerden unterliegt und jedenfalls keiner naturgesetzlichen Berechnung zugänglich ist[1160]. *Dahs* weist in einem ähnlich gelagerten Zusammenhang zutreffend darauf hin, dass keinesfalls ein Satz der Lebenserfahrung dergestalt bestehe, dass die Betriebsleitung stets und sofort allen Wünschen und Anregungen eines Betriebsbeauftragten nachkommen wird[1161].

Um in einer derartigen Konstellation den Compliance-Beauftragten wegen Beihilfe durch Unterlassen verurteilen zu können, muss zur Überzeugung des Gerichts feststehen[1162], dass bei ordnungsgemäßer Information der Unternehmensleitung die reelle Chance bestanden hätte, eine Reaktion auszulösen, die das deliktische Verhalten des Mitarbeiters unterbunden hätte. Diese Chance ist jedenfalls dann größer, wenn der heranzuziehende Dritte aufgrund einer eigenen Garantenstellung zum Tätigwerden verpflichtet ist. In diesem Fall könnte man nämlich argumentieren, dass der pflichtwidrig unterlassene Garant dem Opfer durch seine Unterlassung eine rechtlich garantierte und damit echte Rettungschance genommen hat, die in der vernünftigen Entscheidung des autonomen (Zweit-)Garanten zu sehen ist[1163]. Diese Annahme lässt sich auch gerade dadurch rechtfertigen, dass es der pflichtwidrig unterlassende Garant selbst war, der eine sinnvolle Aussage darüber unmöglich gemacht hat, ob der Dritte seine Pflicht erfüllt hätte[1164]. Zu bedenken ist jedoch, dass sich diese auf die Lebenserfahrung stützende und überwiegend zutreffende Schlussfolgerung stets aus dem konkreten Sachverhalt ableiten lassen muss, was jedenfalls dann nicht mehr der Fall ist, soweit anzunehmen ist, dass der betreffende Dritte im Einzelfall tatsächlich die Regeln missachtet hätte.

Als Richtschnur wird man daher folgende Klassifizierung formulieren können: Sofern die Leitungsebene eines Unternehmens sich zu Compliance bekennt und im Hinblick auf erkannte Rechtsverstöße eine Null-Toleranz-Politik verfolgt, wird man davon ausgehen können, dass die Benachrichtigung der Leitungsebene ein „erfolgsversprechendes" Mittel darstellen würde, das jedenfalls die reelle Chance zur Unterbindung der Haupttat gehabt hätte. Demgegenüber kann ein entsprechender Zurechnungszusammenhang nicht angenommen werden, wenn der Leitungsebene die kriminogenen Geschäftspraktiken bereits bekannt sind und sie geduldet oder

1160 Vgl. *Bock* 2011, S. 340f.; *Dahs* 1986, S. 101; *Kahlo* 1987, S. 71; *ders.* 1990, S. 319f.; *Kraft/Winkler* 2009, S. 33; *Puppe* 1983, S. 295f.; *dies.* 1992, S. 31; *Roxin* 2003, § 31 Rn. 64.

1161 *Dahs* 1986, S. 101; zustimmend *Kraft/Winkler* 2009, S. 33.

1162 Eingehend zum Problem der Beweisführung bei drittvermittelten Rettungsgeschehen *Schrott* 2014, S. 159ff.; vgl. aber auch *Poguntke* 2013, S. 562: „Die Kausalität des Unterlassens des Compliance Officers für die Erleichterung einer Haupttat ist regelmäßig einfach feststellbar, zumal unterstellt werden kann, dass informierte Dritte sich pflichtgemäß verhalten hätten".

1163 In diese Richtung *Kahlo* 1987, S. 77ff. im Falle der Beurteilung der täterschaftlichen Zurechnung bei einem Beschützergaranten. Eingehend hierzu *Puppe* 1983, S. 293ff.

1164 Zutreffend *Puppe* 1992, S. 31f.

gar zur Erreichung bestimmter Unternehmensziele direkt bzw. indirekt angeordnet werden[1165].

Zudem ist noch Folgendes zu bedenken: Grundsätzlich beschränkt sich die Erfolgsabwendungspflicht des Garanten nicht auf eine konkrete Handlung, sondern auf das dem Garanten generell Mögliche und Zumutbare. Häufig wird eine Mehrzahl erfolgsgeeigneter, mehr oder weniger unterschiedlicher Handlungsmöglichkeiten bestehen, die bei der Beurteilung der hypothetischen Kausalbeziehung ihre Berücksichtigung finden müssen. Erscheint daher lediglich die vorrangig gebotene Benachrichtigung der Leitungsebene eines Unternehmens als nicht hinreichend sichere Erfolgsabwendungshandlung, so sagt dies noch nichts darüber aus, dass es nicht weitere aussichtsreiche (nachrangig gebotene) Handlungsmöglichkeiten ex

1165 A.A. *Schrott* 2014, S. 308 ff., der die allgemeine Politik der Unternehmensführung auch im Zusammenhang mit der Behandlung vergangener Verfehlungen der Mitarbeiter mangels konkreter Tatrelevanz nicht heranziehen möchte. Seiner Ansicht nach könne dem leitenden Compliance Officer der pflichtwidrig nicht abgewendete Erfolg regelmäßig zugerechnet werden. Denn im Verhältnis zur (ebenfalls einstandspflichtigen) Geschäftsleitung sei es möglich, ihm aufgrund seiner Funktion als Informationsschnittstelle im Unternehmen eine eindeutige normative Verantwortung zuzuschreiben (erster Zurechnungsschritt), die bewirke, dass im Rahmen der empirischen Vermeidbarkeitsprüfung (zweiter Zurechnungsschritt) auf die übermäßige Integration hypothetischer Überlegungen verzichtet werden könne. Als unmittelbar tatrelevante Umstände, die die hypothetisch pflichtgemäße Reaktion der Geschäftsleitung in Zweifel ziehen, nennt *Schrott* vor allem die Entscheidung der Unternehmensleitung, aufgrund einer zeitnahen Neuanschaffung keinen finanziellen Aufwand mehr für die Wartung und Reparatur bestimmter Betriebsmittel betreiben zu wollen (S. 314 ff.). Diese Ansicht kann meines Erachtens nicht überzeugen: Zum einen liefert *Schrott* keine Begründung dafür, warum die Gepflogenheiten der konkreten(!) Unternehmenspolitik keine konkreten tatrelevanten Umstände zur Klärung der am Einzelfall orientierten hypothetischen Zurechnungsfrage darstellen sollen. Zum anderen bleiben seine konkret tatrelevanten Umstände im Verborgenen, anhand derer letztlich die Vermeidbarkeitsprüfung zu beurteilen ist. Denn mit Hilfe des von ihm im ersten Zurechnungsschritt herangezogenen Kriteriums – die auf das Ziel der Gefahrenabwehr ausgerichtete Informationsschnittstelle im Unternehmen – wird lediglich die besonders verantwortungsbehaftete Stellung des Compliance Officers im Unternehmen ausgedrückt, welche die Begründung für das Entstehen seiner Garantenstellung liefert. Darüber hinaus trägt dieses Kriterium aber nicht dazu bei, um die Zurechnung des tatbestandsmäßigen Erfolges im Verhältnis zur ebenfalls einstandspflichtigen Geschäftsleitung beurteilen zu können. Gleiches gilt letztlich auch – unabhängig davon, dass es sich bei dieser Fallkonstellation um eine für die hiesige Untersuchung nicht relevante Sachgefahr handelt – für den von *Schrott* ins Feld geführten monetären Aspekt hinsichtlich der Reparatur gefährlicher Betriebsmittel, da in derartigen Fällen diese durch die Geschäftsleitung ohne finanziellen Aufwand einfach aus dem Verkehr gezogen und insoweit keine Zweifel an der hypothetisch pflichtgemäßen Reaktion geschürt werden können.

ante gegeben hätte, die die Tat erschwert hätten. Zu denken ist etwa an eine Verpflichtung zur Unterrichtung des Aufsichtsorgans, deren Erfolgsabwendungsaussichten eigenständig nach den gleichen Maßstäben zu beurteilen wären[1166].

Vor diesem Hintergrund sei noch einmal erwähnt, dass nur Handlungen in Betracht kommen, zu deren Vornahme der Garant auch (rechtlich) in der Lage ist. Insoweit kann dem Compliance-Beauftragten in aller Regel nicht zum Vorwurf gemacht werden, dass er die Benachrichtigung von Behörden unterlassen hat, da er hierzu aufgrund seiner Treubindung gegenüber dem Unternehmen regelmäßig nicht verpflichtet sein kann[1167]. Doch selbst wenn man eine derartige Verpflichtung in Extremfällen annehmen möchte, müsste zur Überzeugung des Gerichts erwiesen sein, dass diese nach erfolglosem Bestreiten der internen Berichtswege und damit tertiäre(!) Maßnahme eine reelle Chance zur rechtzeitigen(!) Verhinderung des deliktischen Erfolges geboten hätte.

In Betracht ziehen ließe sich ferner noch die Möglichkeit, den in seinen Rechtsgütern bedrohten Dritten von der bevorstehenden Deliktsverwirklichung zu informieren, was – soweit ersichtlich – in diesem Zusammenhang lediglich von *Poguntke* vertreten wurde, der darin „eine geeignete und effektive Rettungsmaßnahme des Compliance-Beauftragten" sieht[1168]. Meines Erachtens wird dieser Weg allerdings nur dann „gangbar" sein, wenn zum einen dem Compliance-Beauftragten der individuell Bedrohte bekannt ist, denn sonst ist diese Erfolgsabwendungsmöglichkeit bereits ungeeignet. Zum anderen muss überhaupt durch die Deliktsverwirklichung ein individualisierbarer Schaden drohen, was dann nicht der Fall ist, wenn sich die Tat (zumindest vordergründig) nur auf Kollektivrechtsgüter wie den freien Wettbewerb auswirkt. Denn insbesondere im Falle der bevorstehenden Verwirklichung eines Korruptionsdelikts durch einen Unternehmensangehörigen besteht die nicht unbegründete Wahrscheinlichkeit, dass sich das Gegenüber durch die Benachrichtigung durch den Compliance-Beauftragten nicht hätte von seinem Tun abhalten lassen, was jedenfalls dann zu einem Ausschluss der Zurechenbarkeit des Erfolges führen würde.

In den dann verbleibenden Fallkonstellationen, in denen also eine durch den Compliance-Beauftragten individualisierbare, konkret gefährdete Person vorliegt, müsste geprüft werden und zur Überzeugung des Gerichts feststehen, ob die in Betracht kommende Benachrichtigung der Person angesichts der Treubindung des

1166 Dieses Grundprinzip bei der Bestimmung der gebotenen Handlung sowie deren Erfolgsbewirkung wird auch von der Rechtsprechung anerkannt; vgl. nur aus der Rechtsprechung in Strafsachen BGHSt 54, 44 (51 f.); aber auch BGHSt 43, 381 (397 f.); BGH NStZ 1986, 217; BGH NJW 2000, 2754 (2757) sowie exemplarisch aus der strafrechtlichen Literatur *Ransiek* 1999, S. 646 ff.; ferner aus der Rechtsprechung in Zivilsachen BGH NJW 1997, 130 (132); OLG Karlsruhe 2009, 1147 (1149 f.); LG München I NZWiSt 2014, 183 (189 f.) sowie exemplarisch aus der gesellschaftsrechtlichen Literatur MK/AktG-*Spindler*, § 93 Rn. 166 ff.

1167 Vgl. bereits unter 4. Teil, III. 1. b) 4).

1168 *Poguntke* 2013, S. 334 f.

Compliance-Beauftragten gegenüber dem Unternehmen die auch rechtlich mögliche und vor allem zumutbare Erfolgsabwendungshandlung darstellen würde, welche in der Lage gewesen wäre, die Deliktsverwirklichung zu unterbinden. Ausgehend davon, dass der Compliance-Beauftragte als unternehmensinternes „Organ" der Eigenüberwachung in Erscheinung tritt, sich der Kreis seiner ihm übertragenen Pflichten auf interne Eskalation begrenzt und er in diesem Zusammenhang grundsätzlich die unternehmerischen Gefahren am Ursprungsort „im Keim zu ersticken" hat, stellt sich dies bei Abwägung aller widerstreitenden Interessen zumindest als problematisch dar.

Zusammenfassung der wesentlichen Ergebnisse

I.

Der Compliance-Beauftragte ist auf Grundlage der hier vertretenen formell-materiellrechtlichen Garantentheorie als Überwachergarant i. S. des § 13 Abs. 1 StGB zur Verhinderung von betriebsbezogenen Straftaten der Mitarbeiter des Unternehmens zum Nachteil außenstehender Dritter anzusehen, soweit er es gegenüber dem Unternehmensträger zivilrechtlich übernommen hat, (auch) für die Einhaltung der gesetzlichen Bestimmungen durch das Unternehmen sowie seiner Mitarbeiter zu sorgen (Überwachungsauftrag)[1169]. Diese Verpflichtung, die den Kernbereich an denkbaren Compliance-Aufgaben betrifft, wurzelt in der gesellschaftsrechtlichen Legalitätspflicht der Unternehmensleitung, welcher es stellvertretend für den selbst handlungsunfähigen Unternehmensträger obliegt, für ein gesetzeskonformes Verhalten der Gesellschaft im Außenverhältnis zu sorgen. In Ausformung dessen sind die Mitglieder des Leitungsorgans nicht nur verpflichtet, sich selbst gesetzestreu zu verhalten, vielmehr obliegt ihnen auch die Legalitätskontrolle, die darauf gerichtet ist, gesetzeskonformes Verhalten aller für die Gesellschaft handelnden Akteure zu gewährleisten.

II.

In formeller Hinsicht ist zur Konkretisierung der von § 13 Abs. 1 StGB vorausgesetzten rechtlichen Einstandspflicht die inhaltliche Ausgestaltung des übertragenen Aufgaben- und Pflichtenkreises maßgeblich. Enthält der zivilrechtlich zugewiesene Überwachungsauftrag des Compliance-Beauftragten nicht explizit auch die Pflicht zur Überwachung der Mitglieder der Geschäftsleitung, obliegt ihm (lediglich) die Überwachung der Geschäftsleitung nachgeordneter Mitarbeiter. Allerdings ist es entgegen anderslautender Stimmen als „Konsequenz der zurechenbaren Schaffung

1169 Der Compliance-Beauftragte ist entgegen anderslautender Stimmen allerdings nicht als Beschützergarant für die Rechtsgüter des Unternehmens anzusehen, da er nicht zur „Rundumverteidigung" jener Rechtsgüter gegen alle Gefahren, gleich aus welcher Richtung sie kommen mögen, installiert ist. Seine gegenüber dem Unternehmen übernommene Überwachungsaufgabe besteht nämlich darin, für die Überwachung und Einhaltung der gesetzlichen Bestimmungen durch das Unternehmen selbst und seiner Mitarbeiter zu sorgen. Diese Aufsichtspflicht erfasst aber nicht die Abwendung von von außen auf das Unternehmen einwirkenden Gefahren, seien diese zufällig entstanden oder das Produkt einer Straftat eines außenstehenden Dritten.

eines Vertrauenstatbestandes" durchaus möglich, im Wege vertraglicher Vereinbarung eine Aufsichtsgarantenstellung des Compliance-Beauftragten zu begründen, die (auch) die Einhaltung der gesetzlichen Bestimmungen seitens der Mitglieder des Leitungsorgans umfasst. Denn zum einen ist es für die Frage der Begründung einer Garantenstellung des Compliance-Beauftragten irrelevant, ob er mit einer Weisungskompetenz gegenüber dem die Straftat begehenden Unternehmensangehörigen ausgestattet ist[1170]. Zum anderen verpflichtet sich der Compliance-Beauftragte vertraglich gegenüber dem Unternehmensträger, welcher durchaus ein Interesse daran haben könnte, ihn auch zur Überwachung der von Mitgliedern der Unternehmensleitung ausgehenden Gefahren „auf Posten zu stellen".

Demgegenüber kann zur Bestimmung der Reichweite der rechtlichen(!) Einstandspflicht nicht allein auf die „tatsächliche Übernahme" der Garantenstellung abgestellt werden, da dies keine Aussage darüber zulässt, welche Aufgaben der Garant konkret übernommen haben soll, sodass ein etwaiges Vertrauen in die Wahrnehmung der Aufgaben nicht berechtigt ist.

Gleichzeitig schadet eine etwaige Unwirksamkeit der zivilrechtlichen Vereinbarung jedenfalls dann im Hinblick auf die Begründung einer Garantenstellung nicht, wenn der mangelhafte Vertrag aus Vertrauensschutzgesichtspunkten – beispielsweise auf Grundlage der „Lehre vom fehlerhaften Arbeitsverhältnis" – außerstrafrechtlich als wirksam behandelt wird. Denn in diesem Fall liegen normative Geltungsbedingungen vor, die durchaus als „Fundament" einer rechtlichen Einstandspflicht i. S. des § 13 Abs. 1 StGB herhalten können.

III.

Die Untersuchung hat weiterhin aufgezeigt, dass angesichts der Aufgabe des Strafrechts sowie der Funktion der Strafe als ultima ratio nicht zwingend aus jeder Verletzung zivilrechtlicher Pflichten strafrechtliche Konsequenzen folgen (sog. asymmetrische Akzessorietät des Strafrechts). Insoweit muss die Verletzung der Überwachungspflicht des Compliance-Beauftragten aufgrund einer normativen Wertung strafwürdiges Unrecht darstellen. Dies beurteilt sich nach materiellen Kriterien und bringt die ersichtliche rechtliche Zuordnung des Betroffenen zu einer zu überwachenden Gefahrquelle zum Ausdruck.

Hier leitet sich das materielle Einstandserfordernis, das die Überwachergarantenstellung des Compliance-Beauftragten begründet, im Wege der unternehmensinternen Zuständigkeitsverteilung von der extern wirkenden Pflicht des originär zuständigen Unternehmensträgers zur Überwachung der Regeleinhaltung sämtlicher Mitarbeiter des Unternehmens ab. Dem Unternehmensträger obliegt u. a. die Kontrollverantwortung über die besonderen Organisations- und Delinquenzge-

---

1170 Die Weisungsbefugnis erlangt (erst) an Bedeutung, wenn es um die Bestimmung sowie strafrechtliche Einordnung der aus der Garantenstellung in der tatbestandsmäßigen Situation entspringenden Erfolgsabwendungspflicht geht.

fahren, die sein unternehmerisches Handeln infolge der arbeitsteiligen, oftmals unübersichtlichen Organisation mit sich bringen, sodass es in Anwendung des „Ausgleichsgedankens“ sachgerecht ist, ihn zur Abwendung derartiger strafrechtlich missbilligter Erfolge i. S. des § 13 Abs. 1 StGB zu verpflichten, die Ausfluss seiner Organisationsgefahren sowie den damit einhergehenden gesteigerten Möglichkeiten seiner Tätigkeit sind. Der Unternehmensträger bzw. (hier) der gegenüber ihm verantwortliche Compliance-Beauftragte muss sich allerdings im Außenverhältnis nur Straftaten mit spezifischen Betriebs- bzw. Unternehmensbezug zurechnen lassen, denn die berechtigte Erwartung der Gesellschaft auf Abwendung der Gefahren bezieht sich nur auf solche, die das Unternehmen und die in diesem Rahmen durchgeführten Tätigkeiten mit sich bringen.

Schließlich muss der Compliance-Beauftragte, um ihn als Garant i. S. des § 13 Abs. 1 StGB ansehen zu können, den Aufgaben- und Pflichtenkreis auch tatsächlich übernehmen. Denn erst das tatsächliche Einrücken eines Verpflichteten in die Pflichtenstellung, nicht dagegen die bloße Vertragsverletzung als solche, erweckt die objektiv berechtigte Erwartung bzw. das objektiv berechtigte Vertrauen des Vertragspartners auf seine gefahrenabwehrende Tätigkeit, infolgedessen andere Schutzvorkehrungen unterbleiben (dürfen) und sich so die Gefahr erhöht[1171].

IV.

Soweit der Compliance-Beauftragte nach dem soeben beschriebenen Maßstab als Überwachergarant anzusehen ist, trifft ihn in der konkreten Tatsituation die Handlungsverpflichtung zur Abwendung des durch die Straftat drohenden Erfolges. Dieses strafrechtliche Handlungsgebot des Compliance-Beauftragten bestimmt sich maßgeblich durch die ihm übertragenen (rechtlichen) Wirkungsmöglichkeiten, da in Anwendung des Grundsatzes von der asymmetrischen Akzessorietät des Strafrechts von einem Garant strafrechtlich nichts abverlangt werden kann, wozu er nach der außerstrafrechtlichen Kompetenzordnung nicht berechtigt ist. Den außerstrafrechtlichen Regelungen kommt daher eine die strafrechtliche Verantwortlichkeit begrenzende Funktion zu. Gemessen an diesem Grundsatz sind an den Compliance-Beauftragten im Falle eines erkannten Strafrechtsverstoßes die folgenden Anforderungen zu stellen:

Ist dem Compliance-Beauftragten vertraglich bzw. aufgrund der unternehmensinternen Zuständigkeitsverteilung die Kompetenz zugewiesen, gegenüber dem die Straftat begehenden Mitarbeiter das Weisungsrecht des Arbeitgebers auszuüben, stellt die Geltendmachung dieser rechtsverbindlichen Weisungs- bzw. Anordnungs-

1171 Anzumerken bleibt in diesem Zusammenhang, dass die Eigenverantwortlichkeit des Mitarbeiters weder per se die Begründung einer Aufsichtsgarantenstellung des Compliance-Beauftragten noch die aus ihr in der tatbestandsmäßigen Situation erwachsende Erfolgsabwendungspflicht hindert.

kompetenz die ihm gem. § 13 Abs. 1 StGB gebotene Möglichkeit zur Abwendung des tatbestandsmäßigen Erfolges dar.

Sofern dem Compliance-Beauftragten – wie es bei der Implementierung eines Compliance Officers regelmäßig der Fall ist – keine Weisungskompetenz gegenüber dem deliktisch handelnden Mitarbeiter zusteht, beschränkt sich seine Handlungspflicht (zunächst) auf die Berichterstattung gegenüber der Unternehmensleitung, damit jene in die Lage versetzt wird, mittels der ihr (rechtlich) zustehenden Möglichkeiten den Erfolgseintritt zu verhindern. Die einzuhaltenden Berichtswege können dabei unternehmensintern festgelegt werden.

Sollte die Leitungsebene des Unternehmens nach ordnungsgemäßer Benachrichtigung durch den Compliance-Beauftragten untätig bleiben und besteht die Gefahr der Rechtsgutsbeeinträchtigung fort, hat der Compliance-Beauftragte das Aufsichtsorgan in den Fällen zu informieren, in denen die Untätigkeit der Geschäftsleitung auf einem ersichtlichen Ermessensfehlgebrauch beruht bzw. sie im Ganzen oder ein einzelnes Mitglied selbst betroffen ist, damit das Aufsichtsorgan geeignete Abhilfemaßnahmen bis hin zur Abberufung der Geschäftsleitung treffen kann.

Demgegenüber ist der Compliance-Beauftragte in aller Regel auch angesichts seiner Garantenstellung weder verpflichtet noch dazu berechtigt, erkannte Compliance-Verstöße gegenüber den Behörden anzuzeigen, da sich seine Pflichtenbindung im Umgang mit den erkannten Rechtsverstößen – was die Möglichkeit zur Information Dritter anbelangt – an der Pflichtenbindung eines Mitglieds der Geschäftsleitung messen lassen muss, welche ein erhöhtes Maß an Verschwiegenheit und Treue gegenüber der Gesellschaft voraussetzt. Lediglich in Fällen, in denen es sich zum einen um den begründeten Verdacht schwerwiegender Gefahren für hochrangige Rechtsgüter Dritter (insbesondere bei Produkthaftungsfällen) handelt und zum anderen zuvor die interne Eskalationsleiter erfolglos bestritten wurde, kommt als ultima ratio eine Anzeige gegenüber den Behörden in Betracht.

V.

Hindert der Compliance-Beauftragte vorsätzlich eine vorsätzliche und rechtswidrige Straftat eines Mitarbeiters nicht und liegen auch die weiteren Voraussetzungen für eine Unterlassungstäterschaft vor, ist stets eine Unterscheidung zwischen Täterschaft und Teilnahme durch Unterlassen vorzunehmen, um den mutmaßlich unterschiedlichen Verantwortungsgraden der beteiligten Akteure gerecht zu werden. Für diese Abgrenzung muss – genau wie im Bereich der Begehungsdelikte – eine normative Bewertung des Tatgeschehens auf der Grundlage des Tatherrschaftsgedankens vorgenommen werden.

Die (potentielle) Tatherrschaft des Garanten beurteilt sich danach, ob er angesichts seiner Eingriffsmöglichkeit durch seine Untätigkeit das Geschehen als Zentralfigur (mit-)beherrscht oder eher als Randfigur ablaufen lässt. Der Garant beherrscht trotz seiner äußeren Untätigkeit das tatbestandsmäßige Geschehen als Täter, soweit es ihm zum einen in seiner Rolle möglich ist, steuernden Einfluss auf das Tatgeschehen i. S. einer Gestaltungsherrschaft auszuüben, und zum anderen diese tatbewerkende Herrschaft derjenigen des Aktivtäters relevant überlegen ist.

Tatherrschaft und damit Täterschaft des Compliance-Beauftragten ist unter Zugrundelegung dieses Maßstabs nur denkbar, wenn es ihm erstens prinzipiell möglich ist, auf das Verhalten der zu überwachenden Person steuernden Einfluss auszuüben (Weisungsbefugnis) und zweitens die Verantwortlichkeit des Mitarbeiters für den deliktischen Erfolg im Vergleich zu der des Compliance-Beauftragten beschränkt ist. Insoweit stellt die Selbstverantwortung des unmittelbar handelnden Mitarbeiters ein normatives Leitkriterium zur Bestimmung der Tatherrschaft des unterlassenden Compliance-Beauftragten dar. Eine derartige Fallkonstellation wäre z. B. dann gegeben, wenn der Mitarbeiter einem Irrtum unterliegt bzw. an einem sonstigen Defekt leidet. Darüber hinaus kann die Eigenverantwortlichkeit des Mitarbeiters unternehmensbedingt eingeschränkt sein, was insbesondere dann anzunehmen ist, wenn von der Unternehmensspitze Druck zur Erzielung von geschäftlichen Erfolgen um jeden Preis ausgeübt wird oder der Compliance-Beauftragte aufgrund seines betrieblichen Informationsfundus oder auf andere Weise qualitativ mehr über die Gefährlichkeit des betriebsbezogenen Handelns des Mitarbeiters weiß als dieser.

Hat der Compliance-Beauftragte dagegen – wie im Regelfall – keine Weisungskompetenz, verfügt er nicht über die Macht, das tatbestandsmäßige Geschehen als (mit-)beherrschende Zentralgestalt zu lenken, weil ihm eben das Element der Gestaltungsherrschaft fehlt. In diesen Fällen wird er seiner Erfolgsabwendungsverpflichtung dadurch gerecht, dass er die Unternehmensleitung sowie ggf. das Aufsichtsorgan informiert. Genau aber dies entspricht der Rolle eines Gehilfen in einem Tatgeschehen, da eine Informationspflicht allein nicht zur Abwendung des Erfolges ausreichen, sondern (nur) einen Beitrag dazu leisten kann, soweit nämlich der Dritte seinerseits tätig wird.

VI.

Soweit der Compliance-Beauftragte als Unterlassungstäter anzusehen ist, kann ihm der tatbestandsmäßige Erfolg der vorsätzlichen Straftat des Mitarbeiters dann zugerechnet werden, wenn die Weisung an den abhängigen Mitarbeiter, von der Deliktsbegehung Abstand zu nehmen, den tatbestandsmäßigen Erfolg „mit an Sicherheit grenzender Wahrscheinlichkeit" vermieden hätte. Dies beurteilt sich anhand der Würdigung der Umstände des Einzelfalls. Hat das Gericht aufgrund der Beweislage vernünftige Zweifel daran, dass die gebotene Handlung den Erfolg „tatsächlich" abgewendet hätte, weil sich der Mitarbeiter als nicht beeinflussbar herausstellte, so schließt dies die Zurechnung des Erfolges aus. Demgegenüber ist anzunehmen, dass der Mitarbeiter der Anordnung des Compliance-Beauftragten vor allem in den Fällen Folge geleistet hätte, in denen er die Straftat aufgrund eines von der Unternehmensspitze auferlegten „Zwangs" zur Gewinnerzielung begeht bzw. er aus Unkenntnis der Grenzen zwischen erlaubtem und verbotenem Verhalten handelte.

Sofern die Rolle des Compliance-Beauftragten im Tatgeschehen der eines Gehilfen entspricht, muss zur Überzeugung des Gerichts feststehen, dass das gebotene

Einschreiten eine reelle Chance zur Verhinderung der Tat gehabt hätte. Gerade in den Fällen, in denen die gebotene Erfolgsabwendungshandlung die Mitwirkung eines Dritten voraussetzt, fällt diese Beurteilung nicht leicht, da das Handeln des Dritten einem souveränen Entschluss zum eigenen Tätigwerden unterliegt und jedenfalls keiner naturgesetzlichen Berechnung zugänglich ist. Gleichwohl ist anzunehmen, dass die Chance auf ein erfolgsabwendendes Einschreiten der Unternehmensleitung jedenfalls dann größer ist, wenn sich diese generell zu Compliance bekennt und im Hinblick auf erkannte Rechtsverstöße eine Null-Toleranz-Politik verfolgt. Demgegenüber kann ein entsprechender Zurechnungszusammenhang nicht angenommen werden, wenn der Leitungsebene die kriminogenen Geschäftspraktiken bereits bekannt sind und sie geduldet oder gar zur Erreichung bestimmter Unternehmensziele direkt bzw. indirekt angeordnet werden.

Ausblick

Das in dieser Untersuchung präsentierte Ergebnis mag den Zivilrechtler in Anbetracht des Haftungssystems des Gesellschaftsrechts bedenklich stimmen. So könnte man durchaus argumentieren, dass mittels der hier befürworteten Lösung über § 823 Abs. 2 BGB ein deliktischer Schadensersatzanspruch des pflichtwidrig unterlassenden Compliance-Beauftragten im Außenverhältnis durchgreift, welcher der gesellschaftsrechtlichen Haftungsverfassung widerspricht. Diese ist durch den Grundsatz der Haftungskonzentration auf die juristische Person geprägt[1172]: Danach haftet ein in seiner Eigenschaft als Organmitglied handelndes Vorstandsmitglied nach § 93 AktG grundsätzlich nur gegenüber der Gesellschaft, nicht aber im Verhältnis zu Außenstehenden[1173]. Diese Haftungsabschirmung durch die juristische Person ist lediglich (im Ausnahmefall) dann durchbrochen, wenn sich dies aus anderen Normen ergibt:

Eine vertragliche Haftung eines Vorstandsmitglieds gegenüber Dritten scheidet regelmäßig aus, weil sie einerseits selbst in keiner vertraglichen Beziehung zueinander stehen bzw. andererseits auch der mit dem Unternehmen geschlossene Anstellungsvertrag des Vorstandsmitglieds keine Schutzwirkung zugunsten Dritter begründet, da es jedenfalls nicht dem Willen der Parteien entsprechen wird, eine unbestimmte Anzahl Dritter in den Schutzbereich des Vertrags mit einzubeziehen[1174].

Im Wesentlichen[1175] ist die Haftung des Vorstandsmitglieds gegenüber unternehmensfremden Dritten daher auf die Anspruchsgrundlagen des Deliktsrechts beschränkt[1176]. Verletzt ein Vorstandsmitglied einer AG oder ein Geschäftsführer einer GmbH ein absolut geschütztes Rechtsgut eines Dritten i. S. des § 823 Abs. 1 BGB,

---

1172 Die Haftungskonzentration auf den Unternehmensträger entspricht dem allgemeinen Gerechtigkeitstopos, nämlich der Korrelation von Nutzen und Schaden; zu diesem Grundsatz vgl. nur Spindler/Stilz-*Fleischer*, § 93 Rn. 307 ff.; *Haouache* 2003, S. 201 f.; Hölters/AktG-*Hölters*, § 93 Rn. 360 ff.; Lutter/Hommelhoff-*Kleindiek*, § 43 Rn. 48; *Lutter* 1997, S. 335; Großkommentar/GmbHG-*Paefgen*, § 43 Rn. 297 f.; Scholz/GmbHG-*U. Schneider*, § 43 Rn. 7 f.; eingehend *Kleindiek* 1997, S. 368 ff.; *Medicus* 1998, S. 577 ff.

1173 Selbiges gilt für Mitglieder des Aufsichtsrats nach den §§ 116, 93 AktG sowie für die Geschäftsführer einer GmbH nach § 43 GmbHG.

1174 *Rieble* 2010, S. 3; MK/AktG-*Spindler*, § 93 Rn. 300; vgl. ferner die den Compliance-Beauftragten *Groß* 2012, S. 234; *Favoccia/Richter* 2010, S. 145; *Grützner/Behr* 2013, S. 564; *Lackhoff/Schulz* 2010, S. 87; eingehend *Klopp* 2012, S. 265 ff.

1175 Darüber hinaus können – was hier allerdings nicht relevant ist – vertragliche Ansprüche aufgrund abgeschlossenen Garantieversprechens oder Bürgschaft, Ansprüche aus culpa in contrahendo oder auch eine Haftung aus Rechtsschein in Betracht kommen; vgl. überblicksmäßig zu diesen Anspruchsgrundlagen nur Hölters/AktG-*Hölters*, § 93 Rn. 361 ff.

1176 Diese Ansprüche sind nicht durch die gleichzeitige Haftung der Gesellschaft gem. § 31 BGB i. V. m. einer haftungsbegründenden Anspruchsgrundlage aus-

kann er sich dem Dritten gegenüber persönlich schadensersatzpflichtig machen. Der Anwendungsbereich dieser Norm ist allerdings nicht im Falle reiner Vermögensschäden eröffnet[1177]. In diesem Bereich – aber auch sonst – kann sich eine persönliche Schadensersatzpflicht eines Geschäftsleitungsmitglieds neben § 826 BGB[1178] vor allem aus der Verletzung eines Schutzgesetzes nach § 823 Abs. 2 BGB ergeben.

Zwingende Voraussetzung dafür ist zunächst die Einordnung der durch das Geschäftsleitungsmitglied verletzten Norm als Schutzgesetz zugunsten Dritter i. S. des § 823 Abs. 2 BGB. In diesem Zusammenhang ist insbesondere an die Pflichten des Geschäftsführers bzw. des Vorstandsmitglieds zur ordnungsgemäßen Unternehmensorganisation (§ 43 Abs. 1 GmbHG, § 93 Abs. 1 S. 1 AktG) zu denken, aus deren Verletzung der VI. Zivilsenat des BGH in seiner viel kritisierten[1179] „Baustoff-Entscheidung" einst die deliktische Außenhaftung eines Geschäftsleitungsmitglieds bejahte[1180]. Diese Ansicht wird mittlerweile auch nicht mehr von der Rechtsprechung geteilt[1181], da die „gesellschaftsinterne Organisationspflicht jedenfalls grundsätzlich nur der Gesellschaft gegenüber und nicht auch im Verhältnis zu Außenstehenden (und den Gesellschaftern)" bestehe[1182]. Deshalb sei weder § 93 Abs. 1 S. 1 AktG noch § 43 Abs. 1 GmbHG als Schutzgesetz i. S. des § 823 Abs. 2 BGB einzuordnen.

Dieser Ansicht ist mit der herrschenden Meinung[1183] zuzustimmen. Würde man nämlich den organschaftlichen Organisationspflichten eine Schutzwirkung zugunsten Außenstehender beimessen, hätte dies eine dem Gesellschaftsrecht wider-

---

geschlossen; vgl. nur Spindler/Stilz-*Fleischer*, § 93 Rn. 313; Hölters/AktG-*Hölters*, § 93 Rn. 366; MK/AktG-*Spindler*, § 93 Rn. 299; MK/BGB-*Wagner*, § 823 Rn. 90.

1177 Statt aller BGHZ 41, 123 (126f.); vgl. ferner PWW/BGB-*Schaub*, § 823 Rn. 55; Soergel/BGB-*Spickhoff*, § 823 Rn. 87; Palandt/BGB-*Sprau*, § 823 Rn. 11; MK/BGB-*Wagner*, § 823 Rn. 247ff.

1178 Näher hierzu vgl. Spindler/Stilz-*Fleischer*, § 93 Rn. 320ff.; Hölters/AktG-*Hölters*, § 93 Rn. 373ff.; MK/AktG-*Spindler*, § 93 Rn. 333ff.

1179 Vgl. nur Großkommentar/AktG-*Hopt*, § 93 Rn. 504; *Kleindiek* 1997, S. 466f.; *Lutter* 1997, S. 335f.; *Medicus* 1998, S. 584f.; Großkommentar/GmbHG-*Paefgen*, § 43 Rn. 354ff.; *Spindler* 2006a, § 13 Rn. 11ff.

1180 BGHZ 109, 297ff.: Nach der Auffassung des Senats folgt aus der Zuständigkeit für Organisation und Leitung sowie der damit verbundenen Einflussnahme auf die Gefahrenabwehr und -steuerung eine persönliche Verantwortung des Organmitglieds gegenüber den gem. § 823 Abs. 1 BGB absolut geschützten Rechtsgütern Dritter.

1181 Zur Entwicklung der Rechtsprechung in diesem Kontext vgl. *Schirmer* 2012, S. 3398ff.; *Spindler* 2006a, § 13 Rn. 7ff.

1182 BGH NJW 1994, 1801 (1803); vgl. auch BGH NJW 1974, 1371 (1372); NJW 1979, 1829; NJW 2012, 3439 (3441); NJW-RR 2014, 1382 (1384).

1183 Großkommentar/AktG-*Hopt*, § 93 Rn. 492; *N. Krause* 2009, S. 1371f.; *Medicus* 1998, S. 584f.; KK/AktG-*Mertens/Cahn*, § 93 Rn. 217; Großkommentar/GmbHG-*Paefgen*, § 43 Rn. 298; Scholz/GmbHG-*U. Schneider*, § 43 Rn. 307f.; MK/AktG-*Spindler*, § 93 Rn. 330; *ders.* 2006a, § 13 Rn. 41; Palandt/BGB-*Sprau*, § 823 Rn. 63, 66; MK/BGB-*Wagner*, § 823 Rn. 91; Baumbach/Hueck-*Zöllner/Noack*, § 43 Rn. 79.

streitende „tendenziell uferlose“ Außenhaftung[1184] zur Folge, da sich wohl in den meisten Fällen die Verletzung der unternehmerischen Verkehrssicherungspflichten „durch eine entsprechend vorsichtige, aber meist auch aufwendige Organisation“ hätte verhindern lassen[1185]. Daher kommt den gesellschaftsrechtlichen Organisationspflichten – genau wie den Organisationspflichten des § 33 WpHG[1186] – kein (individueller) Drittschutz i. S. des § 823 Abs. 2 BGB zu.

Diesen Ableitungszusammenhang hat der VI. Zivilsenat des BGH in der bereits an anderer Stelle erörterten Entscheidung[1187] – wenn auch unausgesprochen – zugrunde gelegt als er betonte, dass die Bestimmungen der §§ 43 Abs. 1 GmbHG, 93 Abs. 1 S. 1 AktG nicht dem Zweck dienten, Gesellschaftsgläubiger vor den mittelbaren Folgen einer sorgfaltswidrigen Geschäftsleitung zu schützen, und sich insoweit daraus keine Garantenpflicht eines Geschäftsleitungsmitglieds gegenüber außenstehenden Dritten zur Verhinderung von Vermögensschädigungen ergeben könne. Es widerspräche in der Tat den Wertungen des gesellschaftsrechtlichen Haftungssystems, wenn bereits aus den (nicht-drittschützenden) Organisationspflichten eine strafbewehrte Überwachergarantenstellung eines Geschäftsleitungsmitglieds entspringen würde, deren pflichtwidrige Verletzung (im Vorfeld konkreter Strafrechtsverstöße) eine persönliche Außenhaftung des Leitungsmitglieds zur Folge haben könnte[1188].

Zu prüfen bleibt daher abschließend, ob mit der hier befürworteten Lösung die Befürchtung einhergeht, ein „strafrechtliches Einfallstor“ in das Haftungssystem des Gesellschaftsrechts vermittelt über § 823 Abs. 2 BGB geschaffen zu haben, welches in ähnlicher Weise dessen Wertungen widerspricht. Zur Beantwortung dieser Frage ist zunächst ein Blick auf die Funktion des § 823 Abs. 2 BGB im System der Haftungsnormen des Deliktsrechts hilfreich:

Nach allgemeiner Meinung ermöglicht es § 823 Abs. 2 BGB, die in anderen Rechtsgebieten getroffenen Wertungen in das Deliktsrecht zu transportieren[1189].

1184 So zu Recht *Lutter* 1997, S. 335; vgl. auch *Kleindiek* 1997, S. 389 f.; S. 445 f.

1185 Vgl. bereits *Medicus* 1998, S. 585.

1186 Vgl. nur Fuchs/WpHG-*Fuchs*, § 33 Rn. 6 sowie Schwark/Zimmer-*Fett*, § 33 WpHG Rn. 4 m. w. N., die betonen, dass die Organisationspflichten keinen individuellen Schutz der Kunden des Wertpapierdienstleistungsunternehmens bezwecken und insoweit § 33 WpHG nicht als Schutzgesetz i. S. des § 823 Abs. 2 BGB anzusehen sei.

1187 BGH 2012, 3439 (3441); vgl. bereits unter 2. Teil, II. 1. b) 3) (e).

1188 Auch *Nietsch* 2013, S. 195 f. meint zu Recht, dass die Ausführungen des BGH bzgl. der Frage nach einer Garantenstellung von Geschäftsleitern zu kurz greifen, soweit dieser zwar das Bestehen der Legalitätspflicht nicht in Abrede stelle, diese aber dergestalt in die Pflicht zur ordnungsgemäßen Geschäftsführung, also die kaufmännische Sorgfalt, einbette, dass ihr neben dieser keine selbständige Funktion zukäme.

1189 *Deutsch* 1963, S. 389, der dahingehend auch von einer „Entwicklungsfunktion“ spricht; vgl. auch *Brüggemeier* 1986, Rn. 790 f.; Soergel/BGB-*Spickhoff*, § 823 Rn. 181; MK/BGB-*Wagner*, § 823 Rn. 384.

Neben den generalklauselartig ausgestalteten §§ 823 Abs. 1, 826 BGB hat sich der Gesetzgeber damit die Möglichkeit offengehalten, durch Schaffung bzw. Präzisierung spezialgesetzlicher Verhaltensstandards über den Schutzbereich des Deliktsrechts selbst zu dispositionieren. § 823 Abs. 2 BGB kommt damit im Hinblick auf die nach § 823 Abs. 1 BGB absolut geschützten Rechtsgüter eine Präzisierungs- und Ergänzungsfunktion zu, indem zum einen die Möglichkeit eröffnet wird, eine deliktische Haftung bereits an die pflichtwidrige Rechtsgutsgefährdung anzuknüpfen[1190]. Zum anderen erweitert Abs. 2 gegenüber Abs. 1 der Norm den Anwendungsbereich des Deliktsrechts durch den Einbezug vielfältiger Interessen des Einzelnen wie etwa seine Arbeitskraft, sein Ruhebedürfnis oder insbesondere sein Vermögen[1191] und steht in diesem Zusammenhang grundsätzlich in Anspruchskonkurrenz zu § 826 BGB.

Dieser Ausdehnung des Anwendungsbereichs der Generalklauseln begegnet § 823 Abs. 2 BGB indirekt zum einen dadurch, als von der Bezugsnorm regelmäßig ein bestimmtes Verhalten des Schädigers bzw. eine konkrete Angriffsart als Voraussetzung gefordert wird[1192]. Zum anderen muss bei der Frage nach der Schutzgesetzqualität der verletzten Verhaltensnorm im Rahmen des § 823 Abs. 2 BGB die Wertentscheidung des Gesetzgebers, der einer allgemeinen Fahrlässigkeitshaftung für reine Vermögensschäden eine Absage erteilt hat, beachtet werden, um nicht „die Architektur“ des Deliktsrechts „obsolet zu machen“[1193]. Handelt es sich bei der verletzten Verhaltensnorm um ein strafrechtliches Schutzgesetz, so sind aus Gründen der Einheitlichkeit die dort geltenden Auslegungsschranken (insbesondere das Analogieverbot) zu beachten[1194].

Gemessen an diesen Grundsätzen steht die hier begründete Konzeption in keinem Widerspruch zur deliktischen Außenhaftung der Geschäftsleitungsmitglieder oder auch sonstiger (leitender) Angestellter. Unstrittig ist nämlich, dass sich sowohl die Mitglieder des Leitungsorgans als auch sonstige Angestellte gem. § 823 Abs. 2 BGB zugunsten Außenstehender schadensersatzpflichtig machen können, sofern sie eine dem Individualschutz dienende Strafvorschrift (wie z. B. § 263 StGB[1195])

1190 PWW/BGB-*Schaub*, § 823 Rn. 221; Erman/BGB-*Schiemann*, § 823 Rn. 153; BeckOK/BGB-*Spindler*, § 823 Rn. 146; Palandt/BGB-*Sprau*, § 823 Rn. 56; Jauernig/BGB-*Teichmann*, § 823 Rn. 41; MK/BGB-*Wagner*, § 823 Rn. 385.

1191 PWW/BGB-*Schaub*, § 823 Rn. 221; Erman/BGB-*Schiemann*, § 823 Rn. 153; HK/BGB-*A. Staudinger*, § 823 Rn. 141; Jauernig/BGB-*Teichmann*, § 823 Rn. 40; MK/BGB-*Wagner*, § 823 Rn. 386 f.; ferner Soergel/BGB-*Spickhoff*, § 823 Rn. 181 („Öffnungsfunktion“).

1192 Vgl. nur BeckOK/BGB-*Spindler*, § 823 Rn. 146; Jauernig/BGB-*Teichmann*, § 823 Rn. 40.

1193 Zutreffend MK/BGB-*Wagner*, § 823 Rn. 386.

1194 Vgl. BGH NJW 1978, 1856; zustimmend Jauernig/BGB-*Teichmann*, § 823 Rn. 46.

1195 Einhellige Meinung, vgl. nur Großkommentar/GmbHG-*Paefgen*, § 43 Rn. 365; Scholz/GmbHG-*U. Schneider*, § 43 Rn. 328; BeckOK/BGB-*Spindler*, § 823 Rn. 176; HK/BGB-*A. Staudinger*, § 823 Rn. 156 jeweils m. w. N. aus der Rechtsprechung.

durch aktives Handeln als Täter oder Teilnehmer verwirklichen[1196]. Dann gibt es aber „umgekehrt" auch keinen Grund, diesen Schadensersatzanspruch bei Herbeiführung des deliktischen Erfolges durch Unterlassen (als Täter oder Teilnehmer) zu verneinen, soweit sich eine strafrechtliche Einstandspflicht des Unterlassenden nach den dargelegten strafrechtseigenen(!) Prinzipien herleiten lässt. Insofern ist mit Nachdruck zu betonen, dass die hier befürwortete Lösung nicht an die der Unternehmensleitung gem. §§ 43 Abs. 1 GmbHG, 93 Abs. 1 S. 1 AktG obliegenden Organisationspflichten anknüpft. Diese bestehen (auch weiterhin) nur gegenüber der Gesellschaft, sodass ein Verstoß hiergegen weder eine strafrechtliche Garantenpflicht des Adressaten noch eine Schadensersatzforderung für Außenstehende zu begründen vermag.

Vielmehr stellt die auch nach außen gerichtete Legalitätspflicht(!) der Unternehmensleitung den rechtlichen Bezug der übernommenen Garantenpflicht des Compliance-Beauftragten dar. Schreitet der Compliance-Beauftragte gegenüber der erkannten betriebsbezogenen Straftat eines Mitarbeiters zu Lasten eines (individuell geschützten) Dritten vor Vollendung der Tat nicht ein, macht er sich – sofern ihm der deliktische Erfolg (strafrechtlich) zugerechnet werden kann – wegen dieser Tat nicht nur als Täter oder Teilnehmer durch Unterlassen strafbar, sondern er kann darüber hinaus – wie im Falle der aktiven Unrechtsverwirklichung – nach § 823 Abs. 2 BGB i. V. m. der Strafnorm zivilrechtlich in Anspruch genommen werden[1197]. In diesem Zusammenhang geht es auch nicht um die Haftung für die Herbeiführung eines Vermögensschadens als solchem, sondern um die Haftung für einen Vermögensschaden, der durch die vorwerfbare Verwirklichung einer Straftat entstanden ist. Insoweit folgt das deliktische Haftungsrecht dem Strafrecht über § 823 Abs. 2 BGB – wie auch in anderen Fällen – in seinen Wertungen[1198].

1196 Vgl. nur MK/BGB-*Wagner*, § 823 Rn. 90 m. w. N.
1197 So im Ergebnis auch Scholz/GmbHG-*U. Schneider*, § 43 Rn. 327.
1198 Dies hat gleichzeitig zur Konsequenz, dass sich auch die Zivilrechtsprechung hinsichtlich der Haftung des Compliance-Verantwortlichen nicht der Bewertung einer in Rede stehenden Strafbarkeit durch die Strafgerichte einziehen kann; vgl. näher *C. Dannecker* 2012, S. 450 f.

Literaturverzeichnis

Achenbach, Hans (2008): Ordnungsfaktor Wirtschaftsstrafrecht, in: Strafverteidiger, S. 324–327.

Achenbach, Hans (2015): Zurechnung unternehmensbezogenen Handelns, in: Achenbach, Hans/Ransiek, Andreas/Rönnau, Thomas (Hrsg.), Handbuch Wirtschaftsstrafrecht, 4. Aufl., Heidelberg, 1. Teil, 3. Kap., S. 27–51.

Alexander, Thorsten (2005): Die strafrechtliche Verantwortlichkeit für die Wahrung der Verkehrssicherungspflichten in Unternehmen, Herbolzheim.

Ambos, Kai (2000): Beihilfe durch Alltagshandlungen, in: Juristische Arbeitsblätter, S. 721–725.

Amling, Thomas/*Bantleon*, Ulrich (2008): Interne Revision – Grundlagen und Ansätze zur Beurteilung deren Wirksamkeit, in: Deutsches Steuerrecht, S. 1300–1306.

Arzt, Gunther (1980): Zur Garantenstellung beim unechten Unterlassungsdelikt, in: Juristische Arbeitsblätter, S. 553–561 (1. Teil), S. 647–654 (2. Teil), S. 712–717 (3. Teil).

Assmann, Heinz-Dieter/Schneider, Uwe H.: Wertpapierhandelsgesetz (Kommentar); 6. Aufl., Köln 2012 (zitiert: Assmann/U. Schneider-*Bearbeiter*).

Bachmann, Gregor (2008): Compliance – Rechtsgrundlagen und offene Fragen, in: Gesellschaftsrechtliche Vereinigung (Hrsg.), Gesellschaftsrecht in der Diskussion 2007. Jahrestagung der Gesellschaftsrechtlichen Vereinigung (VGR), Köln, S. 66–101.

Bachmann, Mario/*Eichinger*, Matthias (2011): Täterschaft beim Unterlassungsdelikt, in: Juristische Arbeitsblätter, S. 105–109.

Barton, Dirk-Michael (2009): Die strafrechtliche Verantwortlichkeit des Compliance-Officers – Teil 2, in: jurisPR-StrafR 23/2009, Anm. 1.

Barton, Dirk-Michael (2010): Der Compliance-Officer im Minenfeld des Strafrechts – Folgewirkungen des Urteils des BGH vom 17.7.2009 – 5 StR 394/08 – auch für den Datenschutzbeauftragten?, in: Recht der Datenverarbeitung, S. 19–27.

Bauer, Hans-Lucas/*Wißmann*, Anke C. (2014): Strafrechtliche Geschäftsherrenhaftung im Unternehmen, in: Lüderssen, Klaus/Volk, Klaus/Wahle, Eberhard (Hrsg.), Festschrift für Wolf Schiller zum 65. Geburtstag, Baden-Baden, S. 15–26.

Baumann, Jürgen (1963): Täterschaft und Teilnahme, in: Juristische Schulung, S. 85–98.

Baumann, Jürgen/*Weber*, Ulrich/*Mitsch*, Wolfgang (2003): Strafrecht Allgemeiner Teil, 11. Aufl., Bielefeld.

Baumbach, Adolf/Hueck, Alfred: GmbHG (Kurz-Kommentar); 20. Aufl., München 2013 (zitiert: Baumbach/Hueck-*Bearbeiter*).

Bayer, Walter/*Lieder*, Jan (2012): Die Lehre vom fehlerhaften Bestellungsverhältnis. Ein Beitrag zur Institutionenbildung im Gesellschaftsrecht aus Anlass des HVB/UniCredit-Beschlusses des II. Zivilsenats des BGH vom 27.9.2011, in: Neue Zeitschrift für Gesellschaftsrecht, S. 1–10.

Beckemper, Katharina (2013): Strafrechtliche Verantwortlichkeit für Straftaten anderer? – Der Compliance-Officer im Fokus der Wissenschaft, in: Temel, Erhan/Sözüer, Adem (Hrsg.), Deutsch-Türkisches Rechtssymposium, Ankara, S. 88–97.

Beck'scher Online-Kommentar BGB; Bamberger, Heinz Georg/Roth, Herbert (Hrsg.), München, Stand: 01.11.2013, Edition: 35 (zitiert: BeckOK/BGB-*Bearbeiter*).

Beck'scher Online-Kommentar StGB; von Heintschel-Heinegg, Bernd (Hrsg.), München, Stand: 02.06.2015, Edition: 27 (zitiert: BeckOK/StGB-*Bearbeiter*).

Beisheim, Carsten/*Hecker*, Andreas (2015): Compliance-Verantwortung im Licht der „Siemens/Neubürger"-Entscheidung – auch bei Unternehmen der öffentlichen Hand, in: Kommunaljurist, S. 49–54.

Berg, Cai (2007): Korruption in Unternehmen und Risikomanagement nach § 91 Abs. 2 AktG, in: Die Aktiengesellschaft, S. 271–278.

Bergmann, Marcus (2012): Strafbarkeit vertragswidrigen Unterlassens. Zur Rechtspflicht nach § 13 Abs. 1 StGB unter besonderer Berücksichtigung des Vertrages mit Schutzwirkung für Dritte, 1. Aufl., Baden-Baden.

Bergmoser, Ulrich/*Theusinger*, Ingo/*Gushurst*, Klaus-Peter (2008): Corporate Compliance – Grundlagen und Umsetzung, in: Betriebs-Berater – Special Compliance zu Heft 25, S. 1–11.

Berndt, Markus (2009): Anmerkung zu BGH, Urt. v. 17.7.2009 – 5 StR 394/08, in: Strafverteidiger, S. 689–691.

Beste, Christoph (2010): Umsetzung des Compliance-Programms aus Beratungssicht, in: Görling, Helmut/Inderst, Cornelia/Bannenberg, Britta (Hrsg.), Compliance. Aufbau – Management – Risikobereiche, Heidelberg u. a., 4. Kap., S. 127–153.

Beulke, Werner (2011): Der „Compliance Officer" als Aufsichtsgarant? Überlegungen zu einer neuen Erscheinungsform der Geschäftsherrenhaftung, in: v. Geisler, Claudius/Kraatz, Erik/Kretschmer, Joachim/Schneider, Hartmut/Sowada, Christoph (Hrsg.), Festschrift für Klaus Geppert zum 70. Geburtstag, Berlin, S. 23–42.

Beulke, Werner/*Bachmann*, Gregor (1992): Die „Lederspray-Entscheidung" – BGHSt 37, 106, in: Juristische Schulung, S. 737–744.

Binding, Karl (1885): Systematisches Handbuch der Deutschen Rechtswissenschaft, Handbuch des Strafrechts, Erster Band, Leipzig.

Binding, Karl (1916): Die Normen und ihre Übertretung, Erster Band: Normen und Strafgesetze, 3. Aufl., Leipzig.

Blasche, Sebastian (2009): Die Mindestanforderungen an ein Risikoerkennungs- und Überwachungssystem nach § 91 Abs. 2 AktG, in: Corporate Compliance Zeitschrift, S. 62–67.

Bloy, René (1987): Anstiftung durch Unterlassen?, in: Juristische Arbeitsblätter, S. 490–497.

Bock, Dennis (2009): Strafrechtliche Aspekte der Compliance-Diskussion – § 130 OWiG als zentrale Norm der Criminal Compliance, in: Zeitschrift für Internationale Strafrechtsdogmatik, S. 68–81.

Bock, Dennis (2011): Criminal Compliance, 1. Aufl., Baden-Baden.

Bock, Dennis (2012): Stand der strafrechtswissenschaftlichen Compliance-Diskussion in Deutschland, in: Rotsch, Thomas (Hrsg.), Wissenschaftliche und praktische Aspekte der nationalen und internationalen Compliance-Diskussion, Baden-Baden, S. 63–76.

Boemke, Burkhard/*Grau*, Kevin/*Kißling*, Kristin/*Schneider*, Hendrik (2012): Evidenzbasierte Kriminalprävention im Unternehmen. Wirksamkeit von Compliance-Maßnahmen in der deutschen Wirtschaft – Ein empirisches Forschungsvorhaben, in: Stekeler-Weithofer (Hrsg.), Denkströme Journal der Sächsischen Akademie der Wissenschaften, 9. Jg., Leipzig, S. 79–94.

Boldt, Timo/*Büll*, Karsten M./*Voss*, Michael (2013): Implementierung einer Compliance-Funktion in einer mittelständischen Bank unter Berücksichtigung der neuen Mindestanforderungen an das Risikomanagement (MaRisk), in: Corporate Compliance Zeitschrift, S. 248–254.

Boos, Karl-Heinz/Fischer, Reinfrid/Schulte-Mattler, Hermann: Kreditwesengesetz-Kommentar; 4. Aufl., München 2012 (zitiert: Boos/Fischer/Schulte-Mattler -*Bearbeiter*).

Bosch, Nikolaus (2002): Organisationsverschulden in Unternehmen, Baden-Baden.

Böse, Martin (2003): Die Garantenstellung des Betriebsbeauftragten, in: Neue Zeitschrift für Strafrecht, S. 636–641.

Böse, Martin (2005): Die gesellschaftsrechtlichen Regeln über die Geschäftsführung als Grenze von Garantenpflichten am Beispiel der strafrechtlichen Produkthaftung, in: Zeitschrift für Wirtschafts- und Steuerstrafrecht, S. 41–46.

Bottke, Wilfried (1994): Haftung aus Nichtverhütung von Straftaten Untergebener in Wirtschaftsunternehmen de lege lata, Berlin.

Bottke, Wilfried (2004): Pflichtwidrigkeit: das Täterschaftskriterium unechter Unterlassungsdelikte?, in: Rogall, Klaus/Puppe, Ingeborg/Stein, Ulrich/Wolter, Jürgen (Hrsg.), Festschrift für Hans-Joachim Rudolphi zum 70. Geburtstag, Neuwied, S. 15–44.

Brammsen, Joerg (1986): Die Entstehungsvoraussetzungen der Garantenpflichten, Berlin.

Brammsen, Joerg (1989): Erfolgszurechnung bei unterlassener Gefahrverminderung durch einen Garanten, in: Monatszeitschrift für Deutsches Recht, S. 123–127.

Brammsen, Joerg (2000a): Unterlassungshaftung in formalen Organisationen, in: Amelung, Knut (Hrsg.), Individuelle Verantwortung und Beteiligungsverhältnisse bei Straftaten in bürokratischen Organisationen des Staates, der Wirtschaft und der Gesellschaft, Sinzheim, S. 105–144.

Brammsen, Joerg (2000b): Bemerkungen zur mittelbaren Unterlassungstäterschaft – Eine Ergänzung zu BGHSt 40, 257, in: Neue Zeitschrift für Strafrecht, S. 337–344.

Brettel, Hauke (2014): Bereichsübergreifende Aspekte im materiellen Wirtschaftsstrafrecht, in: Brettel, Hauke/Schneider, Hendrik (Hrsg.), Wirtschaftsstrafrecht, Baden-Baden, § 2, S. 71–121.

Brozat, Anne (2011): Überlegungen zur Amtsträgereigenschaft gemäß § 11 Abs. 1 Nr. 2c StGB in Anstalten des öffentlichen Rechts und einer Anwendung des § 357 StGB am Beispiel der BSR-Entscheidung des BGH, in: Corporate Compliance Zeitschrift, S. 227–229.

Brüggemeier, Gert (1986): Deliktsrecht, 1. Aufl., Baden-Baden.

Bruns, Hans-Jürgen (1938): Die Befreiung des Strafrechts vom zivilistischen Denken. Beiträge zu einer selbständigen, spezifisch strafrechtlichen Auslegungs- und Begriffsbildungsmethodik, Berlin.

Bülte, Jens (2012): Die Beschränkung der strafrechtlichen Geschäftsherrenhaftung auf die Verhinderung betriebsbezogener Straftaten. Zugleich eine Besprechung von BGH, Urt. v. 20.10.2011 – 4 StR 71/11, in: Neue Zeitschrift für Wirtschafts-, Steuer- und Unternehmensstrafrecht, S. 176–182.

Bürkle, Jürgen (2004): Weitergabe von Informationen über Fehlverhalten in Unternehmen (Whistleblowing) und Steuerung auftretender Probleme durch ein Compliance-System, in: Der Betrieb, S. 2158–2161.

Bürkle, Jürgen (2005): Corporate Compliance – Pflicht oder Kür für den Vorstand der AG?, in: Betriebs-Berater, S. 565–570.

Bürkle, Jürgen (2007): Corporate Compliance als Standard guter Unternehmensführung des Deutschen Corporate Governance Kodex, in: Betriebs-Berater, S. 1797–1801.

Bürkle, Jürgen (2010a): Grenzen der strafrechtlichen Garantenstellung des Compliance-Officers, in: Corporate Compliance Zeitschrift, S. 4–12.

Bürkle, Jürgen (2010b): Compliance-Beauftragte, in: Hauschka, Christoph E. (Hrsg.), Corporate Compliance. Handbuch der Haftungsvermeidung im Unternehmen, 2. Aufl., München, § 8, S. 136–162.

Bürkle, Jürgen (2015): Compliance als Aufgabe des Vorstands einer AG – Die Sicht des LG München I, in: Corporate Compliance Zeitschrift, S. 52–55.

Bussmann, Kai-D./*Salvenmoser*, Steffen (2008): Der Wert von Compliance und Unternehmenskultur. Ergebnisse der aktuellen Studie von PricewaterhouseCoopers zur Wirtschaftskriminalität, in: Corporate Compliance Zeitschrift, S. 192–196.

Bydlinski, Franz (1982): Juristische Methodenlehre und Rechtsbegriff, Wien.

Campos Nave, Josè A./*Bonenberger*, Saskia (2008): Korruptionsaffären, Corporate Compliance und Sofortmaßnahmen für den Krisenfall, in: Betriebs-Berater, S. 734–741.

Campos Nave, Josè A./*Vogel*, Hendrik (2009): Die erforderliche Veränderung von Corporate Compliance-Organisationen im Hinblick auf gestiegene Verantwortlichkeiten des Compliance Officers, in: Betriebs-Berater, S. 2546–2551.

Cichy, Patrick/*Cziupka*, Johannes (2014): Compliance-Verantwortung der Geschäftsleiter bei Unternehmenstätigkeit mit Auslandsbezug, in: Betriebs-Berater, S. 1482–1486.

Cohen, Joel M./*Holland*, Michael P. (2008): Fünf Punkte, die ausländische Unternehmen über den United States Foreign Corrupt Practices Act (FCPA) wissen sollten, in: Corporate Compliance Zeitschrift, S. 7–11.

Cramer, Peter (1993): Rechtspflicht des Aufsichtsrats zur Verhinderung unternehmensbezogener strafbarer Handlungen und Ordnungswidrigkeiten, in: Küper, Wilfried/Welp, Jürgen (Hrsg.), Beiträge zur Rechtswissenschaft. Festschrift für Walter Stree und Johannes Wessels zum 70. Geburtstag, Heidelberg, S. 563–586.

Dahs, Hans (1986): Zur strafrechtlichen Haftung des Gewässerschutzbeauftragten nach § 324 StGB, in: Neue Zeitschrift für Strafrecht, S. 97–103.

Dann, Matthias (2011): Zur „Verstrafrechtlichung" eines neuen Berufsbildes – Compliance-Beauftragte am Rande des Nervenzusammenbruchs?, in: Zeitschrift Risk, Fraud & Compliance, S. 155–159.

Dann, Matthias (2015): Compliance-Grundlagen, in: Dann, Matthias (Hrsg.), Compliance im Krankenhaus. Risiken erkennen – Rahmenbedingungen gestalten, Bergisch Gladbach, S. 1–29.

Dann, Matthias/*Mengel*, Anja (2010): Tanz auf dem Pulverfass – oder: Wie gefährlich leben Compliance-Beauftragte?, in: Neue Juristische Wochenschrift, S. 3265–3269.

Dannecker, Christoph (2012): Die Folgen der strafrechtlichen Geschäftsherrenhaftung der Unternehmensleitung für die Haftungsverfassung juristischer Personen. Zugleich: Besprechung von BGH, Urt. v. 10.7.2012 – VI ZR 341/10, in: Neue Zeitschrift für Wirtschafts-, Steuer- und Unternehmensstrafrecht, S. 441–451.

Dannecker, Gerhard (2007): Die Entwicklung des Wirtschaftsstrafrechts in der Bundesrepublik Deutschland, in: Wabnitz, Heinz-Bernd/Janovsky, Thomas (Hrsg.), Handbuch des Wirtschafts- und Steuerstrafrechts, 3. Aufl., München, 1. Kap., S. 1–66.

Dannecker, Gerhard (2015): Strafrechtliche Verantwortung nach Delegation, in: Rotsch, Thomas (Hrsg.), Criminal Compliance. Handbuch, Baden-Baden, § 5, S. 167–202.

Dannecker, Gerhard/*Dannecker*, Christoph (2010): Die „Verteilung" der strafrechtlichen Geschäftsherrenhaftung im Unternehmen. Zur strafrechtlichen Verantwortung des Compliance Officers und (leitender) Angestellter bei der Übernahme unternehmensbezogener Aufgaben – zugleich Besprechung von BGH, Urteil v. 17.7.2009 – 5 StR 394/08, in: Juristenzeitung, S. 981–992.

Deutsch, Erwin (1963): Entwicklung und Entwicklungsfunktion der Deliktstatbestände. Ein Beitrag zur Abgrenzung der rechtsetzenden von der rechtsprechenden Gewalt im Zivilrecht, in: Juristenzeitung, S. 385–391.

Deutscher, Jörg (2010): Zur Strafbarkeit des Compliance Officers – Erhöhte Berufsrisiken nach dem Urteil des BGH vom 17.7.2009 = WM 2009, 1882, in: Wertpapiermitteilungen – Zeitschrift für Wirtschafts- und Bankrecht, S. 1387–1393.

Deutscher, Jörg/*Körner*, Peter (1996): Die strafrechtliche Produktverantwortung von Mitgliedern kollegialer Geschäftsleitungsorgane – Eine Einführung unter besonderer Berücksichtigung der Rechtsprechung des BGH, in: Zeitschrift für Wirtschafts- und Steuerstrafrecht, S. 292–302 (Teil 1), S. 327–334 (Teil 2).

Dörner, Hans-Jürgen (2007): Neues aus dem Befristungsrecht, in: Neue Zeitschrift für Arbeitsrecht, S. 57–63.

Dous, John Christian (2009): Strafrechtliche Verantwortlichkeit in Unternehmen. Zur Verantwortungsverteilung zwischen Ausführungs- und Führungsebene nach dem Prinzip der Dialektik der Herrschaft in Unternehmen, Frankfurt am Main.

Dreher, Meinrad (1992): Die persönliche Verantwortlichkeit von Geschäftsleitern nach außen und die innergesellschaftliche Aufgabenteilung, in: Zeitschrift für Unternehmens- und Gesellschaftsrecht, S. 22–62.

Dreher, Meinrad (2010): Die Vorstandsverantwortung im Geflecht von Risikomanagement, Compliance und interner Revision, in: Kindler, Peter/Koch, Jens/Ulmer, Peter/Winter, Martin (Hrsg.), Festschrift für Uwe Hüffer zum 70. Geburtstag, München, S. 161–177.

Ebert, Udo (2001): Strafrecht Allgemeiner Teil, 3. Aufl., Heidelberg.

Eidam, Gerd (2014a): Unternehmen im Zeitalter der Dienstleistungswirtschaft, in: Eidam, Gerd (Hrsg.), Unternehmen und Strafe. Vorsorge- und Krisenmanagement, 4. Aufl., Köln, Kap. 1, S. 1–11.

Eidam, Gerd (2014b): Die Betroffenen im Unternehmen, in: Eidam, Gerd (Hrsg.), Unternehmen und Strafe. Vorsorge- und Krisenmanagement, 4. Aufl., Köln, Kap. 3, S. 39–70.

Eisele, Dieter (1993): Insiderrecht und Compliance, in: Wertpapiermitteilungen – Zeitschrift für Wirtschafts- und Bankrecht, S. 1021–1026.

Eisele, Dieter/*Faust*, Alexander (2011): Verhaltensregeln und Compliance, in: Schimansky, Herbert/Bunte, Hermann-Josef/Lwowski, Hans-Jürgen (Hrsg.), Bankrechts-Handbuch, 4. Aufl., München, § 109, S. 1169–1270.

Engisch, Karl (2010): Einführung in das juristische Denken, 11. Aufl., Stuttgart u. a.

Erfurter Kommentar zum Arbeitsrecht; Müller-Glöge, Rudi/Preis, Ulrich/Schmidt, Ingrid (Hrsg.), 15. Aufl., München 2015 (zitiert: ErfK-*Bearbeiter*).

Erman, Walter: Bürgerliches Gesetzbuch mit Nebengesetzen (Handkommentar); Westermann, Harm Peter/Grunewald, Barbara/Maier-Reimer, Georg (Hrsg.), Band II, 14. Aufl., Köln 2014 (zitiert: Erman/BGB-*Bearbeiter*).

Eufinger, Alexander (2012): Zu den historischen Ursprüngen der Compliance, in: Corporate Compliance Zeitschrift, S. 21–22.

Fecker, Jörg/*Kinzl*, Ulrich-Peter (2010): Ausgestaltung der arbeitsrechtlichen Stellung des Compliance-Officers. Schlussfolgerungen aus der BSR-Entscheidung des BGH, in: Corporate Compliance Zeitschrift, S. 13–20.

Felix, Dagmar (1998): Einheit der Rechtsordnung. Zur verfassungsrechtlichen Relevanz einer juristischen Argumentationsstruktur, Tübingen.

Fernàndez, Raquel Montaner (2012): Die strafrechtliche Verantwortung des Umweltbetriebsprüfers, in: Zeitschrift für Internationale Strafrechtsdogmatik, S. 361–370.

Fett, Torsten (2015): Anmerkung zu LG München I, Urt. v. 10.12.2013 – 5 HK O 1387/10, in: Corporate Compliance Zeitschrift, S. 144.

Fischer, Frank (1996): Der Betriebsbeauftragte im Umweltschutzrecht. Stellung eines Funktionsträgers aus arbeitsrechtlicher Sicht, Baden-Baden.

Fischer, Thomas (2015): Strafgesetzbuch mit Nebengesetzen (Kurz-Kommentar); 62. Aufl., München.

Fleischer, Holger (2003): Zum Grundsatz der Gesamtverantwortung im Aktienrecht, in: Neue Zeitschrift für Gesellschaftsrecht, S. 449–459.

Fleischer, Holger (2004a): Legal Transplants im deutschen Aktienrecht, in: Neue Zeitschrift für Gesellschaftsrecht, S. 1129–1137.

Fleischer, Holger (2004b): Zur Verantwortlichkeit einzelner Vorstandsmitglieder bei Kollegialentscheidungen im Aktienrecht, in: Betriebs-Berater, S. 2645–2652.

Fleischer, Holger (2006a): Leitungsaufgabe des Vorstands, in: Fleischer, Holger (Hrsg.), Handbuch des Vorstandsrechts, München, § 1, S. 1–38.

Fleischer, Holger (2006b): Sorgfaltspflicht der Vorstandsmitglieder, in: Fleischer, Holger (Hrsg.), Handbuch des Vorstandsrechts, München, § 7, S. 237–265.

Fleischer, Holger (2006c): Treuepflicht der Vorstandsmitglieder, in: Fleischer, Holger (Hrsg.), Handbuch des Vorstandsrechts, München, § 9, S. 285–311.

Fleischer, Holger (2014): Aktienrechtliche Compliance-Pflichten im Praxistest: Das Siemens/Neubürger-Urteil des LG München I, in: Neue Zeitschrift für Gesellschaftsrecht, S. 321–329.

Freund, Georg (2009): Strafrecht Allgemeiner Teil. Personale Straftatlehre, 2. Aufl., Berlin, Heidelberg.

Frisch, Wolfgang (1993): An den Grenzen des Strafrechts, in: Küper, Wilfried/Welp, Jürgen (Hrsg.), Beiträge zur Rechtswissenschaft. Festschrift für Walter Stree und Johannes Wessels zum 70. Geburtstag, Heidelberg, S. 69–106.

Frister, Helmut (2007): Strafrecht Allgemeiner Teil, 2. Aufl., München.

Frodermann, Jürgen/*Schäfer*, Philipp (2009): Vorstand, in: Frodermann, Jürgen/ Jannott, Dirk (Hrsg.), Handbuch des Aktienrechts, 8. Aufl., Heidelberg, 7. Kap., S. 325–405.

Früh, Andreas (2010): Legal & Compliance – Abgrenzung oder Annäherung (am Beispiel einer Bank), in: Corporate Compliance Zeitschrift, S. 121–126.

Fuchs, Andreas: Wertpapierhandelsgesetz (Kommentar); München 2009 (zitiert: Fuchs/WpHG-*Bearbeiter*).

Gallas, Wilhelm (1952): Anmerkung zu BGH, Urt. v. 12.2.1952 – 1 StR 59/50, in: Juristenzeitung, S. 371–373.

Gallas, Wilhelm (1960): Strafbares Unterlassen im Fall einer Selbsttötung, in: Juristenzeitung, S. 686–692.

Gallas, Wilhelm (1968): Beiträge zur Verbrechenslehre, Berlin.

Gebauer, Stefan/*Niermann*, Stephan (2010): Compliance-Organisation in der Banken- und Wertpapierdienstleistungsbranche, in: Hauschka, Christoph E. (Hrsg.), Corporate Compliance. Handbuch der Haftungsvermeidung im Unternehmen, 2. Aufl., München, § 36, S. 941–964.

Geiger, Daniel (2011): Nemo ultra posse obligatur. Zur strafrechtlichen Haftung von Compliance-Beauftragten ohne Disziplinargewalt, in: Corporate Compliance Zeitschrift, S. 170–174.

Geilen, Gerd (1965): Zur Mitverantwortung des Gastwirts bei Trunkenheit am Steuer – Zugleich ein Beitrag zur Lehre vom vorangegangenen Tun, in: Juristenzeitung, S. 469–475.

Gimbernat, Enrique (2001): Unechte Unterlassung und Risikoerhöhung im Unternehmensstrafrecht, in: Schünemann, Bernd/Achenbach, Hans/Bottke, Wilfried/ Haffke, Bernhard/Rudolphi, Hans-Joachim (Hrsg.), Festschrift für Claus Roxin zum 70. Geburtstag, Berlin, S. 651–663.

Goette, Wulf (2002): Die GmbH – Darstellung anhand der Rechtsprechung des BGH, 2. Aufl., München.

Goette, Wulf (2011): Organisationspflichten in Kapitalgesellschaften zwischen Rechtspflicht und Opportunität, in: Zeitschrift für das gesamte Handels- und Wirtschaftsrecht, S. 388–400.

Göres, Ulrich L. (2011): Stellung des Compliance-Beauftragten. Bestandsaufnahme nach In-Kraft-Treten des AnSFuG und der MaComp, in: Zeitschrift Risk, Fraud & Compliance, S. 179–184.

Görtz, Birthe (2010): Der neue Compliance-Prüfungsstandard (EPS 980). Inhalte und Aussagen, in: Corporate Compliance Zeitschrift, S. 127–133.

Gößwein, Georg/*Hohmann*, Olaf (2011): Modelle der Compliance-Organisation in Unternehmen – Wider den Chief Compliance Officer als „Überoberverantwortungsnehmer", in: Betriebs-Berater, S. 963–968.

Götz, Heinrich (1995): Die Überwachung der Aktiengesellschaft im Lichte jüngerer Unternehmenskrisen, in: Die Aktiengesellschaft, S. 337–353.

Grau, Carsten/*Blechschmidt*, Vanessa (2009): Anmerkung zu BGH, Urt. v. 17.7.2009 – 5 StR 394/08, in: Der Betrieb, S. 2145–2146.

Greco, Luìs (2011): Organisationsherrschaft und Selbstverantwortungsprinzip, in: Zeitschrift für Internationale Strafrechtsdogmatik, S. 9–13.

Grieger, Alexander (2010): Corporate Crime und Compliance. Die straf- und zivilrechtliche Verantwortlichkeit eines börsennotierten Industriekonzerns und dessen Organe für Wirtschaftsdelikte seiner Mitarbeiter, Hamburg.

Gropp, Walter (1996): Die Mitglieder des Nationalen Verteidigungsrates als „Mittelbare Mit-Täter hinter den Tätern"? – BGHSt 40, 218, in: Juristische Schulung, S. 13–18.

Gropp, Walter (2005): Strafrecht Allgemeiner Teil, 3. Aufl., Berlin, Heidelberg.

Groß, Nadja Fee Viola (2012): Chief Compliance Officer. Compliance-Funktionsträger im Spannungsverhältnis zwischen wirksamer Compliance und arbeitsrechtlicher / gesellschaftsrechtlicher Kompetenzordnung, 1. Aufl., Baden-Baden.

Großkommentar zum Aktiengesetz; Hopt, Klaus J./Wiedemann, Herbert (Hrsg.), Dritter Band: §§ 76–94, 4. Aufl., Berlin 2008 (zitiert: Großkommentar/AktG-*Bearbeiter*).

Großkommentar zum Gesetz betreffend die Gesellschaften mit beschränkter Haftung (GmbHG); Ulmer, Peter/Habersack, Mathias/Löbbe, Marc (Hrsg.), Band II: §§ 29 bis 52, 2. Aufl., Tübingen 2014 (zitiert: Großkommentar/GmbHG-*Bearbeiter*).

Grünewald, Anette (2001): Zivilrechtlich begründete Garantenpflichten im Strafrecht?, Berlin.

Grüninger, Stephan (2010): Wertorientiertes Compliance Management System, in: Wieland, Josef/Steinmeyer, Roland/Grüninger, Stephan (Hrsg.), Handbuch Compliance-Management, Berlin, S. 39–69.

Grunst, Bettina/*Volk*, Klaus (2006): Einleitung: Das Wirtschaftsstrafrecht im Rechtssystem, in: Volk, Klaus (Hrsg.), Münchener Anwaltshandbuch Verteidigung in Wirtschafts- und Steuerstrafsachen, München, § 1, S. 1–34.

Grünwald, Gerald (1956): Das unechte Unterlassungsdelikt. Seine Abweichungen vom Handlungsdelikt, Göttingen.

Grünwald, Gerald (1959): Die Beteiligung durch Unterlassen, in: Goltdammer's Archiv für Strafrecht, S. 110–123.

Grützner, Thomas (2012): Anmerkung zu BGH, Urt. v. 20.10.2011 – 4 StR 71/11, in: Betriebs-Berater, S. 151–152.

Grützner, Thomas (2014): Anmerkung zu LG München I, Urt. v. 10.12.2013 – 5 HK O 1387/10, in: Betriebs-Berater, S. 850–852.

Grützner, Thomas/*Behr*, Nicolai (2013): Die Haftung von Compliance Officer, Vorstand und Aufsichtsrat bei Rechtsverstößen von Mitarbeitern – Zugleich Anmerkung zu BGH-Urteil vom 10.7.2012 – VI ZR 341/10, in: Der Betrieb, S. 561–567.

Günther, Hans-Ludwig (2004): Die Untreue im Wirtschaftsrecht, in: Heinrich, Bernd/Hilgendorf, Eric/Mitsch, Wolfgang/Sternberg-Lieben, Detlev (Hrsg.), Festschrift für Ulrich Weber zum 70. Geburtstag, Bielefeld, S. 311–317.

Haas, Volker (2011): Die Beteiligung durch Unterlassen, in: Zeitschrift für Internationale Strafrechtsdogmatik, S. 392–397.

Haouache, Gerold (2003): Unternehmensbeauftragte und Gesellschaftsrecht der AG und GmbH, Berlin.

Hardwig, Werner (1965): Über den Begriff der Täterschaft. Zugleich eine Besprechung der Habilitationsschrift von Claus Roxin „Täterschaft und Tatherrschaft", in: Juristenzeitung, S. 667–671.

Hastenrath, Katharina (2011): Auswirkungen des BGH-Urteils zur Garantenstellung des Compliance Officers aus Sicht der Unternehmenspraxis, in: Corporate Compliance Zeitschrift, S. 32–37.

Hauschka, Christoph E. (2004a): Compliance, Compliance-Manager, Compliance-Programme: Eine geeignete Reaktion auf gestiegene Haftungsrisiken für Unternehmen und Management?, in: Neue Juristische Wochenschrift, S. 257–261.

Hauschka, Christoph E. (2004b): Compliance am Beispiel der Korruptionsbekämpfung, in: Zeitschrift für Wirtschaftsrecht, S. 877–883.

Hauschka, Christoph E. (2010): Einführung, in: Hauschka, Christoph E. (Hrsg.), Corporate Compliance. Handbuch der Haftungsvermeidung im Unternehmen, 2. Aufl., München, § 1, S. 1–27.

Hauschka, Christoph E. (2014): Zum Berufsbild des Compliance Officers, in: Corporate Compliance Zeitschrift, S. 165–170.

Hauschka, Christoph E./*Greeve*, Gina (2007): Compliance in der Korruptionsprävention – was müssen, was sollen, was können die Unternehmen tun?, in: Betriebs-Berater, S. 165–173.

Hauschka, Christoph E./*Spiekermann*, Monika (2010): Rechtsabteilung, in: Hauschka, Christoph E. (Hrsg.), Corporate Compliance. Handbuch der Haftungsvermeidung im Unternehmen, 2. Aufl., München, § 15, S. 397–405.

Hefendehl, Roland (2006): Corporate Governance und Business Ethics: Scheinberuhigung oder Alternativen bei der Bekämpfung der Wirtschaftskriminalität?, in: Juristenzeitung, S. 119–125.

Hegnon, Oliver (2009): Aufsicht als Leitungspflicht. Umfang persönlich wahrzunehmender Aufsichtspflichten von Geschäftsleitern bei vertikaler Arbeitsteilung aus gesellschafts- und strafrechtlicher Sicht, in: Corporate Compliance Zeitschrift, S. 57–62.

Heine, Günter (1995): Die strafrechtliche Verantwortlichkeit von Unternehmen. Von individuellem Fehlverhalten zu kollektiven Fehlentwicklungen, insbesondere bei Großrisiken, 1. Aufl., Baden-Baden.

Heinrich, Bernd (2014): Strafrecht Allgemeiner Teil, 4. Aufl., Stuttgart.

Heinz, Volker G. (2010): Vorstand, in: Schüppen, Matthias/Schaub, Bernhard (Hrsg.), Münchener Anwaltshandbuch Aktienrecht, 2. Aufl., München, § 22, S. 609–632.

Hellmann, Uwe/*Beckemper*, Katharina (2013): Wirtschaftsstrafrecht, 4. Aufl., Stuttgart.

Hemeling, Peter (2011): Organisationspflichten des Vorstands zwischen Rechtspflicht und Opportunität, in: Zeitschrift für das gesamte Handels- und Wirtschaftsrecht, S. 368–387.

Hense, Dirk/*Renz*, Hartmut (2008): Die Wandlung der Compliance-Funktion in Wertpapierdienstleistungsunternehmen unter besonderer Beachtung der neuen Berichtspflicht an das Senior-Management, in: Corporate Compliance Zeitschrift, S. 181–185.

Herbert, Manfred/*Oberrath*, Jörg-Dieter (2005): Schweigen ist Gold? Rechtliche Vorgaben für den Umgang des Arbeitnehmers mit seiner Kenntnis über Rechtsverstöße im Betrieb, in: Neue Zeitschrift für Arbeitsrecht, S. 193–199.

Herzberg, Rolf Dietrich (1972): Die Unterlassung im Strafrecht und das Garantenprinzip, Berlin.

Hoffmann-Becking, Michael (1998): Zur rechtlichen Organisation der Zusammenarbeit im Vorstand der AG, in: Zeitschrift für Unternehmens- und Gesellschaftsrecht, S. 497–519.

Hoffmann-Holland, Klaus (2006): Die Beteiligung des Garanten am Rechtsgutsangriff. Zur Abgrenzung von Täterschaft und Teilnahme durch Unterlassen, in: Zeitschrift für die gesamte Strafrechtswissenschaft 118, S. 620–638.

Hölters, Wolfgang: Aktiengesetz (Kommentar); 2. Aufl., München 2014 (zitiert: Hölters/AktG-*Bearbeiter*).

Hommelhoff, Peter/*Mattheus*, Daniela (2007): Risikomanagementsystem im Entwurf des BilMoG als Funktionselement der Corporate Governance, in: Betriebs-Berater, S. 2787–2791.

Hoyer, Andreas (1998): Die strafrechtliche Verantwortlichkeit innerhalb von Weisungsbefugnissen. Sonderregeln für Amts- und Wehrdelikte und ihre Übertragbarkeit auf privatrechtliche Organisationen, München.

Hsü, Yü-hsiu (1986): Garantenstellung des Betriebsinhabers zur Verhinderung strafbarer Handlungen seiner Angestellten?, Pfaffenweiler.

Huff, Elisabeth (2008): Die Freizeichnung von strafrechtlicher Verantwortlichkeit durch Pflichtendelegation im Unternehmen – ein deutsch-französischer Vergleich, Tübingen.

Hüffer, Uwe (2011): Compliance im Innen- und Außenrecht der Unternehmen, in: Altmeppen, Holger/Fitz, Hanns/Honsell, Heinrich (Hrsg.), Festschrift für Günter H. Roth zum 70. Geburtstag, München, S. 299–307.

Hüffer, Uwe/*Koch*, Jens (2014): Aktiengesetz (Kurz-Kommentar); 11. Aufl., München.

Illing, Diana/*Umnuß*, Karsten (2009): Die arbeitsrechtliche Stellung des Compliance-Managers – insbesondere Weisungsunterworfenheit und Reportingpflichten, in: Corporate Compliance Zeitschrift, S. 1–8.

Inderst, Cornelia (2010): Compliance-Programm und praktische Umsetzung, in: Görling, Helmut/Inderst, Cornelia/Bannenberg, Britta (Hrsg.), Compliance. Aufbau – Management – Risikobereiche, Heidelberg u. a., 4. Kap., S. 103–126.

Jäger, Christian (2012): Anmerkung zu BGH, Urt. v. 20.10.2011 – 4 StR 71/11, in: Juristische Arbeitsblätter, S. 392–395.

Jakobs, Günther (1993): Strafrecht Allgemeiner Teil, 2. Aufl., Berlin.

Janke, Günter (2008): Kompendium Wirtschaftskriminalität, Frankfurt am Main u. a.

Jauernig, Othmar: Bürgerliches Gesetzbuch mit Allgemeinen Gleichbehandlungsgesetz (Kommentar); Stürner, Rolf (Hrsg.), 15. Aufl., München 2014 (zitiert: Jauernig/BGB-*Bearbeiter*).

Jerouschek, Günter (1999): Strafrechtliche Aspekte des Wissenschaftsbetruges, in: Goltdammer's Archiv für Strafrecht, S. 416–442.

Jescheck, Hans-Heinrich/*Weigend*, Thomas (1996): Lehrbuch des Strafrechts. Allgemeiner Teil, 5. Aufl., Berlin.

Joecks, Wolfgang (2014): Strafgesetzbuch (Studienkommentar); 11. Aufl., München.

Joerden, Jan C. (1990): Grenzen der Auslegung des § 84 Abs. 1 Nr. 2 GmbHG, in: Zeitschrift für Wirtschafts- und Steuerstrafrecht, S. 1–4.

Joussen, Jacob (2006): Der Vertrauensschutz im fehlerhaften Arbeitsverhältnis, in: Neue Zeitschrift für Arbeitsrecht, S. 963–967.

Juhnke, Andreas (2011): Der Compliance Officer – Dreh- und Angelpunkt bei der Durchsetzung von Compliance, in: Zeitschrift Risk, Fraud & Compliance, S. 172–178.

Junc, Lars (2010): Corporate-Compliance-Berichterstattung in Deutschland. Eine theoretische und empirische Analyse, Wiesbaden.

Kahlo, Michael (1987): Das Bewirken durch Unterlassen bei drittvermitteltem Rettungsgeschehen – Zur notwendigen Modifikation der Risikoerhöhungslehre bei den unechten Unterlassungsdelikten, in: Goltdammer's Archiv für Strafrecht, S. 66–79.

Kahlo, Michael (1990): Das Problem des Pflichtwidrigkeitszusammenhanges bei den unechten Unterlassungsdelikten. Eine strafrechtlich-rechtsphilosophische Untersuchung zur Kausalität menschlichen Handelns und deren strafrechtlichem Begriff, Berlin.

Kahlo, Michael (2001): Die Handlungsform der Unterlassung als Kriminaldelikt. Eine strafrechtlich-rechtsphilosophische Untersuchung zur Theorie des personalen Handelns, Frankfurt am Main.

Kamp, Meike/*Körffer*, Barbara (2010): Auswirkungen des § 32 BDSG auf die Aufgabenerfüllung und die strafrechtliche Verantwortung des Compliance Officers, in: Recht der Datenverarbeitung, S. 72–76.

Karlsruher Kommentar zum Gesetz über Ordnungswidrigkeiten; Senge, Lothar (Hrsg.), 4. Aufl., München 2014 (zitiert: KK/OWiG-*Bearbeiter*).

Kaufmann, Armin (1959): Die Dogmatik der Unterlassungsdelikte, Göttingen.

Kindhäuser, Urs (2013): Strafrecht Allgemeiner Teil, 6. Aufl., Baden-Baden.

Kindler, Peter (2012): Corporate Compliance – Grundpflichten und Haftungsgefahren für Unternehmensleiter nach Aktienrecht, in: Rotsch, Thomas (Hrsg.), Wissenschaftliche und praktische Aspekte der nationalen und internationalen Compliance-Diskussion, Baden-Baden, S. 1–15.

Kleindiek, Detlef (1997): Deliktshaftung und juristische Person. Zugleich zur Eigenhaftung von Unternehmensleitern, Tübingen.

Klesczewski, Diethelm (2012): Strafrecht Allgemeiner Teil, das examensrelevante Kernwissen im Grundriss, 2. Aufl., Leipzig.

Kloepfer, Michael (2004): Umweltrecht, 3. Aufl., München.

Klopp, Thorben (2012): Der Compliance-Beauftragte. Arbeitsrechtliche Stellung und Funktion in der Compliance, Berlin.

Knauer, Christoph (2003): Strafbarkeit wegen Totschlags durch Unterlassen bei Nichtherbeiführung eines Beschlusses des SED-Politbüros, in: Neue Juristische Wochenschrift, S. 3101–3103.

Knauer, Christoph (2012): Die strafrechtliche Haftung von Justiziaren, Innen-Revisoren und Compliance-Officers („Berliner Straßenreinigung – 5 StR 394/08"), in: Schulz, Lorenz/Reinhart, Michael/Sahan, Oliver (Hrsg.), Festschrift für Imme Roxin, Heidelberg u. a., S. 465–483.

Köbl, Ursula (1976): Obiter dicta – Ansätze einer Rechtfertigung, in: Juristenzeitung, S. 752–756.

Koch, Jens (2009): Compliance-Pflichten im Unternehmensverbund?, in: Wertpapiermitteilungen – Zeitschrift für Wirtschafts- und Bankrecht, S. 1013–1020.

Kohler, Josef (1890): Studien aus dem Strafrecht I, Mannheim.

Köhler, Michael (1997): Strafrecht, Allgemeiner Teil, Berlin, Heidelberg.

Kohlrausch, Eduard/*Lange*, Richard (1950): Strafgesetzbuch mit Erläuterungen und Nebengesetzen (Kommentar); 39. und 40. Aufl., Berlin.

Kölbel, Ralf (2008): Wirtschaftskriminalität und unternehmensinterne Strafrechtsdurchsetzung, in: Monatsschrift für Kriminologie und Strafrechtsreform 91, S. 22–37.

Kölbel, Ralf (2013): Criminal Compliance – ein Missverständnis des Strafrechts?, in: Zeitschrift für die gesamte Strafrechtswissenschaft 125, S. 499–535.

Kölner Kommentar zum Aktiengesetz; Zöllner, Wolfgang/Noack, Ulrich (Hrsg.), Band 2/1: §§ 76–94 AktG, 3. Aufl., Köln 2010 (zitiert: KK/AktG-*Bearbeiter*).

Kölner Kommentar zum WpHG; Hirte, Heribert/Möllers, Thomas M. J. (Hrsg.), 2. Aufl., Köln 2014 (zitiert: KK/WpHG-*Bearbeiter*).

Konu, Metin (2014): Die Garantenstellung des Compliance-Officers. Zugleich ein Beitrag zu den Rahmenbedingungen einer Compliance-Organisation, Berlin.

Kort, Michael (2008): Verhaltensstandardisierung durch Corporate Compliance, in: Neue Zeitschrift für Gesellschaftsrecht, S. 81–86.

Kort, Michael (2011): Rechtsfragen der Compliance-Organisation von Unternehmen außerhalb spezialgesetzlich geregelter Branchen im deutschen Recht, in: Altmeppen, Holger/Fitz, Hanns/Honsell, Heinrich (Hrsg.), Festschrift für Günter H. Roth zum 70. Geburtstag, München, S. 407–422.

Kraft, Oliver (2009): Compliance 2.0 – der Abschied von der „Feigenblatt"-Funktion bei der Korruptionsbekämpfung, in: Kapellmann/Vygen (Hrsg.), Jahrbuch Baurecht 2009, 12. Jg., Köln, S. 275–301.

Kraft, Oliver (2010): Die Garantenpflicht des Leiters der Innenrevision und des Compliance Officers zur Abwendung von unternehmensbezogenen Straftaten – zugleich Anmerkung zu BGH wistra 2009, 433, in: Zeitschrift für Wirtschafts- und Steuerstrafrecht, S. 81–86.

Kraft, Oliver/*Winkler*, Klaus (2009): Zur Garantenstellung des Compliance-Officers – Unterlassungsstrafbarkeit durch Organisationsmangel?, in: Corporate Compliance Zeitschrift, S. 29–33.

Krause, Daniel (2011): Strafrechtliche Haftung des Aufsichtsrates, in: Neue Zeitschrift für Strafrecht, S. 57–65.

Krause, Niels (2009): Managerhaftung und Strategien zur Haftungsvermeidung, in: Betriebs-Berater, S. 1370–1375.

Kremer, Thomas/*Klahold*, Christoph (2010): Compliance-Programme in Industriekonzernen, in: Zeitschrift für Unternehmens- und Gesellschaftsrecht, S. 113–143.

Kretschmer, Joachim (2006): Die Garantenstellung (§ 13 StGB) auf familienrechtlicher Grundlage, in: Jura, S. 898–903.

Kretschmer, Joachim (2009): Anmerkung zu BGH, Urt. v. 17.7.2009 – 5 StR 394/08, in: Juristische Rundschau, S. 474–477.

Krey, Volker/*Esser*, Robert (2012): Deutsches Strafrecht Allgemeiner Teil. Studienbuch in systematischer-induktiver Darstellung, 5. Aufl., Stuttgart.

Krieger, Steffen/*Günther*, Jens (2010): Die arbeitsrechtliche Stellung des Compliance Officers. Gestaltung einer Compliance-Organisation unter Berücksichtigung der Vorgaben im BGH-Urteil vom 17.7.2009, in: Neue Zeitschrift für Arbeitsrecht, S. 367–373.

Krieger, Steffen/*Günther*, Jens (2011): Der Compliance Officer – Verantwortung, Haftung und arbeitsrechtliche Stellung, in: Zeitschrift Risk, Fraud & Compliance, S. 149–159.

Krüger, Matthias (2011): Beteiligung durch Unterlassen an fremden Straftaten. Überlegungen aus Anlass des Urteils zum Compliance Officer, in: Zeitschrift für Internationale Strafrechtsdogmatik, S. 1–8.

Krüger, Matthias (2013): Strafrechtliche Compliance in der Lebensmittelindustrie, in: Lebensmittel & Recht, S. 1–6.

Kudlich, Hans (2012): Mobbing als Betriebsaufgabe? – Zur Geschäftsherrenhaftung eines „Vorarbeiters" bei innerbetrieblichen Körperverletzungen. Anmerkung zur Entscheidung des BGH 4 StR 71/11, in: Höchstrichterliche Rechtsprechung im Strafrecht, S. 177–180.

Kühl, Kristian (2007): Die strafrechtliche Garantenstellung – Eine Einführung mit Hinweisen zur Vertiefung, in: Juristische Schulung, S. 497–504.

Kühl, Kristian (2012): Strafrecht Allgemeiner Teil, 7. Aufl., München.

Kuhlen, Lothar (1990): Strafhaftung bei unterlassenem Rückruf gesundheitsgefährdender Produkte – Zugleich Anmerkung zum Urteil des BGH vom 6.7.1990 – 2 StR 549/89, in: Neue Zeitschrift für Strafrecht, S. 566–570.

Kuhlen, Lothar (2000a): Die Abgrenzung von Täterschaft und Teilnahme, insbesondere bei den sogenannten Betriebsbeauftragten, in: Amelung, Knut (Hrsg.), Individuelle Verantwortung und Beteiligungsverhältnisse bei Straftaten in bürokratischen Organisationen des Staates, der Wirtschaft und der Gesellschaft, Sinzheim, S. 71–94.

Kuhlen, Lothar (2000b): Strafrechtliche Produkthaftung, in: Canaris, Claus-Wilhelm/Heldrich, Andreas/Hopt, Klaus J./Roxin, Claus/Schmidt, Karsten/Widmaier, Gunter (Hrsg.), 50 Jahre Bundesgerichtshof. Festgabe aus der Wissenschaft, Band IV, Strafrecht, Strafprozessrecht, München, S. 647–673.

Küper, Wilfried (1989): Mittelbare Täterschaft, Verbotsirrtum des Tatmittlers und Verantwortungsprinzip – Zugleich zu BGH, 15.9.1988 – 4 StR 352/88 („Katzenkönig"-Urteil), in: Juristenzeitung, S. 935–949.

Lackhoff, Klaus/*Schulz*, Martin (2010): Das Unternehmen als Gefahrenquelle? Compliance-Risiken für Unternehmensleiter und Mitarbeiter, in: Corporate Compliance Zeitschrift, S. 81–88.

Lackner, Karl/*Kühl*, Kristian (2014): Strafgesetzbuch (Kommentar); 28. Aufl., München.

Landscheidt, Christoph (1985): Zur Problematik der Garantenpflichten aus verantwortlicher Stellung in bestimmten Räumlichkeiten. Zugleich ein Beitrag zur Gefahrenquellenverantwortlichkeit im Rahmen der unechten Unterlassungsdelikte, Berlin.

Langkeit, Jochen (2007): Garantenpflichten der Mitglieder des Holding-Vorstandes auf Unterbindung von Straftaten der Geschäftsführer von Tochtergesellschaften?, in: Dannecker, Gerhard/Langer, Winrich/Ranft, Otfried/Schmitz, Roland/Brammsen, Joerg (Hrsg.), Festschrift für Harro Otto zum 70. Geburtstag, Köln u. a., S. 649–657.

Leipziger Kommentar: Strafgesetzbuch (Großkommentar); Jähnke, Burkhard/Laufhütte, Heinrich Wilhelm/Odersky, Walter (Hrsg.), Erster Band: Einleitung, §§ 1–31, 11. Aufl., Berlin 2003 (zitiert: LK_{11}/StGB-*Bearbeiter*)

Leipziger Kommentar: Strafgesetzbuch (Großkommentar); Laufhütte, Heinrich Wilhelm/Rissing-van Saan, Ruth/Tiedemann, Klaus (Hrsg.), Erster Band: Einleitung, §§ 1–31, 12. Aufl., Berlin 2007 (zitiert: LK_{12}/StGB-*Bearbeiter*).

Lilie, Hans (1993): Obiter dictum und Divergenzausgleich in Strafsachen. Ein Spannungsfeld zwischen Revisionsrecht und Gerichtsverfassungsrecht, Köln u. a.

Lindemann, Michael (2015): Umweltstrafrecht, in: Rotsch, Thomas (Hrsg.), Criminal Compliance. Handbuch, Baden-Baden, § 11, S. 342–363.

Lösler, Thomas (2005): Das moderne Verständnis von Compliance im Finanzmarktrecht, in: Neue Zeitschrift für Gesellschaftsrecht, S. 104–108.

Lösler, Thomas (2007): Spannungen zwischen der Effizienz der internen Compliance und möglichen Reporting-Pflichten des Compliance Officers, in: Wertpapiermitteilungen – Zeitschrift für Wirtschafts- und Bankrecht, S. 676–683.

Lösler, Thomas (2008): Zur Rolle und Stellung des Compliance-Beauftragten, in: Wertpapiermitteilungen – Zeitschrift für Wirtschafts- und Bankrecht, S. 1098–1104.

Lüderssen, Klaus (2005): Primäre oder sekundäre Zuständigkeit des Strafrechts?, in: Arnold, Jörg/Burkhardt, Björn/Gropp, Walter/Heine, Günter/Koch, Hans-Georg/Lagodny, Otto/Perron, Walter/Walther, Susanne (Hrsg.), Menschengerechtes Strafrecht. Festschrift für Albin Eser zum 70. Geburtstag, München, S. 163–180.

Lutter, Marcus (1997): Haftungsrisiken des Geschäftsführers einer GmbH, in: GmbHRundschau, S. 329–335.

Lutter, Marcus (2010): Aufsichtsrat und Sicherung der Legalität im Unternehmen, in: Kindler, Peter/Koch, Jens/Ulmer, Peter/Winter, Martin (Hrsg.), Festschrift für Uwe Hüffer zum 70. Geburtstag, München, S. 617–625.

Lutter, Marcus/Hommelhoff, Peter: GmbH-Gesetz (Kommentar); 18. Aufl., Köln 2012 (zitiert: Lutter/Hommelhoff-*Bearbeiter*).

Maiwald, Manfred (1981): Grundlagenprobleme der Unterlassungsdelikte, in: Juristische Schulung, S. 473–483.

Mansdörfer, Marco/*Trüg*, Gerson (2012): Umfang und Grenzen der strafrechtlichen Geschäftsherrenhaftung – zugleich eine Besprechung von BGH, Urt. v. 20.10.2011 – 4 StR 71/11, in: Strafverteidiger, S. 432–436.

Maschmann, Frank (2007): Vermeidung von Korruptionsrisiken aus Unternehmenssicht – Arbeits- und Zivilrecht, Corporate Governance, in: Dölling, Dieter (Hrsg.),

Handbuch der Korruptionsprävention für Wirtschaftsunternehmen und öffentliche Verwaltung, München, 3. Kap., S. 87–181.

Maurach, Reinhart/*Gössel*, Karl Heinz/*Zipf*, Heinz (1989): Strafrecht Allgemeiner Teil, Teilband 2, Erscheinungsformen des Verbrechens und Rechtsfolgen der Tat, 7. Aufl., Heidelberg.

Maurach, Reinhart/*Zipf*, Heinz (1992): Strafrecht Allgemeiner Teil, Teilband 1, Grundlehren des Strafrechts und Aufbau der Straftat, 8. Aufl., Heidelberg.

Medicus, Dieter (1998): Deliktische Außenhaftung der Vorstandsmitglieder und Geschäftsführer, in: Zeitschrift für Unternehmens- und Gesellschaftsrecht, S. 570–585.

Meier, Hans-Georg (2011): Der Arbeitsvertrag des Compliance-Beauftragten – Rechtliche Notwendigkeiten und Möglichkeiten, in: Neue Zeitschrift für Arbeitsrecht, S. 779–782.

Meier-Greve, Daniel (2009): Vorstandshaftung wegen mangelhafter Corporate Compliance, in: Betriebs-Berater, S. 2555–2560.

Meier-Greve, Daniel (2010): Zur Unabhängigkeit des sog. Compliance Officers, in: Corporate Compliance Zeitschrift, S. 216–221.

Mengel, Anja (2009): Compliance und Arbeitsrecht – Implementierung, Durchsetzung, Organisation, München.

Meurer, Dieter (1987): Rezension zu Strafrechtliches Handlungsunrecht und das Prinzip der Selbstverantwortung der Anderen von Heribert Schumann, in: Neue Juristische Wochenschrift, S. 2424–2425.

Meyer, Cedric C. (2010): Umweltschutz, in: Hauschka, Christoph E. (Hrsg.), Corporate Compliance. Handbuch der Haftungsvermeidung im Unternehmen, 2. Aufl., München, § 31, S. 835–857.

Meyer-Goßner, Lutz/*Schmitt*, Bertram (2014): Strafprozessordnung, Gerichtsverfassungsgesetz, Nebengesetze und ergänzende Bestimmungen (Kurz-Kommentar); 57. Aufl., München.

Michalke, Regina (2010): Neue Garantenpflichten? – oder: Haftung des Compliance-Officers. Das obiter dictum des BGH und die Folgen (auch) für die anwaltliche Dienstleistung, in: Anwaltsblatt, S. 666–670.

Michalski, Lutz: GmbH-Gesetz (Kommentar); Band II: §§ 35–85, 2. Aufl., München 2010 (zitiert: Michalski/GmbHG-*Bearbeiter*).

Mittelsdorf, Kathleen (2007): Unternehmensstrafrecht im Kontext, Heidelberg.

Mittelsdorf, Kathleen (2011): Zur Reichweite individueller strafrechtlicher Verantwortung im Unternehmen für Fehlverhalten von unterstellten Mitarbeitern, in: Zeitschrift für Internationale Strafrechtsdogmatik, S. 123–128.

Momsen, Carsten (2011): Der „Compliance-Officer“ als Unterlassungsgarant. Ein neues Zurechnungsmodell oder ein weiterer Schritt auf dem Weg der Evaporation von Zurechnungsparametern?, in: Paeffgen, Hans-Ulrich/Böse, Martin/

Kindhäuser, Urs/Stübinger, Stephan/Verrel, Torsten/Zaczyk, Rainer (Hrsg.), Strafrechtswissenschaft als Analyse und Konstruktion. Festschrift für Ingeborg Puppe zum 70. Geburtstag, Berlin, S. 751–766.

Moosmayer, Klaus (2012): Compliance. Praxisleitfaden für Unternehmen, 2. Aufl., München.

Moosmayer, Klaus (2015): Anforderungen an den Compliance-Beauftragten, in: Rotsch, Thomas (Hrsg.), Criminal Compliance. Handbuch, Baden-Baden, § 6, S. 203–212.

Mosbacher, Andreas (2012): Compliance aus Sicht des Gerichts – Chancen und Risiken. Eine kleine Anmerkung aus der Justizpraxis, in: Rotsch, Thomas (Hrsg.), Wissenschaftliche und praktische Aspekte der nationalen und internationalen Compliance-Diskussion, Baden-Baden, S. 129–134.

Mosbacher, Andreas/*Dierlamm*, Alfred (2010): Anmerkung zu BGH, Urt. v. 17.7.2009 – 5 StR 394/08, in: Neue Zeitschrift für Strafrecht, S. 268–270.

Mosenheuer, Andreas (2009): Unterlassen und Beteiligung. Zur Abgrenzung von Täterschaft und Teilnahme bei Unterlassungsdelikten, Berlin.

Müller-Gugenberger, Christian (2015): Einführender Überblick, in: Müller-Gugenberger, Christian (Hrsg.), Wirtschaftsstrafrecht. Handbuch des Wirtschaftsstraf- und Ordnungswidrigkeitenrechts, 6. Aufl., Köln, § 1, S. 1–62.

Münchener Kommentar zum Bürgerlichen Gesetzbuch; Säcker, Franz Jürgen/Rixecker, Roland (Hrsg.), Band 1: Allgemeiner Teil §§ 1–240 BGB. ProstG. AGG, 7. Aufl., München 2015 (zitiert: MK/BGB-*Bearbeiter*).

Münchener Kommentar zum Bürgerlichen Gesetzbuch; Säcker, Franz Jürgen/Rixecker, Roland (Hrsg.), Band 4: Schuldrecht Besonderer Teil II: §§ 611–704 BGB. EFZG. TzBfG. KSchG, 6. Aufl., München 2012 (zitiert: MK/BGB-*Bearbeiter*).

Münchener Kommentar zum Bürgerlichen Gesetzbuch; Säcker, Franz Jürgen/ Rixecker, Roland (Hrsg.), Band 5: Schuldrecht Besonderer Teil III §§ 705–853 BGB. Partnerschaftsgesellschaftsgesetz. Produkthaftungsgesetz, 6. Aufl., München 2013 (zitiert: MK/BGB-*Bearbeiter*).

Münchener Kommentar: Aktiengesetz; Goette, Wulf/Habersack, Mathias/Kalss, Susanne (Hrsg.), Band 2: §§ 76–117. MitbestG. DrittelbG, 4. Aufl., München 2014 (zitiert: MK/AktG-*Bearbeiter*).

Münchener Kommentar: Strafgesetzbuch; Joecks, Wolfgang/Miebach, Klaus (Hrsg.), Band 1: §§ 1–37 StGB, 2. Aufl., München 2011 (zitiert: MK/StGB-*Bearbeiter*).

Münchener Kommentar: Strafgesetzbuch; Joecks, Wolfgang/Miebach, Klaus (Hrsg.), Band 5: §§ 263–358 StGB, 2. Aufl., München 2014 (zitiert: MK/StGB-*Bearbeiter*).

Neudecker, Gabriele (1995): Die strafrechtliche Verantwortlichkeit der Mitglieder von Kollegialorganen, Frankfurt am Main.

Nietsch, Michael (2013): Die Garantenstellung von Geschäftsleitern im Außenverhältnis, in: Corporate Compliance Zeitschrift, S. 192–198.

Nitze, Paul (1989): Die Bedeutung der Entsprechensklausel beim Begehen durch Unterlassen (§ 13 StGB), Berlin.

Noll, Peter (1972): Welche strafrechtlichen Mittel empfehlen sich für die wirksamere Bekämpfung der Wirtschaftskriminalität? Referat, in: Ständige Deputation des Deutschen Juristentages (Hrsg.), Verhandlungen des 49. Deutschen Juristentages, Band II, Teil M, München, S. 20–33.

Nomos Kommentar: Bürgerliches Gesetzbuch (Handkommentar); Schulze, Reiner (Hrsg.), 8. Aufl., Baden-Baden 2014 (zitiert: HK/BGB-*Bearbeiter*).

Nomos Kommentar: Gesamtes Strafrecht (Handkommentar); Dölling, Dieter/Duttge, Gunnar/Rössner, Dieter (Hrsg.), 3. Aufl., Baden-Baden 2013 (zitiert: HK/GS-*Bearbeiter*).

Nomos Kommentar: Strafgesetzbuch; Kindhäuser, Urs/Neumann, Ulfrid/Paeffgen, Hans-Ullrich (Hrsg.), Band 1, 4. Aufl., Baden-Baden 2013 (zitiert: NK/StGB-*Bearbeiter*).

Obermayr, Gerhard (2010): Revision, in: Hauschka, Christoph E. (Hrsg.), Corporate Compliance. Handbuch der Haftungsvermeidung im Unternehmen, 2. Aufl., München, § 17, S. 424–449.

Oertle, Markus (1996): Die Geschäftsherrenhaftung im Strafrecht unter besonderer Berücksichtigung von Art. 6 Abs. 2 des Bundesgesetzes über das Verwaltungsstrafrecht (VStrR), Zürich.

Oppenheim, Robert (2014): Die Pflicht des Vorstands zur Einrichtung einer auf Dauer angelegten Compliance-Organisation – Zugleich Besprechung von LG München I, Urteil vom 10.12.2013, 5 HK O 1387/10, in: Deutsches Steuerrecht, S. 1063–1066.

Otto, Harro (1998): Die Haftung für kriminelle Handlungen in Unternehmen, in: Jura, S. 409–418.

Otto, Harro (2004): Grundkurs Strafrecht. Allgemeine Strafrechtslehre, 7. Aufl., Berlin.

Otto, Harro/*Brammsen*, Joerg (1985): Die Grundlagen der strafrechtlichen Haftung des Garanten wegen Unterlassens, in: Jura, S. 530–542 (I), S. 646–654 (Schluss).

Palandt, Otto: Bürgerliches Gesetzbuch mit Nebengesetzen (Kurz-Kommentar); 74. Aufl., München 2015 (zitiert: Palandt/BGB-*Bearbeiter*).

Pampel, Jochen R./*Glage*, Dietmar (2010): Unternehmensrisiken und Risikomanagement, in: Hauschka, Christoph E. (Hrsg.), Corporate Compliance. Handbuch der Haftungsvermeidung im Unternehmen, 2. Aufl., München, § 5, S. 84–101.

Passarge, Malte (2015): Compliance bei Unternehmen der öffentlichen Hand, in: Neue Zeitschrift für Verwaltungsrecht, S. 252–257.

Pauthner-Seidel, Jürgen/*Stephan*, Hans-Jürgen (2010): Compliance-Management-Systeme für Unternehmensrisiken im Bereich des Wirtschaftsstrafrechts, in:

Hauschka, Christoph E. (Hrsg.), Corporate Compliance. Handbuch der Haftungsvermeidung im Unternehmen, 2. Aufl., München, § 27, S. 637–686.

Pawlowski, Hans-Martin (1999): Methodenlehre für Juristen. Theorie der Norm und des Gesetzes, 3. Aufl., Heidelberg.

Peltzer, Martin (1981): Die Haftung des Aufsichtsrats bei Verletzung der Überwachungspflicht, in: Wertpapiermitteilungen – Zeitschrift für Wirtschafts- und Bankrecht, S. 346–352.

Petermann, Stefan (2013): Die Bedeutung von Compliance-Maßnahmen für die Sanktionsbegründung und -bemessung im Vertragskonzern, 1. Aufl., Baden-Baden.

Petermann, Stefan (2014): Betriebliche Gefahren als Grundlage einer Überwachungsgarantenstellung des Betriebsinhabers – Einige Überlegungen aus Anlaß des „Geschäftsherrenhaftung"-Urteils (BGHSt 57, 42), in: Lüderssen, Klaus/Volk, Klaus/Wahle, Eberhard (Hrsg.), Festschrift für Wolf Schiller zum 65. Geburtstag, Baden-Baden, S. 538–546.

Pfohl, Michael (2015): Schutz der Umwelt, in: Müller-Gugenberger, Christian (Hrsg.), Wirtschaftsstrafrecht. Handbuch des Wirtschaftsstraf- und Ordnungswidrigkeitenrechts, 6. Aufl., Köln, § 54, S. 1983–2104.

Pietrek, Anna Carolin (2012): Die strafrechtliche Verantwortlichkeit des Betriebsinhabers aus Compliance-Pflichten, Hamburg.

Pietzke, Rudolf (2010): Die Verantwortung von Risikomanagement und Compliance im mehrköpfigen Vorstand, in: Corporate Compliance Zeitschrift, S. 45–53.

Poguntke, David (2013): Straf- und ordnungswidrigkeitenrechtliche Risiken für Compliance-Beauftragte. Zugleich ein Beitrag zur Dogmatik der Garantenpflichten und zur Straf- und Ahndbarkeit trotz eigenverantwortlichen Handelns Dritter sowie zur Abhängigkeit des Wirtschaftsstrafrechts von gesellschafts- und arbeitsrechtlichen Vorfragen, Hamburg.

Poppe, Sina (2010): Begriffsbestimmung Compliance: Bedeutung und Notwendigkeit, in: Görling, Helmut/Inderst, Cornelia/Bannenberg, Britta (Hrsg.), Compliance. Aufbau – Management – Risikobereiche, Heidelberg u. a., 1. Kap., S. 1–12.

Prittwitz, Cornelius (1993): Strafrecht und Risiko. Untersuchungen zur Krise von Strafrecht und Kriminalpolitik in der Risikogesellschaft, Frankfurt am Main.

Prittwitz, Cornelius (2013): Die Rechtsstellung – insbesondere Garantenstellung – von Compliance-Beauftragten, in: Kuhlen, Lothar/Kudlich, Hans/de Urbina, Íñigo Ortiz (Hrsg.), Compliance und Strafrecht, Heidelberg u. a., S. 125–135.

Prütting, Hanns/Wegen, Gerhard/Weinreich, Gerd: BGB Kommentar; 10. Aufl., Köln 2015 (zitiert: PWW/BGB-*Bearbeiter*).

Puppe, Ingeborg (1983): Zurechnung und Wahrscheinlichkeit – Zur Analyse des Risikoerhöhungsprinzips, in: Zeitschrift für die gesamte Strafrechtswissenschaft 95, S. 287–315.

Puppe, Ingeborg (1992): Anmerkung zu BGH, Urt. v. 6.7.1990 – 2 StR 549/89, in: Juristische Rundschau, S. 30–34.

Ranft, Otfried (1982): Garantiepflichtwidriges Unterlassen der Deliktshinderung. Ein Beitrag zur Abgrenzung von Täterschaft und Teilnahme, in: Zeitschrift für die gesamte Strafrechtswissenschaft 94, S. 815–863.

Ranft, Otfried (1985): Das garantiepflichtwidrige Unterlassen der Taterschwerung. Zugleich ein Beitrag zur Lehre von der Zurechnung im Strafrecht, in: Zeitschrift für die gesamte Strafrechtswissenschaft 97, S. 268–302.

Ranft, Otfried (2003): Anmerkung zu BGH, Urt. v. 6.11.2002 – 5 StR 281/01, in: Juristenzeitung, S. 582–584.

Ransiek, Andreas (1996): Unternehmensstrafrecht – Strafrecht, Verfassungsrecht, Regelungsalternativen, Heidelberg.

Ransiek, Andreas (1999): Strafrecht im Unternehmen und Konzern, in: Zeitschrift für Unternehmens- und Gesellschaftsrecht, S. 613–658.

Ransiek, Andreas (2010): Zur strafrechtlichen Verantwortung des Compliance Officers, in: Die Aktiengesellschaft, S. 147–153.

Rathgeber, Christian (2012): Criminal Compliance. Kriminalpräventive Organisations- und Aufsichtspflichten am Beispiel der Wirtschaftskorruption, 1. Aufl., Baden-Baden.

Rathgeber, Christian (2014): Anmerkung zu LG München I, Urt. v. 10.12.2013 – 5 HK O 1387/10, in: Neue Zeitschrift für Wirtschafts-, Steuer- und Unternehmensstrafrecht, S. 192–194.

Rau, Charlotte (2010): Compliance und Unternehmensverantwortlichkeit, Frankfurt am Main.

Raus, Nadja/*Lützeler*, Martin (2012): Berichtspflicht des Compliance Officers – zwischen interner Eskalation und externer Anzeige, in: Corporate Compliance Zeitschrift, S. 96–101.

Rehbinder, Eckhard (1989): Andere Organe der Unternehmensverfassung – Die institutionalisierte Vertretung diffuser Interessen im Unternehmen unterhalb der Gesellschaftsorgane, in: Zeitschrift für Unternehmens- und Gesellschaftsrecht, S. 305–368.

Reichert, Jochem (2011): Reaktionspflichten und Reaktionsmöglichkeiten der Organe auf (möglicherweise) strafrechtsrelevantes Verhalten innerhalb des Unternehmens, in: Zeitschrift für Internationale Strafrechtsdogmatik, S. 113–122.

Reichert, Jochem/*Ott*, Nicolas (2009): Non Compliance in der AG – Vorstandspflichten im Zusammenhang mit der Vermeidung, Aufklärung und Sanktionierung von Rechtsverstößen, in: Zeitschrift für Wirtschaftsrecht, S. 2173–2180.

Rengier, Rudolf (2014): Strafrecht Allgemeiner Teil, 6. Aufl., München.

Rieble, Volker (2010): Zivilrechtliche Haftung der Compliance-Agenten, in: Corporate Compliance Zeitschrift, S. 1–4.

Rodewald, Jörg/*Unger*, Ulrike (2007): Kommunikation und Krisenmanagement im Gefüge der Corporate Compliance-Organisation, in: Betriebs-Berater, S. 1629–1635.

Rogall, Klaus (1986): Dogmatische und kriminalpolitische Probleme der Aufsichtspflichtverletzung in Betrieben und Unternehmen (§ 130 OWiG), in: Zeitschrift für die gesamte Strafrechtswissenschaft 98, S. 573–623.

Rogall, Klaus (2000): Die strafrechtliche Organhaftung, in: Amelung, Knut (Hrsg.), Individuelle Verantwortung und Beteiligungsverhältnisse bei Straftaten in bürokratischen Organisationen des Staates, der Wirtschaft und der Gesellschaft, Sinzheim, S. 145–182.

Rolshoven, Max Philipp/*Hense*, Dirk (2009): Anmerkung zu BGH, Urt. v. 17.7.2009 – 5 StR 394/08, in: Zeitschrift für Bank- und Kapitalmarktrecht, S. 425–428.

Rönnau, Thomas (2008): Einrichtung „schwarzer" (Schmiergeld-)Kassen in der Privatwirtschaft – eine strafbare Untreue, in: Sieber, Ulrich/Dannecker, Gerhard/Kindhäuser, Urs/Vogel, Joachim/Walter, Tonio (Hrsg.), Strafrecht und Wirtschaftsstrafrecht – Dogmatik, Rechtsvergleich, Rechtstatsachen – Festschrift für Klaus Tiedemann zum 70. Geburtstag, München, S. 713–736.

Rönnau, Thomas/*Schneider*, Frèdèric (2010): Der Compliance-Beauftragte als strafrechtlicher Garant – Überlegungen zum BGH-Urteil v. 17.7.2009 – 5 StR 394/08, ZIP 2009, 1867, in: Zeitschrift für Wirtschaftsrecht, S. 53–61.

Rößler, Gernot J. (2011): Ausdehnung von Garantenpflichten durch den BGH?, in: Wertpapiermitteilungen – Zeitschrift für Wirtschafts- und Bankrecht, S. 918–923.

Rotsch, Thomas (1998): Individuelle Haftung in Großunternehmen. Plädoyer für den Rückzug des Umweltstrafrechts, 1. Aufl., Baden-Baden.

Rotsch, Thomas (2009): Entscheidungsbesprechung zu BGH, Urt. v. 17.7.2009 – 5 StR 394/08, in: Zeitschrift für das Juristische Studium, S. 712–718.

Rotsch, Thomas (2010a): Criminal Compliance, in: Zeitschrift für Internationale Strafrechtsdogmatik, S. 614–617.

Rotsch, Thomas (2010b): Compliance und Strafrecht – Konsequenzen einer Neuentdeckung, in: Joecks, Wolfgang/Ostendorf, Heribert/Rönnau, Thomas/Rotsch, Thomas/Schmitz, Roland (Hrsg.), Recht – Wirtschaft – Strafe. Festschrift für Erich Samson zum 70. Geburtstag, Heidelberg u. a., S. 141–160.

Rotsch, Thomas (2012a): Compliance, in: Achenbach, Hans/Ransiek, Andreas (Hrsg.), Handbuch Wirtschaftsstrafrecht, 3. Aufl., Heidelberg u. a., 1. Teil, 4. Kap., S. 45–75.

Rotsch, Thomas (2012b): Wider die Garantenpflicht des Compliance-Beauftragten, in: Schulz, Lorenz/Reinhart, Michael/Sahan, Oliver (Hrsg.), Festschrift für Imme Roxin, Heidelberg u. a., S. 485–500.

Rotsch, Thomas (2015a): Criminal Compliance – Begriff, Entwicklung und theoretische Grundlagen, in: Rotsch, Thomas (Hrsg.), Criminal Compliance. Handbuch, Baden-Baden, § 1, S. 31–81.

Rotsch, Thomas (2015b): Originäre strafrechtliche Verantwortlichkeit, in: Rotsch, Thomas (Hrsg.), Criminal Compliance. Handbuch, Baden-Baden, § 4, S. 142–166.

Roxin, Claus (1963): Straftaten im Rahmen organisatorischer Machtapparate, in: Goltdammer's Archiv für Strafrecht, S. 193–207.

Roxin, Claus (2003): Strafrecht Allgemeiner Teil, Band II, Besondere Erscheinungsformen der Straftat, München.

Roxin, Claus (2004): Das strafrechtliche Unrecht im Spannungsfeld von Rechtsgüterschutz und individueller Freiheit, in: Zeitschrift für die gesamte Strafrechtswissenschaft 116, S. 929–944.

Roxin, Claus (2006): Täterschaft und Tatherrschaft, 8. Aufl., Berlin.

Rudolphi, Hans-Joachim (1966): Die Gleichstellungsproblematik der unechten Unterlassungsdelikte und der Gedanke der Ingerenz, Göttingen.

Rudolphi, Hans-Joachim (1987): Strafrechtliche Verantwortlichkeit der Bediensteten von Betrieben für Gewässerverunreinigungen und ihre Begrenzung durch den Einleitungsbescheid, in: Puppe, Ingeborg/Tenckhoff, Jörg (Hrsg.), Festschrift für Karl Lackner zum 70. Geburtstag, Berlin, S. 863–887.

Saage-Maaß, Miriam (2014): Ahndung wirtschaftsverstärkender Kriminalität – Geschäftsherrenhaftung als Ansatz zur Strafverfolgung leitender Manager für Menschenrechtsverletzungen im Konzern?, in: Neue Kriminalpolitik, S. 229–242.

Sangenstedt, Christof (1989): Garantenstellung und Garantenpflicht von Amtsträgern, Frankfurt am Main.

Satzger, Helmut/Schluckebier, Wilhelm/Widmaier, Gunter: Strafgesetzbuch (Kommentar); 2. Aufl., Köln 2014 (zitiert: SSW/StGB-*Bearbeiter*).

Schäfer, Holger (2011): Die MaComp und die Aufgaben von Compliance, in: Zeitschrift für Bank- und Kapitalmarktrecht, S. 187–199.

Schall, Hero (2004): Grund und Grenzen der strafrechtlichen Geschäftsherrenhaftung, in: Rogall, Klaus/Puppe, Ingeborg/Stein, Ulrich/Wolter, Jürgen (Hrsg.), Festschrift für Hans-Joachim Rudolphi zum 70. Geburtstag, Neuwied, S. 267–283.

Schiessl, Maximilian (1992): Gesellschafts- und mitbestimmungsrechtliche Probleme der Spartenorganisation (Divisionalisierung), in: Zeitschrift für Unternehmens- und Gesellschaftsrecht, S. 64–86.

Schild, Wolfgang (1994): Täterschaft als Tatherrschaft, Berlin.

Schilha, Ralph (2008): Die Aufsichtsratstätigkeit in der Aktiengesellschaft im Spiegel strafrechtlicher Verantwortung, Berlin.

Schirmer, Jan-Erik (2012): Abschied von der „Baustoff-Rechtsprechung" des VI. Zivilsenats?, in: Neue Juristische Wochenschrift, S. 3398–3400.

Schlösser, Jan (2004): Soziale Tatherrschaft. Ein Beitrag zur Frage der Täterschaft in organisatorischen Machtapparaten, Berlin.

Schlüchter, Ellen (1995): Der Kaufmann als Garant im Rahmen der unerlaubten Gewässerverunreinigung, in: Eser, Albin/Kullmann, Hans Josef/Meyer-Goßner, Lutz/Odersky, Walter/Voss, Rainer (Hrsg.), Straf- und Strafverfahrensrecht, Recht und Verkehr, Recht und Medizin. Festschrift für Hannskarl Salger zum Abschied aus dem Amt als Vizepräsident des Bundesgerichtshofes, Köln u. a., S. 139–166.

Schlüter, Wilfried (1973): Das Obiter dictum. Die Grenzen höchstrichterlicher Entscheidungsbegründung, dargestellt an Beispielen aus der Rechtsprechung des Bundesarbeitsgerichts, München.

Schmidt, Karsten/Lutter, Marcus: Aktiengesetz (Kommentar); 3. Aufl., Köln 2015 (zitiert: Schmidt/Lutter -*Bearbeiter*).

Schmidt-Husson, Franck G. (2010): Delegation von Organpflichten, in: Hauschka, Christoph E. (Hrsg.), Corporate Compliance. Handbuch der Haftungsvermeidung im Unternehmen, 2. Aufl., München, § 7, S. 116–135.

Schmidt-Salzer, Joachim (1990): Strafrechtliche Produktverantwortung. Das Lederspray-Urteil des BGH, in: Neue Juristische Wochenschrift, S. 2966–2972.

Schneider, Hendrik (1998): Neue Wege in der Kriminalpolitik. Primäre, sekundäre und tertiäre Kriminalprävention im Lichte der Theorie des „Reintegrative Shaming", in: DVJJ-Journal, S. 329–334.

Schneider, Hendrik (2011): Überwachergaranten in Unternehmen. Neue Probleme der Geschäftsherrenhaftung am Beispiel der Entscheidung des Bundesgerichtshofs vom 17. Juli 2009 – 5 StR 394/08, in: Kühl, Kristian/Seher, Gerhard (Hrsg.), Rom, Recht, Religion. Symposium für Udo Ebert zum 70. Geburtstag, S. 349–365.

Schneider, Hendrik (2012a): Wachstumsbremse Wirtschaftsstrafrecht. Problematische Folgen überzogener Steuerungsansprüche und mangelnder Randschärfe in der wirtschaftsstrafrechtlichen Begriffsbildung, in: Neue Kriminalpolitik, S. 30–37.

Schneider, Hendrik (2012b): Generalprävention im Wirtschaftsstrafrecht. Voraussetzungen von Normanerkennung und Abschreckung, in: Rengier, Rudolf/Hilgendorf, Eric (Hrsg.), Festschrift für Wolfgang Heinz zum 70. Geburtstag, Baden-Baden, S. 661–674.

Schneider, Hendrik (2014a): Grundlagen des Wirtschaftsstrafrechts, in: Brettel, Hauke/Schneider, Hendrik (Hrsg.), Wirtschaftsstrafrecht, Baden-Baden, § 1, S. 30–70.

Schneider, Hendrik (2014b): Maßnahmen zur Prävention aus der Unternehmensperspektive – Compliance, in: Brettel, Hauke/Schneider, Hendrik (Hrsg.), Wirtschaftsstrafrecht, Baden-Baden, § 4, S. 279–291.

Schneider, Hendrik/*Gottschaldt*, Peter (2011): Offene Grundsatzfragen der strafrechtlichen Verantwortlichkeit von Compliance-Beauftragten in Unternehmen, in: Zeitschrift für Internationale Strafrechtsdogmatik, S. 573–577.

Schneider, Hendrik/*Grau*, Kevin/*Kißling*, Kristin (2013): „Der Schock von Berlin saß tief!" Ergebnisse eines empirischen Forschungsvorhabens zu Compliance im

Gesundheitswesen und der Pharmaindustrie, in: Corporate Compliance Zeitschrift, S. 48–53.

Schneider, Hendrik/*John*, Dieter (2010): Der Wirtschaftsstraftäter in seinen sozialen Bezügen. Empirische Befunde und Konsequenzen für die Unternehmenspraxis, in: Bannenberg, Britta/Jehle, Jörg-Martin (Hrsg.), Wirtschaftskriminalität, Mönchengladbach, S. 159–169.

Schneider, Hendrik/*Kaltenhäuser*, Niels (2015): An den Grenzen des kreativen Strafrechts. Das Problem der akzessorischen Begriffsbildung im Wirtschaftsstrafrecht des Arztes, in: Zeitschrift für Medizinstrafrecht, S. 24–31

Schneider, Hendrik/*Kißling*, Kristin (2012): Compliance im Unternehmen – Wo steht die Pharmaindustrie?, in: Arzneimittel & Recht, S. 261–266.

Schneider, Sven H. (2006): Informationspflichten und Informationssystemeinrichtungspflichten im Aktienkonzern. Überlegungen zu einem Unternehmensinformationsgesetzbuch, Berlin.

Schneider, Uwe H. (2003): Compliance als Aufgabe der Unternehmensleitung, in: Zeitschrift für Wirtschaftsrecht, S. 645–650.

Schneider, Uwe H. (2009): Compliance im Konzern, in: Neue Zeitschrift für Gesellschaftsrecht, S. 1321–1326.

Scholz, Franz: Kommentar zum GmbH-Gesetz; II. Band: §§ 35–52, 10. Aufl., Köln 2007 (zitiert: Scholz/GmbHG-*Bearbeiter*).

Schönke, Adolf/Schröder, Horst: Strafgesetzbuch (Kommentar); 27. Aufl., München 2006 (zitiert: Sch/Sch_{27}-*Bearbeiter*).

Schönke, Adolf/Schröder, Horst: Strafgesetzbuch (Kommentar); 29. Aufl., München 2014 (zitiert: Sch/Sch_{29}-*Bearbeiter*).

Schroeder, Friedrich-Christian (1965): Der Täter hinter dem Täter. Ein Beitrag zur Lehre von der mittelbaren Täterschaft, Berlin.

Schroeder, Friedrich-Christian (1995): Der Sprung des Täters hinter dem Täter aus der Theorie in die Praxis – Zugleich Besprechungsaufsatz zum Urteil des BGH v. 26.7.94 – 5 StR 98/94, in: Juristische Rundschau, S. 177–180.

Schrott, Timo (2014): Unterlassungszurechnung bei drittvermittelten Rettungsgeschehen. Unter besonderer Berücksichtigung von Compliance-Systemen, Berlin.

Schumann, Heribert (1986): Strafrechtliches Handlungsunrecht und das Prinzip der Selbstverantwortung der Anderen, Tübingen.

Schünemann, Bernd (1971): Grund und Grenzen der unechten Unterlassungsdelikte: zugleich ein Beitrag zur strafrechtlichen Methodenlehre, Göttingen.

Schünemann, Bernd (1979): Unternehmenskriminalität und Strafrecht. Eine Untersuchung der Verantwortlichkeit der Unternehmen und ihrer Führungskräfte nach geltendem und geplantem Straf- und Ordnungswidrigkeitenrecht, Köln u. a.

Schünemann, Bernd (1984): Die Unterlassungsdelikte und die strafrechtliche Verantwortlichkeit für Unterlassungen, in: Zeitschrift für die gesamte Strafrechtswissenschaft 96, S. 287–320.

Schünemann, Bernd (2000): Unternehmenskriminalität, in: Canaris, Claus-Wilhelm/Heldrich, Andreas/Hopt, Klaus J./Roxin, Claus/Schmidt, Karsten/Widmaier, Gunter (Hrsg.), 50 Jahre Bundesgerichtshof. Festgabe aus der Wissenschaft, Band IV, Strafrecht, Strafprozessrecht, München, S. 621–646.

Schuschke, Winfried (2007): Die „Kabelanschlusskosten"-Entscheidung des BGH oder: Obiter dicta – die (verbotenen) „Überraschungseier" der Rechtssprechung, in: Neue Zeitschrift für Miet- und Wohnungsrecht, S. 870–871.

Schwab, Hans-Jörg (1996): Täterschaft und Teilnahme bei Unterlassungen, Frankfurt am Main.

Schwark, Eberhard/Zimmer, Daniel: Kapitalmarktrechts-Kommentar; 4. Aufl., München 2010 (zitiert: Schwark/Zimmer-*Bearbeiter*).

Schwarz, Alexandra (2012): Die strafrechtliche Haftung des Compliance-Beauftragten, in: Zeitschrift für Wirtschafts- und Steuerstrafrecht, S. 13–18.

Schwintowski, Hans-Peter (2005): Gesellschaftsrechtliche Anforderungen an Vorstandshaftung und Corporate Governance durch das neue System der kartellrechtlichen Legalausnahme, in: Neue Zeitschrift für Gesellschaftsrecht, S. 200–203.

Seebode, Manfred (1992): Zur gesetzlichen Bestimmtheit des unechten Unterlassungsdelikts, in: Seebode, Manfred (Hrsg.), Festschrift für Günter Spendel zum 70. Geburtstag, Berlin u. a., S. 317–346.

Seelmann, Kurt (1992): Anmerkung zu BGH, Urt. v. 25.9.1991 – 3 StR 95/91, in: Strafverteidiger, S. 416–417.

Selbmann, Marten (2014): Einordnung des BGH-Urteils vom 20. Oktober 2011 – 4 StR 71/11 = HRRS 2012 Nr. 74 in die Dogmatik zur Geschäftsherrenhaftung, in: Höchstrichterliche Rechtsprechung im Strafrecht, S. 235–249.

Sering, Christian (2000): Beihilfe durch Unterlassen, Münster.

Sieber, Ulrich (2008): Compliance-Programme im Unternehmensstrafrecht. Ein neues Konzept zur Kontrolle von Wirtschaftskriminalität, in: Sieber, Ulrich/Dannecker, Gerhard/Kindhäuser, Urs/Vogel, Joachim/Walter, Tonio (Hrsg.), Strafrecht und Wirtschaftsstrafrecht – Dogmatik, Rechtsvergleich, Rechtstatsachen – Festschrift für Klaus Tiedemann zum 70. Geburtstag, München, S. 449–484.

Simon, Stefan/*Merkelbach*, Matthias (2014): Organisationspflichten des Vorstands betreffend das Compliance-System – Der Neubürger-Fall, in: Die Aktiengesellschaft, S. 318–321.

Soergel, Hans Theodor: Bürgerliches Gesetzbuch mit Einführungsgesetz und Nebengesetzen (Kommentar); Band 12: Schuldrecht 10. §§ 823–853. ProdHG. UmweltHG, 13. Aufl., Stuttgart 2005 (zitiert: Soergel/BGB-*Bearbeiter*).

Sowada, Christoph (1986): Täterschaft und Teilnahme beim Unterlassungsdelikt, in: Jura, S. 399–410.

Sowada, Christoph (2003): Die Garantenstellung aus vorangegangenen Tun (Ingerenz), in: Jura, S. 236–246.

Spindler, Gerald (2006a): Zivilrechtliche Verantwortlichkeit gegenüber Dritten, in: Fleischer, Holger (Hrsg.), Handbuch des Vorstandsrechts, München, § 13, S. 385–447.

Spindler, Gerald (2006b): Strafrechtliche Verantwortlichkeit (einschließlich Ordnungswidrigkeiten), in: Fleischer, Holger (Hrsg.), Handbuch des Vorstandsrechts, München, § 15, S. 468–530.

Spindler, Gerald (2008): Compliance in der multinationalen Bankengruppe, in: Wertpapiermitteilungen – Zeitschrift für Wirtschafts- und Bankrecht, S. 905–918.

Spindler, Gerald/Stilz, Eberhard: Kommentar zum Aktiengesetz; Band 1: §§ 1–149, 3. Aufl., München 2015 (zitiert: Spindler/Stilz-*Bearbeiter*).

Spring, Patrick (2009): Die strafrechtliche Geschäftsherrenhaftung, Hamburg.

Spring, Patrick (2010): Die Garantenstellung des Compliance Officers oder: Neues zur Geschäftsherrenhaftung. Zugleich Besprechung von BGH, Urteil vom 17.7.2009, in: Goltdammer's Archiv für Strafrecht, S. 222–227.

Stein, Ulrich (1988): Die strafrechtliche Beteiligungsformenlehre, Berlin.

Steinmeyer, Roland/*Späth*, Patrick (2010): Rechtliche Grundlagen und Rahmenbedingunen („Legal Compliance"), in: Wieland, Josef/Steinmeyer, Roland/Grüninger, Stephan (Hrsg.), Handbuch Compliance-Management, Berlin, S. 171–212.

Stoffers, Kristian F. (2009): Anmerkung zu BGH, Urt. v. 17.7.2009 – 5 StR 394/08, in: Neue Juristische Wochenschrift, S. 3176–3177.

Stratenwerth, Günter/*Kuhlen*, Lothar (2011): Strafrecht Allgemeiner Teil. Die Straftat, 6. Aufl., München.

Sünner, Eckart (2014): Das Berufsbild des Compliance Officers, in: Corporate Compliance Zeitschrift, S. 91–94.

Systematischer Kommentar zum Strafgesetzbuch; Wolter, Jürgen (Hrsg.), 8. Aufl., Köln, Loseblatt, Stand: 148. EL, Dezember 2014 (zitiert: SK/StGB-*Bearbeiter*).

Taschke, Jürgen (2012): Zur Entwicklung der Verfolgung von Wirtschaftsstraftaten in der Bundesrepublik Deutschland, in: Neue Zeitschrift für Wirtschafts-, Steuer- und Unternehmensstrafrecht, S. 9–11 (Teil 1), S. 41–45 (Teil 2); S. 89–94 (Teil 3).

Tettinger, Peter J./Wank, Rolf/Ennuschat, Jörg: Gewerbeordnung Kommentar; 8. Aufl., München 2011 (zitiert: Tettinger/Wank/Ennuschat-*Bearbeiter*).

Theile, Hans (2010): Strafbarkeitsrisiken der Unternehmensführung aufgrund rechtswidriger Mitarbeiterpraktiken – Kann die Nichterrichtung einer Compliance-Organisation eine strafbare Untreue nach § 266 StGB begründen?, in: Zeitschrift für Wirtschafts- und Steuerstrafrecht, S. 457–462.

Theile, Hans (2011): Konvergenzen und Divergenzen zwischen Gesellschaftsrecht und Strafrecht. Das Merkmal der gravierenden Pflichtverletzung (§ 266 StGB) aus systemtheoretischer Sicht, in: Zeitschrift für Internationale Strafrechtsdogmatik, S. 616–628.

Thole, Christoph (2009): Managerhaftung für Gesetzesverstöße. Die Legalitätspflicht des Vorstands gegenüber seiner Aktiengesellschaft, in: Zeitschrift für das gesamte Handels- und Wirtschaftsrecht, S. 504–535.

Thomas, Sven (2009): Anmerkung zu BGH, Urt. v. 17.7.2009 – 5 StR 394/08, in: Corporate Compliance Zeitschrift, S. 239–240.

Tiedemann, Klaus (1989): Untreue bei Interessenkonflikten am Beispiel der Tätigkeit von Aufsichtsratsmitgliedern, in: Jescheck, Hans Heinrich/Vogler, Theo (Hrsg.), Festschrift für Herbert Tröndle zum 70. Geburtstag, Berlin, S. 319–335.

Tiedemann, Klaus (2014): Wirtschaftsstrafrecht. Einführung und Allgemeiner Teil mit wichtigen Rechtstexten, 4. Aufl., München.

Ulmer, Peter (1969): Die deliktische Haftung aus der Übernahme von Handlungspflichten. Zugleich ein Beitrag zum Verhältnis von Vertragsverletzung und unerlaubter Handlung, in: Juristenzeitung, S. 163–174.

Veil, Rüdiger (2008): Compliance-Organisationen in Wertpapierdienstleistungsunternehmen im Zeitalter der MiFiD – Regelungskonzepte und Rechtsprobleme, in: Wertpapiermitteilungen – Zeitschrift für Wirtschafts- und Bankrecht, S. 1093–1098.

Vetter, Eberhard (2009): Compliance in der Unternehmenspraxis, in: Wecker, Gregor/van Laak, Hendrik (Hrsg.), Compliance in der Unternehmenspraxis, 2. Aufl., Wiesbaden, S. 33–47.

Vogel, Joachim (1993): Norm und Pflicht bei den unechten Unterlassungsdelikten, Berlin.

von Feuerbach, Paul Johann Anselm (1832): Lehrbuch des gemeinen in Deutschland gültigen peinlichen Rechts, 11. Aufl., Gießen.

Walker, Wolf-Dietrich (1985): Der Vollzug des Arbeitsverhältnisses ohne wirksamen Arbeitsvertrag, in: Juristische Arbeitsblätter, S. 138–149.

Walther, Susanne (1991): Eigenverantwortlichkeit und strafrechtliche Zurechnung. Zur Abgrenzung der Verantwortungsbereiche von Täter und „Opfer" bei riskantem Zusammenwirken, Freiburg im Breisgau.

Warneke, Nikolai (2010): Die Garantenstellung von Compliance-Beauftragten, in: Neue Zeitschrift für Strafrecht, S. 312–317.

Waßmer, Martin Paul (2006): Die strafrechtliche Geschäftsherrenhaftung, Habil. Freiburg im Breisgau.

Welp, Jürgen (1968): Vorangegangenes Tun als Grundlage einer Handlungsäquivalenz der Unterlassung, Berlin.

Wengenroth, Lenard (2014): Die Verwirklichung der gefährlichen Körperverletzung durch Unterlassen, in: Juristische Arbeitsblätter, S. 428–431.

Wessels, Johannes/*Beulke*, Werner/*Satzger*, Helmut (2014): Strafrecht Allgemeiner Teil. Die Straftat und ihr Aufbau, 44. Aufl., Heidelberg u. a.

Wessing, Jürgen (2009): Compliance – oder wie sich der Staat aus der Kriminalprävention stiehlt, in: Hassemer, Winfried/Kempf, Eberhard/Moccia, Sergio (Hrsg.), In dubio pro libertate – Festschrift für Klaus Volk zum 65. Geburtstag, München, S. 867–883.

Wieland, Josef (2010): Compliance-Management als Corporate Governance – konzeptionelle Grundlagen und Erfolgsfaktoren, in: Wieland, Josef/Steinmeyer, Roland/Grüninger, Stephan (Hrsg.), Handbuch Compliance-Management, Berlin, S. 15–38.

Wiesner, Georg (2007a): Geschäftsführung, in: Hoffmann-Becking, Michael (Hrsg.), Münchener Handbuch des Gesellschaftsrechts, Band 4: Aktiengesellschaft, 3. Aufl., München, § 22, S. 268–276.

Wiesner, Georg (2007b): Organpflichten des Vorstands, in: Hoffmann-Becking, Michael (Hrsg.), Münchener Handbuch des Gesellschaftsrechts, Band 4: Aktiengesellschaft, 3. Aufl., München, § 25, S. 296–327.

Wilhelm, Barbara (2013): Das Ausmaß der erforderlichen Aufsichtsmaßnahmen i.S.d. § 130 OWiG, Hamburg.

Winkelbauer, Wolfgang (1998): Umweltstrafrecht und Unternehmen, in: Eser, Albin/Schittenhelm, Ulrike/Schumann, Heribert (Hrsg.), Festschrift für Theodor Lenckner zum 70. Geburtstag, München, S. 645–659.

Wolf, Martin (2011): Der Compliance-Officer – Garant, hoheitlich Beauftragter oder Berater im Unternehmensinteresse zwischen Zivil-, Straf- und Aufsichtsrecht?, in: Betriebs-Berater, S. 1353–1360.

Zimmermann, Susanne Annette (2014): Strafbarkeitsrisiken durch Compliance. Auswirkungen von Compliance-Regelungen auf das Wirtschaftsstrafrecht, Berlin.

www.ingramcontent.com/pod-product-compliance
Ingram Content Group UK Ltd.
Pitfield, Milton Keynes, MK11 3LW, UK
UKHW021913290926
8980IPUK00015B/1223

9 783631 739464